# REPENSANDO O FEDERALISMO NO BRASIL

*Coordenadores:*

**Misabel de Abreu Machado Derzi
Onofre Alves Batista Júnior
Thomas da Rosa de Bustamante
Emílio Peluso Neder Meyer**

# REPENSANDO O FEDERALISMO NO BRASIL

*Essa obra é resultado do projeto FAPEMIG 26556 – FAPEMIG/FD/DP/ICMS*

Copyright © 2020 by Editora Letramento

DIRETOR EDITORIAL | Gustavo Abreu
DIRETOR ADMINISTRATIVO | Júnior Gaudereto
DIRETOR FINANCEIRO | Cláudio Macedo
LOGÍSTICA | Vinícius Santiago
COMUNICAÇÃO E MARKETING | Giulia Staar
EDITORA | Laura Brand
ASSISTENTE EDITORIAL | Carolina Fonseca
DESIGNER EDITORIAL | Gustavo Zeferino e Luís Otávio Ferreira

**Coordenadores da Coleção**

Misabel de Abreu Machado Derzi — Onofre Alves Batista Júnior

**Conselho Editorial**

| | |
|---|---|
| André Parmo Folloni | Luís Eduardo Schoueri |
| André Mendes Moreira | Marciano Buffon |
| Élida Graziane Pinto | Mary Elbe Queiroz |
| Elival da Silva Ramos | Pasquale Pistone |
| Fernando Facury Scaff | Paulo Rosenblatt |
| Heleno Taveira Torres | Ricardo Lodi Ribeiro |
| Hugo de Brito Machado Segundo | Sacha Calmon Navarro Coêlho |
| Humberto Bergmann Ávila | Tarcísio Diniz Magalhães |
| João Félix Pinto Nogueira | Thomas da Rosa de Bustamante |
| José Maurício Conti | Ulisses Schwarz Viana |
| Ludmila Mara Monteiro de Oliveira | Valter de Souza Lobato |

Dados Internacionais de Catalogação na Publicação (CIP) de acordo com ISBD

R425  Repensando o federalismo no Brasil / André Almeida Gonçalves ... [et al] ; organizado por Misabel de Abreu Machado Derzi ... [et al.]. - Belo Horizonte : Letramento ; Casa do Direito ; Direito Tributário e Financeiro, 2020.
314 p. ; 15,5cm x 22,5cm. – (Direito Tributário e Financeiro)

Inclui bibliografia.
ISBN: 978-65-86025-19-4

1. Direito. 2. Direito constitucional. 3. Federalismo. I. Gonçalves, André Almeida. II. Jorge, Alice de Abreu Lima. III. Vieira, Bárbara Maria Galvão. IV. Meyer, Emílio Peluso Neder. V. Perim, Flávia Gomes Santolin. VI. Ferreira, Gabriel Amaral Rocha. VII. Borges, Gabriel Augusto Mendes. VIII. Lacerda, Gustavo Neves de. IX. Bonillo, João Henrique Rocha. X. Pires, Júlia Cardoso Bernardes. XI. Rodrigues, Marianne Dolher Souza Baker. XII. Marinho, Marina Soares. XIII. Avelar, Marjorie Costa de. XIV. Ferreira, Miguel Andrade. XV. Batista Júnior, Onofre Alves. XVI. Fonseca, Pedro Henrique Esteves. XVII. Marques, Pedro Lucas Debelli. XVIII. Bittencourt Júnior, Rogério Abdala. XIX. Costa, Reinaldo Belli de Souza Alves. XX. Bustamante, Thomas da Rosa de. XXI. Derzi, Misabel de Abreu Machado. XXII. Título. XXIII. Série.

2020-949

CDD 342
CDU 342

Elaborado por Vagner Rodolfo da Silva - CRB-8/9410

Índice para catálogo sistemático:
1. Direito constitucional 342
2. Direito constitucional 342

**Belo Horizonte - MG**
Rua Magnólia, 1086
Bairro Caiçara
CEP 30770-020
Fone 31 3327-5771
contato@editoraletramento.com.br
editoraletramento.com.br
casadodireito.com

Casa do Direito é o selo jurídico do
Grupo Editorial Letramento

## AUTORES

André Almeida Gonçalves

Alice de Abreu Lima Jorge

Bárbara Maria Galvão Vieira

Emílio Peluso Neder Meyer

Flávia Gomes Santolin Perim

Gabriel Amaral Rocha Ferreira

Gabriel Augusto Mendes Borges

Gustavo Neves de Lacerda

João Henrique Rocha Bonillo

Júlia Cardoso Bernardes Pires

Marianne Dolher Souza Baker Rodrigues

Marina Soares Marinho

Marjorie Costa de Avelar

Miguel Andrade Ferreira

Onofre Alves Batista Júnior

Pedro Henrique Esteves Fonseca

Pedro Lucas Debelli Marques

Rogério Abdala Bittencourt Júnior

Reinaldo Belli de Souza Alves Costa

Thomas da Rosa de Bustamante

| | |
|---|---|
| 9 | SOBRE OS COORDENADORES |
| 11 | APRESENTAÇÃO |
| 13 | AUTONOMIA UNIVERSITÁRIA, DEMOCRACIA E FEDERALISMO |

Emílio Peluso Neder Meyer
Onofre Alves Batista Júnior
Thomas da Rosa de Bustamante

| | |
|---|---|
| 42 | PODER JUDICIÁRIO E PRINCÍPIO FEDERATIVO NO BRASIL |

Bárbara Maria Galvão Vieira
Emílio Peluso Neder Meyer

| | |
|---|---|
| 64 | FEDERALISMO E ARGUMENTAÇÃO JURÍDICA NA JURISPRUDÊNCIA DO STF: O PRINCÍPIO DA SIMETRIA À LUZ DA CONCEPÇÃO DO DIREITO COMO INTEGRIDADE |

Gustavo Neves de Lacerda
Thomas da Rosa de Bustamante

| | |
|---|---|
| 86 | AS PREMISSAS PARA UMA REFORMA TRIBUTÁRIA E AS IMPRESSÕES INICIAIS ACERCA DA PEC Nº 45/2019 |

Onofre Alves Batista Júnior
Marina Soares Marinho

| | |
|---|---|
| 113 | A CONCEPÇÃO POLÍTICO-MORAL DO FEDERALISMO, A TRIBUTAÇÃO SOBRE O CONSUMO E A PEC N° 45/2019 |

Pedro Lucas Debelli Marques
Rogério Abdala Bittencourt Jr

| | |
|---|---|
| 134 | ESTADO DEMOCRÁTICO DE DIREITO: FEDERALISMO, SEGURANÇA JURÍDICA E DIREITO POLÍTICO |

Gabriel Amaral Rocha Ferreira

| | |
|---|---|
| 150 | O POPULISMO ANTILIBERAL E O FEDERALISMO NACIONALISTA |

Miguel Andrade Ferreira

| | |
|---|---|
| 165 | O IMPÉRIO DA COMPETITIVIDADE COMERCIAL SOBRE OS ESTADOS E O FEDERALISMO: REFLEXÕES SOBRE O SETOR AUTOMOTIVO. |

Gabriel Augusto Mendes Borges

| | |
|---|---|
| 182 | **FEDERALISMO, PODER FINANCEIRO E COERÊNCIA: ENTRE AUTONOMIA E PARTICIPAÇÃO** |

Reinaldo Belli de Souza Alves Costa

| | |
|---|---|
| 214 | **O PACTO FEDERATIVO E AS CONTRIBUIÇÕES PREVIDENCIÁRIAS** |

Alice de Abreu Lima Jorge
Marianne Dolher Souza Baker Rodrigues

| | |
|---|---|
| 235 | **O DIREITO À SAÚDE SOB À ÓTICA DO ACESSO AOS MEDICAMENTOS: UMA ANÁLISE À LUZ DO FEDERALISMO BRASILEIRO** |

Marjorie Costa de Avelar

| | |
|---|---|
| 249 | **FEDERALISMO FISCAL E O SUPREMO TRIBUNAL FEDERAL ENTRE A EQUIDADE VERTICAL FEDERATIVA E A DESINTEGRAÇÃO ANTIFEDERATIVA: AINDA HÁ JUÍZES NO BRASIL?** |

Pedro Henrique Esteves Fonseca
Thomas da Rosa de Bustamante

| | |
|---|---|
| 270 | **PACTO FEDERATIVO E FISCALIZAÇÃO DO RECURSO MINERÁRIO À LUZ DO PRINCÍPIO DA COOPERAÇÃO** |

Flávia Gomes Santolin Perim
Júlia Cardoso Bernardes Pires

| | |
|---|---|
| 293 | **FEDERALISMO E DIREITOS FUNDAMENTAIS: UMA ANÁLISE COMPARATIVA ENTRE O DIREITO BRASILEIRO E O COMUNITARISMO EUROPEU** |

André Almeida Gonçalves
João Henrique Rocha Bonillo

# SOBRE OS COORDENADORES

### Misabel de Abreu Machado Derzi

Graduada em Direito pela Faculdade de Direito da Universidade Federal de Minas Gerais (UFMG). Especialista e doutora em Direito pela UFMG. Atualmente é Professora Titular em Direito Financeiro e Tributário das Faculdades Milton Campos e da Faculdade de Direito da UFMG. Ex-coordenadora dos cursos de pós-graduação e ex-chefe do Departamento de Direito Público da Faculdade de Direito da UFMG. Ex-Procuradora Geral do Estado de Minas Gerais e ex-Procuradora Geral do Município de Belo Horizonte.

Misabel é advogada. Sócia Conselheira do Sacha Calmon – Misabel Derzi Consultores e Advogados. Já publicou mais de 450 trabalhos entre artigos, capítulos de livros, livros e comunicações em congressos. Já participou de mais de 600 Congressos como palestrante ou conferencista. Atualmente mantém projeto de pesquisa em desenvolvimento na pós-graduação da Faculdade de Direito da UFMG. Tem experiência na área de Direito, com ênfase em Direito Tributário e Financeiro, atuando principalmente nos seguintes temas: direito tributário, tributação, constituição, reforma tributária e tributo. Membra da Comissão Especial da Ordem dos Advogados do Brasil (OAB Federal) para defesa do Federalismo.

### Onofre Alves Batista Júnior

Graduado em Direito, Administração e Engenharia Civil. Mestre em Ciências Jurídico-Políticas pela Faculdade de Direito da Universidade de Lisboa. Doutor em Direito pela Universidade Federal de Minas Gerais (UFMG). Pós-Doutoramento em Democracia e Direitos Humanos pela Faculdade de Direito da Universidade de Coimbra. É Professor Associado de Direito Público da Graduação, Mestrado e Doutorado na Universidade Federal de Minas Gerais (UFMG). Foi Professor de Direito Tributário da PUC/Minas, da UNA e das Faculdades Pitágoras, bem como da Pós-Graduação de Direito Tributário das Faculdades Milton Campos e IEC/PUC/Minas. É autor/organizador de mais de 25 livros e já escreveu mais de 80 artigos em livros e revistas especializadas. Atualmente é Sócio Conselheiro do Coimbra & Chaves Advogados.

Onofre foi Advogado-Geral do Estado (AGE) de Minas Gerais, havendo sido Procurador Chefe da Dívida Ativa; Procurador-Regional do Estado; Diretor do Centro de Estudos da AGE; membro do Conselho Consultivo do Colégio de Procuradores-Gerais dos Estados e do Distrito Federal – CONPEG e do Conselho Curador da Fundação de Amparo à Pesquisa do Estado de MG – FAPEMIG. É Diretor Científico da Associação Brasileira de Direito Tributário – ABRADT e foi também Superintendente e Auditor Fiscal do Estado de Minas Gerais. Membro da Comissão Especial da Ordem dos Advogados do Brasil (OAB Federal) para defesa do Federalismo.

#### Thomas da Rosa de Bustamante

Doutor em Direito pela Pontifícia Universidade Católica do Rio de Janeiro (PUC-Rio), com período de investigação na University of Edinburgh, Reino Unido. Mestre em Direito pela Universidade do Estado do Rio de Janeiro (UERJ). Possui graduação em Direito pela Universidade Federal de Juiz de Fora (UFJF). Atualmente é Professor Associado da Universidade Federal de Minas Gerais, onde é Coordenador do Programa de Pós-Graduação Stricto Sensu em Direito. Foi docente (Lecturer) do corpo permanente da Universidade de Aberdeen, no Reino Unido, por dois anos completos (2008 a 2010) e Professor Adjunto da Universidade Federal de Juiz de Fora (de 2004 a 2008), onde exerceu a função de Chefe de Departamento. Tem publicações em português, inglês, francês e espanhol e experiência na área de Direito, com ênfase em Teoria do Direito, atuando principalmente nos seguintes temas: Teoria do Direito, Filosofia do Direito, Filosofia Política, Teoria da Argumentação Política, Hermenêutica Jurídica, Direitos Fundamentais e Direito Constitucional.

#### Emílio Peluso Neder Meyer

Pós-Doutor em Ciência Política pelo King's College London, Grã-Bretanha. Estágio Pós-Doutoral pelo King's College Brazil Institute. Doutor em Direito Público pela Universidade Federal de Minas Gerais (UFMG). Mestre em Direito Constitucional pela UFMG. Graduado em Direito pela Pontifícia Universidade Católica de Minas Gerais (PUC-Minas). Pesquisador em Produtividade pelo CNPQ. Prêmio CAPES de Tese em Direito, Prêmio UFMG de Tese em Direito e Grande Prêmio UFMG de Teses. Professor Adjunto III de Teoria da Constituição, Teoria do Estado e Direito Constitucional no Curso de Graduação e no Programa de Pós-Graduação em Direito da Faculdade de Direito da UFMG (Mestrado e Doutorado), onde é Subcoordenador do Programa de Pós-Graduação Stricto Sensu em Direito. É membro do IDEJUST - Grupo de Estudos sobre Internacionalização do Direito e Justiça de Transição. É coordenador do Centro de Estudos sobre Justiça de Transição da UFMG. Professor Residente no IEAT - Instituto de Estudos Avançados Transdisciplinares da UFMG no período 2018-2019. Foi coordenador da Secretaria Executiva da Rede Latino-Americana de Justiça de Transição (2016-2017). Membro da Critical Transitional Justice Network. Membro da International Law and Politics Collaborative Research Network. Tem experiência na área de Direito, com ênfase em Direito Constitucional.

# APRESENTAÇÃO

O Brasil hoje é peculiar e imerso em complexidades estruturais que o moldam. Envolto de permanentes mudanças, o país tenta buscar soluções - às vezes não as melhores - para os problemas institucionais, econômicos e sociopolíticos. A partir daí, constituem-se, logo, como valiosas contribuições as obras que formam o livro "Repensando o Federalismo no Brasil", resultado do projeto 26556 - FAPEMIG/FD/DP/ICMS, com coordenação da professora Misabel de Abreu Machado Derzi e dos professores Emílio Peluso Neder Meyer, Onofre Alves Batista Júnior e Thomas da Rosa de Bustamante.

O projeto FAPEMIG envolveu e contou com o apoio da Universidade Federal de Minas Gerais (UFMG), dando origem à obra que foi resultado de minudentes investigações e debates jurídicos, inclusive no decorrer da disciplina "Federalismo e Estado Democrático de Direito", em sede do Programa de Pós-Graduação da Faculdade de Direito da UFMG. Pensamentos críticos acerca do federalismo brasileiro, sensíveis à realidade social, repleta de mazelas e disparidades, são expostos ao leitor. Investigações de Direito Comparado buscam atualizar o debate sobre o federalismo no Brasil. Apresentamos, pois, os frutos de pesquisas no projeto 26556 – FAPEMIG/FD/DP/ICMS com colaboração da UFMG, instituição pública reconhecida internacionalmente por sua excelência em pesquisa. A obra revela que a reflexão jurídica bem fundamentada e rigorosa é essencial para o enfrentamento de relevantes questões nacionais, questionando e subsidiando o desenvolvimento de políticas públicas.

O tema sobre o qual nos debruçamos desperta manifestações politicamente vivas. A Constituição da República Federativa do Brasil de 1988 (CRFB/88) estabeleceu o federalismo como princípio constitucional garantidor da descentralização do poder político, em tempos de redemocratização do país. Com vistas a instituir um Estado Democrático de Direito, a Constituição de 1988 buscou romper com a tradição de gestão centralizada do poder político, formatando uma verdadeira federação.

Esse princípio estruturante, insculpido no art. 1º da CRFB/88, aparece como cláusula pétrea, devendo o equilíbrio federativo ser mantido, não se admitindo sua ruptura sequer por emendas constitucionais. Trata-se de norma que deve garantir o intento democrático-descentralizador. Afinal, o Brasil, país de dimensões continentais, não poderia se dizer democrático estando comandado por um grupo centralizador. Em tempos de revigoramento autoritário, nada mais importante do que atentar para o necessário aperfeiçoamento do federalismo brasileiro, ainda longe de se concretizar.

Inclusive, válido sempre destacar que o federalismo pode reforçar as bases consensuais da democracia, contribuindo para o sentimento de colaboração e solidariedade entre os cidadãos e filiação moral às regras e decisões advindas da autoridade. A CRFB/88, balizadora da garantia do nosso desenvolvimento social, propôs a separação dos poderes entre pessoas políticas autônomas, mas em relação de cooperação entre si. Buscou-se, assim, aproximar o governo das peculiaridades regionais e, por conseguinte, melhor atendimento das demandas do povo. Isto é, procurou-se concretizar um efetivo Estado Democrático de Direito de desiderato social e federativo.

Não obstante haja inegáveis melhorias trazidas pelo federalismo cooperativo idealizado pela Constituição de 1988, o atual modelo necessita de aperfeiçoamento, tendo em vista que o movimento de descentralização de políticas públicas concedeu aos Estados e municípios inúmeros encargos, acompanhados de um sistema de redistribuição de receitas tributárias deficiente ou insuficiente, bem como da concentração de competências legislativas na União. Um verdadeiro federalismo assimétrico.

Mediante esse cenário, os autores dispuseram-se a investigar diversas interfaces do pacto federativo contemporâneo, que se atrelam aos demais princípios estruturantes e perpassam os variados impasses da conjuntura sociopolítica brasileira, tais como as consequências de decisões legislativas desatualizadas, decisões do STF muitas vezes inadequadas, crises de legitimidade política, entre outros tão importantes e relevantes temas que demandam a propositura de corretivos, sem servilismo ou importações acríticas de Direito Comparado.

O federalismo não é rígido, não se imobilizou na petrificação dogmática e tampouco se manteve inerte à pluralidade de suas técnicas. Continua florescendo, transformando e, sobretudo, evoluindo em um processo que exige permanente questionamento científico.

**OS COORDENADORES**

# AUTONOMIA UNIVERSITÁRIA, DEMOCRACIA E FEDERALISMO

EMÍLIO PELUSO NEDER MEYER [1]
ONOFRE ALVES BATISTA JÚNIOR [2]
THOMAS DA ROSA DE BUSTAMANTE [3]

## 1. INTRODUÇÃO

A autonomia está na base da conexão das universidades com a sociedade (PLENCOVITCH, 2015, p. 69-86). O conceito de autonomia é conhecido e envolve as capacidades de governar a si próprio e de definir suas próprias normas. A autonomia universitária se coloca principalmente em vista das liberdades acadêmica, de ensino e de investigação. Falar em autonomia é contemporâneo ao próprio nascimento do termo *universidade*: corrente ao menos desde 1219, ele se refere a uma instituição que tinha liberdade para gerir o recrutamento de seus membros. Aos modelos de Paris (governados pelos professores) e Bolonha (governados pelos alunos) seguiu-se um período de decadência próximo às revoluções. Em 1809, a fundação da Universidade de Berlim representou a ascensão do modelo *humboldtiano*, que abraçava a unidade entre investigação e docência, a liberdade de ensino e o autogoverno universitário (PLENCOVITCH, 2015, p. 74). Tal modelo teve impacto mundial. No século XXI, países ibero-americanos vão ser marcados pela expansão universitária com inclusão social e o aprofundamento da internacionalização da educação.

---

**1** Professor Adjunto de Direito Constitucional da Faculdade de Direito da UFMG. Mestre e Doutor em Direito pela UFMG. Coordenador do Centro de Estudos sobre Justiça de Transição da UFMG (CJT/UFMG).

**2** Procurador do Estado de Minas Gerais; Mestre em Ciências Jurídico-Políticas pela Universidade de Lisboa; Doutor em Direito pela UFMG; Pós-Doutoramento em Direito (Democracia e Direitos Humanos) pela Universidade de Coimbra; Professor de Direito Público do Quadro Efetivo da Graduação e Pós-Graduação da Universidade Federal de Minas Gerais (Curriculum lattes http://lattes.cnpq.br/2284086832664522).

**3** Professor Associado da Universidade Federal de Minas Gerais. Coordenador do Programa de Pós-Graduação Stricto Sensu em Direito da UFMG.

Veremos que o Brasil apenas será atingido pelo impacto das universidades no século XX. Não deixa, portanto, de ser curioso que, para um país que enfrentou diversos períodos de flagrante autoritarismo combinados com períodos democráticos em que aquela sombra não despareceu, as universidades tenham demorado a aparecer. De fato, elas significam a possibilidade de crítica que pode levar a mais cidadania e dissenso em relação a governos pouco acostumados às ideias democráticas.

Entretanto, o pós-1988 indicou uma recuperação profunda do sentido de autonomia universitária necessário para a consolidação democrática pretendida. E justamente quando é eleito um presidente de perfil autoritário que simpatiza com regimes que já experimentaram o ataque à autonomia universitária, não seria coincidência que violações a autonomia financeira e administrativa começassem a aparecer. Este artigo tem a pretensão de desenvolver uma série de argumentos que demonstram a ilegalidade e inconstitucionalidade desses ataques. Procuraremos recuperar a noção do que é, de fato, a autonomia universitária, principalmente a partir da Constituição brasileira de 1988.

Em seguida, a relação entre cerceamento da autonomia universitária e restrições democráticas será apresentada. Na sequência, procuraremos demonstrar como novas concepções sobre o papel do federalismo podem cooperar na defesa da autonomia universitária. Em seguida, discutiremos de forma pormenorizada os recentes ataques à autonomia financeira e à autonomia administrativa e organizacional das universidades públicas brasileiras. Demonstraremos que muito do que se tem proposto é feito em termos de uma fraude à Constituição. Nossa conclusão será no sentido de que apenas uma forte defesa da autonomia da universidade pública no Brasil é condizente com o projeto estabelecido pela Constituição de 1988.

## 2. AUTONOMIA UNIVERSITÁRIA

Segundo a *European University Association*,[4] uma associação europeia de universidades e conferências de reitores, podemos estratificar a *autonomia universitária* em quatro braços: a) *autonomia organizacional*; b) *autonomia financeira*; c) *autonomia de equipe (staffing)*; e, d) *autonomia acadêmica*. A autonomia organizacional envolve os seguintes indicadores: procedimento de seleção para a chefia executiva; critérios de seleção para a chefia executiva; demissão da chefia executiva; mandato da chefia executiva; membros externos nos órgãos governamentais da universidade; capacidade de decidir sobre as estruturas acadêmicas; e, capacidade de criar pessoas jurídicas. Já a autonomia financeira inclui, entre outros: duração do ciclo financeiro; tipo de financiamento público; capacidade para realizar empréstimos; capacidade para manter excedentes; capacidade de ter imóveis próprios.

---

[4] Cf. https://www.university-autonomy.eu. Acesso em: 23 maio 2019.

A autonomia de equipe (*staffing*), segundo a *European University Association*, abrange, entre outros: procedimentos de seleção para acadêmicos sêniores; procedimentos de seleção para servidores administrativos sêniores; remuneração para acadêmicos sêniores; salários para servidores administrativos sêniores; procedimentos de promoção para acadêmicos e servidores administrativos sêniores. Por fim, a autonomia acadêmica envolve: definição do total de estudantes; procedimentos de admissão; definição de programas em todos os níveis; capacidade de decidir pelo encerramento de programas; definição da língua de formação; seleção de mecanismos para asseguramento de qualidade; capacidade de definição do conteúdo dos programas. Ainda que possa haver dissenso quanto às nomenclaturas desses variados braços da autonomia universitária, todos eles apontam para a necessidade de ausência de ingerência estatal que possa comprometer liberdade acadêmica e de investigação científica.

## 3. AUTONOMIA UNIVERSITÁRIA NO BRASIL

A formação da autonomia universitária no Brasil foi obstada na colônia e no Império. Elites defendiam, na colônia, que sua formação deveria ocorrer em Coimbra, o que permitiria laços mais fortes com a Coroa, contrariando a realidade paralela de vinte e três centros universitários no México, no Peru, no Chile e na Argentina (PLENCOVITCH, 2015, p. 79). O travamento do advento de universidades é curiosamente desafiado pelo federalismo, quando governos estaduais assumem o advento de centros como a Universidade de Manaus (1909). Em 1915, o Decreto 11.530 iria tratar da possibilidade nos termos definidos pela órbita federal. Seria o Decreto 11.343/1920, de Epitácio Pessoa, que instituiria a primeira instituição federal correspondente, a Universidade do Rio de Janeiro, que teve assegurada autonomia didática e administrativa a suas unidades (Direito, Escola Politécnica e Medicina) (FÁVERO, 2006, p. 22). Sob Vargas, a Lei 452/1937, que cria a Universidade do Brasil, proíbe expressamente a atividade política por parte de alunos e professores.

Após a centralização política iniciada em 1930, seria sob a batuta de Francisco Campos, no Ministério da Educação e Saúde Pública, que aquela tônica seria estendida ao ensino secundário, superior e comercial. No caso das universidades, isto se materializaria no Estatuto das Universidades Brasileiras, por meio do Decreto 19.851/1931. É curioso que mesmo um jurista de perfil autoritário como Campos conceda, naquele momento, que uma parcial autonomia universitária deveria ser assegurada em um caminho para a autonomia plena.

A redemocratização pós-1945 traz consigo a recuperação tímida da autonomia universitária, especificamente consubstanciada em relação à Universidade do Brasil com a nomeação do reitor pelo Presidente da República, após formação de lista tríplice dos catedráticos da instituição (Decreto-Lei 8.393/1945, ainda do Presidente José Linhares). Universidades se multiplicam, ainda que com restrita ou às vezes inexistente autonomia. É a criação de Universidade de Brasília (UnB), em 1961, via Lei 3.998, que dá um passo importante na modernização dessas estruturas no Brasil. E aqui, a União Nacional dos Estudantes (UNE) assume um papel protagonista pela reivindicação de mudanças importantes no campo da autonomia universitária (FÁVERO, 2006, p. 29).

Sob a ditadura militar que se seguiu ao golpe de 1964, o primeiro objetivo foi o de promover uma "limpeza ideológica", com a criação das Assessorias de Segurança e Informação dentro dos *campi* e outros órgãos capazes de atuar no controle do que era produzido e incentivado nas universidades. De fato, a ditadura "(...) torturou e matou alguns membros da comunidade acadêmica que considerava mais "perigosos"" (MOTTA, 2014, p. 8). É curioso que essa atuação não excluiu a possibilidade de reformas, como a de 1968, que ficaram de modo mais permanente, como estrutura departamental, pós-graduação e vestibulares. O movimento estudantil irá criar uma pressão tão importante que a própria ditadura entenderá a necessidade de uma reforma, mas que fosse controlada por ela.

Na transição democrática, Nina Ranieri destaca que a gênese constituinte do art. 207 da Constituição de 1988 deu-se, sobretudo, a partir do debate sobre a destinação de recursos públicos (RANIERI, 2018, p. 949).[5] Para a autora, o sentido de autonomia é o de um poder derivado da ordem jurídica, funcional, por ser de natureza pública, e, limitado, já que não é plenamente desregrado. O sentido do limitado é quase pedestre: é claro que as universidades estão submetidas à ordem constitucional e à ordem jurídica brasileiras.[6] O que não significa que não haja peculiaridade no tratamento das universidades e, principalmente, daquelas que são públicas.

---

5 É preciso, desde já, ter em mente o que reza o art. 207 da Constituição de 1988:
"Art. 207. As universidades gozam de autonomia didático-científica, administrativa e de gestão financeira e patrimonial, e obedecerão ao princípio de indissociabilidade entre ensino, pesquisa e extensão.

§ 1º É facultado às universidades admitir professores, técnicos e cientistas estrangeiros, na forma da lei. (Incluído pela Emenda Constitucional nº 11, de 1996)

§ 2º O disposto neste artigo aplica-se às instituições de pesquisa científica e tecnológica. (Incluído pela Emenda Constitucional nº 11, de 1996)".

6 "No Brasil, detêm autonomia político-administrativa a União, os Estados, Municípios e Distrito Federal, conforme dispõe o art. 18 da Constituição. Além das universida-

Especificando o trato da autonomia universitária para a delimitação constitucional brasileira, Amanda Travincas destaca que a *autonomia didático-científica* garante a organização do ensino, da pesquisa e da extensão às instituições, envolvendo as práticas estabelecidas no art. 53 da Lei de Diretrizes e Bases da Educação (LDB), Lei 9.394/1996 (TRAVINCAS, 2016, p. 171).[7] A *autonomia administrativa* garante a edição de normas de organização interna e busca evitar a ingerência do poder político nas universidades. A *autonomia financeira* abrange a gestão de recursos destinados às Instituições de Ensino Superior (IES) e a definições de questões como quadro de pessoal, plano de cargos e salários, orçamentos anuais, entre outros.[8]

---

des, a Constituição ainda garante autonomia aos partidos políticos (art. 16, § 1º), ao Poder Judiciário (art. 99), ao Ministério Público (art. 127, § 2º), às Defensorias Públicas Estaduais (art. 134, § 2º), aos órgãos e entidades da administração direta e indireta (art. 37, § 8º), às entidades desportivas e associações (art. 217, I) e às instituições de pesquisa científica e tecnológica (art. 207, §2º). A autonomia dos sistemas de ensino, em regime de colaboração recíproca (CF, arts. 211 e 214), é consequência da organização político-administrativa da Federação" (RANIERI, 2018, p. 951).

**7** O trabalho de Amanda Travincas foi premiado pela CAPES (Coordenação de Aperfeiçoamento de Pessoal de Nível Superior) como melhor tese em Direito no Brasil e melhor tese na Grande Área de Ciências Humanas, Linguística, Letras e Artes e Ciências Sociais Aplicadas e Multidisciplinar, no ano de 2017.

**8** Lei 9.394/1996:

"Art. 54 (...)

§ 1º No exercício da sua autonomia, além das atribuições asseguradas pelo artigo anterior, as universidades públicas poderão:

I - propor o seu quadro de pessoal docente, técnico e administrativo, assim como um plano de cargos e salários, atendidas as normas gerais pertinentes e os recursos disponíveis;

II - elaborar o regulamento de seu pessoal em conformidade com as normas gerais concernentes;

III - aprovar e executar planos, programas e projetos de investimentos referentes a obras, serviços e aquisições em geral, de acordo com os recursos alocados pelo respectivo Poder mantenedor;

IV - elaborar seus orçamentos anuais e plurianuais;

V - adotar regime financeiro e contábil que atenda às suas peculiaridades de organização e funcionamento;

VI - realizar operações de crédito ou de financiamento, com aprovação do Poder competente, para aquisição de bens imóveis, instalações e equipamentos;

VII - efetuar transferências, quitações e tomar outras providências de ordem orçamentária, financeira e patrimonial necessárias ao seu bom desempenho."

Não foram poucas as vezes que, sob a Constituição de 1988, o Supremo Tribunal Federal (STF) tratou da autonomia universitária. Se é certo que a autonomia é se dá no âmbito demarcado pelo sistema jurídico-constitucional,[9] não menos evidente é que as universidades detêm poder de definir onde sediar seus *campi*, o que, inclusive, limita a iniciativa parlamentar que ocorra sem sua provocação visando à abertura de novas sedes.[10] Mesmo a extensão de funcionamento de escritórios de prática jurídica aos finais de semana, como forma de assegurar o acesso à justiça de réus presos nessas ocasiões, por mais salutar que pareça, não autoriza a invasão perpetrada por lei estadual. Há verdadeira agressão à autonomia administrativa, financeira e didático-científica da instituição. A autonomia universitária "(...) revela a impossibilidade de exercício de tutela ou indevida ingerência no âmago próprio das suas funções, assegurando à universidade a discricionariedade de dispor ou propor (legislativamente) sobre sua estrutura e funcionamento administrativo, bem como sobre suas atividades pedagógicas."[11]

Seria justamente no contexto das eleições de 2018 que o STF seria provocado a tratar da questão de modo direto. Diversos juízos eleitorais no país proferiram decisões autorizando buscas e apreensões de panfletos e materiais de campanha, proibindo a realização de aulas com temática eleitoral e assembleias de natureza política. As decisões dos juízos eleitorais vieram justamente no contexto de manifestações em universidades públicas que se opunham a qualquer plataforma de cunho fascista. Contra tais decisões se insurgiu a Procuradora-Geral da República com a propositura da Arguição de Descumprimento de Preceito Fundamental (ADPF) 548. No julgamento da cautelar posteriormente referendada pelo Plenário, a Ministra Carmen Lúcia enfatizou que a "(...) autonomia universitária está entre os princípios constitucionais que garantem toda a forma de liberdade". Ela ainda aduziu que "(...) impedir ou dificultar a manifestação plural de pensamento é trancar a universidade, silenciar estudantes e amordaçar professores". Como firmado, a única força legitimada a invadir uma universidade é a das ideias livres e plurais, e "qualquer outra que ali ingresse sem causa jurídica válida é tirana, e tirania é o exato contrário da democracia".[12] O precedente demonstra que a autonomia universitária é um princípio basilar do Estado Democrático de Direito.

---

**9** BRASIL. STF. RE 561.398 AgR, Rel. Min. Joaquim Barbosa. J. 23-6-2009, 2ª T, **DJe** de 7-8-2009.

**10** BRASIL. STF. ADI 2.367 MC, Rel. Min. Maurício Corrêa, j. 5-4-2001, **DJ** de 5-3-2004.

**11** BRASIL. STF. ADI 3.792, Rel. Min. Dias Toffoli, j. 22-9-2016, **DJe** de 1º-8-2017.

**12** "Universidades são espaços de liberdade e de libertação pessoal e política. Seu título indica a pluralidade e o respeito às diferenças, às divergências para se for-

## 4. AUTONOMIA UNIVERSITÁRIA E DEMOCRACIA

A preocupação com o autoritarismo e com processos que representam tanto o *declínio democrático* de regimes consolidados (DALY, 2019, p. 9-36), como o *retrocesso autoritário* de democracias para períodos de anterior exceção, é uma tendência global. Zachary Elkins destaca que talvez seja cedo para dizer que "o céu está caindo", mas dois alarmes já devem ser acionados: é preciso, de um lado, reconhecer os números apontam para um decréscimo de qualidade das democracias pelo menos desde 2010 e, de outro, que o período de tempo para a destruição de uma democracia é, pelo menos, duas vezes mais rápido do que aquele necessário para sua construção (ELKINS in GRABER, LEVINSON e TUSHNET, 2018, p. 58). Pense-se no caso do Brasil: a base de dados *Varieties of Democracy*, apenas no que refere ao seu índice "democracia liberal", mostra uma franca descida desde 2013, diminuindo-se do fator 0,8 naquele ano (nosso ápice) para alcançar 0,56 em 2018. Índice semelhante a esse, 0,54, tínhamos em 1989:

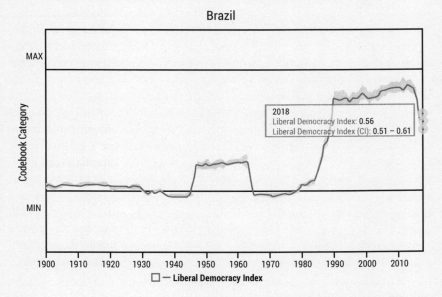

Fonte: https://www.v-dem.net/en/analysis/CountryGraph/. Acesso em: 21 maio 2019.

---

marem consensos, legítimos apenas quando decorrentes de manifestações livres. Discordâncias são próprias das liberdades individuais. As pessoas divergem, não se tornam por isso inimigas. As pessoas criticam. Não se tornam por isso não gratas. Democracia não é unanimidade. Consenso não é imposição." (BRASIL. ADPF 548-MC-Ref. Rel. Min. Cármen Lúcia, j. 31-10-2018, **Informativo 922**, p. 13).

Se é certo que o fascismo é um movimento que possui características e temporalidades específicas, não se pode desconsiderar que "políticas fascistas", ou ao menos protofascistas, podem ser levadas adiante, sempre tendo por característica primordial a tentativa de eliminação do "outro", ou seja, do pluralismo (seja de ideias, político, étnico, religioso ou de outra categoria). Jason Stanley destaca que uma política fascista tem por base minar o intelectualismo e suas consequências: educação, especialização e linguagem (STANLEY, 2018, p. 48). As universidades devem ser enfraquecidas e cooptadas para difundir a ideologia prevalente *na visão da* política fascista. Nega-se, por exemplo, que as universidades sejam espaços da liberdade de expressão porque ecoariam apenas uma voz política, a da esquerda.

David Horowitz, nos Estados Unidos, tem se dedicado por décadas a enumerar *index prohibitoriums* que incluem professores e cursos "perigosos"; após a eleição de Donald Trump, ele alegrou-se que apoiadores seus fossem para a administração federal, como Steve Bannon e Jeff Sessions. Rick Brattin, deputado pelo Estado do Missouri, criticava a educação superior norte-americana por ela supostamente não fornecer ferramentas para que seus filhos construíssem um futuro melhor e, ao invés disso, permitisse que eles se envolvessem com assuntos políticos "(...) nos quais não deveriam estar envolvidos" (STANLEY, 2018, p. 53). Não se trata de uma coincidência que os espantalhos que embasam o cerco às universidades sejam os chamados "marxismo cultural" ou "doutrinação marxista". Universidades, espaços naturais do pluralismo (inclusive semanticamente), tornam-se centros "perigosos" porque dão voz a perspectivas marginalizadas, algo que a política fascista abomina.

O governo de Vladimir Putin foi pioneiro em construir programas antifeministas e anti-gays nas universidades russas, perseguindo centros liberais como a Universidade Europeia de São Petersburgo. Em 2016, sua licença para funcionamento como instituição de ensino foi suspensa, em uma clara violação à autonomia organizacional (STANLEY, 2018, p. 56). Na Turquia, na esteira da reação de Recep Tayyip Erdogan à tentativa de golpe de 2016, foram demitidos mais de cinco mil reitores e acadêmicos de seus cargos, como também presos vários deles. Em meio à reação massiva que se seguiu ao fracassado golpe atribuído aos "gülenistas", para além dos quase 50.000 servidores exonerados, 21.000 licenças de escolas particulares foram cassadas. Como testemunha Ozan Varol, "(...) Muitos de meus colegas acadêmicos na Turquia perderam seus empregos ou, pior, encontraram-se detidos indefinidamente" (VAROL in GRABER, LEVINSON e TUSHNET, 2018, p. 353).

A autonomia universitária tem sido um dos principais alvos de ataque de um governo pouco preocupado em garantir o cumprimento do Estado de Direito (*rule of law*): o governo do partido *Fidesz*, que vencera as eleições de 2010 com a obtenção de 68% das cadeiras no Parlamento da Hungria. Antes de golpear a autonomia universitária, o *Fidesz* promoveu verdadeiras *reforma* e *substituição* constitucionais (LANDAU, 2013, p. 189–260). Primeiro, via emendas constitucionais, reduziu o poder de fiscalização do Legislativo por meio do enfraquecimento de instituições como a Corte Constitucional. Em seguida, um verdadeiro processo de substituição constitucional teve início, com pouca deliberação e ausência de possibilidade de contribuição da oposição. A Corte Constitucional viria a ter seus assentos expandidos, em verdadeiro ato de *court packing*.

O governo do *Fidesz* via na pessoa do bilionário George Soros, um dos principais financiadores da *Central European University*, um inimigo de suas plataformas conservadoras. Soros e sua *Open Society Foundation* são um dos mais destacados opositores das políticas do *Fidesz* lideradas pelo Presidente Janos Ader e pelo Primeiro-Ministro Viktor Orbán. Em 2017, o governo do *Fidesz* promoveu uma alteração na legislação sobre educação superior húngara para passar a exigir que universidades privadas estrangeiras sediadas no território daquele país apresentassem um acordo internacional entre o Estado estrangeiro que autorizou o funcionamento da universidade e o Estado húngaro.

Ou seja, fica tudo a depender única e exclusivamente da soberania do Poder Executivo da Hungria. A Assembleia Parlamentar do Conselho da Europa pronunciou-se no sentido de que a exigência viola a liberdade acadêmica, um direito claramente em diálogo com a autonomia universitária. A Comissão de Veneza e a Comissão Europeia entenderam que o ato violava o Estado de Direito e vários direitos fundamentais, como o direito à educação (UITZ, 2019, p. 1). O fim do conflito entre a *Central European University* e o governo húngaro terminaria com a criação de um *campus* em Viena, Áustria, e a mudança da universidade (CENTRAL EUROPEAN UNIVERSITY, 2018, p. 1). Como destaca Agnes Heller (2019, p. 1), Orbán elegeu um inimigo a combater (George Soros) e transformou no alvo necessário para atingir universidades. Assim, ao passar a nomear os chanceleres (aqueles que estão entre o reitor e o Estado húngaro), Orbán e o *Fidesz* preparam o caminho para difundir uma doutrinação sua em nome de outra que dizem combater. Mesmo a tradicional Academia Húngara de Ciências não conseguiu fugir dessa batalha.

A *European University Association* mede o grau de autonomia universitária em fatores como autonomia organizacional, financeira, de equipe (*staffing*) e acadêmica em vinte e nove países daquele continente.[13]

---

[13] Cf. https://www.university-autonomy.eu. Acesso em: 23 maio 2019.

Em termos de autonomia organizacional, algo que, por exemplo, leva em conta a seleção de reitores e pró-reitores e influência externa, define critérios de dispensa, mandatos, entre outros, verificaremos que a posição de países que vêm sendo acusados de promover uma onda autoritária não é boa. A Polônia está na 15ª posição.[14] A Hungria situa-se na 23ª posição.

É claro que o governo de Donald Trump, nos Estados Unidos, também buscaria emplacar uma caça às universidades, seguindo as lições do já mencionado David Horowitz. No dia 21 de março de 2019, ele assinou a *Executive Order on Improving Free Inquiry, Transparency, and Accountability at Colleges and Universities*. O fundamento seria o de permitir a livre investigação e a possibilidade de que ideias concorrentes possam conviver.[15] Dessa forma, a Seção 3 da ordem executiva exige que diretores de agências (nos mais variados campos de estudos) criem meios de *compliance* para verificar se universidades que recebem investimento público de fato "promovem livre investigação".

## 5. AUTONOMIA UNIVERSITÁRIA E FEDERALISMO

A autonomia universitária, contudo, não se liga apenas a uma discussão sobre regimes políticos. Mesmo o federalismo tem algo a contribuir com a garantia de atuação autônoma das universidades. Heather Gerken (2010, p. 6), professora em Yale, advoga uma visão bastante expansiva do federalismo. A seu ver, e na ótica da Suprema Corte estadunidense, o federalismo potencializa a promoção de escolhas, competição, participação, experimentação e difusão do poder, valores que são fundamentais para as universidades. Há diferenças entre o que advogam os doutrinadores e o que advoga a Suprema Corte: enquanto esta defende a soberania dos

---

**14** A Polônia vem também enfrentando uma crescente escalada autoritária com o domínio político do partido *Law and Justice* (*PiS*), liderado por Jaroslaw Kaczynski, tendo como presidente Andrzej Duda e Primeiro-Ministro Mateusz Morawiecki. Seja por meio de ataques à independência do Poder Judiciário, seja por meio de um revisionismo do papel da Polônia no Holocausto, há diversos sinais que preocupam a comunidade acadêmica internacional. Cf. Sadurski (2019). O próprio jurista Wojciech Sadurski tem sido perseguido pelo governo do *PiS* por conta das críticas que tem dirigido a seus atos autoritários. Sadurski hoje enfrenta duas ações criminais e ação civil por ter se manifestado publicamente. Cf. BÚRCA, (2019, p. 1).

**15** Cf. https://www.whitehouse.gov/presidential-actions/executive-order-improving-free-inquiry-transparency-accountability-colleges-universities/. Acesso em: 23 mai. 2019.

Estados e uma autonomia *de jure*,[16] aqueles falam em uma autonomia *de facto* e na necessidade de ir além do discurso da soberania. De qualquer modo, a ênfase nas relações União e Estados tem sempre se dado em uma opção de saída (*exit*), ou seja, qual a efetiva possibilidade de minorias decidirem de modo diverso do que o centro determina ou quem é, efetivamente, imperador no seu próprio campo.

O que Gerken quer enfatizar é que Estados e outras instâncias de representação de minorias podem preferir voz, integração e interdependência (GERKEN, 2010, p. 7): podem ser servidores, ao invés de soberanos. Não apenas questionar políticas nacionais, mas cooperar com as mesmas. O termo *federalism-all-the-way-down* (algo como "federalismo até o final") é aqui utilizado para se referir aos arranjos institucionais em que minorias governam sem soberania.

É aqui que algumas perguntas de configuração aparecem. Em primeiro lugar, é preciso saber onde o poder deveria residir e, no mais das vezes, apenas Estados e Municípios são contados para efeitos de autonomia no federalismo americano. Seria o caso de problematizar se júris, administrações locais de escolas, escritórios de promotores eleitos e outras instituições não deveriam ser agregadas ao *federalism-all-the-way-down*. Também assume importância delimitar como se darão as relações entre centro e periferia, principalmente em termos de *accountability*. Por fim, é preciso perceber que dissenso e divisão também cumprem papéis integradores em uma democracia saudável. Gerken (2010, p. 10) quer levar adiante uma concepção centrípeta de federalismo em que vozes são dadas aos poderes locais para que eles reverberem debates nacionais e fortaleçam o sistema como um todo.

Gerken (2010, p. 20) irá explorar as dimensões não cooperativas do próprio federalismo cooperativo (em outras palavras, porque o dissenso contribui em um projeto coletivo) e mesmo quais são os elementos cooperativos de uma à primeira vista fria burocracia. A história constitucional americana teria direcionado o constitucionalismo de um federalismo centrado nos Estados para um federalismo centrado na nação. A questão

---

**16** Para a visão brasileira, parece confusa a terminologia soberania vs. autonomia utilizada pelos norte-americanos. É preciso sempre ter em mente o jogo de compartilhamento de poderes que estava na origem de cada uma das diversas formações iniciais dos federalismos estadunidense e brasileiro. Enquanto a federação americana se formou em um movimento centrípeto, a brasileira se originou em um movimento centrífugo. Tal lição comezinha, contudo, mostra que os Estados antifederalistas sempre preferiram o discurso da soberania detida anteriormente à federação, na vigência do tratado do *Articles of Confederation*.

é que a soberania dos Estados não é um obstáculo à descentralização do federalismo e a Constituição estadunidense de 1787 não barra que se avance mais. A teoria federalista americana tem caminhado na direção de entidades locais que melhor efetivariam valores protegidos pelo federalismo. Os chamados localistas, contudo, param nos Municípios. Seria possível perceber que discussões políticas aparentemente locais têm influência nacional: o debate sobre comunidades islâmicas próximas do marco zero na cidade de Nova York ou a comoção gerada pelo debate sobre teoria da evolução levado a cabo pela Secretaria de Educação do Texas tiveram impacto em políticas nacionais.

É preciso atentar para o fato de que as entidades de menor alcance, aquelas denominadas por Gerken (2010, p. 27) como *instituições com finalidades especiais*, não têm poder de sozinhas realizar políticas públicas. Seu autogoverno é vinculado ao centro. Com isto, elas servem de canal de comunicação com entidades como os Estados e a União. Além disso, elas não concedem nenhuma identidade àqueles que delas se beneficiam – indivíduos ou grupos a obtêm da entidade maior à qual júris, por exemplo, estão vinculados. De qualquer modo, não há óbice para que a lógica de cooperação mútua em um empreendimento coletivo, a própria *ratio* do federalismo, não possa "descer" para outras entidades.

Ora, no caso brasileiro, mesmo a divisão quadripartite do federalismo pós-1988 não pode ser tomada como um sistema fechado em si mesmo. Se levamos a sério a proposta de um federalismo *all-the-way-down* de Gerken, podemos enxergar em outras *instituições com finalidades especiais*, como as universidades, o *locus* de realização das ambições federalistas. Ora, não é por outra razão que administrativistas classificam as universidades como *autarquias especiais*. E, como já referido a partir de Ranieri, há, na Constituição de 1988, autonomia político-administrativa para União, Estados, Municípios e Distrito Federal (RANIERI, 2018, p. 951). Mas há também autonomia para partidos políticos, Poder Judiciário, Ministério Público, Defensorias Públicas, aos órgãos e entidades da administração direta e indireta, entidades desportivas e associações, instituições de pesquisa científica e tecnológica, sistemas de ensino, em regime de colaboração recíproca, e, é claro, universidades.

Daí que não se possa desconsiderar que, ante a fundamental importância da educação para o projeto de constitucionalismo social da Constituição de 1988, a entrega mensal de duodécimos às universidades públicas seja uma importante saída para o impasse gerado por cortes infundados no seu orçamento.

Vê-se, portanto, que autonomia universitária, democracia e federação encontram-se em uma simbiose que é estimulada e demandada pela Constituição de 1988. Ao abraçarmos o Estado Democrático de Direito logo no *caput* do art. 1º, o pluralismo político como constitutivo da República federativa do Brasil (art. 1º, inc. V), uma gama de direitos derivativos da liberdade de consciência e da liberdade de expressão, assim como o federalismo como cláusula pétrea (art. 60, § 4º, inc. I), além da educação como direito social (art. 6º), torna-se consectário do sistema instituído que as universidades possam gozar da autonomia universitária em todas suas dimensões: organizacional, financeira, de equipe e acadêmica.

## 6. ATACANDO A AUTONOMIA UNIVERSITÁRIA: OS CORTES ORÇAMENTÁRIOS NÃO FUNDAMENTADOS

Unindo a violação da autonomia universitária à obstáculos à democracia e ao federalismo brasileiro, o governo Bolsonaro tem promovido diversas medidas para minar o papel proeminente das universidades públicas brasileiras. No dia 30 de abril de 2019, o Ministério da Educação (MEC) anunciou, por meio do seu Secretário de Educação Superior, Arnaldo Barbosa de Lima Júnior, que "bloqueios" de recursos teriam sido realizados, preventivamente, sobre o orçamento do segundo semestre de todas as universidades públicas brasileiras. Em entrevista à TV Globo, o Secretário acrescentou que embora os bloqueios fossem isonômicos, seriam estabelecidos parâmetros para premiar determinadas universidades em detrimento de outras. Antes do referido anúncio, o Ministério da Educação já havia se manifestado a respeito de bloqueio efetuado no orçamento de três universidades federais: a Universidade Federal da Bahia (UFBA), a Universidade Federal Fluminense (UFF) e a Universidade de Brasília (UnB). A motivação para a limitação orçamentária seria o "(...) desempenho acadêmico abaixo do esperado" e a realização de eventos classificados como balbúrdia pelo Ministro da Educação, Abraham Weintraub (ESTADÃO, 2019, p. 1).

O art. 165 da Constituição de 1988 prevê que leis de iniciativa do Poder Executivo estabelecerão o plano plurianual, as diretrizes orçamentárias e os orçamentos anuais. Aquele mesmo dispositivo ainda estabelece, no seu § 3º, que o Poder Executivo publicará, em até trinta dias após o encerramento de cada bimestre, relatório resumido da execução orçamentária. Com base nesse relatório, é possível verificar se a arrecadação estimada foi alcançada. Caso a arrecadação estimada não se materialize, o art. 9º da Lei de Responsabilidade Fiscal (LRF) prevê a possibilidade de limitar empenhos ao final de um bimestre, para o cumprimento das metas de resultado primário ou nominal estabelecidas no Anexo de Metas Fiscais da Lei de Diretrizes Orçamentárias (LDO).

O estabelecimento de metas fiscais serve à gestão da máquina pública, para que o administrador, onde houver discricionariedade, não pratique "desperdícios ou imprudências", tendo como norte a ideia geral de que os gastos não devem se sobrepor à arrecadação. O administrador deve considerar, entretanto, que sua atividade está vinculada à persecução do bem comum e que os meios para alcançá-lo estão definidos na Constituição. Com base no art. 9º da LRF, o Decreto nº 9.741/2019 alterou, em 15 de fevereiro, o Decreto nº 9.711/2019. As modificações promovidas criaram uma "nova competência" para o Secretário Especial de Fazenda do Ministério da Economia (em seu art. 8º, inc. I), no sentido de permitir a ele ampliar os limites estabelecidos para os órgãos relacionados no Anexo I (dentre eles, o Ministério da Educação) até o valor de R$ 5.372.700.000,00 (cinco bilhões, trezentos e setenta e dois milhões, setecentos mil reais).

Foram definidos novos limites de empenho nos anexos ao decreto, sendo que a pasta da Educação sofreu a maior restrição orçamentária. As despesas discricionárias foram reduzidas para R$ 17.770.002.724 (dezessete bilhões, setecentos e setenta milhões, dois mil, setecentos e vinte e quatro reais), o que corresponde a um corte de 24,8% (vinte e quatro por cento e oito décimos). Em 2 de maio de 2019, foi editada a Portaria nº 144/2019, da Secretaria Especial de Fazenda, remanejando os limites de movimentação e empenho entre os ministérios que formam o Governo Federal.

Estabelecido o valor de contingenciamento por pasta, coube aos ministérios implementarem especificamente as limitações comentadas, nos termos do § 7º do art. 1º do Decreto n. 9.741/2019. Foi por meio do Sistema Integrado de Administração Financeira do Governo Federal (SIAFI) que as universidades tomaram conhecimento, então, dos bloqueios realizados pelo Ministério da Educação.

Apesar da alegação de que as limitações de empenho entre as universidades federais prezaram pela isonomia, porque foram realizados de maneira linear, seus efeitos impactaram de forma diferente cada universidade. Várias universidades foram a público declarar o risco de paralisação das suas atividades e de demissão de funcionários terceirizados, de descontinuar pesquisas e projetos de extensão e de reduzir a prestação de serviços públicos para a comunidade ao seu entorno. Em outras palavras, as diversas universidades e instituições de ensino federais protestaram e denunciaram o verdadeiro "caos no sistema da educação superior".

## 7. A DIMENSÃO PRESTACIONAL E FINANCEIRA DO DIREITO À EDUCAÇÃO: A FACE SOCIAL DA AUTONOMIA UNIVERSITÁRIA

O art. 6º da Constituição de 1988 garante, de forma expressa, o direito fundamental a educação. Em exaustivo detalhamento, estabelece a Constituição, em seu art. 205, que a educação é direito de todos e dever do Estado e da família. Fica firmado no texto constitucional, assim, que, se a todo cidadão está assegurado o direito à educação, em contrapartida, é dever do Estado e da família garantir esse direito a todos os brasileiros. Nesse mesmo compasso, o art. 208, inc. V, firma que o dever do Estado com a educação será efetivado mediante a garantia de acesso aos níveis mais elevados do ensino, da pesquisa e da criação artística. O art. 211, § 1º, de outro lado, determina que a União deve organizar o sistema federal de ensino e financiar as instituições de ensino públicas federais, exercendo função redistributiva e supletiva, de forma a garantir equalização de oportunidades educacionais. Completando o arcabouço constitucional aplicável, o art. 206, VII, firma que o ensino segundo um padrão de qualidade deve ser garantido.

Em síntese, existe consagrado no texto constitucional, de forma evidente, um dever constitucional de o Estado garantir uma educação superior de qualidade, sobretudo nas universidades e instituições de ensino públicas federais que, a propósito, cabe à União organizar. Portanto, o direito ao ensino superior de qualidade encontra, como contra face, a obrigação constitucional de a União garantir uma educação superior de qualidade. Redunda em inconstitucionalidade, assim, qualquer ato estatal que impossibilite o cumprimento dessa obrigação constitucionalmente firmada. De uma forma direta e simples, pode-se afirmar que atos governamentais que inviabilizem "ensino segundo um padrão de qualidade" nas universidades federais e instituições de ensino públicas federais, que necessariamente devem ser mantidas pela União, ferem preceitos fundamentais da Constituição.

Densificando tais normas constitucionais, o art. 55 da Lei de Diretrizes e Bases da Educação (Lei nº 9.394/1996), estabelece que cabe à União assegurar recursos suficientes para manutenção e desenvolvimento das instituições de educação superior por ela mantidas. O dispositivo legal confirma e reafirma uma obrigação constitucional expressamente consagrada de a União garantir uma educação superior de qualidade em suas universidades federais e instituições de educação superior. É nesse sentido, sob o ponto de vista financeiro, que se deve entender a Lei de Responsabilidade Fiscal (LRF).

A LRF, em seu art. 9, § 2º, estabelece que não podem ser objeto de limitação as despesas que constituam obrigações constitucionais e legais. Assim, ao estabelecer a possibilidade de contingenciamento de recursos, a LRF ressalvou expressamente as obrigações constitucionais (e legais), que não podem ser afetadas por cortes do governo, mesmo diante de crises. A toda evidência, portanto, nenhum ato do governo pode determinar contingenciamento que impossibilite o fluxo de recursos suficientes para se proporcionar um ensino superior de qualidade nas universidades públicas, porque essa é uma obrigação constitucional.

A educação brasileira vem sofrendo, nos últimos anos, cortes que ultrapassaram a cifra de R$ 25 bilhões. Se no Governo Dilma Rousseff (PT) foram bloqueados cerca de R$ 9,4 bilhões da educação, no Governo Michel Temer (MDB) o orçamento da educação voltou a ser alvo de cortes e reduções. O corte proporcionado pelo Governo Bolsonaro, por sua vez, fez o derradeiro sacrifício. Fica evidenciado que os cortes feitos impossibilitam o cumprimento de uma obrigação constitucional reforçada, ou seja, não permitem recursos suficientes para se proporcionar um ensino superior de qualidade nas universidades públicas.

De acordo com o Ministro Abraham Weintraub, que foi convocado recentemente (dia 15 de Maio de 2019) à Câmara dos Deputados para explicar a redução das verbas disponíveis para o setor, os cortes foram aplicados sobre gastos com água, luz, obras e compras de novos equipamentos, não incidindo sobre as despesas com salários de professores ativos e inativos ou sobre a assistência estudantil. Entretanto, como fica demonstrado à exaustão nas notas expedidas pelas mais diversas universidades federais e, sobretudo, pelas manifestações da Associação Nacional dos Dirigentes das Instituições Federais de Ensino (ANDIFES) (ANDIFES, 2019, p. 1), os cortes, de forma evidente e inquestionável, afetam a possibilidade de funcionamento regular das universidades, ofendendo, ainda, o princípio da continuidade da prestação dos serviços públicos. Os cortes impedem as universidades federais de cumprirem seu dever constitucional. Laboratórios param sem insumos e equipamentos; sem água e luz sequer salas de aula podem funcionar.

Como afirma Fernando Scaff (2019, p. 1), em cenários de crise, antes de se cortar os gastos, as normas financeiras determinam que o Poder Público deve contingenciar recursos, porque o orçamento anual é uma lei aprovada pelo Poder Legislativo e que, por isso, deve ser respeitada. O Poder Executivo, assim, não pode cortar gastos ultrapassando as determinações parlamentares, mas pode contingenciar. Contingenciar significa limitar empenhos e movimentação financeira. A cada bimestre, assim, se a receita prevista não permitir o cumprimento das metas de resultado primário ou nominal estabelecidas no Anexo de Metas Fiscais (nos termos do art. 9º, *caput*, da LRF), em razão de um cenário de crise, pode haver o contingenciamento, que deve, ainda, observar os critérios fixados pela LDO.[17]

Os gastos com educação (e saúde) são duplamente protegidos, porque possuem fonte própria de financiamento mínimo estabelecida na Constituição e estão inseridos na proteção das cláusulas pétreas (art. 60, § 4º, inc. IV). O que exceder o mínimo constitucional deve constar da Lei Orçamentária Anual, sendo também protegido, pois se configura em obrigação constitucional da União e obrigação legal para aquele exercício. Para Scaff, "o financiamento educacional é protegido constitucionalmente, não só no nível mínimo, mas também pelo que o Poder Legislativo tiver alocado além do mínimo, uma vez que, em ambos os casos, se trata de uma obrigação constitucional da União", porque há uma prevalência das normas da Constituição sobre as do Poder Legislativo, e destas sobre as normas do Poder Executivo. Nesse compasso, arremata o autor que o papel do STF é exatamente este: "proteger a Constituição de ataques, venham de onde vierem". Portanto, em suas palavras, "é necessário que o STF proteja a Constituição, pois é ela que nos une em patamares mínimos de convivência civilizatória e contra os arbítrios" (SCAFF, 2019, p. 1.).

---

**17** "A Constituição estabeleceu uma espécie de federalismo educacional determinando que os Municípios atuem prioritariamente no ensino fundamental e na educação infantil (artigo 211, parágrafo 2º), e determinou também que os Estados e o Distrito Federal atuem prioritariamente no ensino fundamental e médio (artigo 211, parágrafo 3º). À União cabe organizar o sistema federal de ensino, financiando as instituições de ensino públicas federais e exercendo a função redistributiva e supletiva em matéria educacional, de forma a garantir equalização de oportunidades educacionais e padrão mínimo de qualidade do ensino mediante assistência técnica e financeira aos demais entes federados (artigo 211, parágrafo 1º), de forma colaborativa (artigo 211, caput). [...]

Em síntese: a Constituição obriga a União a organizar o sistema federal de ensino, financiar as instituições de ensino públicas federais e exercer a função redistributiva e supletiva em matéria educacional, tudo conforme o artigo 211 da Constituição, acima descrito. Ou seja, esta é uma obrigação constitucional do ente federado União, que não pode ser contingenciada — ou, no jargão, "não pode ser objeto de limitação".

Eis o ponto. Esse parágrafo da Lei de Responsabilidade Fiscal impede que seja feito o contingenciamento dos gastos com educação, pois ele se constitui em obrigação constitucional da União. As escolhas difíceis decorrentes do encurtamento do lençol orçamentário não podem alcançar os gastos com educação, pois eles não podem ser contingenciados, conforme a Lei de Responsabilidade Fiscal. Simples assim" (SCAFF, 2019, p. 1).

O "caos no ensino superior", que inviabiliza o funcionamento adequado das universidades públicas federais, provoca atraso cultural e tecnológico, acarretando reflexos evidentes nos campos econômico e social. Da mesma forma, as universidades são espaços onde o debate livre de ideias e o exercício do pensamento crítico possibilitam a construção de uma verdadeira democracia constitucional. Nesse compasso, o "caos educacional" no ensino superior redunda em descumprimento de preceito fundamental da Constituição, na medida em que acarreta uma espécie de "estado de coisas inconstitucional na educação".

A propósito, existe relevante precedente no STF no qual se reconheceu a impossibilidade de contingenciamento que propicie uma espécie de "caos". Trata-se da decisão exarada na Medida Cautela na ADPF 347,[18] na qual se excluiu qualquer interpretação que permitisse o contingenciamento do Fundo Penitenciário Nacional (FUNPEN), criado pela Lei Complementar 79/1994, em razão de se haver proporcionado um quadro de violação massiva e persistente de direitos fundamentais ("estado de coisas inconstitucional"). Em outras palavras, o STF reconhece que o caos administrativo capaz de proporcionar um quadro de violação massiva de direitos fundamentais dá ensejo a um "estado de coisas inconstitucional" que impede o contingenciamento de recursos.[19] Por certo, a solução do presente caso é muito mais simples do que a que deu ensejo à ADPF 347, porque demanda tão somente o afastamento do ato gerador da tormenta na educação.

O contingenciamento não pode impossibilitar o funcionamento regular dos entes federais e, como notório e demonstrado, o bloqueio levado a cabo compromete o pagamento de serviços básicos de manutenção (água, luz etc.); a aquisição de insumos e suprimentos essenciais para salas de aula e laboratórios. É patente a asfixia causada, que inviabiliza o ensino superior. Mesmo em um período de grave restrição fiscal, a Constituição de 1988 estabelece que gastos públicos com educação e saúde precisam ser preservados. A propósito, se é dever da União assegurar recursos suficientes para a manutenção das instituições de educação superior, a autonomia universitária apenas pode ser assegurada com recursos que garantam o funcionamento regular das universidades. Constitucionalmente, a educação não é moeda de troca, mas deve ser prioridade de governo.

---

**18** BRASIL. STF. ADPF 347 MC, Rel. Min. Marco Aurélio, j. 9/9/2015, DJe de 19/2/2016.

**19** Não se está aqui a acatar pura e simplesmente a técnica decisional da Corte Constitucional Colombiana, principalmente da forma como o STF pretendeu fazer. O que se quer apontar é o quadro de múltiplas violações à Constituição que os cortes geram.

## 8. AUTONOMIA UNIVERSITÁRIA E AUTONOMIA FINANCEIRA

A autonomia financeira outorga à universidade o direito de gerir e aplicar os seus próprios bens e recursos, em função de objetivos didáticos, científicos e culturais já programados. Esse aspecto da autonomia universitária não tem o condão de exonerar a universidade dos sistemas de controle interno e externo. A autonomia financeira, portanto, existe para que as universidades não fiquem a mercê dos humores, inclinações ou interesses do Executivo, e funciona como um escudo protetor para que as universidades não sejam coagidas ou manipuladas, ou seja, é fundamental para que exista autonomia universitária.

A autonomia financeira, nos exatos termos do art. 207, *caput*, 206, inc. VII e 211, § 1º, traduz o dever do Estado de prover as universidades públicas com os meios econômicos necessários ao desempenho de suas missões constitucionais, por meio de um sistema no qual o acesso aos recursos não dependa de decisões discricionárias ou arbitrárias de órgãos políticos. O modelo de contingenciamentos discricionários, sem fundamentação adequada e desprovido de critérios gerais e impessoais, e que vem sendo praticado com relação às verbas orçamentárias destinadas às instituições de ensino superior revela incontestável e grave violação à autonomia financeira das universidades. As decisões que lastrearam o contingenciamento praticado, desarrazoadas, e sem qualquer fundamentação adequada, nesse compasso, são flagrantemente inconstitucionais porque ofendem diretamente o aspecto autonomia financeira do princípio da autonomia universitária.

## 9. AUTONOMIA DIDÁTICO-CIENTÍFICA E FRAUDE À CONSTITUIÇÃO

A ideia de autonomia universitária estabelece um limite intransponível para o Estado, na medida em que impede a interferência nas decisões tomadas no seio das universidades públicas, sobretudo naquilo que diz respeito às ideias de "liberdade de cátedra" e de "liberdade de expressão". As universidades não põem ser manipuladas ou coagidas, mas devem ser dotadas de capacidade de serem "autoras de suas vidas". A autonomia universitária existe para que instituições de ensino não fiquem reféns de nenhum governo e para que o pluralismo, componente essencial da democracia seja assegurado. O governo, portanto, não pode intervir no conteúdo pedagógico ou firmar uma orientação ideológica qualquer, sob pena de ofender o aspecto autonomia didático-científica do princípio da autonomia universitária. A propósito, é por isso que debates políticos nas universidades são bem-vindos,[20] porque é assim que se constrói uma democracia com pluralismo.[21]

Se o Decreto 9.741/2019, as Portarias do Secretário Especial de Fazenda e os atos do Ministério da Educação não primam pela transparência, nas declarações do Ministro Weintraub sobraram ameaças de retaliação financeira para impedir o livre exercício do pensar. A comunidade acadêmica ficou chocada com a afirmação do Ministro de que o bloqueio de R$ 5,8 bilhões visaria conter a "balbúrdia" nos *campi* e de que a reversão do contingenciamento dependeria da "aprovação da nova Previdência". Por um lado, a motivação relevada do ato evidenciou uma espécie de barganha política para conseguir apoio para a aprovação de reformas; por outro, ficou claro que orientações ideológicas guiaram os cortes, ou seja, limitações à liberdade de expressão seriam necessárias para afastar os contingenciamentos.

A intenção de interferir na condução e nos conteúdos pedagógicos das universidades federais traduz ofensa ao princípio da autonomia universitária assegurado pela Constituição, assim como aos princípios democrático e do federalismo por ela instituídos. Ações que firam a autonomia didático-científica das universidades federais ofendem, da mesma forma, o art. 206, inc. III, que garante o "pluralismo de ideias e de concepções

---

**20** A propósito, como se pode verificar em Notícias do STF de 31 out. 2018 (http://www.stf.jus.br/portal/cms/verNoticiaDetalhe.asp?idConteudo=394447. Acesso em: 18 mai. 2019), o Ministro Gilmar Mendes, no julgamento da ADPF 548, propõe medidas para proteger a liberdade de cátedra e as liberdades acadêmicas inclusive no âmbito das relações privadas, individuais ou institucionais. O Ministro registrou o caso de incitação à violação à liberdade de cátedra pela Deputada Estadual eleita Ane Caroline Campagnolo (PSL/SC), que abriu um canal para que alunos denunciassem professores que supostamente estivessem fazendo manifestações político-partidárias em sala de aula. Em suas palavras: "Mostra-se inadmissível que, justamente no ambiente que deveria imperar o livre debate de ideias, se proponha um policiamento político-ideológico da rotina acadêmica. [...] A política encontra na universidade uma atmosfera favorável que deve ser preservada. Eventuais distorções na atuação política realizada no âmbito das universidades mereceriam ser corrigidas não pela censura, mas pela ampliação da abertura democrática".

**21** "A ideia de autonomia universitária, como poder de autodeterminar-se, de dirigir suas atividades e seus destinos, está ligada à universidade desde as suas origens e tem-se mantido, ao longo de sua história, até os nossos dias, como uma exigência permanente que emana da própria natureza da instituição universitária. No seu processo de formação, a universidade surge como vontade de liberdade. A gênese da universidade medieval pode ser caracterizada como luta, por vezes, dramática, para afirmar sua autonomia. [...] Desde o seu início, a universidade teve bastante forte a consciência de suas liberdades, como condição fundamental de sua existência" (SUCUPIRA in HORTA, 2007, p. 134-135).

pedagógicas". Ademais, atos estatais nessa direção ofendem, antes de tudo, a moralidade administrativa. A intenção de interferir nas universidades fica mais evidenciada ainda com a recente publicação do Decreto nº 9.725/2019, por meio do qual o Governo Federal extinguiu cargos em comissão, funções de confiança e limitou a ocupação, a concessão ou a utilização de gratificações vinculadas ao ensino superior.

Se os contingenciamentos praticados ofendem diretamente a ideia de "autonomia financeira", o seu manejo para impor limitações à autonomia didático-científica das universidades federais revela uma verdadeira "fraude à Constituição". Em outras palavras, os cortes e os atos praticados que tem a finalidade de interferir no conteúdo pedagógico e de firmar uma orientação ideológica qualquer revelam um caso de *coerção* sobre a atividade das universidades, uma genuína violação ao que Joseph Raz denominou de "condições da autonomia", é dizer das capacidades para se levar uma vida genuinamente autônoma. De acordo com Raz, as condições da autonomia são complexas e consistem em "três componentes distintos: capacidades mentais apropriadas, um leque adequado de opções e a independência" (RAZ, 1986, p. 372). Trata-se de uma forma de coerção sobre a universidade – enquanto instituição – porque esse proceder "extrai" dela o leque adequado de opções, tornando-a "paralisada e por conseguinte incapaz de obter vantagens das opções que lhe são oferecidas" (RAZ, 1986, p. 373).

A "fraude à lei", consagrada pelo direito e pela doutrina pátria, ocorre quando o agente, para escapar dos resultados previstos por uma norma específica (que deveria ser aplicada), se vale de outra dada para finalidades distintas. A fraude à lei se verifica quando se intenta amparar um resultado contrário a uma lei em outra disposição, dada, em verdade, com uma finalidade diferente. A fraude à lei pressupõe a presença de duas normas: uma *norma instrumento de cobertura* e uma *norma fraudada* (ATIENZA e RUIZ MANERO, 2000, p. 74). Supõe-se que um determinado resultado, cuja consecução pelos meios jurídicos normais seria esperada, pode ser conseguido por meio de outros meios jurídicos, que natural e primariamente têm fins diversos.

A diferença entre a fraude a lei e a atividade *contra legem* está no fato de que, no último caso, verifica-se uma infração frontal e aberta a uma norma imperativa, ao passo que, na fraude à lei, não se ataca frontalmente a norma fraudada, mas se realizam negócios jurídicos tendentes a substituir tal norma, para que em seu lugar se aplique outra, que favoreça os resultados desejados. Trata-se, portanto, de uma vulneração oblíqua a uma norma proibitiva ou imperativa, inderrogável pela vontade das partes.

A doutrina mais moderna entende que o conceito, hoje, pode ser tomado como uma cláusula geral do direito aplicável a todos os casos de elisão normativa. A forma mais adequada de se entender a cláusula geral, portanto, é a de que a fraude à lei pressupõe uma "circunvolución de la ley", ou como enfatiza a mais atualizada doutrina, "(...) se utiliza un medio indirecto para eludir la aplicación de la norma, tratando de ampararse en otra ley que sólo de manera aparente protege o ato realizado" (ROSEMBUJ, 1994, p. 19-29). Os atos em fraude à lei são realizados (1) ao amparo de um texto legal de uma norma e (2) perseguem um fim proibido pelo ordenamento jurídico ou contrário a ele, (3) impedindo a aplicação da norma fraudada.

Quanto ao primeiro ponto, pode-se verificar que a fraude à lei é passível de se materializar com a realização de um ato ou de uma cadeia de atos combinados, sendo que, nesse último caso, pode-se verificar a mais perfeita licitude dos atos tomados isoladamente. Quanto ao segundo, ele traz à baila a questão de se saber se a fraude à lei exige a intenção fraudulenta do agente, ou se, ao contrário, basta que se verifique o resultado antijurídico (proibido ou contrário ao ordenamento jurídico). Como assinala Tulio Rosembuj (1994), não é necessário que a pessoa que realiza o ato tenha a intenção de burlar a lei, porque o objetivo derradeiro da doutrina da fraude à lei é o de defender o cumprimento das normas e não a repressão de qualquer intenção maliciosa.[22]

Quanto ao terceiro requisito, doutrinariamente, se a atividade *contra legem* tem como sanção a nulidade do ato, na fraude à lei, aplica-se a norma fraudada. Se a norma fraudada é imperativa ou proibitiva, o ato será nulo; por outro lado, nos demais casos, o ato será válido, entretanto os seus efeitos serão dados pelo previsto na norma elidida.

A fraude à lei é um atentado contra a finalidade do ordenamento jurídico como um todo, ou seja, abrange atos que perseguem um resultado proibido ou contrário ao ordenamento jurídico em uma consideração global. Tal como a lei, a Constituição pode ser fraudada. A fraude à Constituição se dá quando ela é fraudada por atos que atacam ou distorcem o modelo firmado constitucionalmente. Tal como na fraude à lei, na fraude à constituição ocorre uma *circunvolución de la Constitución*. Não ocorre uma inconstitucionalidade direta e flagrante, uma infração frontal e aberta à norma constitucional, mas uma espécie de vulneração oblíqua aos mandamentos constitucionais.

---

22 Na mesma direção, Manuel A. Domingues de Andrade (1987, p. 337-340) afirma que, na verificação da *fraudem legis*, não é determinante a pesquisa de intenções. Em suas palavras: "É necessário e suficiente para haver fraude à lei que tal situação ou resultado esteja em contraste com a finalidade legal".

Com a finalidade de interferir na "liberdade de cátedra" e na "liberdade de expressão" das universidades federais, os atos do Ministro da Educação buscaram apoio na possibilidade jurídica de se efetuar contingenciamentos. Com suporte em uma "norma de cobertura", os atos foram praticados para afastar (fraudar) a aplicação de uma "norma fraudada". Buscando amparo no art. 165 da Constituição, densificado, sobretudo, pelo art. 9º da LRF, que embasam a possibilidade de se fazer contingenciamentos (norma de cobertura), os atos estatais aqui questionados são praticados para afastar a proibição firmada pela CRFB/88 de o governo intervir na "liberdade de cátedra" e na "liberdade de expressão". Em outras palavras, o Decreto 9.741/2019, as Portarias do Secretário Especial de Fazenda e os atos do Ministério da Educação se amparam em uma *normatização de cobertura* dada para finalidades diversas e embasam medidas que pretendem atacar a autonomia didático-científica das universidades federais (*norma fraudada*).

Trocando em miúdos, o arcabouço normativo que ampara a possibilidade de efetuar contingenciamentos funciona como norma de cobertura para que o Governo possa desatender a proibição de interferência posta pela ideia de autonomia didático-científica (norma fraudada). A fraude à Constituição é evidenciada pelo ataque ao art. 207 da Constituição (autonomia didático-científica). Se a autonomia financeira das universidades é diretamente atacada, os contingenciamentos fazem, a toda evidência e de forma inquestionável, uma *circunvolución de la Constitución*, ou seja, fraudam a proibição de interferência nas universidades. A autonomia didático-científica sofre uma espécie de vulneração oblíqua. Ora, não há modo mais contemporâneo de se levar adiante um empreendimento autoritário do que vesti-lo com roupas pretensamente jurídicas. A Constituição e o direito passam a prestar um mero papel legitimador quando assim instrumentalizados.

## 10. RESTRINGINDO A AUTONOMIA ADMINISTRATIVA

Há, ainda, mais espaço para uma segunda ordem de ataques às universidades. Após o Presidente Bolsonaro criticar cursos como Sociologia e Filosofia, sugerindo uma "descentralização" de recursos pouco esclarecida (G1, 2019, p. 1), promover o corte acima mencionado, desqualificar manifestações de estudantes, professores e servidores (ONOFRE, 2019, p. 1), o Governo ainda atacaria em outro flanco. Desse modo, o perfil autoritário se torna ainda mais saliente, obrigando a comparação com regimes como o de Victor Orbán (ALESSI, 2019, p. 1). Isto se tornou concreto, uma vez mais, com o Decreto 9.794, de 14 de maio de 2019, que tratou de alterar diversas questões relativas à nomeação, designação, exoneração e dispensa em cargos de comissão e funções de confiança na órbita federal.

O Decreto 9.794/2019 fere de morte a autonomia administrativa das universidades e, por consequência, a autonomia universitária. De um lado, nomeações e exonerações para cargos de reitores e vice-reitores, classificados na Administração Federal como equivalentes a nível 5 e 6 de do Grupo-Direção e Assessoramento Superiores – DAS, passam a depender de aval do Ministro-Chefe da Casa Civil.[23] Além disso, passa a caber à Secretaria de Governo avaliar indicações para provimento de cargos e funções no âmbito das instituições federais de ensino superior, com consulta ao chamado SINC (Serviço Integrado de Nomeações e Consultas).[24] Assim, não bastassem essas autoritárias regras de fixação da nomeação de cargos que irão atingir reitores e pró-reitores (e, dessa forma, também minando a autonomia universitária "por dentro"), o Decreto 9.794/2019 também institui uma sistemática só mesmo parecida com a dos mais autoritários sistemas políticos.

---

[23] "Art. 4º Fica delegada competência ao Ministro de Estado Chefe da Casa Civil da Presidência da República para nomear e exonerar os ocupantes de cargos em comissão e designar e dispensar os ocupantes de funções de confiança no âmbito da administração pública federal direta, autárquica e fundacional nas seguintes hipóteses:

I - quando se tratar de cargo ou função de nível equivalente a 5 e 6 do Grupo-Direção e Assessoramento Superiores - DAS;

(...)".

[24] "Art. 15. A consulta ao Sinc poderá ser realizada:

(...)

V - para o provimento de cargos e funções cuja competência de nomeação esteja no âmbito:

(...)

b) das instituições federais de ensino superior;

(...).

Art. 22. Compete à Secretaria de Governo da Presidência da República:

I - avaliar as indicações dos incisos II a V do caput do art. 14, do inciso V do caput do art. 15, de dirigente máximo de instituição federal de ensino superior e para nomeação ou designação para desempenho ou exercício de cargo, função ou atividade no exterior;

II - decidir pela conveniência e oportunidade administrativa quanto à liberação ou não das indicações submetidas à sua avaliação; e

III - solicitar à Casa Civil da Presidência da República as informações complementares acerca dos registros de que trata o § 2º do caput do art. 18, e a verificação de vida pregressa de pessoas cogitadas para cargos e funções no âmbito do Poder Executivo federal de que trata o inciso II do caput do art. 15.

(...)".

O Sistema Integrado de Nomeações e Consultas (SINC), somado à chamada "verificação de vida pregressa" só tem comparativo com o funesto Sistema Nacional de Informações (SNI) da ditadura de 1964-1985, de triste lembrança. Ele pode se constituir em um verdadeiro banco de dados de vigilância de docentes que, no âmbito da universidade, venham a desagradar o governo da vez. Para detentores do poder político pouco preocupados com a transparência (basta lembrar do Decreto 9.690/2019, que buscou estender as hipóteses de sigilo de documentos públicos e foi desafiado pela Câmara dos Deputados), o manejo de tal banco de dados, em uma era de vigilância facilitada pela internet, pode se tornar verdadeira arma de desmonte da crítica e da investigação científica a ela correlata. Como qualificou Eloísa Machado, trata-se da consagração de verdadeiro "governo inconstitucional" (MACHADO, 2019, p. 1).

Como destacado pelo partido político REDE Sustentabilidade na inicial da ADI 6.140, ajuizada contra o Decreto 9.794/2019, os dispositivos dele constantes violam a Constituição de 1988.[25] Agride-se o art. 37 e sua delimitação do princípio da legalidade: afinal de contas, o decreto cria requisitos não exigidos pela lei para a nomeação dos cargos de reitores e pró-reitores. De fato, nem mesmo a Lei 5.540/1968, editada em plena ditadura, ia tão longe a ponto de exigir "verificação de vida pregressa".[26] O mesmo se dá em relação à Lei 11.892/2008, que trata dos

---

**25** Cf. https://politica.estadao.com.br/blogs/fausto-macedo/wp-content/uploads/sites/41/2019/05/Ação-Rede-universidades.pdf. Acesso em: 24 mai. 2019.

**26** "Art. 16. A nomeação de Reitores e Vice-Reitores de universidades, e de Diretores e Vice-Diretores de unidades universitárias e de estabelecimentos isolados de ensino superior obedecerá ao seguinte: (Redação dada pela Lei nº 9.192, de 1995)

I - o Reitor e o Vice-Reitor de universidade federal serão nomeados pelo Presidente da República e escolhidos entre professores dos dois níveis mais elevados da carreira ou que possuam título de doutor, cujos nomes figurem em listas tríplices organizadas pelo respectivo colegiado máximo, ou outro colegiado que o englobe, instituído especificamente para este fim, sendo a votação uninominal; (Redação dada pela Lei nº 9.192, de 1995)

II - os colegiados a que se refere o inciso anterior, constituídos de representantes dos diversos segmentos da comunidade universitária e da sociedade, observarão o mínimo de setenta por cento de membros do corpo docente no total de sua composição; (Redação dada pela Lei nº 9.192, de 1995)

III - em caso de consulta prévia à comunidade universitária, nos termos estabelecidos pelo colegiado máximo da instituição, prevalecerão a votação uninominal e o peso de setenta por cento para a manifestação do pessoal docente em relação à das demais categorias; (Redação dada pela Lei nº 9.192, de 1995)

IV - os Diretores de unidades universitárias federais serão nomeados pelo Reitor, observados os mesmos procedimentos dos incisos anteriores; (Redação dada pela Lei nº 9.192, de 1995)

institutos federais. Cuida-se, mais uma vez, de uma patologia do atual governo: editar decretos para fugir do debate legislativo e, no mais das vezes, de modo flagrantemente inconstitucional. O Decreto 9.794/2019 procura fraudar a própria Lei 5.540/1968 e viola frontalmente o que dispõe o art. 207 da Constituição de 1988.

O Decreto 9.794/2019 segue uma lógica de ataque às universidades que se iniciou com outro provimento do Executivo federal, o já mencionado Decreto 9.725/2019. Este promoveu a extinção de milhares de cargos em comissão e funções de confiança nas universidades federais, totalizando 21 mil posições (ANDES, 2019, p. 1). É claro que isto terá drásticos efeitos administrativos: funções de gestão que eram remuneradas por meio da atribuição de funções de confiança poderão deixar de ter remuneração específica, desencorajando docentes que, principalmente, tenham uma posição crítica em relação às políticas educacionais federais.

## 11. CONCLUSÕES

Nesse compasso é que se pode afirmar que a autonomia didático-científica não existe para atender aos interesses da universidade ou mesmo da comunidade acadêmica, mas ela traduz garantia fundamental do papel da universidade na divulgação livre do conhecimento, da formação profissional e do desenvolvimento científico. No Estado Democrático de Direito, apenas com a produção de conhecimento de qualidade e com reflexão crí-

---

V - o Diretor e o Vice-Diretor de estabelecimento isolado de ensino superior mantido pela União, qualquer que seja sua natureza jurídica, serão nomeados pelo Presidente da República, escolhidos em lista tríplice preparada pelo respectivo colegiado máximo, observado o disposto nos incisos I, II e III; (Incluído pela Lei nº 9.192, de 1995)

VI - nos casos em que a instituição ou a unidade não contar com docentes, nos dois níveis mais elevados da carreira ou que possuam título de doutor, em número suficiente para comporem as listas tríplices, estas serão completadas com docentes de outras unidades ou instituição; (Incluído pela Lei nº 9.192, de 1995)

VII - os dirigentes de universidades ou estabelecimentos isolados particulares serão escolhidos na forma dos respectivos estatutos e regimentos; (Incluído pela Lei nº 9.192, de 1995)

VIII - nos demais casos, o dirigente será escolhido conforme estabelecido pelo respectivo sistema de ensino. (Incluído pela Lei nº 9.192, de 1995)

Parágrafo único. No caso de instituição federal de ensino superior, será de quatro anos o mandato dos dirigentes a que se refere este artigo, sendo permitida uma única recondução ao mesmo cargo, observado nos demais casos o que dispuserem os respectivos estatutos ou regimentos, aprovados na forma da legislação vigente, ou conforme estabelecido pelo respectivo sistema de ensino."

tica é que se pode criar as condições para a existência de uma democracia. A universidade, antes de tudo, é um espaço de reflexão crítica e de livre debate de ideias, absolutamente necessário para fazer funcionar a democracia. Nesse sentido é que a ideia de autonomia didático-científica ganha relevo.

As medidas recentes do Governo Bolsonaro têm promovido um ataque à autonomia universitária minando sua capacidade de subsistência. Cuida-se de verdadeiras "fraude à Constituição" e "fraude à lei", em que argumentos de ordem financeira, em verdade, mascaram objetivos de ordem ideológica. Na esteira de outros governos autoritários do momento, evita-se violar diretamente a ordem jurídica e mascaram-se violações da Constituição de 1988 por meio de subterfúgios apenas aparentemente legais e constitucionais. Como se pôde demonstrar ao longo do presente artigo, a Constituição de 1988 e suas concepções de democracia e federalismo não permitem tal desnaturação da autonomia universitária, que precisa ter seu caráter normativo resgatado.

## REFERÊNCIAS BIBLIOGRÁFICAS

ALESSI, Gil. "Plano de Bolsonaro para 'desesquerdizar' educação vai além do Escola Sem Partido". *El País*, 23 maio 2019, https://brasil.elpais.com/brasil/2019/05/20/politica/1558374880_757085.html. Acesso em: 24 mai. 2019.

ANDES. Decreto extingue funções gratificadas nas IFE. *ANDES*, 14 mar. 2019, http://www.andes.org.br/conteudos/noticia/decreto-extingue-funcoes-gratificadas-nas-instituicoes-federais-de-ensino1. Acesso em: 3 jun. 2019.

ANDIFES. A Andifes disponibiliza dados orçamentários e sobre o Sistema Público de Universidades Federais. *ANDIFES*, 14 maio 2019, http://www.andifes.org.br/painel-dos-cortes/. Acesso em: 3 jun. 2019.

ANDRADE, Manuel A. Domingues de. *Ensaio sobre a teoria da interpretação das leis*. 4. ed. Coimbra: Arménio Amado, 1987.

ATIENZA, Manuel; RUIZ MANERO, Juan. *Ilícitos Atípicos: sobre el abuso del derecho, el fraude de ley y la desviación de poder*. Madri: Trotta, 2000.

BRASIL. STF. ADI 2.367 MC, Rel. Min. Maurício Corrêa, j. 5-4-2001, *DJ de 5-3-2004*.

BRASIL. STF. ADI 3.792, Rel. Min. Dias Toffoli, j. 22-9-2016, *DJe de 1º-8-2017*.

BRASIL. STF. ADPF 347 MC, Rel. Min. Marco Aurélio, j. 9/9/2015, *DJe de 19/2/2016*.

BRASIL. ADPF 548-MC-Ref. Rel. Min. Cármen Lúcia, j. 31-10-2018, *Informativo 922*.

BRASIL. STF. RE 561.398 AgR, Rel. Min. Joaquim Barbosa. J. 23-6-2009, 2ª T, *DJe de 7-8-2009*.

BÚRCA, Gráinne de. MORIJN, John. "Open Letter in Support of Professor Wojciech Sadurski". *Verfassungsblog*, 6 maio 2019, https://verfassungsblog.de/open-letter-in-support-of-professor-wojciech-sadurski/. Acesso em: 23 maio 2019.

CENTRAL EUROPEAN UNIVERSITY. *CEU to Open Vienna Campus for U.S. Degrees in 2019; University Determined to Uphold Academic Freedom*, 25 out. 2018. https://www.ceu.edu/article/2018-10-25/ceu-open-vienna-campus-us-degrees-2019-university-determined-uphold-academic. Acesso em: 21 mai. 2019.

DALY, Tom. Democratic Decay: Conceptualising an Emerging Research Field. Hague Journal on the Rule of Law, vol. 11, n. 1, 2019. p. 9-36.

ESTADÃO. MEC cortará verba de universidade por 'balbúrdia' e já enquadra UnB, UFF e UFBA. *Estadão,* 30 abr. 2019. https://educacao.estadao.com.br/noticias/geral,mec-cortara-verba-de-universidade-por-balburdia-e-ja-mira-unb-uff-e-ufba,70002809579. Acesso em: 18 maio 2019.

ELKINS, Zachary. "Is the Sky Falling? Constitutional Crisis in Historical Perspective". *In*: GRABER, Mark. LEVINSON, Sandford. TUSHNET, Mark. *Constitutional Democracy in Crises?*. Oxford: Oxford University Press, 2018, p. 49-66.

FÁVERO, Maria de Lourdes de Albuquerque. "A Universidade no Brasil: das origens à Reforma Universitária de 1968". *Educar*, n. 28, 2006, p. 17-36.

G1. "Bolsonaro diz que MEC estuda 'descentralizar' investimento em cursos de filosofia e sociologia". *G1*, 26 abr. 2019, https://g1.globo.com/educacao/noticia/2019/04/26/bolsonaro-diz-que-mec-estuda-descentralizar-investimento-em-cursos-de-filosofia-e-sociologia.ghtml. Acesso em: 24 maio 2019.

GERKEN, Heather. The Supreme Court 2009 Term Foreword: Federalism All The Way Down. *Harvard Law Review*, v. 124, n. 4, 2010. p. 4-74.

HELLER, Agnes. "Por que a Hungria se rendeu ao extremista Orbán e como controlar o ensino é essencial para seu projeto". *El País*, 23 mai. 2019. https://brasil.elpais.com/brasil/2019/04/18/actualidad/1555585620_542476.html. Acesso em: 23 maio 2019.

LANDAU, David. "Abusive Constitutionalism". *U.C. Davis Law Review*, 47, 2013. p. 189–260.

MACHADO, Eloísa. "O governo inconstitucional". *Piauí*, 16 mai. 2019, https://piaui.folha.uol.com.br/o-governo-inconstitucional/. Acesso em: 24 maio 2019.

MOTTA, Rodrigo Patto Sá. *As universidades e o regime militar*. Rio de Janeiro: Zahar, 2014.

ONOFRE, Renato. "Bolsonaro volta a chamar manifestantes de 'idiotas úteis'". *O Estado de S. Paulo*, 18 mai. 2019, https://educacao.estadao.com.br/noticias/geral,bolsonaro-volta-a-chamar-manifestantes-de-idiotas-uteis,70002834657. Acesso em: 24 maio 2019.

PLENCOVITCH, María Cristina et al. "Algunos atributos de la autonomía universitaria en la Argentina, Brasil y México: otra vuelta de tuerca". *Debate Universitario*, n. 7, 2015, p. 69-86.

RANIERI, Nina. "Trinta anos de autonomia universitária: resultados diversos, efeitos contraditórios". *Educ. Soc.*, v. 39, n. 145, 2018. p. 946-961.

RAZ, Joseph. *Morality of Freedom*. Oxford: Oxford University Press, 1986.

ROSEMBUJ, Tulio. *El fraude de ley y el abuso de las formas en el derecho tributario*. Madrid: Marcial Pons, 1994.

SADURSKI, Wojciech. *Poland's Constitutional Breakdown*. Oxford: Oxford University Press, 2019.

SCAFF, Fernando Facury. Contas à vista. É proibido proibir: notas sobre o bloqueio de verbas para a educação. *Revista **Consultor Jurídico***, 14 maio 2019. https://www.conjur.com.br/2019-mai-14/contas-vista-eproibido-proibir-notas-bloqueio-verbas-educacao. Acesso em: 15 maio 2019.

STANLEY, Jason. *Como funciona o fascismo: a política do "nós" e "eles"*. Trad. Bruno Alexander. São Paulo: L&PM, 2018.

SUCUPIRA, Newton. Amplitudes e limites da autonomia universitária. Parecer n. 76. In: HORTA, José Luiz Borges. *Direito constitucional da educação*. Belo Horizonte: Decálogo, 2007.

TRAVINCAS, Amanda. *A tutela jurídica da liberdade acadêmica no Brasil: a liberdade de ensinar e seus limites*. Tese de Doutorado. Porto Alegre: Programa de Pós-Graduação em Direito da PUC/RS, 2016.

UITZ, Renáta. "What Being Left Behind by the Rule of Law Feels Like, Part I", *Verfassungsblog*, 29 out. 2018, https://verfassungsblog.de/what-being-left-behind-by-the-rule-of-law-feels-like-part-i/. Acesso em: 21 maio 2019.

VAROL, Ozan. "Stealth Authoritarianism in Turkey". *In:* GRABER, Mark. LEVINSON, Sandford. TUSHNET, Mark. *Constitutional Democracy in Crises?*. Oxford: Oxford University Press, 2018, p. 339-354.

# PODER JUDICIÁRIO E PRINCÍPIO
# FEDERATIVO NO BRASIL

BÁRBARA MARIA GALVÃO VIEIRA[1]
EMÍLIO PELUSO NEDER MEYER[2]

1.  INTRODUÇÃO

A origem do federalismo, muito embora seja consagrada pela doutrina na Constituição Americana, de 1787, foi em boa parte estruturada em trabalhos como "The Federalist", de Hamilton, Madison e Jay. De qualquer modo, a estrutura federal teve seus preceitos identificados em momentos anteriores, perceptíveis em sistemas de organização da Grécia Antiga e do Estado Romano (MEIRA, 1979, p. 85-88). A federação, palavra de origem latina, retrata a ideia de configuração de um acordo que perpassa por uma declaração de vontade, o que contribui para a noção hoje identificada de pacto federativo.

Influenciado pelas revoluções iluministas, o sistema federativo foi forjado nos Estados Unidos, principalmente como um sistema horizontal de fracionamento do poder em oposição à configuração da metrópole inglesa. Diferente foi o surgimento da arquitetura do federalismo no Brasil, em 1889. Historicamente, o sistema brasileiro tendeu a enfrentar resistência por meio da concentração autoritária de poder. a formação mais recente que o inseriu no âmbito de uma decisão política que visava redemocratizar o país, sendo este consagrado como cláusula pétrea na Constituição da República de 1988. Juntamente com a separação de poderes entre o Executivo, o Legislativo e o Judiciário, o federalismo aparece como

---

[1] Graduanda em Direito pela Faculdade de Direito e Ciências do Estado, da Universidade Federal de Minas Gerais. Pesquisadora bolsista de iniciação científica FAPEMIG, vinculada ao Centro de Estudos sobre Justiça de Transição (CJT/UFMG).

[2] Professor Adjunto de Direito Constitucional da Faculdade de Direito da UFMG. Mestre e Doutor em Direito pela UFMG. Coordenador do Centro de Estudos sobre Justiça de Transição da UFMG (CJT/UFMG).

uma forma de difusão do poder entre as diversas esferas governamentais – União, Estados, Distrito Federal e Municípios.

No Brasil, o sistema federal é introduzido em 1889, por meio do Decreto nº 1 e firmado na Constituição de 1891, não se estabelecendo como fruto direto de manifestações sociais. O governo central realizou a divisão do poder entre as até então denominadas províncias, as quais, pela Constituição de 1891, foram chamadas de Estados, perfazendo-se, desta forma, a descentralização do poder, na tentativa de seguir o exemplo do federalismo norte-americano. Entretanto, nos Estados Unidos, a união entre as treze colônias se deu de forma voluntária, na medida em que pretendiam substituir o sistema confederativo e . Com isto foi e instituída uma forte autonomia (SOUZA, 2005, p. 171-172).

Caracterizar o federalismo não é algo que se possa fazer com facilidade, já que este conceito se apresenta em constante desenvolvimento e transformação histórica, basicamente, pode-se dizer que esse sistema de governo aborda, entre os seus pilares, a manutenção da liberdade, da igualdade e da democracia. Nesse sentido, contata-se que o federalismo muito mais se aproxima dos ideais democráticos, na medida em que prioriza a diversidade e a pluralidade existente nas diversas regiões do país.

Naturalmente, emergem conflitos entre os entes federados, tendo em vista a existência de diferentes níveis de governo com atribuição de competências definidas pela constituição, a fim de decidir os limites de atuação de cada um. Pode aparecer, então, o Judiciário como o árbitro dos litígios existentes quando ocorrerem disputas sobre a jurisdição ou quando algum ato normativo contrariar as regras e os princípios estabelecidos constitucionalmente.

O Poder Judiciário tem a função jurisdicional de interpretação da constituição, a fim de garantir a supremacia constitucional e resguardar, na medida do possível, a manutenção do federalismo. No Brasil, o Supremo Tribunal Federal exerce, desse modo, o controle de constitucionalidade, o que contribui para a fixação de limites para os entes federativos, podendo incorrer as decisões judiciais na maior ou na menor descentralização do poder entre os entes federados.

A fim de elucidar os pontos citados anteriormente, no presente trabalho, inicialmente, serão feitas apresentadas características do sistema federal como um todo, trazendo as diretrizes e as características principais na caracterização do federalismo. Posteriormente, tratar-se-á do sistema federativo brasileiro, analisado à luz das constituições brasileiras, principalmente no que tange à Constituição da República de 1988, objetivando demonstrar os princípios e os valores que regem o pacto federativo e a democracia. Finalmente, serão realizadas considerações acerca da Ação Direta de Inconstitucionalidade 5.646 e sobre o fundamental papel do Poder Judiciário na interpretação das diretrizes constitucionais e na manutenção e desenvolvimento do federalismo.

## 2. O SISTEMA FEDERAL

A formação do Estado federal surge como uma inspiração liberal e pode-se dizer que o entendimento doutrinário é pacífico ao considerar a Constituição Americana, de 1987, como o símbolo inicial do federalismo. A origem da palavra *federação* vem do latim *foedus*, cujo significado retrata a imagem da fixação de um tratado, o qual, contemporaneamente, deve ser entendido como um pacto fixado entre os estados-membros de uma nação, a fim de instituir o pacto federativo.

Nesse sentido, tem-se o federalismo como uma forma de organização estatal, em que os entes federados são dotados de autonomia – administrativa, política, tributária e financeira –, na medida em que se pretende manter o equilíbrio institucional, por meio de um sistema de pesos e contrapesos entre as forças políticas atuantes na sociedade, fixando-se, assim, o pacto federativo. O pacto federativo, por sua vez, implica em cooperação e reciprocidade entre os entes soberanos, sendo, em sua terminologia jurídica, um acordo entre partes, formalizado por um documento, em que se tem o ajuste de interesses acertado em um acordo de vontades, sendo ele inserido pela Constituição Federal (HORTA, 2004, p. 165).

O federalismo americano foi proveniente da diversidade regional e de prática colonial que fixava a autonomia dos governos regionais, fruto da aclamação popular para a valorização da liberdade, fortemente influenciados pelo Iluminismo, mesmo que seus ideais já fossem identificados anteriormente na antiguidade. Surgem, nesse contexto, diversos defensores do federalismo, os quais querem afastar de vez o absolutismo, propondo uma limitação ao poder e uma maior aproximação do governo com a sociedade (SOUZA, 2005, p. 170).

Em "The Federalist Papers", Hamilton, Madison e Jay escrevem acerca dos objetivos, princípios políticos e fundamentos em que os fundadores dos Estados Unidos se baseraram ao instituir o modelo americano de federalismo, os quais foram responsáveis por guiar a construção de um novo quadro institucional que pretendia promover uma sociedade harmônica. Diante disso, levantam um questionamento: os homens são capazes de promover um bom governo, no interior de um processo racional, ou a população está destinada a estabelecer suas constituições a partir de causas acidentais e de coerção?

> *It has been frequently remarked that it seems to have been reserved to the people of this country, by their conduct and example, to decide the important question, whether societies of men are really capable or not of establishing good government from reflection and choice, or whether they are forever destined to depend for their political constitutions on accident and force* (HAMILTON, MADISON, JAY, 2008, p. 62).[3]

A participação popular no processo coopera na introdução de valores de filantropia e solidariedade, na medida em que os próprios cidadãos elegem os rumos que querem dar ao Estado, considerando, em um panorama ideal, o interesse público. Entretanto, sabe-se que as decisões muito se aproximam de interesses particulares, de modo que a instituição de uma federação pode passar por diversos obstáculos até sua consolidação.

Entre os impedimentos, os federalistas se preocuparam, principalmente, com a dificuldade de alteração do *status quo*, já que aqueles que estariam no comando resistiriam a toda e qualquer mudança, capaz de reduzir seus poderes ou o proveito daqueles que buscam se engrandecer com o caos estabelecido, tirando proveito da situação, dificultando ainda mais a desejada união entre os entes (HAMILTON, MADISON, JAY, 2008, p. 65). Ainda assim, diante de tantos desafios, buscou-se acreditar na experiência de homens considerados visionários, os quais almejavam a paz perpétua, mesmo que os Estados estivessem, em um primeiro momento, sejam inimigos naturais, mas que, posteriormente, em um senso geral de humanidade e diante de suas fraquezas, sejam capazes de se unir em prol de um bem comum.

O federalismo, como se percebe, tem sua origem, nos estados Unidos da América, motivada por questões de ordem sociológica, sendo importante sua contextualização no momento em que foi idealizado, concebido como um fenômeno histórico e social (SANTOS, ANDRADE, 2012, p. 3). Diante disso, tem-se muita dificuldade em definir um conceito determinado para o que seja o federalismo, abrindo-se espaço para diversas concepções constitucionais, mas podem ser extraídos alguns pilares básicos de sua constituição, a exemplo da autonomia, da descentralização, diante da existência de vários centros de poder político – o que favorece o jogo democrático – e da ideia de soberania entre os entes federados, os quais reiteram a vontade federal.

---

**3** Tradução livre: "Tem sido frequentemente observado o que parece ter sido reservado ao povo deste país, por sua conduta e exemplo, para decidir a questão importante, se as sociedades dos homens são realmente capazes ou não de estabelecer um bom governo de reflexão e escolha, ou se eles estão sempre destinados a depender de suas constituições políticas sobre acidentes e força" (HAMILTON, MADISON, JAY, 2008, p. 62).

Entre as vantagens do federalismo, como citado por Misabel Derzi e Thomas Bustamante, ao analisarem o trabalho de observação dos casos da Suprema Corte norte-americana por Michael Dorf, podem ser citados: (i) a divisão do poder, (ii) a descentralização e especialização, capaz de atender às peculiaridades locais, (iii) a responsabilidade democrática, (iv) a experimentação, o que permite que inovações sejam feitas a nível estadual, sem interferir no restante do país e (v) a competição como estímulo aos entes federados (DERZI, BUSTAMANTE, 2018, p. 6). Para, além disso, cabe destacar a noção de solidariedade entre os povos como um fator basilar ao se tratar de federalismo, de modo que a união dos entes federativos promove a manutenção do sistema, bem como proporciona maior segurança e o fortalecimento da democracia, na medida em que são consideradas as diversidades existentes em um ambiente plural.

> [...] embora o federalismo seja um conceito em constante transformação histórica, pode-se dizer que a decisão por um **Estado federal é uma decisão pela liberdade e não deixa de ser uma decisão pela igualdade**, na medida em que se respeitam as diferenças e peculiaridades locais e regionais (DERZI, BUSTAMANTE, 2018, p. 7).

## 3. O SISTEMA FEDERAL BRASILEIRO

O momento inaugural do pacto federativo, conforme Raul Machado Horta, coincide, no geral, com o estabelecimento de uma constituição e a formação da federação, concebido como um compromisso voluntarístico (HORTA, 2004, p. 165-166). O federalismo brasileiro surge, inicialmente, em 1891, na medida em que acolhe o Decreto nº 1, de 15 de novembro de 1889, o qual instaura a República como forma de governo e a federação como forma de Estado, dividindo as três esferas do Poder Público entre a União, os Estados e os Municípios.

> Art. 1º. A Nação Brasileira adota como **forma de governo**, sob regime representativo, a **República Federativa** proclamada a 15 de novembro de 1889, e constitui-se por **união perpétua e indissolúvel de suas antigas províncias,** em Estados Unidos do Brasil.

Influenciado pela Revolução Americana (1776) e pela Revolução Francesa (1789), o federalismo brasileiro tem sua origem em uma construção artificial, o qual, paulatinamente, vai se fortalecendo e ganhado legitimidade. A Constituição de 1934, inspirada na Constituição de Weimar, instaura o paradigma social e retrata em seu texto o federalismo cooperativo, a fim de integrar os entes federados e proporcionando maior atuação do governo central (CANOTILHO, 2013, p. 725). Tal panorama fracassou e culminou em um golpe de estado, em 1937, em que foi fortalecido o processo de centralização no âmbito da União, sendo mantido o federalismo apenas sob uma análise formal.

A Constituição de 1946 tentou retomar os princípios que se inserem no sistema federal e restaurar a ordem democrática. Entretanto, isso não se deu por muito tempo, já que, em 1964, sobreveio a ditadura militar. A Constituição de 1967 foi responsável por expandir de maneira significativa os poderes da União, hipertrofiando a independência existente entre o Executivo, o Judiciário e o Legislativo e reduzindo a autonomia dos entes federados, o qual só existia formalmente.

Apenas com a Constituição Federal de 1988 houve expressões no sentido de maior descentralização do poder, promovendo fortes alterações na configuração do federalismo no Brasil, tendo em vista que aparece em um contexto de redemocratização. Desde então, o princípio federal se firmou como cláusula pétrea, não se admitindo nenhuma tentativa de restrição, o que pode ser visualizado no artigo 60, § 4º, da Constituição da República, de 1988: "Não será objeto de deliberação a proposta de emenda tendente a abolir: I - a forma federativa de Estado". Misabel Derzi explica:

> O Brasil, desde sua independência, sempre foi gerido de forma centralizada, embora nossa primeira Constituição republicana tivesse escolhido a forma federativa de Estado. Entretanto, após longo período de ditadura militar (1964-1985), a Constituição da República Federativa do Brasil de 1988 (CRFB/1988) buscou formatar uma verdadeira Federação que pudesse romper com essa tradição. No **intuito de redemocratizar** o País, a CRFB/88 firmou o **federalismo como princípio constitucional garantidor da descentralização do poder político e financeiro**. O princípio federativo aparece como **cláusula intangível**, razão pela qual a manutenção do equilíbrio federativo firma-se como norma a ser mantida incólume, não se admitindo sua ruptura sequer por emendas constitucionais. Trata-se, enfim, de **mandamento basilar** que deve garantir o intento democrático-descentralizador da CRFB/88. Nela, o Federalismo não apenas foi erigido como cláusula intangível, mas novo desenho das competências tributárias e financeiras procurou dotar Estados membros e Municípios de recursos suficientes com que suportar suficientemente o custo dos serviços públicos atribuídos (DERZI, 2018, p. 122).

Com a descentralização, é possível maior participação popular, na medida em que a sociedade está mais próxima dos governantes, os quais podem lidar diretamente com os anseios da população, bem como propor soluções e experimentações que não afetam o restante do país. Ao integrar um Estado Federal, as unidades componentes estão inseridas em uma nova ordem jurídica, devendo seguir exclusivamente os preceitos já estabelecidos pela Constituição Federal (SOUZA, 2007, p. 173).

A Constituição Federal de 1988 ampliou os direitos individuais e sociais, bem como fortaleceu as garantias dos cidadãos, a partir de um extenso rol de direitos fundamentais, bem como proporcionou mudanças significativas na arquitetura do poder do Estado brasileiro, visto que promoveu a descentralização e redistribuição de recursos entre os entes federados – União, Estados e Municípios –, culminando no pacto federativo, importante instrumento na gestão e funcionamento do país, bem como no processo de tomada de decisão, considerando a extensão e diversidade do Estado brasileiro.

O Brasil, sendo, tradicionalmente, um país centralizado, sofre diversas críticas quanto à implementação do seu federalismo, não podendo ser reconhecido, conforme Misabel Derzi, o federalismo de "política conjunta", já que as alterações da Constituição são introduzidas com maior facilidade pelo Poder Legislativo, se comparado ao modelo norte-americano. O Brasil consolida, por sua vez, uma política federal, unitariamente tomada pela União (DERZI, 2018, p. 132). Elucida Misabel Derzi, a seguir:

> Nesse modelo, seguido de perto pelo Brasil no que tange ao sistema senatorial, os senadores gozam de um mandato e são livres em suas decisões em relação aos Estados que representam. Não obstante, em nosso País, as alterações da Constituição são introduzidas com mais facilidade pelo Poder Legislativo Federal. Uma vez respeitado o quórum especial, para aprovação de emendas, mudanças prejudiciais aos Estados membros poderão ser introduzidas, ao arrepio dos interesses estaduais e municipais. **Não se pode reconhecer, aqui, um federalismo de "política conjunta".** O modelo, por nós adotado, pretensamente deveria criar a participação efetiva dos Estados Federados na elaboração das principais leis nacionais e propiciar a harmoniosa convivência de uma "política conjunta" entre a União e Estados membros que a integram. **Não obstante, entre nós, tal matriz não funciona, estando os senhores senadores antes impactados pelas metas e políticas de seu próprio partido político em lugar dos interesses dos Estados que representam** (em especial se o governador do Estado Federado pertencer a partido político diverso) (DERZI, 2018, p. 129).

Nota-se que, embora estabelecido o federalismo por um documento formal – Constituição da República –, por meio do qual é considerado cláusula intangível, esta forma de governo constantemente é colocada em contradição na configuração do Estado brasileiro, o qual possui forte tendência centralizadora.

## 4. ADI 5.646: UM CASO DE REFORÇO MÚTUO ENTRE CONTROLE DE CONSTITUCIONALIDADE E FEDERALISMO

Cumpre ressaltar importante decisão do Supremo Tribunal Federal, a qual reitera o federalismo como a forma de governo adotada, no Brasil, pela Constituição de 1988, ao decidir o julgamento de improcedência, por unanimidade, da Ação Direta de Inconstitucionalidade nº 5.646, proposta pela Procuradoria-Geral da República, em face de norma da Assembleia Legislativa do Estado de Sergipe:

> EMENTA: AÇÃO DIRETA DE INCONSTITUCIONALIDADE. ARTIGO 106, I, C, DA CONSTITUIÇÃO DO ESTADO DE SERGIPE. ATRIBUIÇÃO DE COMPETÊNCIA AO TRIBUNAL DE JUSTIÇA ESTADUAL PARA JULGAR AÇÃO DIRETA DE INCONSTITUCIONALIDADE DE LEI OU ATO NORMATIVO MUNICIPAL, TENDO COMO PARÂMETRO A CONSTITUIÇÃO FEDERAL. ARTIGO 125, § 2º, DA CRFB/1988. PLURALIDADE DOS INTÉRPRETES DA CONSTITUIÇÃO. ATRIBUIÇÃO QUE NÃO É EXCLUSIVA DO PODER JUDICIÁRIO OU DO SUPREMO TRIBUNAL FEDERAL. INTERPRETAÇÃO CONFORME À CONSTITUIÇÃO. **POSSIBILIDADE DE OS TRIBUNAIS DE JUSTIÇA EXERCEREM O CONTROLE CONCENTRADO DE CONSTITUCIONALIDADE DE NORMAS MUNICIPAIS EM FACE DA CONSTITUIÇÃO DA REPÚBLICA, QUANDO SE TRATE DE NORMAS DE REPRODUÇÃO OBRIGATÓRIA.**

Nesse sentido, a decisão do Supremo Tribunal Federal considerou constitucional o exercício, pelos Tribunais de Justiça, do controle abstrato de constitucionalidade das leis municipais conforme interpretação da Constituição da República, em se tratando de normas de reprodução obrigatória pelos Estados, visto que estas possuem validade nacional e integram as Constituições estaduais mesmo quando omissas. Declarou, portanto, a constitucionalidade do artigo 106, I, c, da Constituição Estadual do Estado de Sergipe:

> Art. 106. Compete, ainda, ao Tribunal de Justiça:
> I - processar e julgar originariamente:
> [...]
> c) a ação direta de inconstitucionalidade de lei ou atos normativos estaduais em face da Constituição Estadual, e **de lei ou de ato normativo municipal em face da Constituição Federal** ou da Estadual (Constituição do Estado de Sergipe).

Para melhor elucidação do caso, cabe relatar que o requerente alegou que o dispositivo supracitado representava uma violação do artigo 125, § 2º, da Constituição Federal, na medida em que este dispõe que o controle concentrado de constitucionalidade de atos normativos municipais pelo Tribunal de Justiça só pode ocorrem em face de Constituição estadual, por meio de representação de inconstitucionalidade. Dessa forma, sustentou que o controle de constitucionalidade realizado em face da Constituição da República é um exame restrito ao Supremo Tribunal Federal.

Em contraposição, a Assembleia Legislativa do Estado de Sergipe sustentou a constitucionalidade do artigo, tendo em vista que a formulação alegada pela Procuradoria-Geral da República não é absoluta, na medida em que as normas centrais podem ser parâmetro de controle abstrato de constitucionalidade em âmbito estadual, mesmo que expressas apenas na Constituição da República.

Ao analisar o artigo 125, § 2º, da CF/88, entende-se, inicialmente, pela exclusividade do controle concentrado, no âmbito estadual, em face da própria constituição estadual, a fim de se verificar a validade das leis ou dos atos normativos locais. *In verbis*:

> Art. 125. Os Estados organizarão sua Justiça, observados os princípios estabelecidos nesta Constituição.
> [...]
> § 2º **Cabe aos Estados a instituição de representação de inconstitucionalidade de leis ou atos normativos estaduais ou municipais em face da Constituição Estadual**, vedada a atribuição da legitimação para agir a um único órgão (Constituição Federal de 1988).

Entretanto, o Relator Ministro Luiz Fux destacou a excepcionalidade dos casos em que o controle abstrato de constitucionalidade a ser exercido pelos Tribunais de Justiça seja conforme normas constitucionais de observância obrigatória pelos Estados, na medida em que estas são compulsórias e integram o ordenamento constitucional no plano estadual. Por um lado, o art 25, da Constituição de 1988, assegura a autonomia dos entes federativos; por outro lado, exige-se que determinadas matérias tenham tratamento uniforme, impondo disciplinas de maneira simétrica ao que foi disposto na Carta Magna, visto que se busca harmonia entre os entes federativos e, consequentemente, o equilíbrio federativo.

Nota-se, dessa forma, a possibilidade de o Tribunal de Justiça conhecer a questão no processo objetivo de controle de constitucionalidade, sendo normas de repetição obrigatória, sem que se exclua a posterior opção de análise pelo Supremo Tribunal Federal, por meio de recurso extraordinário, entendimento já adotado anteriormente. Diante disso, as normas de reprodução obrigatória constantes nas constituições estaduais, mesmo quando não incorporadas expressamente, integram o ordenamento jurídico local, servindo, portanto, de parâmetro ao exercício do controle de constitucionalidade no âmbito estadual, de modo que, a análise de uma norma estadual ou municipal, a fim de se verificar uma determinada violação à proposição constitucional, só se torna possível a partir da norma prevista pela própria Constituição da República. Nesse sentido, elucida o Ministro Gilmar Mendes:

O Supremo Tribunal Federal tem admitido, para os fins a que alude o art. 125, § 2º, da Constituição Federal, invocar, como referência paradigmática, para efeito de controle abstrato de constitucionalidade de leis ou atos normativos estaduais ou municipais, também as cláusulas de caráter remissivo, ou seja, aqueles dispositivos que, inscritos em constituição estadual, remetem, diretamente, às regras constantes da própria Constituição Federal, assim incorporando-as, formalmente, ao plano do ordenamento constitucional estadual (Rcl 10.406, rel. min. Gilmar Mendes, Segunda Turma, julgamento em 16/09/2014).

Conforme o exposto até então, o Supremo Tribunal Federal decidiu que a representação de inconstitucionalidade de lei ou de ato normativo perante o Tribunal de Justiça estadual apenas poderá se pautar nos dispositivos da Constituição Federal quando forem normas de reprodução obrigatória na ordem constitucional local ou objeto de transposição ou remissão na Constituição estadual. Como tese de julgamento, firmou-se o entendimento de que "é constitucional o exercício pelos Tribunais de Justiça do controle abstrato de constitucionalidade de leis municipais em face da Constituição da República, quando se tratar de normas de reprodução obrigatória pelos Estados-membros".

Em seu voto, o Relator defendeu que o Estado federalista é pautado por um arranjo institucional que envolve a descentralização do poder entre diversas unidades políticas, as quais são detentoras de autonomia. Nesse sentido, buscou-se conciliar a unidade com a diversidade, a fim de se aproximar, de fato, de um federalismo de cooperação, visto que o sistema brasileiro ainda é considerado altamente centralizador, tem em vista a grande quantidade de matéria sob autoridade privativa da União e a atuação contundente da Corte constitucional ao exercer o controle de constitucionalidade, inspirado pelo princípio da simetria.

> Neste aspecto, apesar de se dizer de cooperação, a **federação brasileira ainda se revela altamente centralizadora**, muitas vezes beirando o federalismo meramente nominal. Como tenho consignado em outras oportunidades (v.g. ADIs 2.663 e 4.060, ambas de minha relatoria), vislumbro **dois fatores essenciais para esse quadro**. O primeiro é de **índole jurídico-positiva**: a engenharia constitucional brasileira, ao promover a partilha de competências entre os entes da federação (CRFB, arts. 21 a 24), concentra grande quantidade de matérias sob a autoridade privativa da União. O segundo fator é de **natureza jurisprudencial**. Não se pode ignorar a contundente atuação do Supremo Tribunal Federal ao exercer o controle de constitucionalidade de lei ou ato federal e estadual, sobretudo aquele inspirado no princípio da simetria e numa leitura excessivamente inflacionada das competências normativas da União (STF, ADI 5.646, Relator: Min, Luiz Fux, julgado em 07/02/2019).

Observa-se, diante disso, que a decisão busca prestigiar a autonomia regional e local dos entes federativos, visando reforçar as ideia do pluralismo político como basilar do sistema federativo, erigido como fundamento da República Federativa do Brasil (artigo 1º, V, da CR/88). Busca, assim, revisitar a estruturação do pacto federativo e proporcionar uma maior descentralização, conferindo aos entes federativos o exercício direto, autônomo e efetivamente independente, de modo que se possa ter liberdade para a suas escolhas institucionais e normativas, o que inclui a partilha da atividade judicial de interpretação da Constituição da República.

Nesse sentido, embora o exercício do controle concentrado de constitucionalidade seja destinado, de forma precípua, ao Supremo Tribunal Federal, o qual é encarregado, conforme o artigo 102, da CF/88, de fiscalizar a compatibilidade de leis e de atos normativos, essa atividade não deve ser interpretada como sendo exclusiva do Poder Judiciário, nem tampouco do STF. Logo, admitindo-se um sistema de freios e contrapesos, objetiva-se a pluralização dos intérpretes da Constituição, tendo em vista que o princípio de separação dos poderes, enquanto cânone constitucional interpretativo, é considerado como a base para a manutenção da democracia.

Para tanto, é necessário o estabelecimento de um processo dialógico entre o Judiciário, o Executivo e o Legislativo, bem como com os diversos segmentos da sociedade civil organizada, não sendo compatível como fortalecimento das instituições democráticas, a exclusividade de se pronunciar concebida a um só órgão. Diante disso, a interpretação constitucional deve ser construída de maneira coordenada entre os diversos setores da sociedade, de modo que, nesse contexto, o Min. Luiz Fux considera um retrocesso limitar dentro do Poder Judiciário, limitar a interpretação da Constituição da República apenas ao Supremo Tribunal Federal.

O voto do Min. Luiz Fux alude, de início, ao caráter da federação desenhada pela Constituição de 1988: apesar do aclamado federalismo de cooperação, ele enxerga, muito mais, uma excessiva centralização. Esta seria causada por um fator "jurídico-positivo", com o texto constitucional atribuindo excessivas competências à União, e um fator "jurisprudencial", com o STF proclamando recorrentemente a incidência do princípio da simetria para inflacionar ainda mais os poderes do ente central. Deve-se destacar, contudo, que há um processo dinâmico que permeia o federalismo, fazendo com o pêndulo ora oscile para a centralização, ora para a descentralização. E aí caberia ao STF prestigiar a autonomia federativa, a não ser que a Constituição Federal crie expressos limites contra esse fator. Outro princípio a ser considerado é o pluralismo político, que também atuaria em favor de maiores espaços de atuação por parte dos Estados-membros.

Apesar de caracterizar o controle de constitucionalidade como um processo objetivo, o voto do Min. Luiz Fux valoriza a pluralização da interpretação constitucional, opondo-se a uma exclusividade do STF no campo. A própria noção de diálogos institucionais alimenta a difusão do processo interpretativo e uma maior participação na gramática constitucional. No que respeita especificamente à demanda, destacou o voto que a Constituição Federal, via de regra, atribui aos Tribunais de Justiça competência para controle de constitucionalidade cujo parâmetro é a Constituição Estadual. E a jurisprudência do STF reforçou essa norma constitucional em diversos julgados. Contudo, deve-se destacar desse conjunto normativo as normas que são de repetição obrigatória pelos Estados-membros.

Essas seriam normas compulsórias para os Estados-membros. A eles não cabe, no âmbito de sua autonomia, divergir da Constituição Federal. Sua vinculatividade no sistema federativo é tão grande que, independente dos Estados-membros expressamente levarem sua previsão à Constituição Estadual, detêm elas normatividade. Elas revelam a tendência à unidade de qualquer federação, sempre em tensão com a dissociação. Compõem uma "unidade constitucional mínima". São normas centrais que podem servir de parâmetro para decisões dos Tribunais de Justiça no controle de constitucionalidade, ainda que sujeitas à revisão pela via do recurso extraordinário. Em outras palavras, sejam normas de reprodução obrigatória, sejam normas remissivas ao teor de disposições constitucionais federais, ou seja, normas implícitas de preordenação, cabível é o controle nos Tribunais de Justiça. Ao cabo, o pedido na ação direta de inconstitucionalidade foi julgado improcedente para se conferir interpretação conforme ao dispositivo da Constituição sergipana, em decisão correta do ponto de vista metodológico das técnicas de decisão. O julgamento foi unânime, ausente apenas a Min. Cármen Lúcia.

## 5. O FEDERALISMO E A CONSTITUIÇÃO DA REPÚBLICA (1988)

Ao instaurar uma constituição, o poder constituinte se pergunta: qual sociedade nós queremos? A Constituição Federal de 1988 consagra um Estado Democrático de Direito, em que o federalismo é adotado como um sistema político. Surge aí, sendo uma questão de responsabilidade coletiva, a definição do desenvolvimento de condições para que os cidadãos possam desempenhar seus direitos e seus deveres, a fim de proporcionar uma ordem justa e democrática.

A mais recente constituição aparece como a mais detalhada de todas as constituições brasileiras, sendo importante citar que a intenção de constitucionalização se deu, ao menos em parte, na tentativa de negar o regime autoritário anterior, em que ocorreram diversas violações constitucionais.

Dessa tendência à constitucionalização resultou uma Constituição que regula não apenas princípios, regras e direitos – individuais, coletivos e sociais –, mas também um amplo leque de políticas públicas (SOUZA, 2005, p. 109).

Cumpre ressaltar que a elaboração da Constituição da República de 1988 ocorreu ainda como parte de um processo de transição democrática, em que foi permitido aos constituintes decidir, de maneira inédita, sobre a possibilidade de preservação ou não do sistema federativo, o que foi formado como cláusula pétrea. Justamente por ser concebida em período transicional, as diretrizes constitucionais optaram por uma conciliação com os antigos atores políticos, único caminho possível diante da ausência de uma clara maioria partidária ou ideológica. Nesse sentido, os constituintes tiveram vários incentivos para desenhar uma federação em que o poder governamental foi descentralizado e em que vários centros de poder, embora assimétricos, tornaram-se legitimados para tomar parte do processo decisório (SOUZA, 2005, p. 110).

Surge em um momento de redemocratização, representando o processo de abertura política e o rompimento com regimes autoritários que, até então, compreendiam o Brasil, na medida em que coloca como objetivos a instauração de uma sociedade livre, justa e solidária, a fim de abarcar a pluralidade de interesses dispostos na sociedade, bem como promover uma intensa participação política. A descentralização do poder entre estados e municípios reestabeleceu as condições políticas e econômicas dos entes federados, conferindo-lhes maior autonomia, bem como implicou em uma maior redistribuição dos recursos, proporcionando um maior equilíbrio entre as diversas regiões do país.

Diante disso, Misabel Derzi propõe o reconhecimento da concepção do federalismo como princípio moral, um ideal federativo que preza pela autonomia e pela liberdade, bem como traz consigo o reforço dos valores democráticos, compreendendo a cooperação e a autodeterminação popular, no contexto de uma sociedade plural. A República Federativa do Brasil, constitui-se, nesse sentido, como a união indissolúvel dos estados, dos municípios e o Distrito Federal, consolidando-se como um Estado Federal.

> Não se nega a possibilidade de a forma unitária de Estado conviver com regimes políticos que adotam o princípio democrático, nem tampouco o princípio federal representa defesa absoluta contra os regimes ditatoriais. Mas **a descentralização de poder, peculiar à forma federal de Estado, acarreta mais facilmente a república democrática, dificultando o totalitarismo**. Afinal, enriquecer o Federalismo, dotando de maior autonomia os entes estatais que o compõem, ampliar a competência legislativa de Estados-membros e Municípios, é dar maior espaço à deliberação e à autodeterminação popular. **Quem quer concentrar não dilui o poder**

pelo território nacional, diluição que é característica do Federalismo (DERZI, 2018, p. 125).

Nesse momento, é traçada uma relação entre federalismo e moralidade política, de modo que estes não são princípios contraditórios, assim como observado por Ronald Dworkin em suas obras (DWORKIN, 2012). Sendo assim, uma violação a um princípio indissolúvel consagrado na constituição, não se apresenta somente como uma violação à norma, mas também como uma imoralidade, tendo em vista que o rompe com a noção do federalismo como um princípio moral, o qual é pautado na igualdade e na liberdade.

O sistema federal, em uma concepção de integridade, deve ser capaz de compreender os valores fundamentais do sistema jurídico sob a forma de uma grande teia de valores ou rede de princípios que se reforçam mutuamente (DERZI e BUSTAMANTE, 2018, p. 17). Respeitando-se a liberdade, a igualdade, a autonomia e a democracia, é possível a formação de uma comunidade virtuosa, em que se promove a participação popular e pleno desenvolvimento das potencialidades dos cidadãos. Nesse sentido, Thomas Bustamante e Misabel Derzi entendem que:

> O federalismo é, ao mesmo tempo, uma exigência de liberdade, da igualdade e da democracia, um valor sem o qual os outros não se satisfazem. Da mesma forma, a vontade nacional e a vontade dos Estados aparecem integradas e complementares, mutuamente reforçadas por um modelo em que a autonomia e a participação do súdito se constitui e se realiza em cada fase, progressivamente, e de maneira politicamente responsável (DERZI e BUSTAMANTE, 2018, p. 20).

## 6. A IMPORTÂNCIA DO PODER JUDICIÁRIO

Constata-se que, em um sistema que se pretende democrático, o equilíbrio do Poder Judiciário se mostra como fundamental, a fim de guardar a autonomia dos Estados-membros, devendo uma Corte ser federativamente balanceada, já que os juízes também são criadores de direito, por meio de um sistema de precedentes judiciais, o que pressupõe uma politicidade das decisões judiciais (DERZI e BUSTAMANTE, 2018, p. 130). No federalismo brasileiro, o controle da autonomia constitucional dos entes federados decorre das regras colocadas pela Constituição Federal, de 1988, por meio da representação de inconstitucionalidade, por meio da via jurisprudencial – instrumento de controle normativo (HORTA, 1999, p. 24). Conclui Raul Machado Horta:

> "Na Constituição de 1988, o controle da constitucionalidade da Constituição do Estado recebeu notável ampliação, saindo do campo da intervenção federal para ingressar na competência do Supremo Tribunal

Federal de processar e julgar, originariamente, a Ação Direta de Inconstitucionalidade de lei ou ato normativo federal ou estadual (art. 102, I, a). A ampla iniciativa da propositura da Ação de Inconstitucionalidade (art. 103, I a VIII) faz vivo contraste com a iniciativa exclusiva do procurador-geral da República, na área da representação, para abranger chefes do Poder Executivo federal e estadual, órgãos legislativos, o procurador-geral da República, o Conselho Federal da Ordem dos Advogados do Brasil, partidos políticos com representação no Congresso Nacional e Confederação Sindical ou entidade de classe de âmbito nacional" (HORTA, 1999, p. 24).

A Constituição, em um sistema federativo, não se apresenta apenas como um conjunto de normas, de modo que seus dizeres devem passar por um processo de interpretação de Poder Judiciário, na figura do tribunal, a quem cabe o controle de constitucionalidade do conteúdo normativo. O controle de constitucionalidade adquire suma importância no processo de interpretação das normas constitucionais e de pleno desenvolvimento dos sistemas federativos, já que estes guardam uma estreita relação com a ideia de legalidade.

> *FEDERAL SYSTEMS REQUIRE A CONSTITUTIONAL FRAMEWORK that is superior to the normal processes of politics and law-making, demarcating the relationship between two contending levels of government. Without such a framework, the idea of shared sovereignty would not be viable. Constitutions, in turn, require interpretation; there must be not only a set of rules binding the players, but also an umpire to interpret and apply those rules. In the absence of a suitable alternative, that umpire has been a judicial one: a final court providing authoritative determination of constitutional meaning and constitutionality. The development of federalism has thus simultaneously meant the development of judicial review, which in turn has had a significant impact on the development of some of the most important federal systems. In Dicey's view, this imbued federal systems with "legalism": "Federalism . . . means legalism – the predominance of the judiciary in the constitution – the prevalence of a spirit of legality among the people* (O' HUEGLIN, FENNA, 2015, p. 308).[4]

---

4 Tradução livre: "Os sistemas federais exigem um quadro constitucional superior aos processos normais de política e legislação, demarcando a relação entre dois níveis de governo. Sem esse quadro, a ideia de soberania partilhada não seria viável. As constituições, por sua vez, exigem interpretação; deve haver não só um conjunto de regras que vinculam os jogadores, mas também um árbitro para interpretar e aplicar essas regras. Na ausência de uma alternativa adequada, esse árbitro tem sido judicial: um tribunal final que fornece determinação autorizada de significado constitucional e constitucionalidade. O desenvolvimento do federalismo significou, assim simultaneamente, o desenvolvimento da revisão judicial, que por sua vez teve um impacto significativo no desenvolvimento de alguns dos sistemas federais mais importantes. Na visão de Dicey, isso imbuiu dos sistemas federais com "legalismo": "Federalismo... "significa legalismo – a predominância do judiciário na Constituição – a prevalência de um espírito de legalidade entre as pessoas" (O' HUEGLIN, FENNA, 2015, p. 308).

A Constituição Federal, de 1988, fortaleceu o Poder Judiciário, o qual foi atribuído de poder e responsabilidade para atuar como "guardião da Constituição", a fim de exercer o controle de constitucionalidade sobre atos legislativos, os quais apresentam conflitos com os valores constitucionais. Nesse sentido, a revisão judicial passou a exercer um papel essencial de preservação do federalismo, visando garantir a manutenção e a integridade do equilíbrio do sistema federativo, combatendo abusos e excessos em quaisquer esferas de governo – federal, estadual ou municipal.

> *This unique control that the judiciary exercises over the constitutional rules of a federation strongly implies that the courts serve as the essential safeguard, watch fully preserving the integrity and balance of the federal system. Should either level of government exceed its assigned authority or abuse its power, the courts will declare against it and bring the system back into balance* (O' HUEGLIN, FENNA, 2015, p. 311).

O federalismo é uma ideia que, necessariamente, depende da noção de governo de minoria do ente estatal periférico, tendo em vista que a governança descentralizada permite a promoção da escolha da competição, da experimentação e da difusão do poder. Afastando-se do fantasma da soberania, propósito inalcançável e que não deve ser considerado fundamental para o estabelecimento de limites para o federalismo, como propõe Heather Gerken, é possível a instituição de um *"federalism all the way down"*, tornando-se os entes federados em espaços de diálogo, de divergência e de resistência.

> *We make much of "Our Federalism."' The Supreme Court routinely crafts doctrine to further its ends, and paeans to federalism regularly appear in law reviews. Federalism is a system that permits minorities to rule, and we are intimately familiar with its benefits: federalism promotes choice, competition, participation, experimentation, and the diffusion of power* (GERKEN, 2010, p. 6).[5]

Nesse sentido, atenta a autora para as dimensões não cooperativas do federalismo, em que a figura do servo aparece como uma resistência ao poder do soberano (governo federal), na medida em que se admite um sistema de pesos e contrapesos para todos os entes federados. O servo integra o bojo administrativo da federação e, portanto, tem como origem de

---

[5] Tradução livre: "Fazemos muito do "Nosso Federalismo". A Suprema Corte rotineiramente cria doutrina para promover seus fins, e os hinos ao federalismo aparecem regularmente em revisões da lei. O federalismo é um sistema que permite que as minorias governem, e estamos intimamente familiarizados com seus benefícios: o federalismo promove a escolha, a concorrência, a participação, a experimentação é a difusão do poder" (GERKEN, 2010, p. 6).

sua força a interdependência e a integração para com o governo central, envolvendo mais profundamente estados e municípios.

Em consonância, Misabel Derzi chama atenção para um novo modelo de federalismo, o federalismo não cooperativo, uma proposta de revisão do federalismo tradicional, em que os meios se confundem com os fins nacionais do sistema federativo e o seu papel na concretização da democracia, em se conclui que o poder dos estados é um caminho para se alcançar um bom funcionamento da democracia nacional (DERZI e BUSTAMANTE, 2018, p. 14). Prossegue:

> Gerken destaca o **importante papel do dissenso e da não cooperação**, possível no Federalismo, como ingrediente essencial no **amadurecimento da democracia e do aperfeiçoamento dos programas de fins nacionais**. Costuma-se ponderar que, na média, a descentralização serve aos Estados e a centralização serve ao governo nacional. Com essa imagem, ainda estamos divididos em dois campos que se opõem. Era o que sempre se pensou, Não obstante, o trabalho dos novos nacionalistas representa uma revisão dessa posição maniqueísta. Dois grandes temas são a base do trabalho descritivo dos novos federalistas/nacionalistas. O primeiro ilumina o poder do Estado de modo muito diferente das considerações sobre soberania ou autonomia, que têm dominado o pensamento dos federalistas tradicionais. (É o federalismo como passo necessário para o desenvolvimento de uma democracia nacional). Em lugar de soberania/autonomia, caracterizadora do poder dos Estados, Gerken propõe mudança terminológica para o **"poder do servo"**, no sentido de que os Estados servem a dois senhores, não apenas um. Os Estados são poderosos em larga medida, porque são amparados na base de um poder separado e respondem a uma política estatal, não apenas a uma política federal. [...] Os Estados e o governo federal são poderes reguladores em conjunto, em que o federal sempre depende severamente dos Estados para implementar a política federal (DERZI e BUSTAMANTE, 2018, p. 15-16).

Logo, percebe-se a importância do dissenso em sistemas federativos, perpetuado em um ambiente democrático, o qual, para Gerken, apresenta-se como uma forma de engajamento político que promove a reflexão e o desenvolvimento e contribui para a formação de uma política nacional mais dinâmica e democrática. Afinal, o jogo democrático é um jogo de interesses contrapostos, devendo a minoria encontrar uma possibilidade de imposição.

> *This Foreword represents a step in that direction. It orients federalism theory around the parts of "Our Federalism" where sovereignty is not to be had - where minorities are insiders, not outsiders, and thus able to exercise a muscular form of voice rather than depend on some variant of exit. Such an account pushes our vision of federalism all the way down. It offers a "checks and balances" model of how the center and its variegated periphery interact in this messy structure of overlapping institutions - an account of the power of the servant to compete with*

*existing accounts of the power of the sovereign. And it develops a centripetal account of "Our Federalism," one that celebrates the role that division and discord play in forging a unified national polity* (GERKEN, 2010, p. 74).[6]

Aparece o Judiciário, portanto, como um importante ator político no julgamento de conflitos entre entes federados e entre atos normativos e os ideais promulgados pela Constituição Federal, de 1988. Sendo assim, o Supremo Tribunal Federal ocupa papel de destaque no federalismo brasileiro, na medida em que atua como árbitro entre os litígios estabelecidos entre os diferentes níveis de governo, consagrando-se como a mais alta corte da federação brasileira.

> Do ponto de vista federativo, suas competências incluem o controle de constitucionalidade de leis e normas federais e estaduais, o julgamento de conflitos entre o governo federal e os governos estaduais, entre dois ou mais governos estaduais e entre os governos estaduais e suas assembleias legislativas, assim como a constitucionalidade de leis municipais. **Isso significa que o STF pode anular leis federais, estaduais e municipais interpretadas por seus membros como inconstitucionais**. Diferentemente de muitos países, o STF não possui papel consultivo (SOUZA, 2005, P. 115).

O processo de constitucionalização do pacto federativo exige a existência de um Poder Judiciário forte, a fim de ratificar a separação dos poderes para com o Executivo e o Legislativo, na medida em que se possibilita um sistema de *checks and balances*. Entretanto, isso pode ensejar a judicialização da política, em que o Judiciário será capaz de criar direito e decidir sobre questões importantes para a comunidade.

Encontra-se o Judiciário na posição de órgão da soberania nacional, o qual tem como função resguardar a primazia da Constituição, estabelecendo limites aos demais poderes – Executivo e Legislativo e, somente em virtude das próprias decisões, os tribunais são capazes de estabelecer o equilíbrio do sistema federativo. Cabe ressaltar que a função jurisdicional deve se dar de maneira responsável, a fim de garantir os direitos e garantias constitucionais e fortalecer a democracia.

---

[6] Tradução livre: "Este prefácio representa um passo nessa direção. Orienta a teoria do federalismo em torno das partes do "Nosso Federalismo", onde a soberania não deve ser tida - onde as minorias estão inseridas, não com forasteiros, e, portanto, capaz de exercer uma forma muscular de voz ao invés de depender de alguma variante da saída. Tal conta empurra a nossa visão do federalismo todo o caminho para baixo. Ele oferece um modelo de "freios e contrapesos" de como o centro e sua periferia variada interagem nesta estrutura confusa de instituições sobrepostas - um relato do poder do servo de competir com as contas existentes do poder do soberano. E desenvolve um relato centrípeto de "Nosso Federalismo", que celebra o papel que a divisão e a discórdia desempenham na forja de uma política nacional unificada" (GERKEN, 2010, p. 74).

O Direito, compreendido no interior da moralidade política, é fruto de um engajamento de valores, inserido a partir de uma interpretação sistemática, capaz de conferir a melhor decisão possível para a integração e valorização da unidade de um sistema jurídico, pautando-se em um discurso coerente. Para a manutenção dessa concepção holística da moralidade, os operadores do direito são encarregados de uma responsabilidade moral e obrigações especiais próprias, a fim de oferecer uma argumentação que guarde conexão com a ordem jurídica em sua completude, diante de um processo de reflexão.

## 7. CONCLUSÃO

O federalismo, para além de um sistema de governo, deve ser compreendido como um princípio moral, a fim de garantir a liberdade e a autonomia, bem como se estabelecer em seu aspecto formal e em seu aspecto material. Nesse sentido, o federalismo aparece como uma opção política pela igualdade, na medida em que preserva as pluralidades locais e os valores democráticos.

> Nesse sentido, jurídico formal, as ordens jurídicas parciais são absolutamente iguais, nenhuma delas podendo interferir uma na outra, Impõe-se, então, a igualdade jurídico-formal entre as ordens envolvidas e os deveres de solidariedade e de lealdade, inerentes à forma federativa. Não são, entretanto, nesse mesmo ponto, estritamente formal, idênticas as soluções encontradas em cada modelo de Estado federal (DERZI, BUSTAMANTE, 2018, p. 4).

Cabe ao Supremo Tribunal Federal conferir efetividade aos preceitos e diretrizes constitucionais, por meio de uma interpretação sistemática, capaz de conferir o Direito como integridade. O federalismo, desse modo, deve se apoiar em uma teia de valores, capaz de conferir unidade e coerência a todo o sistema jurídico, assim como observa Ronald Dworkin. Elucidam Derzi e Bustamante:

> Também o nosso **Supremo Tribunal Federal** trata de dar efetividade aos preceitos da Carta, através da **criatividade estruturadora e sistemática**, por meio de um certo **balanceamento controlado de valores e de interesses**, que na Carta se complementam. Hoje, o constitucionalismo vê a Constituição como um sistema de normas que aspira a uma **unidade de sentido e de compreensão**, unidade essa que somente pode ser dada por meio de princípios, continuamente revistos, recompreendidos e reexpressos pelos intérpretes e aplicadores do Texto Magno. Portanto, a própria **noção de interpretação** é sempre norteada pela **vontade objetivada** do Constituinte e compreendida dentro de um **sistema normativo em que os princípios e os fins norteiam o sentido** (DERZI e BUSTAMANTE, 2018, p. 3).

A independência do Poder Judiciário permite o reforço de um sistema de freios e contrapesos, permitindo uma maior interação entre o centro e os entes periféricos, sendo o federalismo pensado para desempenhar importante papel no controle do governo federal e no desenvolvimento de uma política nacional. Tal organização possibilita a valorização das dimensões não cooperativas do federalismo cooperativo, conforme Gerken, possibilitando a formação de uma nova de pensar o federalismo: o federalismo não cooperativo.

Essa nova forma de perceber o federalismo, permite o que Gerken denomina de "federalism all the way down", na medida em que os diversos entes federados concedem espaços às minorias, capazes de participar do processo decisório, promovendo o diálogo, bem como oferecendo resistência às tomadas de decisão. Percebe-se, aqui, que o federalismo proporciona maior participação popular e autodeterminação da população, na medida em que, a partir da descentralização, respeita as diferenças existentes nas diversas regiões do país.

Nesse sentido, reforça-se a importância fundamental do dissenso no jogo democrático brasileiro, sendo fundamental a possibilidade de diversos e diferentes grupos influenciarem nos debates públicos. Essa pluralidade das discussões culmina na promoção do engajamento político, proporcionando e incentivando uma postura crítica e reflexiva para a sociedade. O papel exercido pelos tribunais está na devida interpretação do texto constitucional, culminando na revisão judicial, de maneira integrada e sistemática, respeitando-se os valores e princípios estabelecidos pela Constituição. O Poder Judiciário é dotado de poder, bem como deve atuar com responsabilidade enquanto "guardião da Constituição", desempenhando importante função de resguardar os ideais do federalismo, a fim de preservar o equilíbrio do sistema federal, contendo abusos e excessos em quaisquer níveis de governo.

> But before such an eventual outcome can even be contemplated, there has to be a "will to federate" from which alone can come the kind of compromises necessary for a solution. Moreover, that solution must be carried by a shared understanding, not just of common interest, but of "fairness" in the sense that a federalist compromise will not only satisfy the autonomy aspirations of divided identity groups but also accommodate the self-understanding of individual citizens thinking of themselves as 'members of both the federal and the sub-state nation simultaneously' (O' HUEGLIIN, FENNA, 2015, p. 346 - 347).[7]

---

[7] Tradução livre: "Mas antes que um resultado tão eventual possa mesmo ser contemplado, tem que haver uma "vontade federar" de que sozinho pode vir o tipo dos acordos necessários para uma solução. Além disso, essa solução deve ser levada por um entendimento comum, não apenas de interesse comum, mas de "justiça" no sentido de que um compromisso federalista não só satisfará as aspirações de autonomia de grupos de identidade divididos, mas também acomodará autocompreensão dos cidadãos individuais pensando em si mesmos como "membros da nação federal e sub-estadual simultaneamente"" (O' HUEGLIIN, FENNA, 2015, p. 346 - 347).

Em um sistema federativo deve haver, antes de tudo, uma "vontade de federar", conforme observa Thomas O' Huegliin e Alan Fenna, na medida em que são estabelecidos compromissos necessários para a consolidação de uma arquitetura democrática. Busca-se, assim, uma compreensão compartilhada acerca do federalismo, bem com a sua interpretação como um princípio moral, em prol do bem comum e da justiça, possibilitando que um sentimento de confiança nas instituições se alastre pela sociedade.

## REFERÊNCIAS BIBLIOGRÁFICAS

BARACHO, Alfredo de Oliveira. *Teoria Geral do Federalismo*. Rio de Janeiro: Forense, 1986.

CANOTILHO, J. J. Gomes; MENDES, Gilmar Ferreira; SARLET, Ingo Wolfgang; STRECK, Lênio Luiz. *Comentários à Constituição do Brasil*. São Paulo: Saraiva/Almedina, 2013.

DERZI, Misabel Abreu Machado. *Federalismo, Liberdade e Direitos Fundamentais*. In: Revista Estudos Institucionais, v. 4, 1. Journal of Institutional Studies, p. 118 - 157, 2018.

DERZI, Misabel Abreu Machado; BUSTAMANTE, Thomas. *Federalismo como Um Princípio Moral*. Novas Tendências Conceituais, 2018.

DOS SANTOS. Paulo Rogério Silva. *Federalismo: origem e fundamentos*. In: Revista da Procuradoria Geral do Estado do Rio Grande do Sul, v. 28, n.60. Porto Alegre: Procuradoria Geral do Estado do Rio Grande do Sul, p. 67 - 79 jul./dez. 2004.

DWORKIN, Ronald. *Justiça para Ouriços*. Coimbra: Almedina S.A., 2012.

DWORKIN, Ronald. *O Império do Direito*. São Paulo: Martins Fontes, 1. ed. 1999.

GERKEN, Heather K. *Foreword: Federalis All the Way Down*. Havard Law Review, v. 124, nº 1, p. 6, 2010.

HAMILTON, Alexander; MADISON, James; JAY, John. *The Federalist Papers*. Oxford World's Classics, 2008.

HORTA, Raul Machado. *As Novas Tendências do Federalismo e seus Reflexos na Constituição Brasileira de 1988*. In: Revista do Legislativo, p. 14 – 25, jan./mar. 1999.

HORTA, Raul Machado. *Constituições Federais e o Pacto Federativo*. In: SAMPAIO, José Adércio Leite. Quinze anos de Constituição. Belo Horizonte: Del Rey, 2004.

MEIRA, Sílvio A. B. *Federalismo e Centralização*. In: Revista de Ciência Política, v. 22, n. 3, p. 81-94. Rio de janeiro, jul./ set. 1979.

MIRANDA, Elflay. *Descentralização, Federalismo e Pacto Federativo: notas sobre o caso brasileiro*. In: Revista Cesumar – Ciências Humanas e Sociais Aplicadas, v. 14, n.1, p. 377 – 390, jan./ jun. 2009.

O HUEGLIIN, Thomas; FENNA, Alan. *Comparative Federalism: a Systematic Inquiry*. North York: University of Toronto Press, 2. ed., 2015.

ROCHA, Carlos Vasconcelos. *Federalismo: dilemas de uma definição conceitual.* In: Civitas – Revista de Ciências Sociais, vol. 11, n. 2. Porto Alegre: Pontífica Universidade Católica do Rio Grande do Sul, p. 323 - 338, mai./ago. 2011.

DOS SANTOS, Ronaldo Alencar dos; ANDRADE, Priscilla Lopes. *A Evolução Histórica do Federalismo Brasileiro: uma análise histórico-sociológica a partir das Constituições Federais.* XXI Encontro Nacional do CONPEDI. 1ª ed. V. XXI. Florianópolis: Fundação Boiteux, 2012.

SOARES, M. M. *Teoria do sistema federal*: heterogeneidades territoriais, democracia e instituições políticas. 1997. Dissertação (Mestrado). Universidade Federal de Minas Gerais, Belo Horizonte.

SOUZA, Adalberto Pimentel Diniz. *A mecânica do Federalismo.* In: Revista de Informação Legislativa, Brasília a. 42, n. 165, jan./mar. 2005.

SOUZA, Celina. *Federalismo, Desenho Constitucional e Instituições Federativas no Brasil Pós-1988.* In: Revista de Sociologia e Política, Curitiba, 24, p. 105 – 121, jun. 2005.

# FEDERALISMO E ARGUMENTAÇÃO JURÍDICA NA JURISPRUDÊNCIA DO STF: O PRINCÍPIO DA SIMETRIA À LUZ DA CONCEPÇÃO DO DIREITO COMO INTEGRIDADE

GUSTAVO NEVES DE LACERDA[1]
THOMAS DA ROSA DE BUSTAMANTE[2]

## 1. INTRODUÇÃO

Na história da atividade jurisdicional do Supremo Tribunal Federal, não têm sido poucas as decisões que repercutem no domínio político. Por essa razão, os esforços acadêmicos concentrados em apreciar o conteúdo das decisões cujos efeitos alastram-se para a esfera política têm sido consideráveis. Nessa esteira, o propósito delineado neste trabalho é o de examinar as decisões que apresentam relações com a temática do federalismo.[3] Mais estreitamente, o desiderato deste artigo é analisar e escrutinar parte dos julgados do STF cujas consequências sejam sentidas no pacto federativo, na autonomia dos Estados-membros e na organização federativa brasileira como um todo.

---

**1** Graduando em Direito pela Universidade Federal de Minas Gerais. Bolsista de Iniciação Científica da FAPEMIG.

**2** Professor Associado da Universidade Federal de Minas Gerais. Bolsista de Produtividade em Pesquisa do CNPq (PQ2).

**3** Considerando-se os fins a que este trabalho se propõe, o vocábulo "federalismo" será empregado para designar os aspectos constitucionais e jurídicos da organização do Estado federal, com enfoque na estrutura federativa brasileira. A respeito do sentido do termo "federalismo", veja-se o que elucida Norberto Bobbio: "Na Cultura política o termo Federalismo é usado para designar dois objetos diferentes. Numa primeira acepção clara, mas delimitada, designa a teoria do Estado federal. Numa segunda acepção, um tanto obscura, se refere a uma visão global da sociedade." In BOBBIO, Norberto, MATTEUCCI, Nicola e PASQUINO, Gianfranco. *Dicionário de política I*. Brasília: Editora Universidade de Brasília, 1ª ed., 1998. p. 475.

Para tanto, realizou-se um recorte na jurisprudência do STF. Foram selecionadas algumas decisões que reverberaram na esfera da autonomia dos Estados-membros e que têm por fundamento o denominado "princípio da simetria federativa". Justifica-se tal escolha porquanto nossa Suprema Corte tem levantado esse "princípio" como uma fórmula autoevidente e infalível para interferir no âmbito de exercício da autonomia dos Entes Federados. É o que aponta Léo Ferreira Leoncy:

> Sem explicitar a origem, a natureza ou mesmo o significado de tal 'princípio.', aquele Tribunal (o STF) aproveitou-se reiteradamente desse 'fundamento' para tornar sem efeito uma série de atos normativos dos poderes públicos locais, sem falar em incontáveis atos concretos das mesmas autoridades igualmente nulificados por 'desconformidade' com o referido postulado.[4]

Busca-se, com efeito, compreender os processos argumentativos que circunscrevem a aplicação do princípio da simetria federativa pelo STF, a fim de investigar sua natureza, sua origem e sua pertinência em nossa tradição jurídica. Destarte, a depender da resposta à indagação do caráter do "princípio da simetria", objetiva-se também verificar se a sua exegese é compatível com a salvaguarda da autonomia política dos Estados-membros, pressuposto da adoção da forma federativa pela CRFB/88. De forma orbital, procura-se determinar o grau de ingerência do STF no debate e na construção da estrutura federativa nacional.

A princípio, assim, cabe realizar uma incursão na ideia de autonomia, noção ínsita à descentralização política que dá a configuração da forma federativa de Estado. Para além de uma mera exposição da ideia de autonomia, será necessário trazer à baila as hipóteses em que a autonomia dos Estados-membros é cerceada por razões constitucionalmente previstas. Outrossim, faz-se imperioso apurar o "tratamento" dado ao princípio da simetria pela doutrina jurídica e pela jurisprudência pátrias.

Em seguida, no intento de efetuar um exame refletido das decisões e da atividade argumentativa que compõem o objeto deste trabalho, a teoria do Direito como integridade de Ronald Dworkin constituirá o essencial aporte teórico-metodológico no qual este artigo se sustenta. Em primeiro lugar, a filosofia jurídica de Dworkin servirá para determinar os critérios através dos quais se investigará se o "princípio da simetria" é, verdadeiramente, um princípio jurídico. Ademais, este trabalho acolhe como ferramenta metodológica o ideal interpretativo da integridade com o fim de perquirir se o "princípio da simetria" representa, em nossa comunidade, a melhor inter-

---

[4] LEONCY, Léo Ferreira. *"Princípio da simetria" e argumento analógico: o uso da analogia na resolução de questões federativas sem solução constitucional evidente*. Tese de doutorado. São Paulo: USP. p. 10.

pretação da estrutura federativa e da doutrina jurídica enquanto resposta aos *hard cases* que discutem questões federativas sem resolução evidente.

Portanto, este trabalho busca, por um lado, investigar nos argumentos jurídicos apresentados pelo STF o caráter do princípio da simetria e sua força relativa na jurisprudência do STF acerca das questões federativas. Por outro lado, o empreendimento teórico deste artigo consiste em ponderar se, sob o lume da concepção do Direito como integridade, arrimada na responsabilidade política e argumentativa dos juízes e tribunais em relação à história institucional do direito de nossa comunidade, a modulação restritiva da autonomia política dos Estados-membros pelo "princípio da simetria" está em conformidade com os caros valores federalistas que a Constituição de 1988 assentou.

## 2. O ESTADO FEDERAL E OS LIMITES À AUTONOMIA DOS ESTADOS-MEMBROS NA CONSTITUIÇÃO DE 1988

Desde o surgimento da República no Brasil, com a Constituição de 1891, o Estado brasileiro adota a forma federativa. E, embora durante grande parte do século XX turbulências "sistólicas" e "diastólicas" tenham abalado a organização federativa nacional, a Constituição de 1988 finalmente recuperou o outrora combalido espírito federalista. A Constituição vigente tratou de superar a experiência federativa de caráter meramente nominal do Regime Militar – com seus arroubos centralizadores e autoritários – para dar nova vitalidade ao princípio federativo.

Em seu art. 1°, a Constituição Federal já enuncia que a República Federativa do Brasil é formada pela união indissolúvel dos Estados e Municípios e do Distrito Federal. No art. 18, de forma mais patente, consagra a característica essencial à descentralização política que é marcante em um Estado Federal, qual seja a autonomia dos Entes Federados. Paulo Bonavides, ao versar sobre o Estado Federal destaca a contribuição de Georges Scelle, para quem dois princípios capitais são a chave do sistema federativo: a "lei da participação" e a "lei da autonomia".[5]

Pela "lei da participação", os Estados-membros atuam na formação da vontade política válida para toda a Federação. Destarte, se a configuração do Estado Federal deriva de um pacto ou aliança (*foedus*), a lei da participação elucida que o Estado-membro é partícipe, ainda que teoricamente, no processo de definição do conteúdo do pacto federativo. Já no que se refere à "lei da autonomia", é válido trazer o que aduz Paul Laband, para quem o conceito jurídico de autonomia "pressupõe o poder de direito

---

**5** BONAVIDES, Paulo. *Ciência Política*. 23. ed. São Paulo: Malheiros. 2016. p. 195.

público não soberano, em virtude de direito próprio e não de uma delegação, pelo qual se pode estabelecer regras de direito obrigatórias."[6]

Percebe-se que a autonomia dos Estados-membros, portanto, tem seu cerne na capacidade do ente de estabelecer normas gerais próprias. Assim, é possível dizer que o apogeu do exercício de sua autonomia é atingido quando o Estado-membro faz edificar o seu próprio ordenamento constitucional e elaborar as próprias leis. A respeito disso, a Constituição de 1988 dispõe, em seu art. 25, que os Estados Federados se regem pelas Constituições e leis que adotarem.

Todavia, a autonomia não é um estado de prerrogativas indefinido e irrestrito. A autonomia, como qualquer das formas em que se apresenta o poder político constituído nas Democracias Constitucionais da contemporaneidade, tem sua origem em uma Constituição. No caso dos Estados Federais, o poder constituinte dos Estados-membros – e, indissociavelmente, a sua autonomia legislativa – tem sua fonte jurídica na Constituição Federal.[7] Desse modo, a propósito de ditar os contornos normativos da autonomia dos Estados-membros, a Constituição de 1988 adotou a técnica da autonomia controlada, consistente na existência de normas especiais que alcançam a esfera do ordenamento estadual, as denominadas normas centrais.[8]

O jusfilósofo austríaco Hans Kelsen, ao registrar a nota distintiva da organização jurídica de um Estado Federal, assevera que tal organização "compõe-se de normas centrais válidas para o seu território inteiro e de normas locais válidas apenas para porções desse território, para os territórios dos 'Estados componentes (ou membros).'"[9] Acerca da relação entre esses ordenamentos central e locais, que convivem simultaneamente na estrutura jurídica do Estado Federal, é pertinente a seguinte reflexão de Raul Machado Horta:

> A precedência lógico-jurídica do constituinte federal na organização originária da Federação torna a Constituição Federal a sede de normas centrais que vão conferir homogeneidade aos ordenamentos parciais constitutivos do Estado Federal, seja no plano constitucional, no domínio das Constituições Estaduais, seja na área subordinada da legislação ordinária.[10]

---

**6** LABAND, Paul. *Le droit public de l'Empire Allemand*. Paris: V. Giard & E. Brière, 1900, t. 1. p. 178.

**7** HORTA, Raul Machado. *Direito Constitucional – 5ª edição rev. e atual. por Juliana Campos Horta*. Belo Horizonte: Del Rey, 2010. p. 39.

**8** *Idem, Ibidem*. p. 299.

**9** KELSEN, Hans. *Teoria Geral do Direito e do Estado*. 3. ed. São Paulo: Martins Fontes. p. 451 – 452.

**10** HORTA, Raul Machado. *Direito Constitucional – 5ª edição rev. e atual. por Juliana Campos Horta*. Belo Horizonte: Del Rey, 2010. p. 41.

As normas centrais, que revelam a ingerência da Constituição Federal na organização jurídico-constitucional dos Estados-membros, externalizam-se de diversas maneiras. Na dicção do art. 25 supramencionado, a Carta Política condiciona os poderes de auto-organização e de autolegislação dos Estados Federados à observância dos "princípios desta Constituição". Contudo, a Constituição não indica expressamente quais são esses princípios, que se encontram dispersos pelo texto constitucional.

No intuito de aclarar esse comando constitucional, a doutrina e a jurisprudência pátrias passaram a desenvolver formulações através das quais tornou-se possível identificar e classificar os *standards* normativos presentes na Constituição Federal que restringem o campo de exercício da autonomia dos Estados-membros. Os dois principais autores que discorreram sobre as limitações ao poder de auto-organização e à competência constitucional dos Estados-membros foram Raul Machado Horta e José Afonso da Silva. Por esse motivo, o referencial deste trabalho no que tange aos critérios ou *standards* jurídicos que determinam restrições à autonomia dos Estados Federados será a obra dos mencionados juristas.

De acordo com a classificação de Raul Machado Horta, as normas centrais que condicionam a autonomia dos Estados-membros podem ser divididas em três grupos. O primeiro grupo é o dos "princípios constitucionais enumerados da Federação". Trata-se de conjunto de princípios que reúne normas de caráter "circunstancial" – como a representação das minorias e a possibilidade de reforma constitucional – e normas dotadas da "permanência de valores institucionais comuns", como é o caso, entre outros, da forma republicana, do regime democrático e sistema representativo, da independência e harmonia dos Poderes, da autonomia dos Municípios.[11]

José Afonso da Silva chama os "princípios constitucionais enumerados da Federação" de "princípios constitucionais sensíveis", terminologia de Pontes de Miranda.[12] O autor descreve tais princípios como sendo aqueles facilmente percebidos, evidentes, apontados e enumerados. São, notoriamente, os princípios listados no art. 34, VII, da CRFB/88, que "constituem o fulcro da organização constitucional do País". O descumprimento desses preceitos fulcrais pelo Estado-membro pode desencadear a representação do Procurador-Geral da República no STF visando à declaração de inconstitucionalidade do ato e, no caso de ineficácia da mera suspensão da execução do ato impugnado, visando à decretação de intervenção federal (art. 36, III, da CRFB/88).

---

**11** *Idem, Ibidem.* p. 41-42.

**12** SILVA, José Afonso da. *Curso de Direito Constitucional Positivo.* 36. ed. São Paulo: Malheiros, 2013. p. 618.

Outro conjunto de princípios que ambas as obras referenciais mencionam são os "princípios constitucionais estabelecidos". Estes, por seu turno, demandam do intérprete a leitura sistemática da Carta Política. Nas palavras de Horta, "a identificação dos princípios estabelecidos reclama a interpretação do texto da Constituição Federal no seu conjunto."[13] Didática é a lição de José Afonso da Silva, para quem esses princípios importam em limitações expressas, implícitas ou "decorrentes do sistema constitucional adotado".[14] Tais limitações, detalha-se, podem ter natureza vedatória (quando proscrevem a adoção de certos atos e procedimentos pelos Estados-membros) ou mandatória (quando comandam a adoção de determinadas normas pelo Constituinte Estadual).

Alguns dos "princípios constitucionais estabelecidos" podem ser identificados facilmente, por estarem agrupados em blocos normativos, outros já demandam maior diligência interpretativa. Raul Machado Horta considera que sob esse título estão albergados os mais diversos princípios que disciplinam os capítulos do sistema tributário, da organização dos Poderes, dos direitos e garantias individuais, da ordem econômica, da educação e todo o restante da matéria que se encontra dispersa no texto constitucional federal. Exemplificativamente, alude-se aos princípios relativos à Administração Pública, presentes, principalmente, nos artigos que vão do 37 ao 41 da CRFB/88.

No que diz respeito à classificação de Raul Machado Horta, outra classe de limitações são as intituladas "normas de preordenação". Através dessas normas ou regras de preordenação, a Constituição Federal impõe, de forma direta, a organização de algumas instituições pertencentes à órbita dos Entes Federados, como é o caso da Justiça dos Estados, para as quais a CRFB/88 prevê, no art. 93, além da elaboração do Estatuto da Magistratura por lei complementar federal, todo um conjunto de princípios.

Por fim, os "princípios extensíveis" constituem um último tipo de limitação a que a autonomia dos Estados se submete diante da supremacia da Constituição Federal. Trata-se de normas que, ao consubstanciarem regras de organização da União, seriam extensíveis aos Estados-membros. Sob o jugo da Constituição de 1967, os Estados Federados deveriam observar uma série de princípios, que foram enumerados à exaustação no art. 13 da Constituição revogada. Em adição, a EC n. 1 de 1969 determinava, em seu art. 200, que as disposições da Constituição Federal deveriam ser automaticamente incorporadas, no que couber, ao "direito constitucional legislado dos Estados". Os "princípios extensíveis", então,

---

**13** HORTA, Raul Machado. *Direito Constitucional* – 5ª edição rev. e atual. por Juliana Campos Horta. Belo Horizonte: Del Rey, 2010. p. 42.

**14** SILVA, José Afonso da. *Curso de Direito Constitucional Positivo*. 36. ed. São Paulo: Malheiros, 2013. p. 620

eram abundantes. Nada obstante, José Afonso da Silva informa que a Constituição vigente praticamente os eliminou.[15]

Em suma, é assente que o Estado Federal brasileiro, no modo como foi organizado pela Constituição de 1988, pressupõe os poderes autônomos dos Estados-membros de determinar a própria estrutura constitucional e de conceber leis próprias dentro do domínio de suas competências. Contudo, tais prerrogativas autônomas submetem-se a restrições decorrentes da Constituição Federal, que lança mão de uma técnica de controle dos poderes estaduais. De forma breve, Raul Machado Horta expõe que a "tríplice dimensão estruturadora do poder constituinte do Estado-membro" apresenta a seguinte estrutura: os Estados recebem o poder de auto-organização da Constituição Federal (art. 25), que se submete às "normas centrais" ("princípios desta Constituição"),detalhadas acima e, por isso, vincula-se à representação de inconstitucionalidade, proporcionando ao STF o controle abstrato da atividade normativa do poder constituinte estadual.[16]

## 3. FERRAMENTA METODOLÓGICA: A CONCEPÇÃO DO DIREITO COMO INTEGRIDADE DE RONALD DWORKIN

Para a tarefa principal deste artigo, far-se-á necessário o amparo de um instrumental teórico-metodológico. Afinal, o "princípio da simetria" é levantado como postulado em diversas decisões judiciais, as quais compõem o arcabouço da história institucional de nossa prática jurídica. Justamente essas decisões é que integram o material de exame da argumentação jurídica voltada às controvérsias federativas que é objeto deste trabalho. Assim, à guisa de examinar e escrutinar o conteúdo dessas decisões, não se pode prescindir de uma metodologia adequada a esse propósito. Neste trabalho, essa ferramenta metodológica será a concepção de Direito como Integridade formulada por Ronald Dworkin.

De forma marcante, Dworkin principia sua filosofia jurídica com uma ofensiva à abordagem epistemológica que, durante grande parte da modernidade tardia, foi dominante. Trata-se do positivismo jurídico (metodológico), em especial o pensamento juspositivista de H. L. A. Hart. Em *Taking Rights Seriously*, Dworkin critica a tese positivista de que o Direito de uma comunidade seja um conjunto de regras apuradas em um "teste de *pedigree*". O Direito, argumenta Dworkin, não é composto apenas de regras jurídicas, mas também de outro tipo de padrões normativos: os princípios jurídicos.

---

[15] Idem, Ibidem. p. 618.

[16] HORTA, Raul Machado. *Direito Constitucional* – 5ª edição rev. e atual. por Juliana Campos Horta. Belo Horizonte: Del Rey, 2010. p. 41.

Princípios jurídicos são padrões ou standards dotados de normatividade. Isto é, o princípio jurídico é deontológico, enuncia um "dever-ser". Nas palavras de Lenio Streck, "é um padrão deontológico que, exsurgindo da tradição jurídica, justifica a própria prática e, normativamente, dita um *standard* da moralidade política institucionalizada pelo Direito (...), conduzindo a interpretação e o raciocínio judicial (...)"[17] Invariavelmente, desse modo, o argumento de princípio é distinto do argumento de política. É o que sustenta Dworkin ao afirmar que o princípio é um "padrão que deve ser observado, não porque vá promover ou assegurar uma situação econômica, política ou social considerada desejável, mas porque é uma exigência de justiça ou equidade ou alguma outra dimensão da moralidade."[18]

Nada obstante, a devida cautela adverte que os juristas sejam comedidos – uma vez tendo reconhecido as teorias que admitem os princípios jurídicos como padrões normativos derivados da *práxis* jurídica em uma determinada tradição – ao expenderem argumentos de princípio, para não serem vítimas do "pampricipiologismo", uma patologia que acomete a prática jurídica brasileira. É que sob os auspícios de uma "positivação dos valores" tem-se dado ensejo à maior "facilidade" de se criarem todo o tipo de "princípios", "como se o paradigma do Estado Democrático de Direito fosse a 'pedra filosofal da legitimidade principiológica', da qual pudessem ser retirados tantos princípios quantos necessários para resolver os casos difíceis ou 'corrigir' (sic) as incertezas da linguagem."[19]

Se em *Taking Rights Seriously* Dworkin realiza uma crítica da noção de que o Direito seja um modelo de regras e da fenomenologia da decisão judicial, em especial da defesa da discricionariedade judicial forte que fazem alguns positivistas, sua principal crítica ao positivismo foi desenvolvida em *Law's Empire* e se volta às deficiências interpretativas daquela tradição jusfilosófica. Nessa obra mais madura, Ronald Dworkin sustenta, já em seu prefácio, que o raciocínio jurídico é um exercício de interpretação construtiva, de que nosso direito constitui a melhor justificativa do conjunto de nossas práticas jurídicas, e de que ele é a narrativa que faz dessas práticas as melhores possíveis.[20]

---

**17** STRECK, Lenio Luiz. "*Anarché: Concurso do MP-SC pergunta coisas que não têm resposta!*". Conjur, 2019. Disponível em: <https://www.conjur.com.br/2019-out-10/senso-incomum-anarche-concurso-mp-sc-pergunta-coisas-nao-resposta> Acesso em 12 de outubro de 2019.

**18** DWORKIN, Ronald. *Levando os direitos a sério*. São Paulo: Martins Fontes, 2002. p. 36.

**19** STRECK, Lenio Luiz. Verdade e consenso: constituição, hermenêutica e teorias discursivas. 3. ed. São Paulo: Editora Lumen Juris, 2009. p. 477.

**20** DWORKIN, Ronald. *O império do direito*. 3. ed. São Paulo: Martins Fontes, 2014. p. XI.

Além disso, o autor enfatiza que o Direito é uma prática social argumentativa e que aquilo que a prática exige e permite depende da verdade de certas proposições que só ganham sentido no âmbito da prática mesma. Do ponto de vista de um partícipe (ponto de vista interno), a questão não é especular sobre as reivindicações jurídicas que os próprios partícipes fazem, mas demonstrar quais dessas reivindicações são bem fundadas e por quê.[21] Diferentemente, então, de outras práticas sociais, o direito em seu apanágio argumentativo pressupõe uma "atitude interpretativa", a qual carrega dois pressupostos que permitem às pessoas dar um significado à instituição e reestruturá-la à luz desse significado:

> O primeiro é o pressuposto de que a prática (...) não apenas existe, mas tem um valor, serve a algum interesse ou propósito, ou reforça algum princípio – em resumo, tem alguma finalidade" – (...) O segundo é o pressuposto adicional de que as exigências (da prática) (...) – o comportamento que ela evoca ou os juízos que autoriza – não são, necessária ou exclusivamente, aquilo que sempre imaginou que fossem, mas, ao contrário, suscetíveis a sua finalidade, de tal modo que as regras estritas devem ser compreendidas, aplicadas, ampliadas, modificadas, atenuadas e limitadas segundo essa finalidade.[22]

Ao conceber que os membros de uma comunidade e partícipes das práticas sociais conferem sentido a essas práticas através de um exercício de interpretação construtiva, Ronald Dworkin realiza uma distinção analítica entre três etapas desse processo de interpretação: a primeira etapa é "pré-interpretativa" e se resume à identificação das regras e padrões que se considera fornecerem o conteúdo experimental da prática; a segunda etapa é a "interpretativa", e consiste em conferir uma justificativa geral para os elementos principais identificados na etapa anterior, de modo que essa justificativa deve se adequar em alguma medida aos aspectos ou características da prática estabelecida para que o intérprete possa se ver como alguém que interpreta a prática e não como alguém que inventa uma prática nova; a última etapa é a "pós-interpretativa", na qual o intérprete ajusta sua ideia do que a prática realmente requer para melhor servir à justificativa que ele aceita na fase interpretativa.[23]

Na teoria do direito de Dworkin, a interpretação construtiva da prática jurídica encontra-se intimamente associada à concepção do Direito como Integridade. É o que se extrai da afirmação de Dworkin de que "qualquer interpretação construtiva bem-sucedida de nossas práticas políticas como

---

21 *Idem, Ibidem.* p. 18.

22 *Idem, Ibidem.* p. 57-58.

23 *Idem, Ibidem.* p. 82.

um todo reconhece a integridade como um ideal político distinto (...)"[24] Logo, nota-se que o reconhecimento da integridade como uma virtude política no interior de nossas práticas políticas faz parte de uma interpretação bem-sucedida desde que a interpretação dessas práticas através do ideal da integridade nos leve a percebê-las em sua melhor luz.

A integridade nas práticas políticas é tanto um princípio legislativo quanto um princípio jurisdicional. De um lado, pede que os legisladores tentem tornar o conjunto de leis moralmente coerente. Por outro lado, exige que os juízes vejam e façam cumprir a lei como sendo coerente no sentido fixado para a integridade legislativa. Importa, para os fins perseguidos neste artigo, principalmente a integridade como um ideal interpretativo dirigido à atividade jurisdicional.

A teoria da decisão judicial tal qual formulada por Dworkin em sua concepção de Direito como Integridade contém o pressuposto de que o raciocínio jurídico se desenvolve como um empreendimento interpretativo. Sob essa premissa, cumpre salientar que no esquema analítico da intepretação de Dworkin, o intérprete de uma prática social como o direito deve satisfazer duas dimensões. Primeiramente, o intérprete deve adequar-se (*fit*) o suficiente ao conteúdo da prática (regras e padrões) identificado na etapa pré-interpretativa de modo que seu esforço valha como interpretação e não como invenção de uma nova prática. Posteriormente, o intérprete deve oferecer uma justificação (*justification*) que mostre a prática em sua melhor luz.

Dworkin explica especialmente a dimensão da adequação da interpretação no Direito através da metáfora do "romance em cadeia" (*chain novel*), atividade literária em que vários romancistas "devem tentar criar o melhor romance possível como se fosse obra de um único autor (comunidade personificada), e não, como na verdade é o caso, como produto de muitas mãos diferentes."[25] A partir dessa imagem metafórica, a dimensão da adequação (*fit*) seria explicada como a exigência de que o romancista não adote nenhuma interpretação acerca da trama, da percepção das personagens, do objetivo ou de qualquer outro aspecto do romance que ele acredite que nenhum autor teria adotado. Em um aspecto mais substancial, é exigível que o romancista julgue qual das leituras possíveis se ajusta melhor à obra em desenvolvimento, depois de considerados todos os aspectos da questão.

---

**24** *Idem, Ibidem.* p. 259.
**25** *Idem, Ibidem.* p. 276.

Quando essas noções são transpostas para o Direito, a concepção do Direito como Integridade requererá do juiz que seu veredito – suas conclusões pós-interpretativas – seja extraído de uma interpretação que ao mesmo tempo se adapte aos fatos anteriores – Constituição, leis, e decisões judiciais pretéritas – e os justifique.[26] Em outros termos, o princípio judiciário de integridade instrui os juízes a identificar direitos e deveres legais, até onde for possível, a partir do pressuposto que foram todos criados por um único autor – a comunidade personificada -, expressando uma concepção coerente de justiça e equidade.[27]

Outra ideia essencial nesse ponto é a da comunidade de princípios. Conforme expõe Dworkin, esse modelo de comunidade sustenta que os membros de uma sociedade de princípio compreendem que a estrutura de direitos e deveres os quais ditam o tom da convivência política nessa comunidade não é apenas uma decorrência das decisões particulares tomadas pelas instituições políticas. Tais direitos e deveres dependem, também, do sistema de princípios que subjaz a essas decisões institucionais, as quais pressupõem e endossam esses princípios.[28] Dworkin explicita que a concepção de Direito como Integridade "pede que os juízes admitam, na medida do possível, que o direito é estruturado por um conjunto coerente de princípios sobre a justiça, a equidade e o devido processo (...)".[29]

No plano da adequação (*fit*), destarte, fica claro que o juízo de interpretação dos juízes, e suas convicções políticas em especial, uma vez aceito o ideal da Integridade, fica adstrito em alguma medida à história das instituições jurídicas – e aos princípios que subjazem a ela – que constitui o material pré-interpretativo de que partem os julgadores em seus pronunciamentos. Dito de outro modo, as autoridades públicas têm a responsabilidade política de adequarem (em grau suficiente) seus juízos interpretativos à história institucional do Direito para que seu empreendimento seja considerado interpretativo da prática jurídica e não criador de uma nova prática, devendo, portanto, demonstrarem uma coerência de princípios. Ademais, devem procurar oferecer uma justificação (*justification*) de suas decisões que em sua opinião revele a melhor interpretação da prática jurídica de sua comunidade.

---

**26** *Idem, Ibidem.* p. 286.
**27** *Idem, Ibidem.* p. 272.
**28** *Idem, Ibidem.* p. 255.
**29** *Idem, Ibidem.* p. 291.

Para ilustrar a complexa estrutura da interpretação jurídica que desenvolve, Dworkin faz uso de outra figura metafórica: o juiz Hércules, um "juiz imaginário, de capacidade e paciência sobre-humanas, que aceita o direito como integridade."[30] Ronald Dworkin considerava que tal juiz mitológico, para satisfazer as exigências da integridade, deve analisar todas as disposições constitucionais e legislativas, bem como as decisões antecedentes e, com isso, realizar um esquema dos princípios concretos e abstratos aplicáveis ao caso que justifique toda essa teia de estruturas e decisões políticas de sua comunidade, indagando se tal esquema poderia fazer parte de uma teoria coerente desse todo. O autor de *Law's Empire* justifica seu uso da metáfora do juiz Hércules porquanto entende que nenhum juiz real poderia compor nada que se aproximasse de uma intepretação plena de todo o direito e, por essa razão, imaginou-se um juiz hercúleo dotado de habilidades extraordinárias e que dispusesse de tempo ilimitado.

Considerando o ideal interpretativo da integridade, indispensável na metodologia adotada neste artigo é a "teoria dos erros institucionais". Esclarece Dworkin que o metafórico juiz Hércules descobrirá, em sua odisseia interpretativa, que nem todos os juízes tinham sua capacidade ou seu *insight*, nem que compartilhavam de suas convicções e ideias, o que leva o magistrado mítico a encarar, em sua justificação da história institucional, alguns fragmentos dessa história como equívocos. Entretanto, Hércules, em sua teoria, não pode fazer uso imprudente desse recurso, sob pena de sacrificar a consistência que lhe é exigível. Por isso, deve desenvolver uma teoria dos erros institucionais.[31]

Dividida em duas partes, tal teoria dos erros institucionais é trabalhada por Dworkin em *Taking Rights Seriously*. A primeira parte implica em demonstrar as consequências, para novos argumentos, de se considerar algum evento institucional como um erro. Nessa parte, sua teoria dos erros depende de dois conjuntos de distinções. Diferenciará, de um lado, a autoridade específica de qualquer evento institucional – poder de produzir as consequências que descreve – e, por outro lado, a força gravitacional desse ato institucional. Daí, a outra distinção será entre erros enraizados, cuja autoridade específica independe de sua força gravitacional, e erros passíveis de correção, cuja autoridade específica depende de sua força gravitacional.[32]

---

**30** *Idem, Ibidem*. p. 287.

**31** DWORKIN, Ronald. *Levando os direitos a sério*. São Paulo: Martins Fontes, 2002. p. 189.

**32** *Idem, Ibidem*. p. 189.

A segunda parte dessa teoria dos erros, por sua vez, equivale a uma demonstração de que a sua teoria é uma justificativa mais forte do que qualquer alternativa que não reconheça erros, ou reconheça um conjunto diferente de erros. Duas máximas podem ser aplicadas nessa segunda parte: a primeira sugere que se Hércules puder demonstrar que um determinado princípio, embora tenha tido no passado atrativo suficiente para convencer as autoridades públicas a aplicá-lo, já não tenha a mesma força e seja improvável que volte a dar azo às decisões que originou – então o argumento de equidade que sustenta esse princípio se vê enfraquecido; a segunda preconiza que se Hércules puder demonstrar que um princípio, a despeito de sua popularidade, é injusto, então o argumento de equidade que o sustenta deve ser invalidado. A primeira máxima exige do juiz argumentos que remetam à história institucional e a uma percepção geral da comunidade da comunidade jurídica, enquanto a segunda máxima exige do juiz argumentos de moralidade política.[33]

Dada a exposição realizada acima, no intuito de examinar as decisões que aplicam o princípio da simetria nas controvérsias federativas à luz do ideal interpretativo da integridade, será necessário assumir duas posturas metodológicas. A primeira será reconhecer os princípios jurídicos como postulados deontológicos que enunciam um padrão de conduta baseado em uma exigência de equidade, justiça ou de outra dimensão da moralidade política para indagar do caráter do "princípio da simetria". A segunda será assumir que a ferramenta metodológica da concepção de Direito como integridade demanda que se reconheça o direito como uma prática argumentativa sob a qual jaz uma atitude interpretativa. Logo, exigível será observar se as decisões judiciais preenchem as dimensões de adequação e justificação de forma a considerar se a atividade jurisdicional do STF a respeito da temática federalista tem intentado interpretar a estrutura federativa nacional, e a doutrina jurídica a respeito dessa estrutura, à sua melhor luz.

## 4. APONTAMENTOS E CONTROVÉRSIAS NA DOUTRINA E NA JURISPRUDÊNCIA SOBRE O PRINCÍPIO DA SIMETRIA

Tendo em vista a dinâmica metodológica exposta e as reflexões realizadas acerca das limitações a que os Estados-membros estão sujeitos no exercício de seu poder de decidir sobre a própria organização constitucional, cumpre situar o denominado "princípio da simetria federativa" em nossa tradição jurídica e, com isso, investigar seu sentido, sua natureza, sua origem, sua aplicabilidade e seu lugar entre as normas que oferecem as balizas normativas da organização federativa nacional. Nesse sentido, convém traçar uma exposição de como o princípio da simetria tem sido tratado pela doutrina jurídica pátria e pelo Supremo Tribunal Federal em suas decisões.

---

[33] *Idem, Ibidem.* p. 191.

Ressalta-se, de início, que as controvérsias sem solução evidente às quais a jurisprudência impõe a solução "simetrista", são questões sobre uma aparente lacuna ou indeterminação no conteúdo das regras constitucionais de competência. São *hard cases* em que se está diante de uma lacuna no sentido de que não há regras jurídicas expressas que oferecem uma resposta imediata ou aparentemente incontroversa à questão. Leoncy identifica que duas são as respostas tradicionais a esse problema e que tentam conferir completude à "ordem constitucional federativa": uma posição simetrista, que está por trás de todas as interpretações baseadas num suposto "princípio da simetria";[34] e uma posição autonomista, baseada em uma espécie de norma geral exclusiva de caráter implícito e garantidora de uma pretensa autonomia a ser assegurada a qualquer custo.[35]

A história do "princípio da simetria federativa" na jurisprudência do STF tem início na vigência da Constituição de 1967. Oportuno trazer à tona, aqui, o julgamento do RE n. 74.193/GB em 1977, de relatoria do Min. Aliomar Baleeiro, que pode ser considerado o *leading case* da aplicação do princípio da simetria às controvérsias federativas. A *quaestio vexata* era saber se o Poder Judiciário poderia, com esteio no art. 40 da Lei Orgânica do Distrito Federal (Estado da Guanabara era o antigo D.F.), aumentar os vencimentos dos servidores públicos. O Min. Relator – que, ao invés de aplicar as disposições da centralizadora Constituição de 1967 e de sua EC n. 1 de 1969, baseou seu fundamento em dispositivos da Constituição de 1946 – proferiu o entendimento de que o Judiciário não o poderia fazer porque os Estados devem guardar simetria com o modelo federal no que diz respeito à divisão, independência e harmonia dos poderes e que aumentar os vencimentos do funcionalismo é incumbência do Legislativo.

Sem embargo, a ADI-MC n. 56/PB, primeira decisão sob a égide da Constituição de 1988 sobre a simetria federativa, teve resultado e fundamento diversos[36]. O STF foi instado a dizer se uma emenda de um parlamentar da Assembleia Legislativa da Paraíba a um projeto de lei de iniciativa do Executivo, que implicaria em aumento de despesas, era constitucional à luz dos arts. 61, II, "a" e "b", e 63, I, da Constituição Federal de 1988. Em sentido diverso da decisão do Min. Aliomar Baleeiro

---

**34** LEONCY, Léo Ferreira. *"Princípio da simetria" e argumento analógico: o uso da analogia na resolução de questões federativas sem solução constitucional evidente*. Tese de doutorado. São Paulo: USP. p. 49

**35** *Idem, Ibidem*. p. 53.

**36** CLÈVE, Clèmerson Merlin, KENICKE, Pedro Henrique Gallotti. *Federalismo, Centralização e Princípio da Simetria*. p. 12. In: *Ontem, Os Códigos! Hoje, As Constituições - Homenagem a Paulo Bonavides*. São Paulo: Malheiros, 2016. p. 12.

no RE n. 74.193/GB, o Min. Celio Borja negou provimento ao pedido cautelar de inconstitucionalidade sustentando que na inicial não havia sido indicada a norma que tornaria obrigatório aos Estados os referidos dispositivos da Constituição Federal dirigidos à União e, por isso, não atendia o requisito do *fumus boni juris*. Nas palavras do Min. Celio Borja, "tal omissão decorre da inexistência, na lei fundamental em vigor, das numerosas regras de simetria compulsória entre as ordens jurídicas da União e dos Estados que repontavam na Carta de 1967 (...)" É com esse confuso e desorientador prelúdio que tem início a controvérsia sobre o princípio da simetria nos anais da história da jurisprudência do STF.

Clève e Kenicke registram que no intervalo entre o julgamento da medida cautelar e a decisão de mérito da ADI n. 56/PB, que só veio a ter seu mérito apreciado em 2002, surgiram alguns precedentes versando sobre questões federativas controversas e cujo fundamento era o "princípio da simetria". Principalmente as ADIs 231, 245 e 864. Na formação desses precedentes os protagonistas foram os Ministros Moreira Alves e Carlos Velloso.[37] Desde então, multiplicaram-se as decisões declarando inválidos vários atos legislativos e disposições das Constituições dos Estados-membros com arrimo no argumento do suposto "princípio da simetria". Tais decisões traçaram os limites da autonomia dos Entes Federados em temas tão diversos quanto processo legislativo (preponderantemente na questão da iniciativa legislativa), estrutura de Tribunais de Contas, possibilidade de previsão de Medida Provisória em Constituição Estadual, poderes das CPIs e até, no que tange às disposições atinentes às prerrogativas e restrições do Chefe do Executivo, em relação à necessidade de licença para viajar dos Governadores dos Estados.

Um dos primeiros trabalhos a se dedicar ao estudo do princípio da simetria foi o de Marcelo Labanca Corrêa de Araújo, em sua tese de doutorado apresentada à Faculdade de Direito do Recife (Universidade Federal de Pernambuco). A tese de doutoramento se converteu em um livro, de título *Jurisdição Constitucional e Federação: o princípio da simetria na jurisprudência do STF*. Neste livro, Labanca registra que nenhuma obra até então havia se detido ao exame específico do tema em questão. De igual modo, o autor observou que o uso do princípio da simetria é polêmico até entre os Ministros do Supremo Tribunal Federal.

O trabalho de Labanca tinha o objetivo de investigar de que forma a jurisdição constitucional, ao julgar os conflitos federativos, interfere na construção do Estado Federal brasileiro. O foco de sua investigação foi a utilização jurisprudencial do princípio da simetria pelo STF, da qual resultou

---

37 *Idem, Ibidem*. p. 13.

ampla pesquisa e análise jurisprudencial. Para Labanca, em síntese, "a ideia básica empregada pela Corte era a de que a autonomia estadual possuía limites, não podendo o Estado-membro, na organização de seus Poderes, fugir de uma 'simetria' com o modelo federal de organização política."[38]

Labanca notou que a maioria dos autores que escreveram sobre as classificações e repercussões das limitações constitucionais à autonomia dos Estados-membros não julgou relevante mencionar ou situar o princípio da simetria em seus arranjos teóricos. Todavia, o autor considera que o princípio da simetria tem aplicação na identificação dos já mencionados "princípios extensíveis". Por esse aspecto, reputou necessário questionar, sob o lume de uma distinção entre princípios jurídicos normativos e princípios de hermenêutica constitucional, se o princípio da simetria é um postulado daquele ou deste tipo. Ele, então, conclui que o princípio da simetria não é utilizado pelo STF como norma parâmetro, mas como um meio para buscar uma norma parâmetro no ordenamento constitucional federal, isto é, o "princípio da simetria é um princípio de interpretação que auxilia o intérprete/aplicador notadamente na identificação dos princípios extensíveis (...)"[39]

Ora, se um juiz ao argumentar com base no princípio da simetria compreende que esse postulado não é ele mesmo um parâmetro para determinar, normativamente, se o Estado-membro deve agir desta ou daquela maneira, então esse argumento não é um argumento de princípio no sentido dworkiniano que aqui se adotou. Os princípios, reforça-se, são padrões deontológicos, portam um *standard* de conduta identificável que é uma questão de justiça, equidade ou outra dimensão da moralidade política. Nesse sentido – e apenas nesse sentido – o princípio da simetria não é um princípio e tampouco o argumento que o levanta um argumento de princípio. O argumento do "princípio da simetria", então, deve ser outro tipo de argumento.

Nesse diapasão, é imperioso trazer a opinião de Léo Ferreira Leoncy, para quem a "simetria não é um princípio constitucional formal, nem mesmo de caráter implícito, e também não é um princípio hermenêutico, antes representado como um lugar-comum arbitrário que substancialmente oculta um processo de construção muito sofisticado".[40]

---

**38** ARAÚJO, Marcelo Labanca Corrêa de. *Jurisdição Constitucional e Federação: o princípio da simetria na jurisprudência do STF*. Rio de Janeiro: Elsevier, 2009. p. 1.

**39** *Idem, Ibidem*. p. 126.

**40** LEONCY, Léo Ferreira. *"Princípio da simetria" e argumento analógico: o uso da analogia na resolução de questões federativas sem solução constitucional evidente*. Tese de doutorado. São Paulo: USP. p. 175.

Principalmente, Leoncy explicita que, ao basear suas decisões no "princípio da simetria", o STF parece "assumir" estar diante de um problema de lacuna, ao qual tenta responder, embora sem o reconhecer claramente, com elementos típicos do raciocínio por analogia.

Lenio Streck, de maneira mais disruptiva, reputa ao princípio da simetria menos um caráter de princípio de validade geral e mais de um mecanismo *ad hoc* de solução de controvérisas. Consoante afirma Streck, "se as Constituições dos Estados-membros devem obedecer aos princípios constantes na Constituição da República, e se esta já estabelece os limites legislativos daquela, resta à aludida 'obrigatoriedade da aplicação simétrica' apenas um caráter retórico."[41]

Ainda vale destacar a contribuição de André Ramos Tavares, segundo a qual o "princípio da simetria" consiste em "uma obrigação geral implícita de simetria, por parte dos Estados membros e Municípios, na elaboração de seus diplomas máximos, com o modelo federal estabelecido pela Constituição do Brasil."[42] Contudo, Tavares sustenta que a simetria não se pode sobrepor à autonomia dos Estados-membros e que aquela não pode implicar na redução ou extinção desta. Tavares põe em xeque a existência do "princípio da simetria" e faz menção a uma frase do Min. Sepúlveda Pertence no julgamento do RE 197.917-8/SP, que aponta para um caráter místico e obscuro do referido princípio, criticando a "a inspiração mítica de um princípio universal da simetria, cuja fonte não consigo localizar na Lei Fundamental".

Outra atitude comum entre os juristas ao dissertarem sobre o "princípio da simetria" tem sido apontar uma relação germinal entre o princípio da simetria e o princípio da separação de poderes. Veja, *exempli gratia*, o que aduzem Paulo Gustavo Gonet Branco e Gilmar Mendes:

> A exuberância de casos em que o princípio da separação de Poderes cerceia toda a criatividade do constituinte estadual, levou a que se falasse num *princípio da simetria*, para designar a obrigação do constituinte estadual de seguir fielmente as opções de organização e de relacionamento entre os poderes acolhidas pelo constituinte federal.[43]

---

[41] STRECK, Lenio Luiz. Verdade e consenso: constituição, hermenêutica e teorias discursivas. 3. ed. São Paulo: Editora Lumen Juris, 2009. p. 477.

[42] TAVARES, André Ramos. *Curso de direito constitucional*. 15. ed. São Paulo: Saraiva, 2017. p. 880.

[43] MENDES, Gilmar Ferreira, BRANCO, Paulo Gustavo Gonet. *Curso de direito constitucional*. 13. ed. rev. e atual. São Paulo: Saraiva Educação, 2018. p. 1343.

Marcelo Labanca Corrêa de Araújo parece assumir esse liame ao conceber que o critério de utilização do princípio da simetria é o modelo federal da separação de poderes (e não um modelo ideal, em tese, dessa mesma separação).[44] De semelhante maneira, declarou o Min. Cezar Peluso, na ocasião do julgamento da ADI-MC n. 4.298/TC, que a Corte Suprema recorre com frequência ao princípio ou regra da simetria, construção pretoriana, a qual, entende o Ministro, tenciona a garantir, quanto aos aspectos substanciais, homogeneidade na disciplina normativa da separação, independência e harmonia dos poderes nos três planos federativos. No entanto, o magistrado adverte que a aplicação do princípio da simetria deve guardar particular cuidado com os riscos de descaracterizar a estrutura federativa que lhe é inerente.

Há um caso em especial que demonstra a impropriedade de uma pretensa relação inextricável entre "princípio da simetria" e princípio da separação de poderes na jurisprudência do STF. No julgamento da ADI n. 2.587/GO, submeteu-se ao STF a questão de se a prerrogativa de foro poderia ser validamente prevista pela Constituição de Goiás para delegados, defensores públicos e procuradores estaduais, temática que em nada se relaciona com a separação de poderes. Tal decisão também desmonta a tese de que o princípio da simetria é apenas utilizado pela nossa Corte Constitucional como um critério interpretativo de identificação de princípios extensíveis, posto que o dispositivo da Constituição goiana que previa a cláusula de foro de prerrogativa para os aludidos agentes públicos foi declarado inconstitucional por "ferir o princípio da simetria". Léo Leoncy dá ciência que a aplicação do pretenso princípio pelo STF não se restringe à temática da separação de poderes e guarda pertinência com outras tantas situações diversas.[45]

Das considerações jurisprudenciais e doutrinárias levantadas, algo em torno do qual praticamente todos os autores citados apresentam consenso é que não há um tratamento uniforme dado ao tema pelo Supremo Tribunal Federal e que, predominantemente, os julgados do STF acerca do princípio da simetria federativa não revelam nenhuma justificação satisfatória. Em adição, é no mínimo duvidoso, a partir de uma leitura da jurisprudência e das teorias doutrinárias a respeito do "princípio da simetria", a existência de uma tal "obrigação implícita de simetria".

---

**44** ARAÚJO, Marcelo Labanca Corrêa de. *Jurisdição Constitucional e Federação: o princípio da simetria na jurisprudência do STF*. Rio de Janeiro: Elsevier, 2009. p. 129.

**45** LEONCY, Léo Ferreira. *"Princípio da simetria" e argumento analógico: o uso da analogia na resolução de questões federativas sem solução constitucional evidente*. Tese de doutorado. São Paulo: USP. p. 179.

O principal precedente do STF que oferece uma imagem das aparentemente incontornáveis controvérsias na atividade argumentativa ao redor da aplicação do princípio da simetria pela Corte Suprema é o julgamento da ADI n. 2.212/CE, que discutia a validade de dispositivo da Constituição do Ceará prevendo a "reclamação constitucional" no âmbito do Tribunal de Justiça daquele Estado, a fim de evitar os obstáculos que os recursos da lei processual enfrentam no *iter* de um processo e com o fito de preservar a competência do Tribunal de Justiça do Ceará.

No julgamento em questão, um fato túmido é o uso do princípio da simetria para respaldar duas decisões contraditórias. A Min. Relatora Ellen Gracie, de um lado, decide em favor da possibilidade de a Constituição Estadual prever a reclamação constitucional e defende que seu entendimento é respaldado pelo "princípio da simetria". A Ministra, contudo, não explica o que seja o referido princípio nem desenvolve uma justificação suficiente acerca de por que o Estado deveria reproduzir simetricamente o modelo federal nesse caso. Por outro lado, em uma decisão completamente contrária à da Ministra relatora, o Min. Maurício Correia defende que, por força do princípio da simetria (sem, contudo, justificar a aplicação desse postulado), o Estado não poderia prever a reclamação constitucional em sede de jurisdição estadual uma vez que o instituto da reclamação não foi concebido para a Justiça Federal.

Pela observação do tratamento do princípio da simetria na história da doutrina jurídica e da jurisprudência a respeito da estrutura federativa nacional, em síntese, são perceptíveis várias inquietações à luz da concepção de Direito como integridade. Identificou-se um caráter dúbio do princípio da simetria, que, embora receba essa denominação, não parece ser um princípio jurídico no sentido que, à luz de nosso marco teórico, aqui se adota. Ademais, constatou-se que as decisões representativas aqui analisadas demonstram não apenas a falta de uniformidade dos julgados acerca do princípio da simetria, mas uma displicência com a justificação e, de maneira sobressalente, a incompatibilidade da atividade argumentativa desses decisórios com o necessário dever de fundamentação que decorre de cláusula constitucional expressa (art. 93, IX, da CRFB/88)

## 5. CONCLUSÕES

Partimos da concepção de Direito como Integridade de Ronald Dworkin para escrutinar os processos argumentativos do conjunto de decisões das quais constam o fundamento do suposto "princípio da simetria". Perfilhamo-nos, para tanto, à percepção do direito como uma prática social argumentativa e, uma vez que reconheçamos que uma análise qualitativa do argumento do princípio da simetria demanda uma atitude interpretativa, assumimos em nossa análise duas posturas metodológicas.

A primeira postura adotada, no intuito primeiro de indagar do caráter do suposto "princípio da simetria", consistia em considerar como argumento de princípio apenas o enunciado argumentativo baseado em razões principiológicas e, portanto, deontológicas, normativas, capazes de fornecer um padrão de conduta obrigatório. A despeito de seu *nomen juris*, este trabalho conclui que o "princípio da simetria" não é um princípio jurídico propriamente concebido como um postulado deontológico. É muito mais um expediente retórico que esconde outros argumentos que não um argumento de princípio. Por exemplo, é mais coerente entender que subjaz à aplicação da simetria federativa pelo STF, em que concordamos com Léo Leoncy, uma estrutura de um argumento analógico, não um argumento de princípio.

A segunda postura metodológica adotada compreendeu uma análise do processo interpretativo dos juízes ao aplicar o princípio da simetria diante das exigências do ideal interpretativo da integridade. Tal postura não exigiu da argumentação dos juízes que tivessem as mesmas convicções ou as mesmas ideias a respeito de qual interpretação ofereceria a melhor solução às questões federativas lacunosas. Tampouco se exigiu que os Ministros do Supremo Tribunal Federal, no confrontamento dos *hard cases* federativos, tivessem imitado o juiz Hércules de Dworkin e realizado uma devassa em todos os argumentos e interpretações disponíveis em nossa tradição jurídica atinentes a essas questões. Apenas se lhes atribuiu a condição de que o processo interpretativo percorrido tivesse sido aquele que cumprisse as dimensões do ideal da integridade, isto é, as dimensões de adequação e justificação.

No plano da adequação (*fit*), constatou-se que os juízes não tinham uma preocupação muito grande em adaptar suas decisões ao material pré-interpretativo (texto constitucional, decisões anteriores, princípios em jogo), uma vez que a fundamentação das decisões analisadas, quase em sua totalidade, esteve reduzida a uma simples indicação de uma "obrigação implícita de simetria" e à menção do dispositivo da Constituição Federal que, por força do princípio da simetria, seria de reprodução obrigatória pelo Estado-membro. Na esmagadora maioria dos decisórios, os Ministros sequer fizeram um esforço de adequar-se, nem que para constatar um equívoco institucional, às decisões que lhes precederam.

Na dimensão da justificação (*justification*), observou-se o mesmo perfil que foi traçado quando se analisou as decisões em seu plano de adequação. Fartas foram as decisões estudadas cujo único trabalho argumentativo foi a alusão superficial ao "princípio da simetria", sem qualquer argumento mais detido da relação entre o argumento da simetria federativa e a norma prevista para a União que o princípio da simetria torna obrigatória aos Estados-membros, como se este postulado fosse infalível e, embora implícito, considerado autoevidente em face da totalidade da organização constitucional federativa.

A proposta deste artigo não foi, assim, a de oferecer uma alternativa propositiva de resolução das controvérsias federativas para tratar o "silêncio" constitucional em torno das linhas limítrofes da autonomia dos Estados-membros, mas apenas evidenciar as inconsistências argumentativas e interpretativas que circundam a aplicação do "princípio da simetria" pelo STF. A solução para as "questões federativas sem solução evidente" pode ser tanto uma postura autonomista, quanto a alternativa "analogista" de Léo Leoncy, e até mesmo uma postura simetrista reconstituída. Apenas se exige que, para atender ao ideal interpretativo da integridade, uma decisão que ofereça tais soluções cumpra as exigências interpretativas da adequação e da justificação.

É certo, entretanto, que a corrente aplicação do princípio da simetria pelo STF, em sua pretensa infalibilidade, desvela um descuido no desenvolver da construção da institucionalidade federativa pelo Poder Judiciário brasileiro, que reputa inválidas e torna ineficazes muitas das leis e disposições constitucionais derivadas do exercício da autonomia dos Estados-membros sem, muitas vezes, oferecer uma justificativa legítima e a devida adequação e deferência à história institucional brasileira.

## REFERÊNCIAS BIBLIOGRÁFICAS

ARAÚJO, Marcelo Labanca Corrêa de. *Jurisdição Constitucional e Federação: o princípio da simetria na jurisprudência do STF*. Rio de Janeiro: Elsevier, 2009.

BARACHO, José Alfredo de Oliveira. *Teoria geral do federalismo*. Rio de Janeiro: Forense, 1986.

BOBBIO, Norberto, MATTEUCCI, Nicola e PASQUINO, Gianfranco. *Dicionário de política I*. Brasília: Editora Universidade de Brasília, 1. ed., 1998.

BONAVIDES, Paulo. *Ciência Política*. 23. ed. São Paulo: Malheiros. 2016.

CLÈVE, Clèmerson Merlin, KENICKE, Pedro Henrique Gallotti. *Federalismo, Centralização e Princípio da Simetria*. p. 12. In: Ontem, Os Códigos! Hoje, As Constituições - Homenagem a Paulo Bonavides. São Paulo: Malheiros, 2016.

DALLARI, Dalmo de Abreu. *Elementos de Teoria Geral do Estado*. 32. ed. São Paulo: Saraiva, 2013.

DERZI, Misabel. BUSTAMANTE, Thomas da Rosa. *Federalismo, Justiça Distributiva e Royalties do Petróleo: Três escritos sobre Direito Constitucional e o Estado Federal Brasileiro*. Belo Horizonte: Arraes Editores, 2016.

DWORKIN, Ronald. *Levando os direitos a sério*. São Paulo: Martins Fontes, 2002.

———. *O império do direito*. 3. ed. São Paulo: Martins Fontes, 2014.

FERNANDES, Bernardo Gonçalves. *Curso de Direito Constitucional*. 9. ed. Salvador: JusPODIVM, 2017.

HAMILTON, Alexander; MADISON, James; JAY, John. *The Federalist Papers*. Mineola: Dover Publications, 2018.

HORTA, Raul Machado. *Direito Constitucional - 5ª edição rev. e atual. por Juliana Campos Horta*. Belo Horizonte: Del Rey. 2010.

KELSEN, Hans. *Teoria Geral do Direito e do Estado*. 3. ed. São Paulo: Martins Fontes.

LABAND, Paul. *Le droit public de l'Empire Allemand*. Paris: V. Giard & E. Brière, 1900, t. 1.

LEONCY, Léo Ferreira. *"Princípio da simetria" e argumento analógico: o uso da analogia na resolução de questões federativas sem solução constitucional evidente*. Tese de doutorado. São Paulo: USP.

──────. *Uma proposta de releitura do "princípio da simetria"*. Conjur. 2012. Disponível em: <https://www.conjur.com.br/2012-nov-24/observatorio-constitucional-releitura-principio-simetria> Acesso em 10 de outubro de 2019.

MENDES, Gilmar Ferreira, BRANCO, Paulo Gustavo Gonet. *Curso de direito constitucional*. 13. ed. rev. e atual. São Paulo: Saraiva Educação, 2018.

SILVA, José Afonso da. *Curso de Direito Constitucional Positivo*. São Paulo: Malheiros. 2013.

STRECK, Lenio Luiz. Verdade e consenso: constituição, hermenêutica e teorias discursivas. 3. ed. São Paulo: Editora Lumen Juris, 2009.

──────. "Anarché: Concurso do MP-SC pergunta coisas que não têm resposta!". Conjur, 2019. Disponível em: <https://www.conjur.com.br/2019-out-10/senso-incomum-anarche-concurso-mp-sc-pergunta-coisas-nao-resposta> Acesso em 12 de outubro de 2019.

TAVARES, André Ramos. *Curso de direito constitucional*. 15. ed. São Paulo: Saraiva, 2017.

# AS PREMISSAS PARA UMA REFORMA TRIBUTÁRIA E AS IMPRESSÕES INICIAIS ACERCA DA PEC Nº 45/2019

ONOFRE ALVES BATISTA JÚNIOR[1]
MARINA SOARES MARINHO[2]

## 1. INTRODUÇÃO: AS PREMISSAS POR TRÁS DE UMA REFORMA CONSTITUCIONAL

Como se sabe, o procedimento de elaboração da Constituição deve se guiar pela pretensão de universalidade e atemporalidade. Por isso, compreende-se que o poder constituinte derivado é também materialmente limitado, devendo, nas alterações que promover, manter a integridade e a coerência do ordenamento constitucional, guiado pelo núcleo essencial do projeto estruturado pelos constituintes originários.[3]

Essa compreensão implica, pelo menos, que as reformas constitucionais não podem desviar do núcleo essencial da Constituição e que as alterações propostas devem adotar os mesmos fundamentos e objetivos estabelecidos por ela. No caso da Constituição brasileira de 1988 – CRFB/1988, está plasmado que a República (formada pela união indissolúvel dos Estados e Municípios e do Distrito Federal) terá como fundamento a soberania, a cidadania, a dignidade da pessoa humana, os valores sociais do trabalho e

---

[1] Procurador do Estado de Minas Gerais; Mestre em Ciências Jurídico-Políticas pela Universidade de Lisboa; Doutor em Direito pela UFMG; Pós-Doutoramento em Direito (Democracia e Direitos Humanos) pela Universidade de Coimbra; Professor de Direito Público do Quadro Efetivo da Graduação e Pós-Graduação da Universidade Federal de Minas Gerais (Curriculum lattes http://lattes.cnpq.br/2284086832664522).

[2] Assistente do Advogado-Geral do Estado de Minas Gerais; Doutoranda e Mestra em Direito e Justiça pela Universidade Federal de Minas Gerais (Curriculum lattes http://lattes.cnpq.br/6230936890648392).

[3] Cf. MENDES, Gilmar Ferreira; BRANCO, Paulo Gustavo Gonet. *Curso de direito constitucional*. 9.ed. rev. e atual. São Paulo: Saraiva, 2017. *E-book*, p. 116.

da livre iniciativa e o pluralismo político (art. 1º da CRFB/1988). Já os seus objetivos fundamentais são a construção de uma sociedade livre, justa e solidária; a garantia do desenvolvimento nacional; a erradicação da pobreza e da marginalização e a redução das desigualdades sociais e regionais, além da promoção do bem de todos, sem preconceitos de origem, raça, sexo, cor, idade e quaisquer outras formas de discriminação (art. 3º da CRFB/1988).

Tratam-se, claramente, de comandos basilares para formulação, interpretação e aplicação das normas jurídicas brasileiras. Esses são comandos que permitem integrar os dispositivos jurídicos e reconhecer o conteúdo das normas. Isso quer dizer que nem mesmo emendas constitucionais podem se afastar desse direcionamento – do contrário, maculariam o ordenamento jurídico por sua incoerência. A bússola colocada no Título I da CRFB/1988, juntamente do seu preâmbulo, direcionam os destinatários da norma na tarefa de reconhecê-la.

Nesse sentido, é importante destacar que, embora não esteja expressamente mencionado como princípio no Título I da CRFB/1988, o princípio federativo (federalismo) se faz presente ao longo de todo o texto constitucional: é princípio estruturante, que determina desde a organização do Estado até o resguardo das liberdades individuais e dos direitos sociais. A estrutura das normas e os comandos de efetivação dos direitos e deveres são estruturados, da mesma forma, a partir da lógica federalista.

Por isso, embora este artigo não pretenda definir o núcleo essencial de normas constitucionais na CRFB/1988, é seguro assumir que os princípios fundamentais expostos no Título I (sobretudo o federalismo) são normas estruturantes reforçadas do arcabouço jurídico pátrio e definem a arquitetura básica do edifício constitucional, propiciando e garantindo coerência para o ordenamento jurídico nacional. Ademais, os princípios estruturantes do Título I, nessa toada, firmam o alinhamento teleológico da CRFB/1988, funcionando como viés orientador inarredável na interpretação das normas constitucionais. Não é por outra razão que, coerentemente, o constituinte originário colocou o federalismo como cláusula pétrea da CRFB/1988, no art. 60, § 4º, I. Isso quer dizer que o poder reformador do constituinte derivado não pode se afastar do que dispõe o primeiro Título da Constituição, assim como deve considerar o equilíbrio federativo como premissa necessária à realização de mudanças, sob pena de inconstitucionalidade das suas propostas.

A partir dessas premissas, neste artigo, analisaremos a principal linha de propostas de Emenda à Constituição (que afetam tão somente a tributação sobre o consumo, como a PEC 45) atualmente em discussão no Congresso Nacional, para concluir sobre a sua constitucionalidade e suficiência para atender aos fundamentos e objetivos da República Federativa do Brasil.

## 2. A PRIMEIRA PREMISSA: OS PROBLEMAS DO SISTEMA TRIBUTÁRIO NACIONAL E O TÍTULO I DA CRFB/1988

Se o Estado (democrático) capitalista garante ao indivíduo a liberdade, assegurando a propriedade privada e tolerando as bases e os meios para o enriquecimento (privado), não há como o sistema financeiro se basear na economia patrimonialista estatal, na planificação econômica ou na expropriação.[4] Em outras palavras, embora seja possível, pelo menos em tese, a existência de Estados democráticos não tributários, como Mônaco (que retira boa parte de suas receitas da exploração do jogo), ou alguns outros que retiram significativa porção de suas receitas da exploração de recursos naturais, pode-se afirmar que as modernas democracias capitalistas ocidentais, em regra, são Estados tributários.

No caso brasileiro, por exemplo, o Estado modelado pela analítica CRFB/1988 deve seguir o regime de economia de mercado. A opção constitucional pelo regime capitalista é evidente: consagra-se a propriedade privada (art. 5º, XXII e art. 170, II), a não intervenção e a autodeterminação dos povos (art. 4º); proclama-se a livre iniciativa econômica (art. 170, parágrafo único). A CRFB/1988, por sobre uma base econômica capitalista, modela um Estado que tem suas necessidades financeiras supridas essencialmente pela tributação (Estado Tributário) e que deve zelar pela justiça social e pela eliminação das desigualdades sociais (Estado de desiderato social). Basta verificar que, a CRFB/1988 projeta um sistema tributário minucioso (artigos 145 a 161); afasta, em regra, a exploração direta da atividade econômica pelo Estado (art. 173); firma um Estado que não é senhor dos bens; estabelece uma base financeira para o Estado calcada, sobretudo, em receitas derivadas (e não originárias); etc. Enfim, o Estado Democrático de Direito modelado pela CRFB/1988 é um Estado capitalista e tributário (não patrimonial; não proprietário dos meios de produção) e que, para cumprir seu desiderato social, necessita tributar.

O Estado Tributário de base capitalista não pode depender de um amplo ou total controle por sobre os meios de produção, nem da imposição de obrigações cívicas a seus cidadãos, nem tampouco de sua própria atividade econômica. Ao contrário, precisamente devido à legitimação constitucional da intervenção tributária, é possível ao Estado garantir a propriedade privada, a liberdade profissional e de indústria, assim como

---

[4] Nesse sentido, KIRCHHOF, Paul. *La influencia de la Constitución Alemana en su Legislación Tributaria. In* Garantías Constitucionales del contribuyente, 2ª ed. Valencia: Tyrant lo Blanch, 1998, p. 26.

as demais liberdades que integram a atividade econômica privada.[5] Em uma economia capitalista, os impostos não são tão somente um método de pagamento pelos serviços públicos e governamentais, mas o instrumento fundamental pelo qual o Estado Tributário coloca em prática sua política pública e faz efetiva, sobretudo, sua concepção de justiça.[6]

De forma direta, no Estado Tributário, a questão da justiça emerge dos debates acerca do modelo de tributação que se pretende adotar, a partir do momento que é no desenho do sistema tributário que se definem questões como a de "quanto cada contribuinte deve pagar"; "quais as desigualdades de renda e riqueza admissíveis"; "para que deve ser usado o dinheiro"; "quem deve ser isento de tributos" etc.[7] Nesse compasso, uma questão elementar baliza fundamentalmente as decisões acerca do sistema tributário e tem relação direta com a concepção de justiça abraçada pelo Estado Tributário: afinal, "o que deve o governo prestar com o dinheiro dos impostos"? Todas essas questões estão inequivocamente relacionadas e não se pode responder a uma delas sem se ter respostas para as outras.

Em síntese, da concepção de justiça que o Estado (capitalista e democrático) pretende adotar depende, fundamentalmente, a definição do sistema tributário do Estado, uma vez que os tributos representam, essencialmente, a contraface da atuação prestacional do Estado Tributário e, fundamentalmente, é por meio deles que se pode viabilizar a efetivação das políticas públicas. Nesse sentido, o Preâmbulo e o Título I da CRFB/1988 fornece bons elementos para reconhecer a concepção de justiça que o Estado Democrático brasileiro optou por adotar.

O sistema tributário nacional sofre algumas críticas essenciais, cuja validade deve ser contraposta aos fundamentos e o objetivos constitucionais: (1) carga tributária elevada (sobretudo consumo e folha); (2) regressividade ("o Brasil cobra mais impostos dos mais pobres"); (3) complexidade da legislação tributária e "Custo Brasil"; (4) Conflitos de Competência/Guerra Fiscal; (5) Anacronismo - Revolução Digital (Uber, Netflix, WhatsApp etc.).

---

5 Nesse sentido, PAPIER, H. J. *Ley fundamental y orden económico. In.* Manual de dereho cConstitucional. Trad. Esp. de *Handbuch des Verfassungsrechts der Bundesrepublik Deutschland.* Org. Konrad Hesse, Madrid: Marcial Pons, 1996, p. 561-612.

6 Nesse sentido, MURPHY, Liam; NAGEL, Thomas. *O mito da propriedade. Os impostos e a justiça.* São Paulo: Martins Fontes, 2005, p. 5.

7 Nessa mesma direção, MURPHY, Liam; NAGEL, Thomas. *O mito da propriedade...*, cit. p. 5.

Sobre a alta carga tributária, ela não pode ser considerada em termos absolutos. Mesmo que essa seja uma análise válida, o argumento não se sustenta quando comparadas as cargas totais dos países membros da OCDE.[8] É preciso critérios para avaliar a justiça da carga tributária total exigida no Brasil. Por exemplo, contrapô-la à suficiência dos gastos orçamentários essenciais; ao tamanho da população que necessita dos serviços públicos; à capacidade contributiva de cada cidadão etc. Além disso, é necessário avaliar a razoabilidade de gravar, e em que medida, determinadas bases tributárias, como o consumo. De toda forma, trata-se de demanda legítima, e que *a priori* não está em oposição aos princípios fundamentais da República Federativa do Brasil.

Já a regressividade, ela é identificada pelo fato de aqueles que possuem menor capacidade contributiva serem onerados mais, proporcionalmente, pela tributação. No Brasil, isso acontece porque a tributação está concentrada no consumo. Como os mais pobres utilizam mais da sua renda para consumir, sem lhes restar margem para acumular patrimônio, proporcionalmente, são eles os mais onerados pela tributação. É dizer, os mais pobres comprometem parcela maior de sua renda com o consumo, que é base que sofre a maior tributação no Brasil. Agrava o quadro de regressividade o fato de que a tributação sobre o consumo é impessoal, ou seja, não identifica os mais ricos, porque determinados produtos, principalmente os relacionados à alimentação, transporte e higiene pessoal, serão consumidos por pessoas de todas as classes sociais. Outro agravante da regressividade no Brasil é o fato de a tributação da renda, além de ser menos utilizada para arrecadação que a do consumo, possuir distorções que resguardam justamente os mais ricos, como a isenção da tributação de lucros e dividendos. Por óbvio, a regressividade atenta contra os objetivos fundamentais da República, por permitir e agravar as desigualdades sociais, além de poderem levar à contrariedade os fundamentos da cidadania e da dignidade da pessoa humana.

Quanto à complexidade da legislação tributária e ao "Custo Brasil", verifica-se que a **base consumo** está fragmentada em cinco tributos: 3 federais (IPI, PIS/PASEP e COFINS); 1 estadual (ICMS) e 1 municipal (ISS). Da mesma forma, diversas desonerações e regimes especiais proporcionam insegurança jurídica e aumentam significativamente o "Custo Brasil". Como se não bastasse, sistematicamente, os contribuintes acusam o Fisco de prolife-

---

8 Cf. *Carga Tributária do Brasil: 2016* – Análise por tributos e bases de incidência. Ministério da Fazenda; Receita Federal, dez. 2017. Disponível em: http://receita.economia.gov.br/dados/receitadata/estudos-e-tributarios-e-aduaneiros/estudos-e-estatisticas/carga-tributaria-no-brasil/carga-tributaria-2016.pdf. Acesso em: 18 out. 2019.

rar os mecanismos de controle, de forma por vezes inúteis e desnecessárias, impondo obrigações acessórias exageradas, agravando, mais uma vez, o "Custo Brasil", proporcionando elevados custos de conformidade.[9] O Brasil conta, ainda, com milhares de legislações diferentes (federal, estaduais e municipais). Tudo isso, de forma evidente, provoca inquestionável insegurança jurídica e cria um contencioso administrativo e judicial agigantado. Também a complexidade da legislação tributária afronta um objetivo fundamental da República, por prejudicar o desenvolvimento nacional, prejudicando as empresas nacionais e afugentando investimentos, e indo de encontro ao fundamento da livre iniciativa no Brasil.

Com relação à guerra fiscal e aos conflitos de competência, o país assiste a um verdadeiro *law shopping* (concorrência fiscal predatória para atração de investimentos – *race to the bottom*), capaz de reduzir drasticamente as receitas públicas.[10] Por certo, os mecanismos utilizados para atração de investimentos em um cenário de guerra fiscal proporcionam ineficiência alocativa, na medida em que os tributos são o mecanismo de atração e não a infraestrutura existente, a qualidade da mão de obra, a proximidade dos insumos etc. O tributo, assim, renuncia a qualquer pretensão de neutralidade. A renúncia de receita do ICMS, por exemplo, é estimada em metade da base, e só se manteve relativamente estável em razão da tributação exagerada da energia elétrica, da telefonia e dos combustíveis, o que agrava a regressividade do sistema tributário.

Por outro giro, cumpre verificar que a redução das desigualdades regionais figura textualmente no art. 3º da CRFB/1988 e se fundamenta na dignidade da pessoa humana, na cidadania e no pluralismo político, porque não se pode permitir a maior influência no debate político nacional daqueles que se encontrem em regiões mais dinâmicas ou mais desenvolvidas. Por certo, aos Estados mais pobres, diante da postura passiva da União Federal (que pouca ou nenhuma política nesse sentido possui), nada restava senão se lançar na *race to the botton* para conseguir atrair empregos para seus administrados.

---

**9** Como noticia a revista Exame (*Por que Maia apelou ao "patriotismo" dos empresários na reforma tributária*. Disponível em: https://exame.abril.com.br/economia/por-que-maia-apelou-ao-patriotismo-dos-empresarios-na-reforma-tributaria/. Extraído em 10 Ago. 2019), "de acordo com o ranking de competitividade do Banco Mundial, o Brasil é líder global em tempo gasto por uma empresa apenas para cumprir com obrigações tributárias. São 2 mil horas por ano, o dobro do segundo colocado e 10 vezes mais do que a média mundial – e isso sem falar no tamanho da carga".

**10** Para uma melhor elucidação do problema, recomenda-se a leitura de BATISTA JÚNIOR, Onofre Alves. *O outro Leviatã e a corrida ao fundo do poço*. São Paulo: Almedina, 2014, *passim*.

Por fim, quanto ao apontado anacronismo, critica-se o sistema tributário vigente por se entender que ele não acompanhou a Revolução Digital. Diversas bases tributárias com expressão significativa de capacidade econômica escapam atualmente da tributação ou sofrem tributação reduzida (UBER; WhatsApp; Amazon; Netflix etc.). Fica evidente, mais uma vez, que os contribuintes acabam sendo tratados desigualmente, o que prejudica a concorrência e, por isso, colocam areia nas engrenagens do desenvolvimento, além de ferir a livre iniciativa.

Percebe-se que não falta legitimidade aos argumentos que justificam reformas no sistema tributário brasileiro, já que as suas disfunções atentam contra os princípios fundamentais consagrados pela Constituição brasileira de 1988.

## 3. A SEGUNDA PREMISSA: O FEDERALISMO COMO PRINCÍPIO ESTRUTURANTE DO SISTEMA TRIBUTÁRIO NACIONAL

No caso brasileiro, percebe-se que a distribuição das fontes de custeio da atuação pública para alcançar os objetivos constitucionalmente estabelecidos, por meio da tributação, foi de certa maneira sensível à descentralização de poder, demanda fundamental no contexto da redemocratização do Brasil. A CRFB/1988, instituída após o período da ditadura militar, proclamou o federalismo como o princípio norteador da organização política brasileira.[11] É sabido que o Brasil, desde sua independência, sempre foi governado de forma centralizada, o que deveria mudar drasticamente com a nova ordem constitucional.[12] É por isso que a obediência a esse princípio surge como cláusula pétrea, com o intuito de barrar qualquer tentativa, inclusive mediante a alteração da Carta Magna, de desequilibrar a relação entre os entes federados.

---

**11** Nesse sentido, Misabel de Abreu Machado Derzi e Thomas da Rosa de Bustamante [O princípio federativo e a igualdade: Uma perspectiva crítica para o sistema jurídico brasileiro a partir da análise do modelo alemão. In: DERZI *et al.* (Org.). *Estado federal e guerra fiscal no direito comparado*. Belo Horizonte: Arraes Editores, 2015 (Coleção federalismo e tributação, v. 2, p. 467-495, p. 8), quando expõem que não se deve pensar no federalismo apenas como forma de Estado, mas antes como princípio de organização política, uma vez que está vinculado diretamente a um emaranhado de valores políticos e princípios constitucionais dotados de conteúdo normativo mais específico, relacionados às ideias de autonomia política e autodeterminação do indivíduo.

**12** Se a coroa brasileira buscou manter a unidade do país centralizando o poder nas mãos do imperador, o governo militar deixava em Brasília todas as decisões da República.

A Federação brasileira é formada "pela união indissolúvel dos Estados e Municípios e do Distrito Federal" (DF), o que escancara que a autonomia política e financeira dos entes menores é pressuposto para a sua adequada formatação.[13] Quanto à autonomia política, atuam, no sistema federativo, duas leis capitais, de acordo com George Scelle:[14] "lei da participação" e "lei da autonomia". A lei da participação traduz a necessidade de os Estados-membros participarem do processo político relativo a toda a Federação, com voz ativa nas decisões tomadas em conjunto, sendo ofensiva a decisão política tomada pela União Federal ao alvedrio dos Estados, DF e Municípios.[15] Já a "lei da autonomia" autoriza aos Estados-membros a legislarem, a estatuírem ordens constitucionais próprias e a exercerem os poderes que habitualmente modelam o Estado (executivo, legislativo e judiciário), tudo em consonância com a Constituição Federal.

Relativamente à "autonomia" financeira estadual, a CRFB/88, desde a origem, atribuiu determinada competência tributária a cada ente federado, nos artigos 153 (União), 155 (Estados e DF) e 156 (Municípios e DF). Ainda, consciente do superior poderio arrecadatório dos entes maiores, nos artigos 157 a 159, firmou transferências para complementar os recursos da arrecadação estadual e municipal, com os quais cada uma das pessoas políticas poderia contar para cumprir seu papel na Federação. Ou seja, o texto constitucional estabeleceu, exaustivamente, as competências de cada um, bem como as fontes de receitas necessárias (tributos e transferências), em nítido esforço para equilibrar as relações entre os entes federados.

Além da arrecadação própria do ICMS, Estados e DF recebem, por determinação constitucional (art. 159, II), desde 1988, entre outros, repasses do produto da arrecadação do IPI, proporcionalmente ao valor de suas exportações de produtos industrializados (os quais são beneficiados, justamente, com a imunidade do ICMS pelo constituinte originário). Essa circunstância reforça a ideia de que quando há perda de autonomia financeira dos entes da federação em prol de políticas nacionais deve haver recomposição das perdas sofridas.

---

**13** Na dicção do *caput* do art. 1º da CRFB/1988, no qual, destaca-se, "união" vem grafada com letra minúscula.

**14** Cf. BONAVIDES, Paulo. *Ciência política*. 17ª ed. São Paulo, Malheiros, 2010, p. 195.

**15** Da mesma forma, é inconstitucional (por afronta ao princípio federativo) a decisão (autoritária) tomada pelo legislador da União em atenção às determinações do Executivo federal (atuando como um "rolo compressor") em flagrante ofensa ao posicionamento e aos interesses dos Estados e Municípios.

A CRFB/1988 firmou a missão que cabe a cada um dos entes federados desenhando o rol de competências dos Estados e Municípios e, de forma responsável, para fazer frente a essa missão, dotou os entes federados dos recursos necessários para o cumprimento do papel constitucional atribuído. A ideia foi exatamente a de dotar os Estados e Municípios de autonomia financeira, possibilitando que eles funcionassem sem depender dos favores do ente maior.

Cada um dos entes federados, assim, deveria ter os recursos que lhes coubessem sem ter de se submeter aos favores ou aos caprichos da tecnoburocracia da União. A CRFB/1988, nessa toada, garante o "equilíbrio federativo", evitando a submissão dos entes federados ao poder central pelo viés financeiro. Até mesmo para as despesas adicionais necessárias ao desenvolvimento do Estado a CRFB/1988 estabeleceu os mecanismos próprios, em absoluta sintonia com o princípio federativo (cláusula pétrea), determinando que os impostos residuais sejam também partilhados com os Estados.

Esse equilíbrio, se é que se pode afirmar que estava garantido pela redação original da CRFB/1988, não mais se sustenta. No âmbito fiscal, a desoneração do ICMS nas exportações de produtos primários e semielaborados sem compensação, a Desvinculação das Receitas da União (DRU) sem partilha com os Estados e DF, a concessão de benefícios fiscais sobre tributos cujo produto da arrecadação deve ser repartido com os demais entes e a diminuição das transferências voluntárias evidenciam que o federalismo não vem sendo observado como princípio estruturante do Sistema Tributário Nacional. Diante dessa percepção, a primeira conclusão que se alcança é a de que qualquer proposta de reforma tributária deveria oferecer respostas para retomar o equilíbrio constitucionalmente desenhado.

Para além dos problemas desde já observados, é fundamental que as propostas utilizem o federalismo como métrica de estruturação do novo ordenamento tributário, ou seja, garantindo a soberania tributária e viabilizando a adequada prestação de serviços públicos que atendam aos objetivos fundamentais da República Federativa do Brasil.

## 4. A PRINCIPAL PROPOSTA DE REFORMA TRIBUTÁRIA EM DISCUSSÃO: PEC Nº 45/2019

Idealizada pela equipe do economista Bernard Appy (Centro de Cidadania Fiscal - CCiF), a Emenda Substitutiva Global à PEC 293-A/2004, apresentada pelo Deputado Mendes Thame, em 14/08/2018, foi rejeitada pelo Relator Hauly, em dezembro de 2018. A mesma proposta, agora, foi apresentada pelo Deputado Baleia Rossi (PMDB/SP), em abril de 2019, com a aprovação do Presidente Rodrigo Maia. Recentemente, foi instalada Comissão Especial para a Reforma Tributária e o Deputado Federal Hildo Rocha (MDB/MA) apontado como Presidente, tendo como Relator, o Deputado Aguinaldo Ribeiro (PP/PB). Essa proposta, cumpre frisar, contempla apenas a tributação sobre o consumo.

A Proposta tem como premissa a manutenção da carga tributária global e da participação dos entes subnacionais na arrecadação tributária. Não tenta, portanto, responder aos reclamos de que a carga tributária brasileira é excessiva. Também, não responde aos problemas de regressividade da carga tributária brasileira e aos problemas causados por uma tributação calcada sobretudo no consumo. Nesse sentido, pode-se afirmar que, de forma direta, não ataca o problema da justiça tributária. Da mesma forma, não fornece solução para o já identificado desequilíbrio federativo. Seu foco é a simplificação, atacando principalmente, os problemas identificados de complexidade e anacronismo, a partir da criação de um tributo único, o Imposto sobre Bens e Serviços (IBS).[16] Este imposto novo é o resultante da unificação de tributos incidentes sobre o consumo (ISS, ICMS, IPI, PIS e COFINS). Tem a característica de ser um tributo do tipo IVA (imposto sobre valor agregado) e será regulamentado por lei complementar federal (de caráter nacional e legislação uniforme para todos os entes), preservando-se, porém, a possibilidade de fixação das alíquotas por cada ente federado.[17]

O IBS deve incidir sobre uma base ampla de bens, serviços e direitos, tangíveis e intangíveis (todas as utilidades destinadas ao consumo), proibindo a concessão de exceções, benefícios fiscais e regimes especiais.[18] O novo

---

**16** Confira-se a justificativa para a proposta: "[o] modelo proposto busca simplificar radicalmente o sistema tributário brasileiro, sem, no entanto, reduzir a autonomia dos Estados e Municípios, que manteriam o poder de gerir suas receitas através da alteração da alíquota do IBS."

(BRASIL, Câmara dos Deputados. Proposta de Emenda à Constituição nº 45 de 2019. Altera o Sistema Tributário Nacional e dá outras providências. 2019, p. 22. Disponível em: https://www.camara.leg.br/proposicoesWeb/prop_mostrarintegra?codteor=1728369&filename=PEC+45/2019. Acesso em: 18 out. 2019).

**17** Cf. BRASIL, Câmara dos Deputados. Proposta de Emenda à Constituição nº 45 de 2019. Altera o Sistema Tributário Nacional e dá outras providências. 2019, p. 22. Disponível em: https://www.camara.leg.br/proposicoesWeb/prop_mostrarintegra?codteor=1728369&filename=PEC+45/2019. Acesso em: 18 out. 2019.

**18** Para Bernard Appy (GAZETA DO POVO. Pai da reforma tributária explica por que imposto único é crucial para o Brasil voltar a crescer. Disponível em: https://www.gazetadopovo.com.br/republica/reforma-tributaria-bernard-appy-entrevista/. Extraído em 12 Ago. 2019), "na verdade, o objetivo é ter instrumentos mais eficientes de desenvolvimento regional ou política pública. Hoje, você tem incentivo de ICMS para atração de investimentos. Só que esse modelo que temos hoje é extre-

tributo, assim, afirma-se para fins arrecadatórios exclusivos, não podendo assumir fins extrafiscais. A extrafiscalidade só pode ser buscada financeiramente pelo gasto e por outro imposto seletivo (IS), que se propõe também criar, de competência da União, para regular externalidades negativas. Há, ainda, a previsão de compensação pelo tributo pago pelos mais pobres, sem maiores definições sobre como isso irá ocorrer.[19] Todo o mecanismo atinente à promoção de justiça social é delegado para lei complementar.

A profusão de alíquotas e a absurda quantidade de exceções, benefícios fiscais e regimes especiais favoreceram, como se sabe, a captura dos Poder Público pelo poder econômico, a guerra fiscal e a complexidade do modelo. Isso, de forma acertada, a proposta pretende corrigir. Entretanto, o modelo retira dos Estados, assim, qualquer margem de decisão política pelo viés tributário.

O IBS será cobrado em todas as etapas de produção e comercialização e pretende ser totalmente não-cumulativo (crédito financeiro), salvo quando o bem for destinado a consumo pessoal.[20] Para os optantes pelo Simples Nacional, o IBS é de adoção opcional. Não deve onerar as expor-

---

mamente ineficiente do ponto de vista de desenvolvimento regional. Normalmente, um estado dá um benefício [fiscal] para roubar uma empresa que iria para outro Estado. Ou seja, ele não explora a sua vocação regional, atraindo empresas que façam sentido para seu Estado". A proposta veiculada pretende acabar com os incentivos fiscais, que, na visão de Appy, "são uma forma ineficiente de se fazer política pública, e substituir por alocação de recursos orçamentários que serão utilizados numa política de desenvolvimento regional que busque fortalecer as vocações regionais."

**19** Art. 152-A, § 9º, da PEC 45/2019: "[e]xcetua-se do disposto no inciso IV do § 1º [vedação à concessão de benefícios fiscais] a devolução parcial, através de mecanismos de transferência de renda, do imposto recolhido pelos contribuintes de baixa renda, nos termos da lei complementar referida no *caput*."

**20** Confira-se a justificativa da PEC 45/2019: "[a] incidência em todas as etapas do processo produtivo e a não cumulatividade plena (também conhecida como 'crédito financeiro') são essenciais para que todo imposto pago nas etapas anteriores da cadeia de produção e comercialização seja recuperado. Na prática isso é equivalente a dizer que o imposto pago pelo consumidor final corresponde exatamente à soma do imposto que foi recolhido em cada uma das etapas de produção e comercialização do bem ou do serviço adquirido. É preciso ter cuidado, no entanto, para que bens e serviços de consumo pessoal não sejam contabilizados como insumos e não sejam tributados. A função da não-cumulatividade é garantir o ressarcimento integral do imposto incidente sobre bens e serviços utilizados na atividade produtiva, mas não desonerar o consumo dos proprietários e dos empregados das empresas, o qual deve ser tributado normalmente." (BRASIL, Câmara dos Deputados. Proposta de Emenda à Constituição nº 45 de 2019. Altera o Sistema Tributário Nacional e dá outras providências. 2019, p. 29).

tações e pretende contar com um mecanismo para devolução ágil dos créditos acumulados (em 60 dias).[21] Não deve onerar investimentos (crédito instantâneo para imposto pago na aquisição de bens de capital).[22] Segundo a proposta, o IBS deve incidir em qualquer operação de importação (para consumo final ou insumo) (art. 152-A, §1º, I, 'd').

A alíquota final deve ser formada pela soma das alíquotas federal, estadual e municipal (art. 152-A, §2º, *caput*). A lei ordinária do ente federado altera tão somente a alíquota específica relativa à pessoa política (art. 152-A, §2º, I). A alíquota total do imposto, formada pela soma das alíquotas definidas em âmbito federal, estadual e municipal, é única para o consumidor.[23] A alíquota, assim, será uniforme para todos os bens ou serviços no território do ente federado (art. 152-A, §1º, VI). As alíquotas singulares do IBS (cuja soma corresponde à alíquota total) podem ser fixadas pelo ente federado acima ou abaixo da alíquota de referência (que é usada para o cálculo de recomposição da receita perdida de ICMS/ISS, nos termos do art. 119 do ADCT/CRFB/1988).

Nas operações interestaduais e intermunicipais, o tributo deve pertencer ao Estado e ao Município de destino (art. 152-A, §3º, I). No caso de vendas não presenciais à consumidor final, aplica-se, igualmente, as alíquotas dos Estados ou dos Municípios de destino (tanto a contribuintes quanto a não contribuintes). Como ressabido, a "tributação na origem" favorece a guerra fiscal e, de fato, tem um viés "antiexportação".

---

21 Não se definiu, porém, como se pretende fazer isso. É evidente que os Estados apenas não devolvem o tributo, nesses casos, porque não tem recursos para tanto. O prazo dado pela Justificativa da PEC 45/2019: "[e]mbora a regulamentação do prazo de devolução dos créditos seja delegada para a lei complementar, a proposta é que seja muito curto (em princípio apenas 60 dias, prazo suficiente para identificar se há indícios de fraude na originação dos créditos cujo ressarcimento está sendo demandado)." (BRASIL, Câmara dos Deputados. Proposta de Emenda à Constituição nº 45 de 2019. Altera o Sistema Tributário Nacional e dá outras providências. 2019, p. 30).

22 Confira-se a justificativa da PEC 45/2019: "Pela proposta, o novo imposto sobre bens e serviços (IBS): [...] (v) não onerará os investimentos, já que crédito instantâneo será assegurado ao imposto pago na aquisição de bens de capital". (BRASIL, Câmara dos Deputados. Proposta de Emenda à Constituição nº 45 de 2019. Altera o Sistema Tributário Nacional e dá outras providências. 2019, p. 30).

23 Havendo variação de alíquota pelos entes federados, o percentual deve ser único e uniforme para os consumidores de um determinado Município e de um determinado Estado. Naturalmente, em razão da possibilidade de variação das alíquotas pelos entes federados, o percentual final que alcança o consumidor pode variar de um Município para outro, ou mesmo de um Estado para outro.

Existe hoje, também, certa dificuldade em se tributar os serviços da chamada "nova economia" (Uber; Netflix etc.). É sabido que o sistema atual separa a mercadoria de serviço, criando uma zona *gris* entre aquilo que não é nem mercadoria nem serviço (bens intangíveis). Nessa zona gris, os Estados e os Municípios se digladiam pela incidência do ICMS ou do ISS. Entretanto, alguns empreendimentos pretendem fugir da tributação, e alegam que o bem comercializado não se trata nem de mercadoria nem de serviço, portanto, não deve sofrer a tributação. No IBS, a base é ampla e inclui os intangíveis.[24]

Além do IBS, a PEC 45, como já afirmado, pretende criar um imposto seletivo federal adicional (IS), que deve incidir sobre bens e serviços geradores de externalidades negativas (como cigarros e bebidas alcoólicas). A incidência do IS seria monofásica, sendo a tributação realizada apenas em uma etapa do processo de produção e distribuição (saída da fábrica) e nas importações.[25]

A cobrança, fiscalização e arrecadação do IBS deve se dar de forma coordenada pela União e pelos Estados. A arrecadação deve ser centralizada e a distribuição de receita para os entes federados deve ocorrer sob o controle de um comitê especialmente constituído para esse fim. A arrecadação

---

[24] Como aponta Appy (GAZETA DO POVO. Pai da reforma tributária explica por que imposto único é crucial para o Brasil voltar a crescer. Disponível em: https://www.gazetadopovo.com.br/republica/reforma-tributaria-bernard-appy-entrevista/. Extraído em 12 Ago. 2019), o problema existe, sobretudo, na importação de intangíveis por pessoas físicas. Se o consumidor compra um intangível, como um serviço ou *software* distribuído via *internet* dentro do próprio país, o vendedor do *software* tem que se registrar como contribuinte e recolher o imposto. Quando o consumidor compra um *software* produzido fora do país, é mais difícil conseguir tributar essa operação. Esse é um problema localizado do IBS. A OCDE recomenda que vendedores de serviços intangíveis se registrem como contribuintes no país que está o consumidor. Grandes vendedores como Apple, Amazon devem se registrar, entretanto, vendedores menos sérios talvez não se registrem. Nesse ponto de vista, cumpre trabalhar em uma proposta de acompanhar a própria operação de pagamento para aquisição desses intangíveis produzidos no exterior, como sendo um indicativo de operação tributável.

[25] Confira-se a justificativa da PEC 45/2019: "O modelo é complementado pela criação de um imposto seletivo federal, que incidirá sobre bens e serviços geradores de externalidades negativas, cujo consumo se deseja desestimular, como cigarros e bebidas alcoólicas. A incidência do imposto seletivo seria monofásica, sendo a tributação realizada apenas em uma etapa do processo de produção e distribuição (provavelmente na saída da fábrica) e nas importações." (BRASIL, Câmara dos Deputados. Proposta de Emenda à Constituição nº 45 de 2019. Altera o Sistema Tributário Nacional e dá outras providências. 2019, p. 28).

é gerida pelo Comitê Gestor Nacional, composto por representantes das três esferas de governo, que devem exercer de forma paritária a gestão. A cobrança e fiscalização, nessa mesma toada, é coordenada e uniformizada entre União, Estados e Municípios. A interpretação e a consulta aos órgãos fazendários devem ser direcionadas ao Comitê Gestor Nacional, a quem cabe organizar unidades específicas para tanto. O contencioso administrativo é específico para o IBS e deve ser tratado em regulamento (nacional). O contencioso judicial é, na proposta, federal (art. 152-A, §6º).

Os mecanismos de partilha e vinculação substituem os atuais critérios de vinculação e partilha do produto da arrecadação do consumo, possibilitando um sistema mais flexível na gestão do orçamento. As alíquotas são especificamente estabelecidas para cada uma das finalidades (saúde, educação, por exemplo), ficando apenas uma parcela livre (art. 159-A *et seq.*). O mecanismo pensado na Proposta permite que se varie apenas o percentual vinculado a determinada finalidade, sem se alterar o montante afetado a outras.

Tendo em vistas as mudanças promovidas no imposto sobre o consumo, da origem para o destino, bem como nos mecanismos de distribuição de receitas, a proposta traz detalhados e longos regimes de transição, para se evitar maiores impactos com as mudanças. A proposta prevê dois mecanismos básicos de transição: (1) um relativo à substituição dos tributos pelo IBS; (2) outro relativo à distribuição da receita do IBS entre Estados, DF e Municípios (art. 119 do ADCT/CRFB/1988).

As normas de transição são importantes para as empresas para que elas possam se adaptar ao novo regime e não tenham seus investimentos prejudicados. Da mesma forma, a transição é importante para os entes federados, para eles possam se ajustar aos efeitos da migração para a cobrança no destino.

No que diz respeito às mudanças na partilha de receitas entre os entes federados (tendo em vista, sobretudo, a mudança no modelo de tributação para o destino), a transação estabelecida é alongada e dura 50 (cinquenta) anos, para que assim se possa minimizar os efeitos das mudanças sobre as finanças subnacionais. A proposta, ainda, garante a preservação do valor real da receita de cada ente federado pelo período de 20 (vinte) anos. Nesse compasso, apenas depois de 50 (cinquenta) anos é que a tributação do consumo estará inteiramente direcionada para o ente federado de destino.[26]

---

[26] Confira-se a justificativa da PEC 45/2019: "[d]urante todo este período de cinquenta anos, a variação da receita (para maior ou menor) decorrente de mudanças na alíquota estadual ou municipal relativamente à alíquota de referência será integralmente apropriada como ganho ou perda de receita do Estado ou do Município que alterou a alíquota." (BRASIL, Câmara dos Deputados. Proposta de Emenda à Constituição nº 45 de 2019. Altera o Sistema Tributário Nacional e dá outras providências. 2019, p. 39).

A transição de 50 (cinquenta) anos para distribuição da receita do IBS para Estados e Municípios, na visão de Appy, só é possível por causa do modelo adotado, que é um modelo de arrecadação em uma conta centralizadora que distribui a receita para os entes federados. Para o autor da proposta, "com esse modelo, o impacto nas finanças dos Estados e Municípios é extremamente diluído no tempo e, muito provavelmente, não vai ter nenhum ente federativo que será prejudicado pela reforma tributária.[27]

No que diz respeito a transição dos atuais impostos sobre o consumo para o IBS, a mudança deve se dar em 10 anos. Após a publicação da reforma, o "período de edição" deve durar pelo menos um ano, devendo se iniciar no início do exercício subsequente. O segundo ano deve ser um "período de testes" e de ajustes. A partir do terceiro ano, gradativamente, até o décimo ano (1/8 por ano), as alíquotas dos antigos impostos sobre o consumo são proporcionalmente reduzidas e as do IBS na mesma proporção aumentadas. No segundo ano, assim, o IBS vigoraria com uma alíquota de apenas 1%, inicialmente substituindo uma redução na cobrança da COFINS. Esse período serviria como teste para que se possa verificar o potencial de arrecadação do novo tributo. Gradativamente, o IBS seria calibrado para repor as receitas dos outros tributos que forem sendo extintos. No fim do processo, o IBS deve ter alíquota (estimada) de 25%.

Se a norma regente do IBS é lei nacional, editada pelo Congresso Nacional, a regulamentação da matéria também é nacional.

A PEC 45 vem recebendo elogios, mas vem sendo alvo de ácidas críticas. A primeira é exatamente a de que não trabalha os horizontes da "justiça fiscal", mas tão somente a ideia de "eficiência tributária", além de ser estrita e somente se referir aos impostos sobre o consumo, sem alterar a matriz regressiva dos tributos brasileiros. Nesse sentido, embora seja uma proposta de alteração significativa da estrutura tributária brasileira, demandando profunda articulação política para sua aprovação, pretende resolver apenas dos problemas relativos à complexidade e ao anacronismo. Isso permite questionar se seria realmente necessária uma reforma constitucional ou bastaria fazer valer legislação inferior, como a exigência de unanimidade no CONFAZ para a concessão de benefícios fiscais e o estabelecimento de parâmetros para definir o que sejam bens e serviços essenciais.

Outra crítica que se aponta é a de que a PEC 45 não prevê a extinção da CIDE-Combustíveis, que é regressiva e cumulativa. Da mesma forma, a proposta é atacada por trazer regras de transição consideradas por alguns demasiadamente longas.

---

[27] Cf. GAZETA DO POVO. Pai da reforma tributária explica por que imposto único é crucial para o Brasil voltar a crescer. Disponível em: https://www.gazetadopovo.com.br/republica/reforma-tributaria-bernard-appy-entrevista/. Extraído em 12 Ago. 2019.

Um ataque incisivo e quem vem atraindo a manifestação dos Governadores de Estado é o de que suprime a competência estadual (para instituir ICMS) e a competência municipal (para instituir o ISS), agredindo o pacto federativo e, por isso, afirma-se que a proposta é inconstitucional. Para resolver esse problema, alternativas já apareceram em uma série de ocasiões (como na proposta de ajustes do Comitê Nacional dos Secretários de Fazenda, Finanças, Receita ou Tributação dos Estados e do Distrito Federal - COMSEFAZ). Usualmente, apontam duas saídas: ou o IBS se torna um tributo estadual unificado (englobando todos os tributos sobre o consumo – ICMS, ISS, IPI, COFINS, PIS, com repasses ascendentes para a União no que diz respeito a sua parcela), ou criam-se dois IVA (um federal; outro estadual englobando a receita do ICMS e do ISS).

Nos termos esboçados na PEC 45, o IBS seria um tributo da União, pois (A) a competência para instituí-lo seria da União (lei complementar federal);[28] (B) o processo administrativo seria regulado por lei complementar federal; (C) o julgamento em grau de recurso seria em órgão federal; (D) a competência jurisdicional seria da Justiça Federal. Isso os Estados, definitivamente, não aceitam.[29] O poder tributário nacional, estaria, assim, absolutamente centralizado na União e sob forte influência da tecnoburocracia federal. Acredita-se, por isso, que a proposta não vem em boa sintonia com os mandamentos federativos.

Os Governadores contestam a centralização do poder de tributar na União que a proposta da PEC 45 apresenta, embora não se possa dizer que a proposta seja ruim sob o ponto de vista técnico. Os entes federados menores insistem na necessidade de redução do poder tributário da União no controle do bolo tributário. Foi por isso que os Estados, em homenagem ao princípio federativo, resolveram liderar a discussão em torno de um novo pacto federativo e, para tanto, já elaboraram uma proposta própria, que vem sendo produzida e gerada pelo COMSEFAZ.

---

**28** Pelo menos em tese, na PEC 45, o Comitê Gestor não tem competência ativa tributária, visto que essa continua sendo da União, Estados, Distrito Federal e Municípios. Na realidade, o Comitê tem capacidade ativa, delegável, nos termos do art. 7º, do Código Tributário Nacional.

**29** Cf. JOTA. Secretarias estaduais de Fazenda querem União fora da gestão do IVA. Disponível em: https://www.jota.info/paywall?redirect_to=//www.jota.info/tributos-e-empresas/tributario/emenda-estados-reforma-tributaria-05072019. Extraído em: 21 Out. 2019.

O subprincípio da subsidiariedade,[30] ideia central do federalismo, pressupõe que o ente maior apenas pode interferir ou atuar quando o ente subnacional não puder ou não dever participar. Uma ideia de centralização ofende, assim, o princípio federativo. Curiosamente, no Brasil, assiste-se a modelagem de estruturas de governança, como o Consórcio de Estados do Nordeste, afastando a influência do poder central, em clara demonstração que existe uma resistência forte ao modelo centralizado. No caso da PEC 45, o Comitê Gestor Nacional, que conta com a participação da União e que pretensamente pretende ser gerido de forma compartilhada, não mereceu os aplausos dos Governadores e Secretários de Fazenda, que não acreditam no modelo até hoje experimentado em órgãos como o CONFAZ (Conselho de Política Fazendária).

---

**30** Como afirma Rui de Brito Álvares Affonso (Descentralização e reforma do Estado: a Federação brasileira na encruzilhada. *Economia e Sociedade*, v. 14, n. 1, p. 127–152, 2000, p. 9), nos domínios das Ciências Políticas, a federação pode ser entendida como "[a] difusão dos poderes em vários centros, cuja autoridade resulta não de uma delegação feita pelo poder central, e sim daquela conferida pelo sufrágio universal". Na federação, portanto, da mesma forma que o ente central, os demais entes são pessoas políticas autônomas (política e financeiramente) que recebem poderes diretamente da Constituição, não havendo nenhuma relação de subordinação entre eles. Nesse compasso, o federalismo está intrinsecamente relacionado a um movimento de descentralização (maior ou menor). O Direito, por outro giro, combate a concepção de federalismo como conceito fechado e como mera forma de governo. Nesse compasso, Misabel de Abreu Machado Derzi e Thomas da Rosa de Bustamante [O princípio federativo e a igualdade: Uma perspectiva crítica para o sistema jurídico brasileiro a partir da análise do modelo alemão. In: DERZI *et al.* (Org.). *Estado federal e guerra fiscal no direito comparado*. Belo Horizonte: Arraes Editores, 2015 (Coleção federalismo e tributação, v. 2, p. 467-495] oferecem a visão do federalismo como princípio de organização política que se conecta diretamente com um amálgama de valores políticos e princípios constitucionais dotados de conteúdo normativo mais específico (os quais se relacionam com as ideias de autonomia política e autodeterminação do indivíduo). Nesse sentido, a ideia de federação reclama o atendimento das exigências normativas do "princípio federativo", tais como a conformação ao "(sub)princípio da subsidiariedade" e ao "(sub) princípio da maior participação possível". O "princípio da subsidiariedade", forjado sobretudo pela Igreja Católica, pressupõe uma atuação apenas subsidiária do ente maior (quando necessário) e, da mesma forma, prescreve que uma entidade de ordem superior não pode intervir em assuntos de uma esfera inferior; ao contrário, deve apoiá-la na persecução do bem comum (DERZI; BUSTAMANTE, 2015, p. 472). O "princípio da maior participação possível" está relacionado com a **promoção da democracia** e a **aproximação dos cidadãos de seus governantes**. Nesse compasso, enquanto princípio de organização política, o princípio federativo (em sua forma juridicizada) mantém vínculos insuperáveis com a ideia de descentralização, sendo a autonomia dos governos menores condição para a aproximação pretendida entre governantes e governados, bem como característica fundamental da subsidiariedade.

Do ponto de vista comparado, a União Europeia, no que diz respeito ao Direito Tributário, disciplina seus tributos próprios (montante de receita pequeno e destinado a suprir, sobretudo, o pagamento de sua mínima burocracia) e atua em prol da harmonização tributária entre os Estados-Membros, que detém a competência para instituir os tributos. Os Estado-Membros que detém a competência tributária e que ficam com o volume maior da receita tributária. A União se volta para atender aos Estados e não o inverso. Isso traduz a ideia de federalismo e subsidiariedade.

A União Europeia atua, sobretudo, harmonizando e articulando a ação dos "entes federados", de forma que seu sucesso se traduz no êxito da atuação dos seus membros. A União Federal no Brasil atua de forma autorreferente, como se fosse um ente alheio aos Estados-Membros. Acontece que a "União" é tão somente a "união" dos entes federados, como determina o art. 1º da CRFB/1988, em sua fórmula rica em simbolismo. A tecnoburocracia federal não se debruça por sobre os problemas dos Estados e não atua como se fosse a "união" dos entes federados. Ao contrário, por vezes, se coloca como adversária dos entes menores em demandas, como no caso das dívidas dos entes menores com a União; questões tributárias etc. Enfim, a burocracia federal não aprendeu a gerenciar o país em consonância com os mandamentos do federalismo cooperativo.

Fosse outra a postura da burocracia federal, possivelmente, a PEC 45 estaria sendo defendida de forma ardorosa pelos Estados. Todavia, as mazelas do federalismo brasileiro estão a recomendar paciência e a adoção, nesse momento, de um IVA federal e de um IVA estadual e municipal (ou mesmo de um IVA estadual com transferências ascendentes para a União). A exagerada simplificação pode ser nociva ao Brasil, em especial ao Estado Democrático de Direito, por promover medidas que não se sintonizam adequadamente às máximas do federalismo.

Por isso, parece acertada e mais ajustada a proposta alternativa em elaboração pelos Secretários de Fazenda (COMSEFAZ) e pelos Governadores, retificando algumas questões criticadas na PEC 45. Cumpre ressaltar, ainda, que os Estados pretendem discutir a redistribuição dos recursos arrecadados, necessária para corrigir as distorções do equilíbrio federativo.[31]

---

**31** Cf. O GLOBO. Com reforma tributária, estados vão buscar nova partilha da arrecadação. Disponível em: https://oglobo.globo.com/economia/com-reforma-tributaria-estados-vao-buscar-nova-partilha-da-arrecadacao-23869488. Extraído em 11 Ago. 2019.

## 5. INFERÊNCIA LÓGICA: A PEC 45 ADOTA AS PREMISSAS QUE JUSTIFICAM UMA REFORMA TRIBUTÁRIA?

As reformas tributárias, em geral, enfrentam dois dilemas fundamentais: "eficiência tributária" (simplificação; redução do número dos tributos; diminuição de obrigações acessórias; neutralidade) X "justiça fiscal" (redistribuição da carga tributária; progressividade efetiva do IRPF; tributação de lucros e dividendos; aumento da tributação do patrimônio e das heranças; tributação sobre grandes fortunas).

Existem Projetos de Lei em tramitação cuidando de questões atinentes à justiça fiscal, entretanto, as principais propostas até aqui apresentadas não buscam corrigir os graves problemas de injustiça e desigualdade social que afligem o país, mas são propostas mais singelas de simplificação do modelo tributário. Da mesma forma, como já afirmado, as propostas não pretendem corrigir as distorções do modelo federativo. Apenas os ajustes anunciados pelo COMSEFAZ à PEC 45 parecem tocar na questão e buscam aumentar a parcela tributária que cabe aos Estados e Municípios.

Muito tem se discutido sobre as imperfeições do sistema capitalista e o papel a ser desempenhado pelo Estado para contornar as deficiências sociais resultantes da economia de livre mercado, predominantemente marcada pela propriedade privada e pela mobilidade do capital financeiro. A dinâmica capitalista vem despertando a atenção de economistas para o problema da desigualdade, considerando que a excessiva concentração de riqueza nas mãos de uma minoria, além de prejudicar o crescimento econômico, pode representar uma verdadeira ameaça às instituições democráticas. A experiência mostra que o sistema capitalista, por si só, é incapaz de produzir resultados mais justos, o que demanda o estudo de estratégias políticas e econômicas de caráter redistributivo. Segundo Ladislau Dowbor, "um sistema que sabe produzir, mas que não sabe distribuir é tão funcional quanto a metade de uma roda".[32]

O sistema capitalista da modernidade líquida, pelo menos para quem controla o sistema, parece perfeitamente funcional, mas, para o quem vivencia condições de extrema pobreza, existem severas dúvidas sobre essa funcionalidade.[33] Como afirma Domenico de Masi,[34] o comunismo demonstrou saber distribuir a riqueza, mas não sabia como produzi-la,

---

[32] Nesse mesmo sentido, DOWBOR, Ladislau. Entender a desigualdade: reflexões sobre o capital no século XXI. In. BAVA, Silvio Caccia (Org.). *Thomas Piketty e o segredo dos ricos*. São Paulo: Veneta - Le Monde Diplomatique Brasil, 2014, p. 9-18.

[33] Cf. DOWBOR, Ladislau. Entender..., cit., p. 9.

[34] Cf. DE MASI, Domenico. *O futuro do trabalho: fadiga e ócio na sociedade pós-industrial*. 10. ed. Rio de Janeiro: José Olympio, 2010, p. 15.

enquanto o capitalismo demonstrou bem saber produzi-la, mas enfrenta dificuldades em distribuí-la com justiça. A verdade é que, no mundo de hoje, a desigualdade econômica resultante do processo de acumulação capitalista é muito grande, tanto na Europa e nos Estados Unidos da América (EUA), como nos países em desenvolvimento, que enfrentam problemas sociais ainda mais sérios em decorrência da lógica capitalista predominante no cenário internacional.

Como reconhece Milton Friedman, o capitalismo é o sistema econômico mais dinâmico e compatível com a liberdade do ser humano, mas que, inevitavelmente, gera diferenças significativas de renda e riqueza.[35] Desde que se tornou dominante, o sistema se assenta, fundamentalmente, na ideia de que a competição é boa, permitindo ao consumidor a escolha daquilo que mais lhe satisfaz pelo menor preço e, ao mesmo tempo, faz com que (de forma quase darwinista) o melhor vença.[36] Entretanto, por certo, em diversas ocasiões, o capitalismo causa perversos efeitos sociais, em especial se considerada a situação daqueles que perdem a estimulada disputa.

O processo capitalista de acumulação de vantagens e desvantagens explica, dentre outras causas, porque o capitalismo produz desigualdades crescentes, propiciando uma verdadeira polarização entre ganhadores e perdedores. Os ganhadores acumulam capital, galgam posições, avançam na carreira, enquanto os perdedores acumulam dívidas pelas quais devem pagar juros cada vez mais altos, são despedidos ou ficam desempregados até se tornarem "inempregáveis".[37] A situação se agrava porque as "vantagens e desvantagens são legadas de pais para filhos e para netos", o que dá ensejo a sociedades profundamente desiguais ("armadilha da pobreza"). Por óbvio, os descendentes daqueles que acumularam capital (ou prestígio profissional, artístico etc.) ingressam na competição com vantagens adicionais significativas em relação aos descendentes daqueles que empobreceram ou foram socialmente excluídos.[38] Por esta razão é que se pode afirmar que o destino dos indiví-

---

**35** Cf. FRIEDMAN, Milton. *Capitalism and freedom*. Chicago: Chicago Press, 1982, p. 190-195. Por isso o Economista liberal entendia que, para que se pudesse resolver o problema da pobreza, o melhor instrumento seria a criação de um imposto de renda negativo, que deveria atuar de maneira a não prejudicar o funcionamento do mercado, ao mesmo tempo em que garantiria uma renda (mínima) a todas as pessoas.

**36** Nesse sentido, SINGER, Paul. *Introdução à economia solidária*. São Paulo: Ed. Fundação Perseu Abramo, 2002, p. 7. Como afirma Guy Standing (*O precariado*: a nova classe perigosa. Belo Horizonte: Autêntica, 2013. p. 201), "o mercado é a personificação da metáfora darwinista: a sobrevivência do mais forte".

**37** Nesse sentido, SINGER, Paul. *Introdução...*, cit. p. 8.

**38** Nesse sentido, SINGER, Paul. *Introdução...*, cit. p. 8.

duos está inevitavelmente atrelado à sorte ou azar na distribuição de talentos naturais e recursos patrimoniais por ocasião do nascimento.[39]

É sabido que os mais ricos conseguem proteger suas posições "jogando com o sistema". Para tanto, adotam estratégias para concentrar ainda mais a riqueza acumulada, seja transferindo dinheiro para o exterior para evitar a tributação, seja transmitindo vantagens a seus filhos, que, além de herdarem riquezas, têm acesso favorecido a universidades caras e a outras instituições de elite. A mobilidade social, assim, se congela. Não raro, para fugir da carga de tributos mais elevada (sobretudo sobre a renda), não é incomum plutocratas estabelecerem residência em "paraísos fiscais", ao mesmo tempo em que usufruem da infraestrutura e das condições de vida das metrópoles urbanas, numa espécie de "efeito Depardieu".[40]

Por outro lado, o poder político dos mais poderosos permite a aprovação de leis que desregulamentam a especulação financeira e o direito do trabalho, bem como que reduzem os impostos sobre a herança e sobre as grandes fortunas, deixando abertas as feridas estruturais do sistema. O necessário desafio está em como preservar a liberdade, a democracia e o próprio capitalismo, embora se entenda que alguns reparos urgentes em benefício dos mais carentes precisam ser feitos, sobretudo no que diz respeito ao sistema tributário.

A tributação das heranças, portanto, é justa e proporciona um sistema tributário mais progressivo. Nada disso, porém, foi enfrentado pelas principais propostas reformistas. É sabido que os Estados contam com a possibilidade de tributação das heranças (ITCD), cujas alíquotas são limi-

---

**39** Como afirmam Liam Murphy e Thomas Nagel (*O mito da propriedade*: os impostos e a justiça. São Paulo: Martins Fontes, 2005, p. 194), em 1997, 1% da população norte-americana recebeu cerca de 17% da renda do país. Com relação à distribuição da riqueza, a distorção é ainda maior, uma vez que, em 1998, 1% da população possuía cerca de 38% da riqueza (e os 20% mais ricos detinham cerca de 83% do total). Mesmo os EUA, dominado por elites e grupos de interesses poderosos, já sente os efeitos da crescente desigualdade de renda e riqueza, em especial a partir da década de 1970. Nesse sentido, FUKUYAMA, Francis. *As origens da ordem política*: dos tempos pré-humanos até a Revolução Francesa. Rio de Janeiro: Rocco, 2013, p. 23; JUDT, Tony. *Um tratado sobre os nossos actuais descontentamentos*. Lisboa: Edições 70, 2012, p. 27.

**40** O ator Gérard Xavier Depardieu, para fugir da tributação francesa, abriu mão de sua cidadania e carregou seu patrimônio para a Bélgica; posteriormente, voltou a transferir seu domicílio fiscal para a Rússia. A propósito vale conferir: GÉRARD Depardieu recebe cidadania russa em apenas duas semanas. *Público*, Porto, 3 jan. 2013. Disponível em: <http://www.publico.pt/mundo/noticia/gerard-depardieu-tornase-cidadao-russo-em-apenas-duas-semanas-1579339>. Acesso em 2 dez. 2013.

tadas por Resolução do Senado Federal (art. 155, § 1º, IV, da CRFB/88). Entretanto, embora as dificuldades para se conseguir aprovações nas Assembleias Legislativas sejam enormes, razão pela qual sequer o teto permitido Senado Federal vem sendo tributado por diversos Estados (nos termos da Resolução 9/1992 do Senado Federal, a alíquota máxima é estabelecida em 8%).

No Brasil, a divisão dos tributos é inversa e a receita se assenta por sobre os impostos indiretos, que incidem sobre o consumo de bens e serviços (49,7% da arrecadação total do país); os impostos diretos são responsáveis por apenas 17,8% do total levantando pelo Fisco e as taxas sobre propriedade, 3,8%. O resultado final dessa modelagem tributária é a oneração sensível das classes mais baixas.

O Conselho Nacional de Política Fazendária (CONFAZ) já encaminhou ao Senado Federal projeto que reclama o aumento da alíquota máxima do ITCMD para 20%. A PEC 60/2015, de autoria do Deputado Paulo Teixeira (PT/SP), na mesma direção, firmava a competência do Senado Federal para fixar alíquotas máximas e mínimas (que se esperava chegar a alíquotas de 20%) e tornava o tributo mais progressivo, com alíquotas variáveis com o tamanho do patrimônio, entretanto, o projeto já foi arquivado, em 31 de janeiro de 2019. Por outro giro, o PL n. 5205/2016, apensado ao PL n. 6094/2013, pretende tributar heranças e doações pelo imposto de renda, em um movimento de invasão da base estadual, em ofensa ao princípio federativo.[41] Da mesma forma, a União vem tentando, inconstitucionalmente, instituir um adicional sobre o ITCMD (PEC 96/2015) com a finalidade de tributar grandes heranças e doações. Em que pese a proposta tornar o sistema mais progressivo, é evidente a invasão da base tributária dos Estados, que veriam as possibilidades de tributação sobre a herança reduzida.

Até o momento não se tem notícia de qualquer movimentação no Senado Federal com a finalidade de atender ao pleito dos representantes das fazendas estaduais, efetuado em 2015. Ao contrário, como já demonstrado anteriormente, o Senado propôs e avalia a PEC 96/2015, que outorga à União a instituição do adicional ao ITCMD, em movimento contrário ao interesse dos Estados e em confronto com as regras e princípios constitucionais. Estaria o legislador nacional tão somente atendendo as ordens do Executivo federal?

---

**41** A propósito, vale consultar BATISTA JÚNIOR, Onofre Alves; CUNHA, Marize Maria Gabriel de Almeida Pereira da. *Avanço da União sobre as bases tributárias estaduais é inaceitável*. Disponível em: https://www.conjur.com.br/2017-jul-07/opiniao-avanco-bases-tributarias-estaduais-inaceitavel. Extraído em: 01 Ago. 2019.

De fato, no Brasil, a carga tributária sobre heranças é bastante baixa se comparada com outros países, pois temos uma alíquota máxima de 8% fixada pelo Senado. Estudo feito pela consultoria Ernest Young em 2014 revelou que o Brasil é um dos países com a menor tributação sobre a herança. A alíquota média cobrada pelos Fiscos estaduais no país é de 3,86% sobre o valor herdado. É patente que essa é uma base a ser mais bem explorada, no Brasil, contribuindo-se, assim, para uma distribuição mais justa do capital no momento da transmissão intergeracional. Uma proposta factível e justa, por exemplo, poderia desonerar o consumo (ou a folha de pagamentos) na mesma proporção em que se onerasse as heranças.

No que diz respeito aos tributos sobre as grandes fortunas, a CRFB/88 estabelece, em seu art. 153, VII, a competência da União para instituir o Imposto sobre Grandes Fortunas, nos termos de lei complementar, com a finalidade de promover a justiça tributária e social. Até o momento, este imposto não foi criado pelo Congresso Nacional.

A primeira tributação específica sobre grandes fortunas ocorreu com a instituição do tributo francês *Impôt sur les Grandes Fortunes* em 1981, após campanha presidencial de François Mitterrand (a lei entrou em vigor em 1º de janeiro de 1982). Em 1987, o imposto foi suprimido e, posteriormente, em 1º de janeiro de 1989, foi instituído o *"Impôt de Solidarité sur la Fortune"*. Em 2012, François Hollande aprovou a alíquota de 75% sobre os altos rendimentos (causando grande reação contrária e indignação pública do ator milionário Gerard Depardieu, que renunciou à cidadania francesa). O tributo foi suprimido, recentemente, pelo atual presidente, Emmanuel Macron, em 2017 (com uma renúncia de receita de 4 bilhões de euros), entretanto, existe ainda um gravame que incide, exclusivamente, sobre ativos imobiliários. A experiência francesa foi imitada pela Índia e por quase todos os países da Europa Ocidental, com a exceção de Bélgica, Portugal e Reino Unido. Tal como em França, o imposto foi sendo abolido em vários países que o adotaram: na Itália (em 1995); na Alemanha (em 1997); na Holanda (em 2001); na Suécia (em 2007) etc.

Vários são os projetos de lei no Congresso Nacional com o propósito de regulamentar o IGF: PLP nº 162/1989; PLP nº 277/2008; PLS nº 534/2011; PLP nº 130/2012. Calcula-se que existam 23 projetos de lei em tramitação na Câmara dos Deputados. A mais avançada é proposta de lei complementar (PLP) 277/2008, de autoria dos Deputados Luciana Genro, Chico Alencar e Ivan Valente (PSOL) que consolida 13 PLC e que se encontra pronto para análise no plenário desde 20/09/2012. A estrutura e o conteúdo dos projetos são bastante similares.

Os defensores do IGF, afirmam que essa seria uma forma de tributar o patrimônio dos mais ricos, com a utilização de seus recursos para melhor redistribuição de renda. Os detratores entendem que a arrecadação do imposto seria baixa e o tributo incentivaria a expatriação (fuga de capitais, redução do investimento e da poupança etc.).

O PLC Senado 534/2011, em julho de 2016, estava pronto para ser votada pela Comissão de Assuntos Sociais (CAS). A proposta do Senador Antônio Carlos Valadares (PSB-SE) tem, na CAS, como relator, o Senador Benedito de Lira (PP-AL). A matéria ainda deve ser analisada pela Comissão de Assuntos Econômicos (CAE). Apenas a título de ilustração, a proposta prevê que um patrimônio de até R$ 2,5 milhões de reais deve ficar isento, sendo que, a partir desse montante, incide uma alíquota de 0,5%. Quatro faixas patrimoniais: mais de R$ 5 milhões até R$ 10 milhões — alíquota de 1%; mais de 10 milhões até R$ 20 milhões — alíquota de 1,5%; mais de R$ 20 milhões até R$ 40 milhões — alíquota de 2%; mais de R$ 40 milhões — alíquota de 2,5%. O tributo incidiria sobre bens no país e no exterior de pessoas físicas de naturalidade brasileira e espólio e bens no país de estrangeiros domiciliados no Brasil. Em caso de contribuintes casados, cada cônjuge será tributado em relação aos bens e direitos particulares e à metade do valor do patrimônio comum. Os filhos menores também teriam seu patrimônio tributado juntamente com o de seus pais. Alguns bens estarão isentos, como o imóvel de residência de até R$ 1 milhão.

A Senadora Vanessa Grazziotin (PCdoB-AM) apresentou o Projeto de Lei (do Senado) n. 139/2017 para patrimônios líquidos superiores a oito mil vezes o limite mensal de isenção do IRPF (em 2017, das pessoas que têm mais de 15,2 milhões de reais). Três faixas de tributação, com três alíquotas diferentes: patrimônio líquido entre oito mil a 25 mil vezes o limite mensal de isenção do IRPF (cerca de 47,6 milhões) - alíquota de 0,5% do valor do patrimônio; de 25 mil a 75 mil vezes (cerca de 142,8 milhões) - alíquota de 0,75%; mais de 75 mil vezes - 1%. O PL estabelece critérios para o cálculo do patrimônio líquido, excluindo alguns bens (imóvel de residência; instrumentos de trabalho e direitos de propriedade intelectual). Admite o abatimento no imposto devido dos valores pagos a título de outros tributos referentes a bens (como o IPTU). Os valores arrecadados devem ser aplicados prioritariamente em saúde e educação.

A ADO 31 proposta pelo Governador do Maranhão, Flávio Dino, que questionava a omissão na criação do IGF, foi extinta sem resolução de mérito por falta de legitimidade ativa (STF, abril de 2018).[42] Agora, o Partido Socialismo e Liberdade (PSOL) encabeça a ADO 55, que possui o mesmo objeto.

---

[42] Vale verificar, porém, que o art. 11 da LRF estabelece: "Constituem requisitos essenciais da responsabilidade na gestão fiscal, a instituição, previsão, e efetiva arre-

A tributação de grandes fortunas e heranças (IGF) é apontado por Gabriel Arbex,[43] como uma medida incontornável para que se possa reduzir a desigualdade que vem se aprofundando. Para o Autor, ela deve atingir os mais ricos, entretanto, não pode onerar ainda mais a classe média. A PEC 96/2015 busca instituir o imposto sobre grandes heranças. As propostas consideram, em geral, grandes fortunas ou heranças aquelas superiores a R$ 2,5 milhões, contando todos os bens.

A propostas analisada, pelo menos até agora, não trata dos impostos sobre herança e não avalia a possibilidade de criação de um imposto sobre grandes fortunas. Apenas a Proposta da Reforma Tributária Solidária aborda o tema. Nada impede, porém, que, ao adotar a sugestões veiculada pela PEC, por exemplo, que os tributos sejam criados e a receita sirva para reduzir a alíquota incidente sobre o imposto sobre o consumo, resolvendo, assim, as incoerências apontadas neste artigo.

## 6. CONCLUSÕES

A PEC/45 é interessante (embora mereça alguns reparos) naquilo que se propôs: simplificação e atualização do Sistema Tributário Nacional. Realmente, alíquota única; legislação, fiscalização, arrecadação unificada; vedação da fácil concessão de benefícios fiscais; e adoção de uma base ampla que envolva bens e serviços reduzirá os custos de conformidade e tornará o sistema de tributação do consumo mais racional. Além disso, as considerações sobre a realização de justiça tributária só foram adicionadas nas apresentações dos idealizadores da reforma depois das pesadas críticas que receberam por esse não ser um pressuposto de sua proposta. Nesse sentido, é importante destacar que o fato de uma proposta não pretender resolver todos os problemas do sistema tributário brasileiro, mas alguns deles, não a torna por essa razão inconstitucional. As análises, sobre esse ponto específico, são de oportunidade e conveniência.

Por outro lado, é muito preocupante que os dispositivos da PEC 45/2019 não sejam estruturados com base no federalismo. Há um claro movimento de centralização, sob a premissa de que isso seria mais eficiente. Alterar a tributação do consumo, suprimindo competências tributárias, sem apresentar alternativas financeiras para sustentar a descentralização política que é nota característica de nosso país e isso nos parece inconstitucional.

---

cadação de todos os tributos da competência constitucional do ente da Federação". Porém, há entendimento na doutrina que ampara a facultatividade da instituição de tributos (interpretação literal do art. 145 da CRFB/88: "A União, os Estados, o Distrito Federal e os Municípios poderão instituir os seguintes tributos [...]".

**43** Cf. VALLE, Gabriel Arbex. *Imposto sobre grandes fortunas*. Belo Horizonte: Letramento, 2019, no prelo.

A PEC 45/2019 já possui centenas de emendas propostas, e há pelo menos mais dois projetos de reforma sendo discutidos no Congresso Nacional (a PEC 110/2019, do Senado, e a Emenda Substitutiva 178/2019, apresentada pela oposição ao Governo). Também, como dissemos, o COMSEFAZ propõe ajustes federalistas à PEC 45/2019, caminhando para a instituição de um IVA dual (um tributo sobre o consumo de competência da União e outro de competência de Estados e Municípios). Talvez o grande mérito da PEC 45/2019 seja, então, colocar verdadeiramente em pauta a realização de uma reforma tributária.

**REFERÊNCIAS BIBLIOGRÁFICAS**

AFFONSO, Rui de Brito Álvares. Descentralização e reforma do Estado: a Federação brasileira na encruzilhada. *Economia e Sociedade*, v. 14, n. 1, p. 127–152, 2000.

BATISTA JÚNIOR, Onofre Alves. *O outro Leviatã e a corrida ao fundo do poço*. São Paulo: Almedina, 2014.

———; CUNHA, Marize Maria Gabriel de Almeida Pereira da. *Avanço da União sobre as bases tributárias estaduais é inaceitável*. Disponível em: https://www.conjur.com.br/2017-jul-07/opiniao-avanco-bases-tributarias-estaduais-inaceitavel. Extraído em: 01 ago. 2019.

BRASIL, Câmara dos Deputados. Proposta de Emenda à Constituição nº 45 de 2019. Altera o Sistema Tributário Nacional e dá outras providências. 2019, p. 22. Disponível em: https://www.camara.leg.br/proposicoesWeb/prop_mostrarintegra?codteor=1728369&filename=PEC+45/2019. Acesso em: 18 out. 2019.

BONAVIDES, Paulo. *Ciência política*. 17. ed. São Paulo, Malheiros, 2010.

*Carga Tributária do Brasil: 2016* – Análise por tributos e bases de incidência. Ministério da Fazenda; Receita Federal, dez. 2017. Disponível em: http://receita.economia.gov.br/dados/receitadata/estudos-e-tributarios-e-aduaneiros/estudos-e-estatisticas/carga-tributaria-no-brasil/carga-tributaria-2016.pdf. Acesso em: 18 out. 2019.

DE MASI, Domenico. *O futuro do trabalho: fadiga e ócio na sociedade pós-industrial*. 10. ed. Rio de Janeiro: José Olympio, 2010.

DOWBOR, Ladislau. Entender a desigualdade: reflexões sobre o capital no século XXI. In. BAVA, Silvio Caccia (Org.). *Thomas Piketty e o segredo dos ricos*. São Paulo: Veneta - Le Monde Diplomatique Brasil, 2014.

Exame *Por que Maia apelou ao "patriotismo" dos empresários na reforma tributária*. Disponível em: https://exame.abril.com.br/economia/por-que-maia-apelou-ao-patriotismo-dos-empresarios-na-reforma-tributaria/. Extraído em: 10 ago. 2019.

FRIEDMAN, Milton. *Capitalism and freedom*. Chicago: Chicago Press, 1982.

FUKUYAMA, Francis. *As origens da ordem política*: dos tempos pré-humanos até a Revolução Francesa. Rio de Janeiro: Rocco, 2013.

GAZETA DO POVO. Pai da reforma tributária explica por que imposto único é crucial para o Brasil voltar a crescer. Disponível em: https://www.gazetadopovo.com.br/republica/reforma-tributaria-bernard-appy-entrevista/. Extraído em: 12 ago. 2019.

GÉRARD Depardieu recebe cidadania russa em apenas duas semanas. *Público*, Porto, 3 jan. 2013. Disponível em: <http://www.publico.pt/mundo/noticia/gerard-depardieu-tornase-cidadao-russo-em-apenas-duas-semanas-1579339>. Acesso em: 2 dez. 2013.

JOTA. Secretarias estaduais de Fazenda querem União fora da gestão do IVA. Disponível em: https://www.jota.info/paywall?redirect_to=//www.jota.info/tributos-e-empresas/tributario/emenda-estados-reforma-tributaria-05072019. Extraído em: 21 out. 2019.

JUDT, Tony. *Um tratado sobre os nossos actuais descontentamentos*. Lisboa: Edições 70, 2012.

KIRCHHOF, Paul. *La influencia de la Constitución Alemana en su Legislación Tributaria*. In Garantías Constitucionales del contribuyente, 2ª ed. Valencia: Tyrant lo Blanch, 1998, p. 26.

MENDES, Gilmar Ferreira; BRANCO, Paulo Gustavo Gonet. *Curso de Direito Constitucional*. 9. ed. rev. e atual. São Paulo: Saraiva, 2017. E-book. p. 116.

Misabel de Abreu Machado Derzi e Thomas da Rosa de Bustamante [O princípio federativo e a igualdade: Uma perspectiva crítica para o sistema jurídico brasileiro a partir da análise do modelo alemão. In: DERZI *et al.* (Org.). *Estado federal e guerra fiscal no direito comparado*. Belo Horizonte: Arraes Editores, 2015 (Coleção federalismo e tributação, v. 2). p. 467-495.

MURPHY, Liam; NAGEL, Thomas. *O mito da propriedade. Os impostos e a justiça*. São Paulo: Martins Fontes, 2005.

O GLOBO. Com reforma tributária, estados vão buscar nova partilha da arrecadação. Disponível em: https://oglobo.globo.com/economia/com-reforma-tributaria-estados-vao-buscar-nova-partilha-da-arrecadacao-23869488. Extraído em: 11 ago. 2019.

PAPIER, H. J. *Ley Fundamental y Orden Económico. In:* Manual de Derecho Constitucional. Trad. Esp. de *Handbuch des Verfassungsrechts der Bundesrepublik Deutschland*. Org. Konrad Hesse, Madrid: Marcial Pons, 1996, p. 561-612.

SINGER, Paul. *Introdução à economia solidária*. São Paulo: Ed. Fundação Perseu Abramo, 2002.

STANDING, Guy. *O precariado*: a nova classe perigosa. Belo Horizonte: Autêntica, 2013.

VALLE, Gabriel Arbex. *Imposto sobre grandes fortunas*. Belo Horizonte: Letramento, 2019, no prelo.

# A CONCEPÇÃO POLÍTICO-MORAL DO FEDERALISMO, A TRIBUTAÇÃO SOBRE O CONSUMO E A PEC N° 45/2019

PEDRO LUCAS DEBELLI MARQUES[1]
ROGÉRIO ABDALA BITTENCOURT JR[2]

## 1. INTRODUÇÃO

Atualmente, está em trâmite no Congresso Nacional a Proposta de Emenda Constitucional n. 45/2019, cujo objetivo é reformar a tributação sobre bens e serviços atualmente existente no Brasil. A PEC prevê a substituição do IPI, ICMS, ISS, PIS, COFINS por um único Imposto sobre Bens e Serviços (IBS).

Com efeito, de acordo com a justificativa apresentada junto à Proposta de Emenda, a sua ideia central é a simplificação do sistema tributário brasileiro, sem que se reduza a autonomia dos Estado e Municípios, que poderão gerir suas receitas através da alteração da alíquota do IBS.

A arrecadação e a distribuição da receita entre os membros da federação serão feitas por um comitê gestor nacional, com representantes da União, dos Estados e dos Municípios. O comitê gestor será responsável por regular o imposto. A fiscalização será feita pelos fiscos das três esferas de governo, a partir de definição do Comitê.

Além disso, existe a previsão de que não serão permitidas as concessões de benefícios fiscais no âmbito do Imposto sobre Bens e Serviços, com o objetivo de encerrar, de uma vez por todas, a guerra fiscal do ICMS.

Em linhas gerais, essas são as principais características da PEC n. 45/19. A seguir, será feito uma breve análise da PEC em questão à luz dos principais problemas atinentes ao federalismo fiscal brasileiro.

---

**1** Advogado tributarista do Botelho, Carvalho, Horta, Ibraim, Spagnol Advogados. Mestrando em Direito Tributário na UFMG.

**2** Advogado tributarista do Rolim, Viotti & Leite Campos Advogados. Mestrando em Direito Tributário na UFMG. Diretor do IMDT – Instituto Mineiro de Direito Tributário.

## 2. A JUSTIFICAÇÃO POLÍTICO-MORAL DO FEDERALISMO E O FEDERALISMO BRASILEIRO

Federação, conforme pontua MOREIRA (2015, p. 153-154), deriva do latim *foederatus*, que significa pacto, aliança, liga. Em que pese podermos delinear suas origens na antiga Suíça, ainda no século XIII, pode-se afirmar que seu surgimento, da forma ou concepção compreendida modernamente se dá nos Estados Unidos, no século XVIII. É lá que as Treze Colônias, ao declarar sua independência da metrópole britânica optam por, abrindo mão de parte de seu poder, até então soberano, criar a Federação Norte-Americana, os Estados Unidos da América (MAGALHÃES, 2002, p.77-78).

Assim sendo, em definição clássica, pode-se qualificar o Federalismo como uma forma de organização de poder do estado em que há uma descentralização administrativa do poder central, marcado pela existência de entes autônomos, que, unidos, ganham representação internacional, em um ente dotado de soberania.

Destacam-se como principais características essenciais do federalismo: a autonomia dos entes federados, a subsidiariedade e a cooperação.

Conforme destacam DERZI e BUSTAMANTE (2015, p. 467-495), o Federalismo pressupõe aliança, pacto e lealdade recíproca, e, apesar de estar em constante transformação histórica, o conceito do federalismo é lembrado como meio de preservar a diversidade cultural e vocações regionais, proteger minorias políticas, promover eficiência (subsidiariedade) e o exercício da liberdade e democracia, por difundir o poder, e, por fim, integrar o território nacional.

Para os Autores, o conceitualismo (conceito geral abstrato, classificatório) não é a melhor maneira de entender o federalismo, pois é omitido e separado aquilo que não for considerado essencial para a regulamentação jurídica, em prejuízo da compreensão "total" da realidade. Assim, eles dão preferência ao método tipológico (descritivo, e não definidor) para construir uma concepção (e não um conceito) de Federalismo, tendo em vista que esse método é mais adequado para lidar com variações históricas, desavenças interpretativas e condicionamentos institucionais, traduzindo características concretas dos fenômenos nas categorias abstratas, e permitindo uma ordenação gradativa, sem limites rigorosos (conceitos de classe dividem, tipos unem), e com maior riqueza de conteúdo.

Nesse sentido, pontuam que é mais plausível pensar o federalismo como princípio de organização política que como forma de Estado, dada sua conexão com valores políticos e princípios constitucionais dotados de conteúdo normativo mais específico, ligados à autodeterminação do indivíduo e autonomia política.

Levando em conta as justificações político-morais do princípio federativo, DERZI e BUSTAMANTE oferecem uma concepção fundada na ideia de Kelsen (1958, p. 451) de que a diferença entre um Estado Federal e um Estado Unitário dividido em províncias autônomas é tênue, e se funda unicamente no "grau de descentralização das competências" empreendido pela Constituição do Estado.

Nesse sentido, destacam que mais importante que determinar se um Estado é ou não "Federal" é avaliar em que medida sua organização política é estruturada para atender as exigências normativas do princípio federativo e justificações normativas de princípios de fundo (subsidiariedade, maior participação possível e separação vertical de poderes), ou seja, se as formas políticas adotadas permitem a plena realização dos valores incrustados na concepção de federalismo adotada.

Citando Russeau, segundo o qual somente o direito produzido democraticamente merece ter sua autoridade reconhecida, os Autores defendem que, por se tratar de uma ideia excessivamente abstrata, o federalismo alemão pode fornecer bom exemplo para análise no âmbito do direito comparado, conforme trataremos nos itens a seguir.

Ainda quanto à definição (ou conceito) de federalismo, pontua FERNANDES (2018, p. 926) que federalismo, em termos jurídicos, é a "[...] forma de Estado em que há distribuição geográfica do poder político em função do território, na qual um ente é dotado de soberania e os outros entes de autonomia.". Essa definição, sem dúvidas baseada no histórico norte-americano, no entanto não necessita de adaptações ao se pensar o federalismo brasileiro à realidade brasileira. Isto porque, em que pese a existência de algum grau de "autonomia" durante o período imperial às então províncias, a forma federal de Estado, no Brasil, não partiu por opção das então províncias quando da Proclamação da República. Ao contrário a forma federal de estado foi posta na Constituição Federal de 1891, sob forte influência do modelo norte-americano, pelo poder central, em razão da grande extensão territorial do país e a evidente dificuldade administrativa que se impunha. Conforme pontuam BATISTA JUNIOR, OLIVEIRA e MAGALHÃES (2015, p. 18):

> Em 1889, ano da Proclamação da República, o governo provisório publicou o Decreto nº 1, redigido por RUI BARBOSA (1849-1923), sob fortíssima influência do modelo norte-americano instalado mais de cem anos antes, implantando o sistema federativo nas terras brasileiras. A Constituição da República dos Estados Unidos do Brasil de 1891 chancelou a opção do governo provisório, mantendo a forma de governo republicana e de Estado federal. O que se verificou à época foi uma opção do governo central, suscitada por condições histórico-geográficas indeclináveis, em ceder parte de seu poder para as antigas províncias, ora estados federados dotados de autonomia.

O Federalismo Brasileiro, nesse sentido, possui uma raiz histórica (e um funcionamento) completamente diverso daquele adotado pelos Estados Unidos da América. Enquanto alhures verificou-se que os Estados Membros, dotados de autonomia, abrem mão de seu poder em prol de um governo central, para a busca de objetivos comuns, no Brasil a história aponta para a existência, desde as origens, de um governo central forte (em que pese a ocorrência, em alguns momentos, de alguma descentralização de poder), que, a partir de 1891 optou por uma descentralização, conferindo, então, autonomia aos, a partir daquele momento, Estados Membros.

Assim sendo, pode-se dizer, conforme os ensinamentos de MAGALHÃES (2002, p. 79), que o Federalismo norte-americano é centrípeto, com os Estados Soberanos formando primeiramente uma Confederação e, posteriormente, uma Federação, enquanto o brasileiro seria centrífugo, com a existência de um polo de poder central que compartilha poder com outros polos criados posteriormente. A essa divisão, FERNANDES (2018, p. 929) também denomina, respectivamente, de Federalismo por agregação e por segregação.

Pode-se associar o federalismo à ideia de subsidiariedade, que determina a descentralização do Estado para permitir e potencializar a eficácia das medidas governamentais dirigidas aos cidadãos[3], o que impede a concentração de poder em estrutura político-administrativa mais ampla.

Uma abordagem do Federalismo como subsidiariedade consegue conciliar os problemas apontados pelas teorias contratualistas, quais sejam, a permanência da forma federal em detrimento de uma maior unidade em um governo unitário, no sentido de buscar-se as maiores participação, deliberação e influência possíveis dos entes federados na construção de políticas que afetem a todos[4].

---

**3** Acerca disso, BATISTA JUNIOR, OLIVEIRA e MAGALHÃES (2015, p. 13-14), afirmam que o princípio da subsidiariedade "no plano político-jurídico, determina a descentralização do Estado, de modo a conceber e potencializar a eficácia das medidas governamentais dirigidas aos cidadãos. Nesses termos, fica vedada a transferência a uma estrutura mais ampla daquilo que poderia ser facilmente realizado por uma mais restrita."

**4** Assim, nos resta a abordagem contratualista liberal, que segue na mesma direção da concepção de justiça defendida neste trabalho: em primeiro lugar, o princípio da subsidiariedade permite com que as pessoas façam escolhas sobre como conduzir suas próprias vidas, na medida em que garante maior influência política e possibilidades de autogoverno, evitando a sujeição ao controle de outras pessoas e a frustração de expectativas legítimas; em segundo lugar, o princípio da subsidiariedade facilita a deliberação e fomenta a participação (BATISTA JUNIOR, OLIVEIRA e MAGALHÃES, 2015, p. 15)

Nesse sentido, vale registrar a contribuição de BATISTA JUNIOR, OLIVEIRA e MAGALHÃES para a melhor elucidação do alcance da concepção de federalismo como "subsidiariedade":

> Portanto, combinando o federalismo como justeza de SCHUTTER com a concepção de subsidiariedade do contratualismo liberal, propomos o modelo "federalismo como subsidiariedade", segundo o qual o Estado federal pode ser compreendido como o resultado de um consenso por interseção, obtido mediante a celebração de um contrato social entre indivíduos livres e iguais. Vislumbrar o federalismo dessa forma é não perder o foco nas necessidades dos indivíduos, garantindo a promoção da justiça. É dizer: paralelamente ao resguardo da autonomia individual (não-intervenção), há uma atuação em prol do coletivo (intervenção). Do princípio da subsidiariedade, não emana apenas uma mera limitação ao poder central; é muito mais do que isso: como sua origem está vinculada à ideia de solidariedade, torna-se inexorável a sua conjugação com formas de incentivo à colaboração entre os entes que compõem a federação.62 Só assim, entendemos ser possível justificar um Estado não unitário, mas que deve permanecer unido, em busca da consecução de um ideal comum de justiça. (BATISTA JUNIOR, OLIVEIRA e MAGALHÃES, 2015, p.15)

Dessa maneira, a preservação e o fortalecimento do Federalismo implicam, diretamente, na busca por maior participação e deliberação. Para sua manutenção, no entanto é necessário preservar a possibilidade de os Estados Membros (e dos Municípios, pela opção do Constituinte de 1988) influenciarem e deliberarem politicamente assuntos que afetem todos eles, inclusive do ponto de vista político-tributário, situação que se passa a analisar na sequência.

Quanto à autonomia dos entes federados, MOREIRA (2015, p. 156) afirma que "o vocábulo 'autonomia' deriva do grego *autos* (si próprio) e *nemein* (governar), querendo significar, do ponto de vista etimológico, 'governar a si próprio'". Nesse sentido, segundo os grandes estudiosos do Direito Constitucional (FERNANDES, 2018, pp. 934-940), a Autonomia de um ente é caracterizada por uma tríplice capacidade: De auto-organização; de autogoverno; de autoadministração. No que tange à autoadministração, ela se traduz no exercício de competências (que são faculdades juridicamente atribuídas para tomada de decisões) administrativas, legislativas e tributárias pelos entes.

De fato, é simplesmente impossível a um ente manter uma situação de autonomia, enquanto auto-organização, autoadministração e autogoverno se não conseguir preservar sua autonomia financeira. Assim sendo, a repartição Constitucional das competências é o parâmetro para a manutenção do Federalismo brasileiro, tendo reservado o Constituinte competências tributários e recursos para que cada um dos Entes Federados possa manter sua autonomia (MOREIRA, 2015, p. 157).

No caso brasileiro, em que pese a tentativa (e oportunidade) da Constituição Federal de promover uma grande descentralização administrativa no país, no campo das repartições de competências a descentralização promovida pelo Constituinte foi "tímida", com grande quantidade de competências preservadas nas "mãos" do ente central. FERNANDES (2018, p. 929) qualifica esta tendência como um federalismo centrípeto, com uma maior convergência de poderes para o ente central. Isto porque, ressalvada a competência comum para instituição das taxas, de acordo com o ente com competência para exercício do poder de polícia ou prestação do serviço público (além da taxa ser um tributo com caráter remuneratório, não se prestando a abastecer os cofres públicos), e das contribuições de melhoria, também de nítido caráter remuneratório e de acordo com o ente que realizou a obra, as demais competências exclusivas ficaram assim divididas:

a. União: Impostos – Imposto de Importação; Imposto de Exportação; IR; IPI, ITR; IOF; IPI; IEG; IGF. Empréstimos Compulsórios. Contribuições Especiais
b. Estados: Impostos – IPVA; ICMS; ITCMD
c. Municípios: Impostos – IPTU; ISS; ITBI. COSIP.

Observa-se que, enquanto aos Estados e Municípios foi concedida a competência para instituir apenas 3 impostos cada (ressalvada a competência para instituir as taxas e Contribuições de Melhoria dentro do âmbito de suas competências Administrativas), restando a União com a competência para instituir 9 impostos, além dos empréstimos compulsórios e das contribuições especiais. Dito isso, percebe-se que o Constituinte privilegiou a União no que toca à repartição de competências tributárias. Por outro lado, também não se pode deixar de nota que os impostos sobre o consumo (ICMS e ISS), expressivos em arrecadação, foram deixados à cargo dos Estados e dos Municípios.

Além disso, como forma de amenizar os efeitos da maior competência tributária da União, a Constituição estabelece, nos Arts. 157 a 160, a repartição das receitas tributárias, determinando a participação nas receitas dos entes maiores pelos entes menores de uma série de tributos. A repartição pode ser assim dividida:

a. **Aos Estados Membros e Distrito Federal pertencem**: O Imposto de Renda sobre rendimentos pagos por eles, a qualquer título; 20% da renda dos impostos instituídos com a competência residual; 10% do produto da arrecadação do IPI; 29% do produto da arrecadação com a Contribuição de intervenção no domínio econômico sobre combustíveis; 30% da arrecadação do IOF na origem sobre o outro como ativo financeiro ou instrumento cambial.

b. **Aos Municípios pertencem**: O Imposto de Renda sobre rendimentos pagos por eles, a qualquer título; 50% do ITR relativamente aos imóveis situados em seus limites (Com possibilidade da totalidade no caso do exercício da capacidade tributária ativa, nos termos do Art. 153, §4º, III); 50% da arrecadação do IPVA dos automóveis licenciados em seu território; 25% da arrecadação do ICMS arrecadado pelos Estados; 25% sobre o montante recebido pelo Estado onde está situado a título de arrecadação com IPI; 70% da arrecadação do IOF na origem sobre o outro como ativo financeiro ou instrumento cambial; 25% do montante destinado aos Estados em razão das CIDE-Combustiveis.

Além disso, é previsto pela Constituição a instituição de um Fundo de Participação dos Estados e um Fundo de Participação dos Municípios que será composto por:

a. **Fundo de Participação dos Estados**: 21,5% do produto da arrecadação do Imposto de Renda e do Imposto Sobre Produtos Industrializados;

b. **Fundo de Participação dos Municípios**: 23,5% do produto da arrecadação do Imposto de Renda e do Imposto Sobre Produtos Industrializados.

No entanto, a realidade acaba se demonstrando muito diversa da que é prevista no texto constitucional. Isso porque, conforme delineado pelo Estado de Minas Gerais, na petição inicial da ADPF 523, a União tem se valido sistematicamente do aumento dos tributos não compartilháveis (leia-se Contribuições Sociais), com uma erosão da base compartilhável, para afetar a autonomia dos Estados Membros e Municípios.

Isto ocorre porque tais contribuições não são compartilháveis nos termos da constituição, além de estarem submetidas à DRU, Desvinculação de Receitas da União (para custear despesas fora da seguridade social). O que se observa, nesse sentido, é um inchaço da arrecadação do ente central, com um completo atrofiamento das receitas constitucionalmente destinadas aos Estados e Municípios. O resultado, como temos observado, é catastrófico, uma vez que os Estados e os Municípios estão cada vez mais dependentes das verbas concedidas pela união que, por sua vez, em atos de completa mesquinharia, condiciona a concessão dos recursos a adoção de politicas e atos alinhados com o que o poder central deseja. Uma completa deturpação do Estado Federal, nesse sentido.

Por fim, com referência à concepção de federalismo cooperativo, a ideia se se faz presente com grande força no ordenamento jurídico alemão, cujo

Estado é organizado como uma Federação, o que se extrai da decisão proferida em 28/2/1961 pelo Tribunal Constitucional alemão (BVerfGE 12, 205):

> O princípio do Estado federal fundamenta segundo sua essência, não apenas direitos, mas também obrigações. Uma dessas obrigações estabelece que os Estados federados financeiramente mais fortes devem prestar ajuda, dentro de determinados limites, aos Estados federados mais fracos (BVerfGE 1, 111 [131]). O princípio constitucional pode, além disso, fundamentar, em casos nos quais a lei exige um entendimento entre a União e os Estados-membros, um maior dever de cooperação entre todos eles, fazendo com que uma [eventual] contestação unilateral estranha ao princípio e contrária a um entendimento multilateral [dos demais membros da federação] não seja considerada juridicamente. (BVerfGE 1, 299 [315 s.]) Esse limite jurídico baseado na ideia de fidelidade federativa torna-se ainda mais forte quando do exercício de competências legislativas: 'Se os efeitos de uma regulamentação jurídica não estão limitados à área de um Estado-membro, o legislador estadual deve, então, levar em consideração os interesses da União e dos demais Estados-membros (BVerfGE 4, 115 [140]) [5]

Como se observa da decisão acima, fundada na Constituição alemã de 1949, do princípio federativo decorrem direitos e obrigações. Dentre estas obrigações, inclui-se o dever de entendimento e cooperação entre os entes federados e entre a União e os entes, o dever de respeito à prevalência de entendimentos multilaterais sobre os unilaterais e o dever de considerar os interesses dos demais entes federados e da União quando do exercício do Poder Legislativo. Para o Tribunal alemão, esses deveres decorrem da fidelidade federativa.

A respeito do sucesso do federalismo alemão, discorre HORBACH (2018)

> O bastante estudado federalismo cooperativo alemão é mecanismo político posto em prática via tratados, convênios administrativos, criação de instituições comuns. Oficialmente introduzido no ordenamento jurídico germânico com a Reforma Constitucional de 1967/1969, pelos artigos 91a e 91b, há muito já vinha sendo jurisprudencial e doutrinariamente desenvolvido
> Com a queda do Muro de Berlim, em 1989, a RFA precisou enfrentar as consequências político-financeiras da reunificação e da integração de cinco Länder da extinta Alemanha Oriental. Não tardou para que as discrepâncias entre as duas economias surgissem e foi preciso buscar meios para que esses Estados pudessem ser equiparados aos seus iguais do lado ocidental.

---

**5** Ob. Cit. Scaff, Fernando Facury. "A desconfiança legítima no federalismo fiscal e a ADPF 523". Revista Consultor Jurídico. 10/07/2018. Disponível em <https://www.conjur.com.br/2018-jul-10/contas-vista-desconfianca-legitima-federalismo-fiscal-adpf-523> Acesso em 15/12/2018.

Além disso, a afirmação do federalismo como princípio também esteve presente em sede de controle constitucionalidade no Supremo Tribunal Federal, sob três formas:

a. A afirmação do federalismo como instrumento de descentralização política para a realização de direitos fundamentais: "[...]o federalismo é um instrumento de descentralização política que visa realizar direitos fundamentais [...]" – RE 194.704, Relator Min. Edson Fachin, julg. em 29/06/2017:

b. A defesa do subprincípio da lealdade federativa, que traz deveres de colaboração com a consolidação do pacto federal, e de atuar segundo o espírito deste : "[...] O princípio da lealdade à Federação, extraído da própria existência do Estado Federal, do próprio princípio federativo, foi conceituado pelo Tribunal Constitucional Federal Alemão como a obrigação de todas as partes integrantes do pacto federal de atuar de acordo com o espírito do referido pacto e de colaborar com a sua consolidação, protegendo os interesses comuns do conjunto" – ADI 750, Rel. Min. Gilmar Mendes, julg. 03/08/2017.

c. A defesa de um federalismo cooperativo na ordem jurídica brasileira: "a jurisprudência do Supremo Tribunal Federal até o 'estado da arte' anterior optou por concentrar no ente federal as principais competências federativas, mas é necessário explorar o alcance do *federalismo cooperativo* esboçado na Constituição de 1988, para enfrentar os problemas de aplicação que emergem do pluralismo. A compreensão e a recompreensão do federalismo pela Corte não podem ser emudecidas por interpretações fatalistas que neguem, de antemão, a ver o tema à luz de novas questões postas ao longo da diacrônica experiência constitucional" – ADI 5356, Rel. Min. Edson Fachin, Red. p/acórdão Min. Marco Aurélio, julg. em 03/08/2016.

O federalismo cooperativo se caracteriza como uma divisão de competências que visa ao equilíbrio e à construção de políticas públicas, na medida do possível, agregadas, como destaca Bercovici (2004, p. 56-57), com referência à Constituição brasileira de 1988:

> O federalismo cooperativo se justifica pelo fato de que, em um estado intervencionista e voltado para a implementação de políticas públicas, como o estruturado pela Constituição de 1988, as esferas subnacionais não tem mais como analisar e decidir, originariamente, sobre inúmeros setores da atuação estatal, que necessitam de um tratamento uniforme em escala nacional. Isto ocorre principalmente com os setores econômico e social, que exigem uma unidade de planejamento e direção.

Nessa toada, o princípio federativo, segundo sua interpretação mais atual, não se limita a criar direitos e deveres de descentralização de poder e autonomia dos entes federados, mas compreende uma significação mais ampla e robusta, no sentido de um federalismo cooperativo, que exige dos entes federados deveres de fidelidade, cooperação, entendimento, respeito a deliberações multilaterais, auxílio financeiro e participação, o que, em última medida, tem como objetivo a maximização da promoção de direitos fundamentais dos cidadãos governados pelo Estado que adotou a forma federal.

Com efeito, uma das – principais – maneiras de reduzir a "opressão" da União sobre Estados e Municípios, no sentido da diminuição da autonomia dos entes federados, da ausência de cooperação e subsidiariedade, ocorre por meio da construção de instituições participativas e cooperativas, que promova o devido peso jurídico-político aos Estados e Municípios. E o presente trabalho objetiva avaliar se o Comitê Gestor do IBS, no contexto da PEC nº 45/2019, cumpre esse papel de maneira adequada.

## 3. FEDERALISMO DE POLÍTICA CONJUNTA: O COLÉGIO DE GOVERNADORES NO FEDERALISMO ALEMÃO

A principal característica do federalismo alemão é a interdependência dos vários níveis de governo. Esse sistema é marcado pelo entrelaçamento e pela interdependência entre as esferas governamentais e também pela coordenação e cooperação entre o governo federal, os estados federados e locais. (DERZI; BUSTAMANTE, 2015, p. 13)

Resumidamente, o sistema alemão é caracterizado pela concentração da competência legislativa na União, ficando a cargo dos Estados a execução/implantação das leis federais. (DERZI; BUSTAMANTE, 2015, p. 13)

Apesar da vinculação dos Estados às políticas elaboradas pelo Governo Federal – o que nem sempre é bem visto pelos primeiros – o sistema jurídico ali vigente permite uma participação efetiva dos Estados no processo legislativo federal e na construção das escolhas políticas mais importantes no que toca à elaboração das políticas públicas, dos processos de emenda à Constituição e de escolha dos juízes do Tribunal Constitucional Federal. (DERZI; BUSTAMANTE, 2015, p. 14)

Por meio do Conselho Federal (uma espécie de Senado), os Estados possuem a capacidade de influenciar efetivamente a formação da política nacional. O Conselho é um órgão constitucional da União, que atua juntamente com a Câmara Federal (ou Parlamento Federal), com o Governo Federal, o Presidente da República e o Tribunal Constitucional Federal. É, portanto, o órgão por meio do qual os Estados participam do processo de governo, formando um contrapeso em relação à Câmara Federal. (DERZI; BUSTAMANTE, 2015, p. 14)

Aliás, na Alemanha foi rejeitada a proposta de implantação de um Senado Federal nos moldes existentes nos EUA e no Brasil. Na oportunidade, foi entendido que um Conselho Federal composto por representantes dos Governos dos Estados teria melhores condições de defender os interesses do Estado. (DERZI; BUSTAMANTE, 2015, p. 15)

O Conselho Federal, no desempenho de suas funções legislativas, atua de três maneiras: uma participação "consultiva", "de iniciativa", ou "deliberativa".

A participação consultiva ocorre quando o Governo Federal tem a iniciativa parlamentar, pois esse projeto não pode ser apresentado diretamente ao Parlamento. O objetivo é que o Conselho contribua com críticas ao projeto ou propostas de emenda, facultado ao Governo Federal a realização de uma réplica. (DERZI; BUSTAMANTE, 2015, p. 16)

A segunda forma de participação, de iniciativa, se dá quando o próprio Conselho tem a iniciativa parlamentar. (DERZI; BUSTAMANTE, 2015, p. 16)

Por fim, a atuação deliberativa, se dá quando o Conselho Federal participa da deliberação da proposta legislativa. Nos casos de propostas de emenda à Constituição, lhe cabe a aprovação da medida, mediante votação que necessita de 2/3 de quórum. Para algumas espécies de leis especiais, o Conselho possui poder absoluto de veto e as propostas devem ser aprovados por maioria absoluta no Conselho. No caso de "leis ordinárias, o veto do Conselho pode ser derrubado pela Câmara Federal pelo mesmo quórum de votação. (DERZI; BUSTAMANTE, 2015, p. 17)

O Conselho Federal também exerce um papel de mediador ou negociador em "Comissões de Mediação" que podem ser instaladas a qualquer tempo pelo Conselho quando não concordar com alguma lei aprovado pelo Parlamento, ou pelo Parlamento e pelo Governo Federal, nas matérias que estejam sujeitas à aprovação do Conselho Federal e este tenha apresentado uma objeção ao conteúdo da lei. (DERZI; BUSTAMANTE, 2015, p. 17)

O que se percebe, é que no modelo alemão, a perda da relevância dos parlamentos estaduais não significa a ruptura com o princípio federalista, uma vez que os Governos do Estados não perderam importância na República Federal da Alemanha. Ao invés de uma mera delimitação formal de competências legislativas, foi ampliado o peso político de cada Estado na decisão nacional, em busca da formação de uma política conjunta. (DERZI; BUSTAMANTE, 2015, p. 17)

E esse é o primeiro pilar do federalismo alemão: a igualdade entre Estados-membros e a União, na formação de um condomínio cooperativo.

O federalismo, no sistema constitucional alemão, mais que uma forma de estado, é visto como um poderoso mecanismo de equalização social e aprimoramento de sua função econômica. (DERZI; BUSTAMANTE, 2015, p. 18)

A ordem constitucional alemã é fundada em um importante princípio de redução das desigualdades regionais, que serviu de amparo para que fosse estabelecido um "sistema de compensação financeira", cujo objetivo é promover a igualdade entre os Estados do ponto de vista econômico. (DERZI; BUSTAMANTE, 2015, p. 18)

Nesse sentido, no sistema alemão, existem um complexo de normas sobre as compensações financeiras verticais devidas pela União ao Estados-membros, e, também, compensações financeiras horizontais, que são pagas pelos próprios Estados, uns aos outros. (DERZI; BUSTAMANTE, 2015, p. 18-19)

Ou seja, além da União possuir obrigação de interferir em favor dos Estados mais pobres, também existe a obrigação dos Estados mais ricos prestar assistência aos Estados mais pobres, com o objetivo de garantir um padrão de vida uniforme em todo o território da Federação. (DERZI; BUSTAMANTE, 2015, p. 18-19)

Na Alemanha, a competência tributária se concentra predominantemente na União, sendo os fatos geradores e as alíquotas dos principais impostos estabelecidos por meio de leis federais. No caso de impostos cuja receita se destina total ou parcialmente aos Estados-membros ou Municípios, essas leis devem ser, necessariamente, aprovadas pelo Conselho Federal. (DERZI; BUSTAMANTE, 2015, p. 19)

Contudo, em que pese a concentração da competência tributária na União, cabe aos Estados a fiscalização, o recolhimento e administração de praticamente toda a receita tributária, inclusive aquela destinada à União. (DERZI; BUSTAMANTE, 2015, p. 19)

Diante disso, são quatro formas de transferências de recursos no federalismo alemão: (i) compensação financeira primária vertical; (ii) compensação financeira primária horizontal; (iii) compensação financeira secundária horizontal; (iv) compensação financeira secundária vertical. (DERZI; BUSTAMANTE, 2015, p. 20)

Compensações financeiras primária são aquelas resultantes da apuração do total das receitas tributárias auferidas em determinado exercício e a posterior verificação da porção proporcional devida ao Governo Federal e aos Estados separadamente considerados. São repasses de receitas de titularidade dos entes que receberão a compensação. Denomina-se "vertical" a compensação financeira se dá entre a União e os Estados-membros e "horizontal" quando ela ocorre entre um Estado e outro. (DERZI; BUSTAMANTE, 2015, p. 20)

No caso da compensação financeira primária horizontal, observa-se o princípio da arrecadação local, que determina que cada Estado receberá o valor correspondente à diferença entre o montante que seus respectivos órgãos fazendários arrecadam e a parte designada legal e constitucionalmente ao Governo Federal. (DERZI; BUSTAMANTE, 2015, p. 21)

Na hipótese de existir discrepâncias entre as capacidades financeiras dos Estados, aparecem as contribuições financeiras secundárias. O objetivo dessas compensações é incentivar a formação de um sentimento de comunidade entre os Estados e alcançar uma unidade fundada em princípios de justiça distributiva. Assim, garante-se que os indivíduos de todos os Estados-membros são dotados de iguais direitos e das mesmas condições de vida e a iguais níveis de proteção por parte do Estado e a serviços públicos de qualidade. (DERZI; BUSTAMANTE, 2015, p. 21)

## 4. O COMITÊ GESTOR DO IBS DA PEC N° 45/2019 À LUZ DO FEDERALISMO

Tendo em vista o modelo alemão do Colégio de Governadores, será analisada a estrutura e funcionamento do Comitê Gestor do IBS – Imposto sobre Bens e Serviços (como ocorre no sistema de arrecadação do SIMPLES Nacional), cuja criação é proposta pela Proposta de Emenda Constitucional n° 45/2019 (PEC da Reforma Tributária) em tramitação no Congresso brasileiro em 2019 e bastante discutida nos meios jurídico e social.

Dentre as principais características do Comitê Gestor idealizado pela PEC 45 (Art. 152-A, §6° da PEC n° 45/2019):

i. Criação por lei complementar;
ii. Representação por Estados, Municípios e União;
iii. Responsável pela edição do regulamento do IBS, uniforme em todo o País;
iv. Responsável por gerir a arrecadação do IBS, operacionalizar a distribuição da receita, e estabelecer os critérios para a atuação coordenada dos entes;
v. Representar judicial e extrajudicialmente os entes federados nas matérias relativas ao IBS;
vi. Regulamentar a fiscalização do IBS;

Quanto à Lei complementar a ser criadora do Comitê Gestor, a PEC 45 propõe acrescentar o art. 115 ao Ato das Disposições Constitucionais Transitórias (ADCT), que prevê que o conteúdo da referida lei complementar deverá conter prazo de indicação dos representantes de cada ente no Comitê Gestor Nacional e para publicação do regulamento do IBS pelo Comitê, sob pena de o Presidente da República fazer as respectivas indicações e publicação.

De fato, tanto o contribuinte quanto os entes federados, que sofrem com a guerra fiscal e com a heterogeneidade de normas tributárias e processuais de tributos sobre o consumo, que causam imensa complexidade, veem com otimismo a possibilidade de existência de um Comitê Gestor multi-federal para o IBS. Porém, o modelo normativo relativo ao Comitê até então apresentado merece melhorias sensíveis, em nosso sentir.

O primeiro deles é o fato de que o Comitê Gestor seja criado por Lei Complementar aprovada pelo Congresso Nacional, o que pode comprometer a legitimidade do modelo institucional desenhado, uma vez que o Congresso não conta com representação direta dos Estados e Municípios, como ocorre na Alemanha. E como demonstrado nesse trabalho, leis e emendas votadas no Congresso afetaram decisivamente o federalismo brasileiro desde 1988, provocando grande prejuízo aos cofres dos entes federados, em favor da União.

Para evitar esse problema, a PEC poderia ser emendada para garantir, excepcionalmente, o voto dos Estados na alteração de regras relativas ao Comitê Gestor, com poderes de ampliar, reduzir ou eliminar as disposições previstas em lei complementar relativas ao Comitê.

Além disso, a imposição de prazo, em lei complementar, para a publicação de regulamento, ao invés de atribuir competência ao Presidente da República, o que pode ser muito gravoso aos entes federados, poder-se-ia estabelecer a necessidade de ser instaurado procedimento amigável de conciliação, mediado pelo Supremo Tribunal Federal, com prazos e condições definidas por esse.

Registre-se ainda a crítica de LODI RIBEIRO (2019, *versão web*) à formatação do Comitê Gestor da PEC 45, segundo o qual

> Ao contrário do que sugere o texto da PEC 45/19, na sistemática do IBS, a competência para legislar sobre o tributo seria também da União, por meio da lei complementar. O regulamento do imposto também seria elaborado de forma centralizada, pelo comitê gestor nacional, que, embora integrado por representantes de estados e municípios, assim como o Congresso Nacional, é entidade federal, onde a autonomia de cada estado e de cada município não é exercida em qualquer medida.

Quanto à competência via lei complementar, como destacado, entendemos que se trata de poder resolúvel por meio de emenda à PEC, para garantir, excepcionalmente, o voto dos Estados na alteração de regras relativas ao Comitê Gestor (nesse caso, delimitando-se à presença dos Estados na formatação de regras, sem prejuízo da participação dos Municípios no dia-a-dia do Comitê). Feito isso, discordamos que a autonomia dos entes federados estaria comprometida, por se tratar de órgão multilateral de tomada de decisões, com poderes para criação de regulamento comum, inclusive.

Vale destacar, ainda, que é necessário evitar os erros de representação cometidos no Comitê Gestor do SIMPLES Nacional (Regimento Interno aprovado pela Resolução CGSN Nº 1/2007), cuja composição inclui apenas dois representantes de Estados e Distrito Federal (indicados pelo CONFAZ), dois representantes dos Municípios (um indicado pela Associação Brasileira das Secretarias de Finanças das Capitais e outro pela Confederação Nacional dos Municípios) e quatro representantes da Receita Federal (Art. 2º), e decisões tomadas em ¾ dos membros (art. 8º), ou seja, sempre exigindo o apoio da Receita Federal, o que, como se vê, agrava a ingerência da União sobre políticas estaduais e Municipais relativas a esse regime unificado de tributação.

Nessa toada, 26 Secretários das Fazendas Estaduais e do Distrito Federal (a totalidade deles), que formam o COMSEFAZ – Comitê Nacional de Secretários da Fazenda, Finanças, Receita ou Tributação (instituído em 08/10/2012), emitiram em 4 julho de 2019 Carta Aberta sobre a PEC 45/2019, recomendaram o aperfeiçoamento do texto da PEC. Argumentaram que a PEC, nos moldes originais, restringe a autonomia federativa dos Estados e Distrito Federal devido à formatação do Comitê Gestor, que não asseguraria a efetiva participação desses entes no processo decisório proporcionalmente à importância do ICMS para os Estados.

Os Estados destacam que o Comitê Gestor do Simples Nacional (CGSN), semelhante àquele, tem-se mostrado incapaz de responder às necessidades dos entes federados, e que o poder decisório dos Estados tem sido figurativo, com prevalência da vontade da União em praticamente todas as deliberações.

Além disso, o COMSEFAZ apresentou recentemente proposta de emenda à PEC 45, que tramita em conjunto com a referida PEC, cujas bases são:

    1. Simplificação e Padronização Nacional;
    2. Manutenção da carga tributária total;
    3. Equilíbrio fiscal de longo prazo das esferas federativas;
    4. Princípio de Destino;
    5. Assegurar competência tributária aos entes da Federação compatível com as responsabilidades que lhe são atribuídas pela Constituição Federal;
    6. Transparência;
    7. Fim da Guerra Fiscal entre os entes da Federação;
    8. Redução das Desigualdades Regionais.

Essa proposta prevê a *exclusão* da participação da União nas deliberações do Comitê Gestor, o que, de fato, permitiria o fortalecimento do federalismo fiscal brasileiro, em maior aproximação com o bem-sucedido modelo alemão. A proposta também conferiu ao Comitê Gestor poderes (nova redação do art. 156-A, §2º da CF) de calcular alíquotas mínimas do IBS e gerir a distribuição dos recursos arrecadados.

A Proposta do COMSEFAZ também altera a composição do Comitê Gestor, que passa a ser de 41 membros, sendo 27 representantes de cada um dos Estados e do Distrito Federal, e 14 representando os Municípios (cuja escolha será disciplinada em lei complementar), dispõe que as deliberações do Comitê serão aprovadas por 4/5 dos votos (nova redação do art. 156-A, §§3°, 4° e 5° da CF), e descreve que os Estados e DF fixarão um adicional de alíquotas do IBS, destinado à seguridade social e a fundos regionais criados pela proposta (§§ 7°, 8° e 9°): Fundo de Desenvolvimento Regional e Fundo de Compensação da Desoneração das Exportações de Produtos Primários e Semielaborados.

Em nosso sentir, a Proposta de emenda do COMSEFAZ resolve todos os temores de eventual ferimento ao pacto federativo por meio da instituição do IBS, pois aumenta a participação dos entes federados no Comitê Gestor do IBS e cria fundos que visam a garantir a arrecadação dos Estados ao menos nos patamares atuais, promover a desconcentração geográfica dos recursos e proteger os objetivos constitucionais de redução das desigualdades regionais e descentralização de poder por meio do federalismo cooperativo (autonomia dos entes).

Nesse sentido, ao contrário do que pensa LODI RIBEIRO (2019, *versão web*), a manutenção da competência tributária dos Estados e Municípios para instituição e administração de impostos sobre o consumo não é, em nosso sentir, imprescindível ao federalismo, desde que haja um desenho institucional adequado, equânime, participativo e cooperativo para o Comitê Gestor do IBS, pois entendemos, como Kelsen, que a existência real do federalismo se mede pelo grau de descentralização do poder conferido em determinado Estado (que pode ser, na visão dele, até mesmo um Estado Unitário), e não pela existência de poder normativo tributário (esse, dispensável, a nosso ver).

## 5. GUERRA FISCAL DO ICMS E A PEC 45/2019

De acordo com o art. 155, § 2°, inc. XII, "g", da CRFB e com a LC n. 24/75, a concessão de benefício fiscal, em matéria de ICMS, depende da deliberação prévia entre os Estados e o Distrito Federal, que deve ser formalizada mediante convênio, que irá dispor sobre quais benefícios ou incentivos fiscais poderão ser inseridos em suas respectivas legislações.

Essa exigência pretende assegurar a uniformidade do imposto em todo país para, sobretudo, evitar que o ICMS fosse utilizado pelos Estados para a atrair investimentos privados (grandes empresas, especialmente). É que sem os referidos limites para instituição de vantagens tributárias, as unidades da Federação estariam livres para "guerrear" entre si, sendo vencedora aquela que fizesse a "melhor oferta" (menor carga tributária) à empresa em disputa.

Entretanto, essa exigência não foi suficiente para impedir essa disputa entre os entes federados.

Com efeito, vale mencionar que o ICMS é o principal imposto à disposição dos Estados e do Distrito Federal para fazer frente às despesas que lhe foram constitucionalmente atribuídas para a prestação de serviço de segurança pública (art. 144, § 5º) e educação (art. 211, § 3º).

Desse modo, qualquer competição entre os Estados para "ver quem cobra menos" é lesiva ao Estado do Bem Estar Social delineado pela Constituição de 1988, uma vez que provavelmente ocasionará a redução dos serviços públicos à disposição dos seus administrados.

Nessa ordem de ideias, possivelmente pelo fracasso da CR/88 e da LC n. 24/75 em evitar essa competição prejudicial entre os Estados, a PEC n. 45/2019 pretende estabelecer um modelo de tributação no destino com alíquotas únicas. Dessa forma, não há incentivo para que os Entes da Federação reduzam sua carga tributária com o objetivo de atrair a instalação de indústrias e grandes centros comerciais, na medida em que a carga tributária incidente nas operações dos contribuintes será determinada pelo domicílio do consumidor.

Neste ponto, parece ser menos relevante a proibição contemplada na PEC de serem concedidos benefícios fiscais no âmbito do IBS. Como visto, existe norma que regulamenta a concessão de incentivos na atualidade, mas é reiteradamente desrespeitada pelos Estados. Por outro lado, ao esvaziar o poder dos entes da federação em barganhar com o imposto, o IBS parece ser capaz de restaurar (ao menos parcialmente) o federalismo fiscal no Brasil, promovendo maior autonomia financeira dos Estados.

## 6. CONCLUSÃO

Como destacado, a PEC nº 45/2019, em tramitação no Congresso brasileiro e com amplo apelo midiático e social, trata da reforma na tributação sobre o consumo no Brasil por meio da criação de imposto multi-federativo, o IBS, que tem como características ser não-cumulativo, com alíquotas únicas, tributação no destino e não poderá ser objeto de benefícios fiscais por qualquer dos Estados.

O enfraquecimento da efetividade do princípio federativo em qualquer ordem jurídica que tenha adotado o federalismo como forma de estado é nefasto, pois é a fonte de graves desequilíbrios, relações de dependência entre entes federativos, problemas sociais, a perda de coesão entre os entes federados, desejos de secessão e a perigosa centralização de poder na União – que favorece o surgimento de governantes autoritários.

A doutrina e o direito comparado fornecem uma ampla gama de elementos do princípio federativo, e dos direitos e obrigações que dele decorrem. A teoria do Estado, filosofia política e interpretações mais atuais apontam para um federalismo cooperativo, guiado pelas ideias de entendimento, auxílio mútuo e fidelidade, e guiado pela autonomia e pela subsidiariedade.

É notável no Brasil o movimento de enfraquecimento do Federalismo, sobretudo nas últimas duas décadas. O que tem se observado, cada vez mais é a adoção de comportamentos, sobretudo pelo ente central, que enfraquecem o poder dos Estados e Municípios e tende a concentrá-lo em sua própria esfera. O que se observa, levando em conta os ensinamentos do Direito Administrativo, é que longe de uma Descentralização Administrativa, no Brasil tem acontecido cada vez mais uma Desconcentração Administrativa.

Assim, o ordenamento jurídico-constitucional brasileiro necessita resgatar os valores fundamentais do princípio federativo, em todas as suas manifestações, de forma a proporcionar os melhores resultados que o princípio fornece para um Estado com poderes e competências descentralizadas, e com aplicação dos princípios da solidariedade e da subsidiariedade.

Como destacado, a PEC nº 45/2019 estabelece a criação de um Comitê Gestor formado por representantes de Estados, Municípios e União, cujas disposições merecem melhorias em termos normativos, as quais podem ser inspiradas no bem-sucedido modelo no federalismo alemão.

Destacou-se a experiência alemã do Colégio de Governadores, a qual, em nosso sentir, pode servir de inspiração à melhoria da formatação do Comitê Gestor proposto na PEC 45, para corrigir suas falhas de participação dos entes federados em suas tomadas de decisões.

Além disso, foi demonstrado que a Proposta do COMSEFAZ, que altera a composição do Comitê Gestor do IBS e realiza alterações que privilegiam a descentralização de poderes, promove a autonomia dos entes federados, fortifica o federalismo cooperativo brasileiro contra tentativas de centralização de poderes na União e corrige diversos problemas típicos do federalismo fiscal brasileiro, como a centralização de poder e concentração de recursos na União.

Por fim, foi demonstrado que a PEC pode esvaziar o poder dos Estados de conceder benefícios fiscais unilateralmente, sem a anuência dos demais membros da Federação, o que encerraria a guerra fiscal para a atração de investimento privado, com efeitos positivos à autonomia financeira dos Estados.

# REFERÊNCIAS BIBLIOGRÁFICAS

ARABI, Abhner Youssif Mota. *A questão da irrenunciabilidade das competências federativas*. Revista Consultor Jurídico. 02/10/2018. Disponível em: https://www.conjur.com.br/2018-out-02/abhner-youssif-irrenunciabilidade-competencias-federativas. Acesso em: 16 dez. 2018.

AVI - YONAH, Reuven S. Globalization, *Three Goals of Taxation* . *In:* N.Y.U. Tax Law Review, vol. 60, 2006 – 2007. p. 1- 28.

BALEEIRO, Aliomar. *Limitações Constitucionais ao Poder de Tributar*. Atualizado por Misabel Abreu Machado Derzi. Rio de Janeiro: Forense, 2010.

BARACHO, José Alfredo de Oliveira. *Novos rumos do federalismo*. Revista brasileira de estudos políticos, n° 56, jan., 1983. p. 97–134.

BASTOS, Aureliano Cândido de Tavares. *A Província – Estudo sobre a descentralização no Brasil*. Brasília: Edição Fac-Similar. Senado Federal, 1996.

BASTOS, Celso Ribeiro. *Curso de Teoria do Estado e Ciência Política*. 4. ed. São Paulo: Saraiva, 1999.

BATISTA JUNIOR, Onofre Alves. OLIVEIRA, Ludmila Mara Monteiro de. MAGALHÃES, Tarcísio Diniz. Que Pacto Federativo? Em busca de uma teoria normativa adequada ao federalismo Fiscal Brasileiro. *In:* BATISTA JUNIOR, Onofre Alves. DERZI, Misabel de Abreu Machado. MOREIRA, André Mendes. (Org) Coleção Federalismo e Tributação. v. 1. *Estado Federal e Tributação – das origens à Crise Atual*. 1.ed. Belo Horizonte: Arraes Editores, 2015. p. 3-24.

―――― *O Federalismo na Visão dos Estados: uma homenagem do Colégio Nacional de Procuradores-Gerais dos Estados e do Distrito Federal – CONPEG – aos 30 anos de Constituição*. Belo Horizonte: Letramento Casa do Direito, 2018.

―――― *Teoria do Estado*. 5. ed. São Paulo: Malheiros, 2003.

BERCOVICI, Gilberto. Dilemas do Estado Federal Brasileiro. Porto Alegre: Livraria do Advogado, 2004. p.56-57

DAHL, Robert Alan. *Um prefácio à teoria democrática*. Rio de Janeiro: Jorge Zahar, 1989.

BONAVIDES, Paulo. *Ciência Política*. 17. ed. São Paulo: Malheiros, 2010.

―――― O caminho para um federalismo das regiões. *Revista de Informação Legislativa*, Brasília, ano 17, n. 65, p. 116, jan/mar 1980.

―――― *Ciência Política*. 10. ed. São Paulo: Malheiros, 2000, p. 232.

CASTRO, Fábio Ávila de. *Imposto de Renda da Pessoa Física: Comparações Internacionais, Medidas de Progressividade e Redistribuição*. Brasília: 2014. Disponível em http://repositorio.unb.br/bitstream/10482/16511/1/2014_FábioAvilaDeCastro.pdf.. Acesso em: 30 maio 2016.

CURY, Carlos Roberto Jamil (2006). Federalismo político e educacional. *In:* Ferreira, Naura Syria Carapeto (Org.). (1998). *Políticas públicas e gestão da educação*. Brasília: Líber Livro. 2006.

DERZI, Misabel. BUSTAMANTE, Thomas. O princípio federativo e a igualdade: uma perspectiva crítica para o sistema jurídico brasileiro a partir da análise do modelo alemão. *In:* DERZI, Misabel. BATISTA JÚNIOR, Onofre Alves.

MOREIRA (orgs.) Estado Federal e Guerra Fiscal no Direito Comparado (Coleção Federalismo e Democracia, vol 2., 2015, p. 467-495.

———; Batista Júnior, Onofre Alves; Moreira, André Mendes (orgs). *Federalismo e Tributação: das origens à crise atual*. Belo Horizonte: Arraes Editores, 2015.

DI PIETRO, Maria Sylvia Zanella. *Direito Administrativo*. 25.ed. São Paulo: Atlas, 2012. p.57.

FERNANDES, Bernardo Gonçalves. *Curso de Direito Constitucional*. 10. ed. Salvador: JusPodivm, 2018

HILLGRUBER, C. *German Federalism: An Outdated Relict? German Law Journal*, Charlottesville, v. 6, n. 10. 2005. p. 1269-1282.

HORBACH, Beatriz Bastide. *STF redescobre federalismo cooperativo — notas sob a perspectiva alemã*. 11/02/2017. Disponível em: https://www.conjur.com.br/2017-fev-11/stf-redescobre-federalismo-cooperativo-notas-visao-alema. Acesso em: 15 dez. 2018.

HAMILTON, Alexander; MADISON, James; JAY, John. *O Federalista*. Trad. Heitor Almeida Herrera. Brasília: Universidade de Brasília, 1984. p. 419-421.

KELSEN, Hans. *Teoria General del Derecho y del Estado*. Trad. Eduardo Garcia Maynez, 2ª ed. México, Imprenta Universitaria, 1958.

KRAMNICK, Isaac. Apresentação. In: HAMILTON, Alexander; JAY, John; MADISON, James. *Os artigos federalistas*. Trad. Maria Luiza X. de Borges. Rio de Janeiro: Nova Fronteira, 1993. p. 9.

Lima, Paola Aires Corrêa. O Federalismo e sua Concepção como Princípio. In: BATISTA JÚNIOR, Onofre Alves (org.). *O Federalismo na Visão dos Estados: uma homenagem do Colégio Nacional de Procuradores-Gerais dos Estados e do Distrito Federal – CONPEG – aos 30 anos de Constituição*. Belo Horizonte: Letramento Casa do Direito, 2018. p. 80-100.

LIMA, Rogério de Araújo. Os artigos federalistas: a contribuição de James Madison, Alexander Hamilton e John Jay para o surgimento do Federalismo no Brasil. *Revista de Informação Legislativa*. Brasília, ano 48, n. 192, p. 125- 136, out/dez 2011

MACHIAVELLI, N. *Discourses on Livy*. New York: Dover Publications, 2007.

MAGALHÃES, José Luiz Quadros de. *Direito Constitucional*. Tomo II. 1. ed. Belo Horizonte: Mandamentos, 2002.

MEDEIROS, Marcelo et all. *O Topo Da Distribuição De Renda No Brasil: Primeiras Estimativas Com Dados Tributários E Comparação Com Pesquisas Domiciliares, 2006 – 2012*. Disponível em SSRN: <http://ssrn.com/abstract=2479685>. Acesso em: 02 jun. 2016.

MEYER, Samantha Ribeiro; COUTO, Monica Bonetti. O federalismo brasileiro. In: Dircêo Torrecillas Ramos (Coord.) *O federalista atual – Teoria do Federalismo*, Belo Horizonte: Arraes, 2013. p. 496.

MIRANDA, Jorge. *Manual de Direito Constitucional*. Coimbra, 2004, v. III. p. 180.

MOREIRA. André Mendes. O Federalismo Brasileiro e a Repartição de Receitas Tributárias. *In:* BATISTA JUNIOR, Onofre Alves. DERZI, Misabel de Abreu Machado; MOREIRA, André Mendes (Org). *Estado Federal e Tributação – das origens à Crise Atual.* Coleção Federalismo e Tributação. v. 1. 1.ed. Belo Horizonte: Arraes Editores. p. 151-170.

MURPHY, Liam; NAGEL, THOMAS. *O Mito da Propriedade: os impostos e a justiça.* Tradução de Marcelo Brandão Cipolla. São Paulo: Martin Fontes, 2005.

REIS, Iaci Pelaes dos. *Justiça distributiva e federalismo cooperativo: igualdade federativa como critério norteador para promover partilha de royalties petrolíferos do pré-sal – 2017.* Orientadora: Misabel de Abreu Machado Derzi Tese (doutorado) – Universidade Federal de Minas Gerais, Faculdade de Direito.

RIBEIRO, Ricardo Lodi. Reforma tributária simplifica, mas tem efeitos regressivos e centralizadores. *Revista Consultor Jurídico,* 8 de abril de 2019, 16h31. Disponível em: < https://www.conjur.com.br/2019-abr-08/ricardo-lodi-reforma-tributaria-simplifica-efeitos-regressivos>. Acesso em: 05 jul. 2019.

ROCHA, Carlos Vasconcelos. *Federalismo: Dilemas de uma definição conceitual.* Civitas, Porto Alegre, V. 11, n. 2, maio/ago. 2011. p. 323-338.

SANTOS, Reginaldo Souza; RIBEIRO, Elizabeth Matos (2004). As impossibilidades do projeto descentralizante do Brasil. *In:* Superintendência de Estudos Econômicos e Sociais da Bahia (SEI). Desigualdades regionais. Salvador., 2004. p. 251-274.

SCAFF, Fernando Facury. A desconfiança legítima no federalismo fiscal e a ADPF 523. *Revista Consultor Jurídico.* 10/07/2018. Disponível em <https://www.conjur.com.br/2018-jul-10/contas-vista-desconfianca-legitima-federalismo-fiscal-adpf-523> Acesso em: 15 dez. 2018.

TOCQUEVILLE, A. *Democracy in America and two essays on America.* London: Penguin Books, 2003.

# ESTADO DEMOCRÁTICO DE DIREITO: FEDERALISMO, SEGURANÇA JURÍDICA E DIREITO POLÍTICO

GABRIEL AMARAL ROCHA FERREIRA[1]

## 1. INTRODUÇÃO

A República Federativa do Brasil tem dois princípios estruturantes que serão analisados neste artigo. O primeiro é o Estado Democrático de Direito, tema objeto de análise desde as mudanças de paradigmas de Estado, principalmente pelas diferenças entre este modelo e os anteriores, tais como o Estado Liberal e o Estado Social.

Apesar de implícito no próprio termo que o Estado Democrático de Direito reúne atributos relativos ao Estado de Direito e à Democracia, a ideia de um Estado Democrático de Direito vai além da mera junção dos dois ideais, como será visto.

Por conta da complexidade que se nota em um Estado Democrático de Direito, no sentido de procedimentos, direitos e garantias, verificam-se pontos de intersecção entre o Estado Democrático de Direito e o Federalismo, além de ambos estes princípios fundamentais estarem ligados ao contexto de abrangência do Direito Político.

Portanto, serão apresentadas características do Federalismo, sob perspectivas clássicas e mais atuais, buscando-se apresentar a relação que se verifica entre Federalismo e o Estado Democrático de Direito.

Interessante também, como será apresentado, demonstrar-se a relação entre o Federalismo e a Democracia, de modo que, a depender da forma pela qual o Federalismo se apresenta, pode-se visualizar de maneira mais simplificada a participação popular e a real influência e participação da população no processo democrático e de tomada de decisões.

Será apresentada visão expansiva do federalismo acerca das consequências da participação popular em determinadas instituições, de modo que

---

[1] Advogado. Graduado (2018) e mestrando em Direito Político (2019-2021) pela Universidade Federal de Minas Gerais.

o Federalismo não pare nos Municípios, mas continue "descendo" até instituições específicas municipais, o que representa uma importante ferramenta que permite que minorias tenham acesso ao processo decisório, como forma de aprimoramento da democracia, possibilitando que minorias tenham voz e participação efetiva em um estado em que vigora o pacto federativo e se intitula como Estado Democrático de Direito.

Quanto à segurança jurídica, serão analisadas algumas concepções do referido princípio, o que será feito com o objetivo de comparar as visões sobre o que representa a segurança jurídica, para que se possa elaborar uma concepção de segurança jurídica que vá além das concepções tradicionais, de modo que a segurança jurídica seja o princípio que garante o respeito ao Estado Democrático de Direito.

Ao final do trabalho, poderá ser notado que a segurança jurídica é um princípio essencial e que tem um papel fundamental em um Estado Democrático de Direito, que é o de garantir e assegurar os cidadãos de que terão seus direitos políticos respeitados, que o processo democrático é confiável e idôneo, além de ser mecanismo de defesa dos indivíduos frente ao Estado.

## 2. ESTADO DEMOCRÁTICO DE DIREITO

Dentre os princípios estruturantes da Constituição, encontra-se o Estado Democrático de Direito, logo no artigo 1º.

Segundo José Afonso da Silva (1988, pág. 21), o Estado Democrático de Direito representa a criação de um conceito novo, representando um "componente revolucionário de transformação do *status quo*", não se tratando apenas da união formal dos conceitos de Estado de Direito e Estado democrático.

Nesse sentido, para Bernardo Gonçalves Fernandes (2017, pág. 296), o Estado Democrático de Direito não é apenas um princípio, porque se configura como um paradigma, representando o "pano de fundo de silêncio" que atribui sentido às práticas jurídicas contemporâneas. Isso porque, mais do que a simples junção dos dois princípios que se adicionam, há a criação de um novo paradigma de Estado e de Direito.

Quanto à noção de democracia em um Estado Democrático de Direito, José Afonso da Silva afirma:

> A democracia que o Estado democrático de Direito realiza há de ser um processo de convivência social numa sociedade livre, justa e solidária (art. 3º, II), em que o poder emana do povo, deve ser exercido em proveito do povo, diretamente ou por seus representantes eleitos (art. 1º, parágrafo único) [...]. (1988, pág. 22)

Com isso, a democracia em um Estado Democrático de Direito pressupõe o diálogo entre ideologias divergentes com a possibilidade de convivência de interesses diferentes na sociedade (SILVA, 1988, pág. 22).

A lei em um Estado Democrático de Direito tem relevância especial, de modo que a lei não deve ficar apenas em uma esfera normativa, na medida em que deve ter condições para intervir diretamente em situações concretas, influindo na realidade da sociedade (SILVA, 1988, pág. 23).

Não somente isso, a lei no Estado Democrático de Direito deve realizar o princípio da igualdade e da justiça, buscando a igualização das condições dos socialmente desiguais (SILVA, 1988, pág. 23).

Ainda sob esse prisma, Bernardo Gonçalves Fernandes (2017, pág. 296) afirma que a concepção de direito em um Estado Democrático de Direito assume uma perspectiva no sentido da procedimentalização, de modo que a ideia de democracia se configura pela existência de procedimentos no processo decisório que permitem a participação da sociedade.

O direito nessa perspectiva tem papel fundamental não só por influir na vida concreta da sociedade, mas também para a viabilização da democracia.

Marcelo Campos Galuppo (1999, pág. 205) aponta uma característica fundamental de um Estado Democrático de Direito, que é a concorrência de princípios, uma vez que todos os princípios são de igual importância para a autoidentificação da sociedade. Sociedade esta plural e diversificada culturalmente.

Isso porque, a concorrência de diversos princípios, seja no âmbito judicial seja no âmbito da realização de políticas públicas, considerando-se as características da sociedade brasileira, pode ser essencial para a realização da tarefa fundamental de um Estado democrático de Direito, a qual, segundo José Afonso da Silva (1988, pág. 24), é a de "superar as desigualdades regionais e instaurar um regime democrático que realize a justiça social."

A escolha do Estado Democrático de Direito como paradigma busca não só a viabilização da participação da sociedade no Governo, mas também a redução de desigualdades, em busca da concretização da igualdade que se pretende em um Estado Democrático.

## 3. FEDERALISMO

Segundo Bernardo Gonçalves Fernandes (2017, pág. 302), o federalismo (princípio federativo) é a forma de definição do Estado, que se caracteriza pela união indissolúvel dos entes políticos autônomos, com o escopo de criar-se e manter-se um Estado Federal. Tal disposição do Estado é prevista no artigo 1º da Constituição da República e confirmada pelo artigo 18, que dispõe sobre a organização político-administrativa do Estado.

Pela escolha do federalismo como forma de organização territorial do Estado, verifica-se uma descentralização política em que se retiram competências de um centro para transferi-las para novos centros, com autonomia, capacidade e competências concedidas pela Constituição (FERNANDES, 2017, pág. 302).

Nesse sentido, a lógica do federalismo é a organização descentralizada do poder estatal em entes autônomos, os quais, em conjunto, formam o Estado soberano. Ainda, a respeito da forma de repartição de poder, atribui-se autonomia aos Estados em favor da manutenção unidade da federação. Assim, a governança federativa se caracteriza pela busca por equilibrar tais autonomias e equalizar o desenvolvimento em toda a federação (PIRES, 2013, pág. 166).

Segundo Marli Coeli Simões Pires (2013, pág. 170), a descentralização no Brasil pode ser vista como "mecanismo democrático de acoplamento da esfera pública governamental com outros núcleos de poder". Nesse sentido, tal característica, além das demais concepções sobre a descentralização no federalismo brasileiro, serviu como reação ao regime autoritário em que o país se encontrava antes da promulgação da Constituição de 1988, buscando fortalecer o movimento de redemocratização.

O desenho do federalismo brasileiro (União, Estados, Distrito Federal, Municípios) é feito com o objetivo de estabelecer meios de participação e integração dos cidadãos na política. Busca-se tal integração, portanto, com o objetivo de atribuir legitimidade às decisões políticas (PIRES, 2013, pág. 171). Nota-se, neste ponto, manifesta relação entre o Federalismo, na forma que fora idealizado, e Democracia.

Segundo Raul Machado Horta (1999, pág. 14), seguindo-se as regras do federalismo a partir do modelo norte-americano, encontram-se características que definem o que é o Estado Federal, tais como a indissolubilidade do vínculo federativo, a soberania da União, autonomia dos estados, repartição de competências, existência de um Supremo Tribunal como órgão que tem como função resolver conflitos relativos à Constituição, dentre outras diversas características, notadamente a "composição plural dos entes constitutivos." A importância de se fixarem tais características é devida ao fato de que, ao serem constatadas, possibilitam encontrar as tendências e rumos do federalismo.

De acordo o que apresenta Raul Machado Horta (1999, pág. 15), uma tendência do federalismo, como se visualiza hoje, que é a repartição de competências, representa uma característica central do poder federal. Analisando-se a Constituição da República de 1988, verifica-se quanto à repartição de competências, a competência comum, em caráter cooperativo entre a União, os Estados e o Distrito Federal e os Municípios, e a competência concorrente legislativa, da União e dos Estados e do Distrito Federal.

Considerando-se que os entes estaduais são plurais, o que se verifica pelas diferenças significativas em termos financeiros, ambientais, culturais e relativos à capacidade tributária de cada Estado, pode-se encontrar nessa pluralidade uma dificuldade de um desenvolvimento nacional da federação como um todo.

O federalismo de cooperação, que se apresenta como política de desenvolvimento nacional e regional, é visualizado pela análise dos artigos 21, inciso IX e 23, da Constituição, que prevê a competência da União para elaborar e executar planos nacionais e regionais de desenvolvimento econômico e social, além de estabelecer as competências comuns.[2]

Segundo Gilberto Bercovici (2002, pág. 16-17), a ideia do federalismo de cooperação é a de que os entes (qualquer deles) exerçam sua competência conjuntamente com os demais e não isoladamente. Isso deve se dar na medida em que há interdependência em inúmeras matérias e programa de interesse comum, o que viabiliza a existência de um mecanismo unitário de decisão, do qual participam todos os integrantes da Federação, em prol do interesse comum.

Dessa forma, segundo Cibele Franzese (2010, pág. 68), é interessante que as instituições presentes em um federalismo de cooperação incentivem a colaboração, divisão de poderes e execução conjunta de tarefas com relação aos entes, em detrimento da competitividade entre os entes, notadamente.

Apesar de tal busca ser idealizada e não ocorrer exatamente nos moldes fraternos que foram propostos, não há como negar que o federalismo de cooperação carrega a essência de um Estado Democrático de Direito. Isso porque verificamos que dentre os ideais de um Estado Democrático encontramos a busca pelo respeito ao princípio da igualdade, assim como a busca pela realização de justiça social.

Esta a ideia central do federalismo cooperação, que busca por redução de igualdades e equalização regional e nacional. Com isso, nessa relação entre Federalismo e Estado Democrático de Direito, ao verificarmos a teoria do federalismo de cooperação abraçada pela Constituição de 1988, podemos constatar que os ideais democráticos estão inseridos na noção da teoria federativa adotada.

---

[2] Art. 21. Compete à União: IX – elaborar e executar planos nacionais e regionais de ordenação do território e de desenvolvimento econômico e social;

## 4. SEGURANÇA JURÍDICA

A ideia de entender-se a segurança jurídica como um conceito relaciona-se a sua articulação e atuação sobre certos contextos, tornando-a compreensível (KOSELLECK, 1992, p. 132). Isso porque, considerando-a um conceito torna-se possível analisar algumas concepções que analisam o que a essência da segurança jurídica representa ou o que o conceito representa em diferentes contextos sobre os quais atua.

Diante disso, muitas concepções de segurança jurídica, que são inclusive pacíficas na doutrina, entendem-na como princípio que garante aos cidadãos certeza, previsibilidade e estabilidade do direito.

Entretanto, considerando-se a importância que o conceito de segurança jurídica traz nos diversos contextos que atua, devemos entendê-lo como princípio que garante não só a previsibilidade e a estabilidade do direito, mas também como princípio que traz aos cidadãos diversas outras garantias, uma vez que dever ser a segurança jurídica o mecanismo responsável pela garantia da participação política dos cidadãos frente a ataques ideológicos; da livre manifestação de pensamento; da autonomia das universidades, de modo que o conceito de segurança jurídica represente, também, a possibilidade de confiança dos cidadãos no governo, no Estado e em todo o sistema político.

O objetivo de analisar tais concepções é de chegar a uma concepção de segurança jurídica que represente garantias outras que não apenas a estabilidade e a previsibilidade do direito.

### 4.1. CONCEPÇÕES: SEGURANÇA JURÍDICA NÃO SÓ COMO PREVISIBILIDADE E ESTABILIDADE DO DIREITO

No plano da segurança no direito, segundo a concepção de segurança jurídica para José Afonso da Silva (2005, p. 16), existem de dois tipos de segurança: a segurança do direito e a própria segurança jurídica, que são conceitos que possuem significados diversos. A segurança do direito é o que exige a positividade do direito, enquanto a segurança jurídica representa a garantia que decorre da positividade do direito (SILVA, 2005, p. 17).

A segurança jurídica, utilizando a Constituição da República como vetor interpretativo deste conceito, pode ser entendida em sentido amplo e em sentido restrito. Em sentido amplo, compreende-se a segurança jurídica no sentido de garantia, de proteção, além de relacionar-se à noção de estabilidade "de situação ou pessoa" (SILVA, 2005, p. 17).

Por outro lado, segundo José Afonso da Silva (2005, p. 17), a segurança jurídica em sentido estrito é entendida como a garantia de estabilidade e de certeza dos negócios jurídicos, caracterizada pela possibilidade de saber-se, de antemão, que uma vez envolvido em determinada relação jurídica, esta relação continuará estável, independentemente de eventual mudança da ordem jurídica que reja a relação.

Aprofundando, conforme ensina José Afonso da Silva (2005, p. 17), a segurança jurídica é reconhecida na Constituição da República Federativa do Brasil em quatro tipos.

O primeiro refere-se à segurança como garantia, que representa o conjunto de garantias previstas no artigo 5º, da CRFB/88, que visa assegurar o exercício de direitos individuais fundamentais (SILVA, 2005, p. 17-18).

Também, há a segurança como proteção dos direitos subjetivos, essencialmente em face das mutações do direito positivado e com o objetivo de fornecer a necessária estabilidade dos direitos adquiridos (SILVA, 2005, p. 19).

Sob outra perspectiva, José Afonso da Silva (2005, p. 23) apresenta como tipo de segurança jurídica a segurança como espécie de direito social, prevista no artigo 6º, da CRFB/88, de modo que a segurança nesse aspecto "social" representa a garantia a condições sociais e de vida dignas a indivíduos e famílias.

Por fim, apresenta a caracterização da segurança por meio do direito, representada pelas condições básicas de defesa do Estado e a segurança das pessoas, relacionada à garantia da ordem pública contra o crime, por exemplo (SILVA, 2005, p. 24).

Sob outro viés, Clèmerson Merlin Clève e Bruno Meneses Lorenzetto (2015, p. 141) consideram a segurança jurídica como direito fundamental e uma das razões de ser do Estado.

Segundo os autores, o princípio da segurança jurídica exige um conjunto normativo que possa solucionar controvérsias, de modo que, em uma dimensão objetiva, representa limitação à retroatividade em atendimento ao disposto no artigo 5º, inciso XXXVI, da Constituição da República e, em dimensão subjetiva relaciona-se à proteção e a confiança das pessoas em relação à atuação estatal, qualificando a segurança jurídica, inclusive, como um mecanismo de controle da atuação do Poder Público (CLÈVE; LORENZETTO, 2015, p. 141-142).

Ainda, verifica-se que a segurança jurídica busca garantir o cumprimento de direitos positivados, inclusive pela via judicial, conforme prevê o artigo 5º, inciso XXXV, da Constituição da República Federativa do Brasil. Nesse sentido, segundo José Rodrigo Rodriguez (2005, p. 131), a segurança deve ser analisada e entendida sob a perspectiva da legitimidade da construção argumentativa quando proferir-se decisão judicial.

Uma vez que do ponto de vista da jurisdição, apesar de não poder exigir-se que a um mesmo texto normativo fechado seja dada a mesma interpretação pelos julgadores, deve-se esperar que a construção argumentativa da decisão possa legitimá-la, de modo que não fuja dos padrões esperados de decisão (RODRIGUEZ, 2005, p. 135; 145).

Para José Rodrigo Rodriguez, portanto, o conceito de segurança jurídica relaciona-se à garantia de legitimidade das decisões judiciais, o que é feito por meio de uma construção argumentativa, a qual é exigida pela segurança jurídica.

José Joaquim Gomes Canotilho (1993, p. 371-372), por sua vez, compreende o princípio da segurança jurídica como subprincípio do Estado de Direito, analisando-o em conjunto com o princípio da confiança, outro elemento constitutivo Estado de Direito, os quais se vinculam à proibição de leis retroativas, inalterabilidade da coisa julgada ("caso julgado") e a "irrevogabilidade" de atos administrativos constitutivos de direito.

Verifica-se, que por mais que seja amplo o sentido que pode ter a segurança jurídica, pode-se trabalhar com a ideia de que a segurança é essencial ao Estado Democrático de Direito, para além do foco na previsibilidade e estabilidade do direito.

Isso porque, podemos entender que o conceito de segurança jurídica busca abranger a proteção e a confiança dos indivíduos não só com relação ao Estado, ou entre as pessoas e suas relações jurídicas, mas como pano de fundo que garante aos cidadãos que seus direitos políticos, que são os direitos essenciais para realização de uma Democracia, serão respeitados, além de ser a segurança jurídica o princípio que possibilita a confiança do cidadão nos governantes, bem como no sistema político.

Além disso, pode-se dizer que é a segurança jurídica o princípio que garante o respeito aos princípios da igualdade, da legalidade, da privacidade, igualmente essenciais no paradigma de Estado Democrático de Direito, adotado pela Constituição de 1988.

## 4.2. SEGURANÇA JURÍDICA E ESTADO DEMOCRÁTICO DE DIREITO

Para complementar a noção de Estado Democrático de Direito apresentada, é interessante analisar a perspectiva de que, de acordo com Leonardo Militão Abrantes (2009, pág. 42), o ideal de "Estado Democrático" foi resultado do ponto convergente de três Revoluções[3], ponto este que seria a busca pelo estabelecimento de controle do Poder Político, através da liberdade dos cidadãos.

---

**3** Revoluções Inglesas de 1642 a 1649 e Revolução de 1688, que culminou no *Bill of Rights*; Revolução Americana de 1776 e Revolução Francesa de 1789

Estado de Direito, por outro lado, seria uma característica institucional que demonstra a confiança dos indivíduos nos governantes, como protetores das garantias constitucionais e defensores dos direitos e liberdades fundamentais (MILITÃO, 2009, pág. 44).

Pode-se considerar que o Estado Democrático de Direito, sob esta perspectiva, tem duas grandes intenções. A primeira, relativa ao ideal de "Estado Democrático", refere-se à busca por controle do Poder Político; a segunda, relativa à ideia de "Estado de Direito", relaciona-se à confiança relativa à proteção de direitos e liberdades fundamentais.

Nesse aspecto, é a segurança jurídica que funcionará como forma de garantir o controle do Poder Político pelos cidadãos, que o exercerão por meio dos direitos políticos, além de funcionar como princípio que obriga o respeito às liberdades e aos direitos fundamentais.

É pela essência do que a segurança jurídica busca garantir que se estabelecem cláusulas pétreas, além de ser a segurança jurídica a razão de ser dos princípios da legalidade, da anterioridade da lei penal, da irretroatividade da lei e demais princípios que buscam trazer segurança ao povo.

Nessa linha, a segurança jurídica tem uma função essencial que é a de garantir que se respeitem os ideais do Estado Democrático e de Estado de Direito.

Por isso, segundo Ingo Sarlet (2005, pág. 114), torna-se importante reconhecer a eficácia e a efetividade da segurança jurídica, o que se representa pela possibilidade de confiar-se na eficácia e efetividade dos direitos que são assegurados pela ordem jurídica, caracterizando um direito à segurança, atribuindo-lhe um *status* de direito constitucional.

Isso porque o que se busca com a atribuição de *status* constitucional à segurança jurídica é a concretização, portanto, do que se espera de um Estado de Direito, que deve ser um Estado de segurança jurídica.

Mesmo não havendo previsão expressa da garantia da "segurança jurídica", pode-se inferir que a segurança jurídica tem proteção constitucional e deve ser considerada como princípio fundamental do Estado de Direito (SARLET, 2005, pág. 90).

Diante disso, a segurança jurídica é de importância fundamental na construção e desenvolvimento do Estado Democrático de Direito, na medida em que representa o meio de garantir que os ideais do Estado Democrático de Direito sejam respeitados.

## 5. "FEDERALISM ALL THE WAY DOWN" COMO APRIMORAMENTO DA DEMOCRACIA

A Constituição da República apresenta uma proposta de federalismo por meio da qual a organização político-administrativa do Brasil compreende a União, os Estados, o Distrito Federal e os Municípios, que são entes que gozam de autonomia, conforme previsto no artigo 18, da CRFB.

Dessa forma, pela relação entre federalismo e democracia, verifica-se serem realizadas eleições para cada um dos entes políticos (Município, Estados, Distrito Federal e União), o que possibilita ao eleitor, considerando-se as eleições gerais, votar no partido X, para eleições estaduais do Executivo e no partido Y para o Executivo nacional, mesmo que os partidos tenham ideologias divergentes.

Com relação ao âmbito municipal, por exemplo, as eleições legislativas podem representar uma maior possibilidade de aproximação, por questões geográficas, por exemplo, entre candidatos e eleitores, sem que tal aproximação signifique uma regra absoluta.

Observa-se em tal aproximação uma certa relação entre Federalismo e Democracia, de modo que aquele pode possibilitar uma melhor visualização desta, como no citado caso dos municípios, no sentido de garantir ao cidadão maior proximidade com os candidatos, em termos de *accountability* e de representatividade, notadamente, essenciais em uma Democracia.

Nesse sentido, buscando aprofundar a relação do federalismo com a democracia, Heather Gerken apresenta interessante visão acerca do que um *"federalism all the way down"* possibilitaria em termos de representatividade de minorias e exercício da democracia.

Segundo Heather Gerken (2010, pág. 46-47), a proposta do federalismo "até o final" possibilitaria que instituições de finalidade específica, tais como júris, conselhos escolares e conselhos locais, fossem "governadas" por minorias, o que lhes possibilitaria uma ferramenta de combate a discriminações, além de promover a democracia.

Com isso, de acordo com a proposta de Heather Gerken (2010, pág. 50), ao possibilitar que minorias raciais, por exemplo, pudessem conquistar posições decisórias em instituições locais, haveria um processo de empoderamento de minorias. Tal empoderamento deve ter valor essencial em uma democracia, considerando-se que apenas quando minorias tem força, elas podem ter voz.

O que não podemos esquecer é que, a democracia não trata somente da utilização de "regras de maioria", mas também são necessárias regras que permitam que minorias participem de decisões políticas (MILITÃO, 2009, pág. 60).

Nesse sentido, Leonardo Militão Abrantes (2009, pág. 60-61) defende que ser democrático significa permitir o diálogo entre variadas ideologias, permitindo-lhes a demonstração de seus argumentos. Isso demonstra que a democracia se faz presente quando diversas tendências têm voz no debate.

Dessa forma, a defesa de Gerken por um federalismo "até o final" representa a defesa da democracia, pois pretende dar voz a minorias, pois sabe-se que minorias "estão presentes em todos os lugares, mas nunca governam[4]" (GERKEN, 2010, pág. 45).

O federalismo "até o final" propõe que instituições locais específicas possibilitem "governos" de minorias e, consequentemente, fontes de diálogo, divergência e resistência como defendido por Heather Gerken (2010, pág. 28), o que representa a essência do que busca a Democracia, permitindo que minorias tenham voz e possam participar do governo e das decisões políticas.

Nota-se que quanto mais a fundo for levado o federalismo, não parando apenas nos âmbitos municipais, mas expandindo-o para instituições locais, de bairro e de regiões, por exemplo, pode-se possibilitar não só que o cidadão tenha mais contato com poderes decisórios, como também pode possibilitar que minorias tenham participação e voz efetiva em processos de tomada de decisão.

Ao federalismo "descer" até instituições locais com finalidades especiais, por exemplo, pode-se dizer estar satisfeita a lógica de cooperação mútua, que é a própria razão de ser do federalismo (MEYER; BUSTAMANTE; BATISTA JÚNIOR, 2019, pág. 290).

## 6. SEGURANÇA JURÍDICA E DIREITO POLÍTICO

De acordo com José Jairo Gomes (2016, p. 36), o Direito Político pode ser entendido como o ramo do Direito Público que estuda os princípios e as normas relativas à regulação e ao funcionamento do governo e do Estado, uma vez que regula os direitos políticos.

Já os direitos políticos são as "prerrogativas e os deveres inerentes à cidadania", características estas que englobam o direito de intervir e de participar no governo, da organização e do funcionamento do Estado, de maneira direta ou indireta (GOMES, 2016, p. 37).

Marcelo Neves (2005, p. 8) complementa dizendo que o direito à cidadania, direito político essencial ao funcionamento da Democracia, pode ser considerado um reflexo dos direitos humanos.

---

4 No original: *"Minorities are present everywhere, but they never rule."*

Os direitos humanos referem-se à pluralidade e autonomia de sistemas sociais e discursos e à inclusão de pessoas e grupos. Nesse sentido, por ter pretensão de validade universal, todo homem é portador dos direitos humanos, de modo que os direitos humanos representam, portanto, as "expectativas normativas de inclusão jurídica de toda e qualquer pessoa na sociedade (mundial) e, portanto, de acesso universal ao direito enquanto subsistema social (autônomo)" (NEVES, 2005, p. 8).

Diante da importância que os direitos políticos possuem em um Estado Democrático de Direito, verifica-se que os direitos políticos situam-se dentre os direitos fundamentais, previstos entre os artigos 14 e 17 da Constituição.

Segundo Bernardo Gonçalves Fernandes (2017, p. 321), os direitos fundamentais representam os direitos humanos positivados e protegidos pelo direito constitucional no plano interno do Estado. Diante disso, tal positivação é feita pela Constituição da República para otimizar a proteção de tais direitos (GOMES, 2016, p. 42).

Nessa linha, considerando-se a positivação dos direitos humanos para sua melhor proteção, é o princípio da segurança jurídica que assegura o respeito aos direitos fundamentais, essencialmente os direitos inerentes à cidadania.

Conforme explica Bernardo Gonçalves Fernandes (2017, p. 777), são direitos políticos, segundo estabelecido na Constituição: o direito de sufrágio, a iniciativa popular de lei, a ação popular e o direito de organização e participação de partidos políticos.

O Direito de Sufrágio "diz respeito à possibilidade de escolha de nossos representantes (pelo voto) e à possibilidade de elegibilidade dos nossos representantes (direito de ser votado)" (FERNANDES, 2017, p. 778).

Ainda, verifica-se a possibilidade de participação popular pelo voto por meio do plebiscito, que se trata de uma consulta prévia acerca de determinada matéria, e do referendo, que é uma consulta posterior à elaboração de lei ou ato normativo para ratificação ou não do ato pelo povo (FERNANDES, 2017, p. 778).

Por outro lado, a iniciativa popular de lei, segundo Bernardo Gonçalves Fernandes (2017, p. 779), é a "possibilidade de o povo apresentar projeto de lei para deflagrar o processo legislativo".

Nota-se, portanto, que são diversos os meios de que dispõem os cidadãos para participação no governo e intervenção no funcionamento do Estado, meios estes representados pelos direitos políticos previstos principalmente no *caput* e nos incisos I a III do artigo 14, da Constituição de 1988.

Nesse sentido, pode-se dizer que a segurança jurídica é o princípio basilar que busca proteger o cidadão, seja no sentido de não ter seus direitos políticos violados, seja no sentido de poder exigir o cumprimento de seus direitos, de acordo com o previsto no artigo 5°, inciso XXXV, da Constituição da República e em respeito ao princípio do Estado Democrático de Direito.

Mais especificamente pelo fato de buscar proteger o cidadão, que é, segundo José Jairo Gomes (2016, p. 39), a "pessoa detentora de direitos políticos" que pode "participar do processo governamental", é estabelecida uma relação entre segurança jurídica e Democracia, considerando-se que não há que se falar em governo do povo sem que os cidadãos possam exercer seus direitos políticos.

É a segurança jurídica que busca assegurar ao cidadão, seja exercendo a capacidade eleitoral ativa ou a capacidade eleitoral passiva, que serão respeitados os princípios que regem o pleito eleitoral, notadamente a isonomia, a soberania popular e o sufrágio universal.

No mesmo sentido, com relação aos sistemas eleitorais e o funcionamento do processo eleitoral, é a segurança jurídica que busca garantir, não só ao eleitor, como também ao candidato ao cargo, que o sistema é idôneo, transparente e confiável.

Com isso, pode-se assegurar que também é a segurança jurídica que possibilita ao eleitor confiar no sistema. Tal confiança é de alta importância, considerando-se que o eleitor não possua conhecimento técnico aprofundado acerca de como seu voto para deputado é contabilizado e utilizado na distribuição de cadeiras (NICOLAU, 2017, p. 9).

A importância da segurança jurídica no contexto de atuação do Direito Político refere-se ao fato de ser o princípio que atribui o elemento da confiança no Estado Democrático de Direito.

Assim, percebe-se que é a obediência ao princípio da segurança jurídica que assegura o respeito aos direitos e às garantias fundamentais, e em especial os direitos políticos, que são o meio essencial pelo qual os cidadãos podem intervir e participar no governo e no Estado, que é a lógica da Democracia (GOMES 2016, p. 37; FERNANDES, 2017, 298-299).

Dessa forma, a segurança jurídica pode ser entendida como o mecanismo que garante a cidadania. Daí, pelo fato de ser somente pela concretização dos direitos políticos dos cidadãos que se pode falar em respeito ao que representa a Democracia, nesse aspecto, defender a segurança jurídica é a melhor forma de defender os ideais do Estado Democrático de Direito.

## 7. CONCLUSÕES

Pôde ser verificado que os princípios estruturantes da Constituição da República, notadamente o Estado Democrático de Direito e o Federalismo, possuem relação direta entre si, inclusive complementando-se um ao outro.

A ideia da divisão dos entes autônomos proposta pelo Federalismo estabelecido na Constituição busca a aproximação do povo às esferas de Poder, essencialmente pelo fato de os municípios terem sua autonomia para escolherem seus representantes do Poder Legislativo e do Poder Executivo, por meio de eleições livres, democráticas e idôneas, respeitando-se os direitos políticos dos cidadãos inseridos no contexto municipal.

Nota-se nesse ponto a relação entre federalismo e democracia, por meio da qual a divisão dos entes permite que o cidadão exerça sua capacidade eleitoral ativa ou passiva de maneira independente no contexto local, onde se torna mais visível a atuação e o processo político.

Inclusive, pela configuração do nosso federalismo, o processo eleitoral se realiza em todos os entes e sem que haja vinculação obrigatória entre as eleições para o Executivo estadual e o Executivo nacional.

Em nosso contexto estadual recente, relativamente às eleições gerais de 2018, não foi raro de se ver a defesa por um partido de centro-esquerda, para o Poder Executivo Nacional, e a defesa de um partido de centro-direita para o Poder Executivo Estadual. Tal exercício de votar em duas ideologias distintas em níveis federativos diferentes é uma demonstração de respeito ao federalismo, na medida em que não se verifica submissão do ente autônomo ao ente soberano, neste aspecto.

Dessa relação entre federalismo e democracia surge a defesa de Heather Gerken por um federalismo que vá até o final, não "parando" nos municípios. A ideia central é a de que o federalismo até o final poderia permitir que minorias que geralmente estão afastadas dos processos decisórios tenham voz e participação ativa em determinadas instituições locais.

Isso porque, como apresentado, a democracia caracteriza-se não pela simples regra da maioria, de modo que a minoria deveria submeter-se servilmente às vontades da maioria, mas sim pela possibilidade de minorias terem voz ativa e de serem ouvidas, para que, por meio do dissenso, seja possível chegar-se a um consenso.

Como antecipado na introdução, utilizando a segurança jurídica como pano de fundo para a presente pesquisa, a concepção de segurança jurídica que fica marcada neste trabalho relaciona-se à essência do que tal conceito busca representar, não ficando limitada apenas à previsibilidade e estabilidade do direito. Daí decorre a ideia que se buscou apresentar, que se refere à segurança jurídica funcionando como mecanismo de defesa do Estado Democrático de direito.

Por ser o princípio que garante o respeito aos princípios estruturantes da Constituição de 1988, tendo em vista que é a segurança jurídica o princípio que assegura o respeito às cláusulas pétreas, princípios e direitos fundamentais, encontra-se a relação entre segurança jurídica e Federalismo.

A atuação do conceito de segurança jurídica relaciona-se aos variados contextos em que atua, porém o foco do presente trabalho foi no âmbito do Direito Político, relacionando-se ao Estado Democrático de Direito e ao Federalismo e somente por conta da atuação da segurança jurídica como forma de garantia e respeito aos direitos políticos dos cidadãos, nos contextos analisados, pode-se falar em respeito à Democracia, o que significa, portanto, respeito ao Estado Democrático de Direito.

## REFERÊNCIAS BIBLIOGRÁFICAS

BERCOVICI, G. A descentralização de políticas sociais e o federalismo cooperativo brasileiro. *Revista De Direito Sanitário*, 3(1), 13-28, 2002. Disponível em: https://doi.org/10.11606/issn.2316-9044.v3i1p13-28. Acesso em: 12 out. 2019.

BRASIL. *Constituição da República Federativa do Brasil de 1988*. Disponível em: http://www.planalto.gov.br/ccivil_03/constituicao/constituicaocompilado.htm. Acesso em: 12 out. 2019.

CANOTILHO, José Joaquim Gomes. *Direito Constitucional*, 6ª edição revista. Coimbra: Almedina, 1993.

CLÈVE, Clèmerson Merlin; LORENZETTO, Bruno Meneses. Mutação constitucional e segurança jurídica: entre mudança e permanência. *Revista de Estudos Constitucionais, Hermenêutica e Teoria do Direito (RECHTD)*, 7(2): 126-146. 2015.

FERNANDES, Bernardo Gonçalves. *Curso de Direito Constitucional*. 9ª ed. rev. ampl. e atual. Salvador: JusPODIVM, 2017.

FRANZESE, Cibele. *Federalismo cooperativo no Brasil*: da Constituição de 1988 aos sistemas de políticas públicas. 2010. Tese (Doutorado em Direito). Fundação Getúlio Vargas – Escola de Administração de Empresas de São Paulo, São Paulo, 2010. Disponível em: https://bibliotecadigital.fgv.br/dspace/bitstream/handle/10438/8219/72060100752.pdf?sequence=1&isAllowed=y.

GALUPPO, Marcelo Campos. Os princípios jurídicos no Estado Democrático de Direito: ensaio sobre o modo de sua aplicação. *Revista de Informação Legislativa*, Brasília, v. 36, n. 143, p. 191-209, 1999.

GERKEN, Heather. The Supreme Court 2009 Term Foreword: Federalism All The Way Down. *Harvard Law Review*, v. 124, n. 4, 2010, p. 4-74.

GOMES, José Jairo. *Direito Eleitoral*. 12ª edição. São Paulo: Atlas, 2016.

HORTA, Raul Machado. As novas tendências do federalismo e seus reflexos na Constituição brasileira de 1988. *REVISTA DO LEGISLATIVO*. Belo Horizonte: Assembléia Legislativa do Estado de Minas Gerais, n. 25, 14-25, jan./mar. 1999.

――――. O Federalismo no Direito Constitucional Contemporâneo. *Revista do Tribunal de Contas de Minas Gerais*. n. 4, ano XIX. 2001.

KOSELLECK, Reinhart. Uma história dos conceitos: problemas teóricos e práticos. *Estudos Históricos*. Trad. Manoel Luís Salgado Guimarães, Rio de Janeiro, v. 5, n. 10, 1992, p. 134-146.

MEYER, Emílio Peluso Neder; BATISTA JUNIOR, Onofre Alves; BUSTAMANTE, Thomas da Rosa de. Autonomia universitária, democracia e federalismo. *Revista Culturas Jurídicas*, v. 6, p. 1-28, 2019.

MILITÃO, Leonardo. *A cura pela cidadania*. A influência da democracia na efetivação da saúde pública, através da participação popular na elaboração de políticas públicas. 1. ed. Belo Horizonte: Editora Atualizar, 2009.

NEVES, Marcelo. A força simbólica dos direitos humanos. *Revista Brasileira de Direito Público*, a. 1, n. 3, out./dez. 2003.

NICOLAU, Jairo. *Representantes de quem?* Os (des)caminhos do seu voto da urna à Câmara dos Deputados. Rio de Janeiro: Zahar, 2017.

―――. *Sistemas eleitorais*. 5 ed. rev. e atual. Rio de Janeiro: Editora FGV, 2004.

PIOVESAN, Flávia; IKAWA, Daniela. Segurança Jurídica e Direitos Humanos: o Direito à Segurança de Direitos. in: ROCHA, Carmen Lucia Antunes (org). *Constituição e segurança jurídica*: direito adquirido, ato jurídico perfeito e coisa julgada. Estudos em homenagem a José Paulo Sepúlveda Pertence. 2 ed., rev. e ampl. Belo Horizonte: Fórum, 2005.

PIRES, Maria Coeli Simões. Federalismo Brasileiro: A Emergência de Um Redesenho Institucional. *Revista Brasileira de Estudos Políticos*, v. 106, p. 163-189, 2013.

RODRIGUEZ, José Rodrigo. Por um Novo Conceito de Segurança Jurídica: Racionalidade Jurisdicional e Estratégias Legislativa. in: ROCHA, Carmen Lucia Antunes (org). *Constituição e segurança jurídica*: direito adquirido, ato jurídico perfeito e coisa julgada. Estudos em homenagem a José Paulo Sepúlveda Pertence. 2 ed., rev. e ampl. Belo Horizonte: Fórum, 2005.

SANTANO, Ana Cláudia. Entre a (In)Segurança Jurídica, os Direitos Fundamentais Políticos e o Ativismo Judicial: as Deficiências da Justiça Eleitoral e Seus Efeitos sobre a Democracia Brasileira. *Revista Direito Público* – Democracia, Justiça Social e Direitos Fundamentais – RDU, Porto Alegre, Volume 12, n. 66, 2015, 32-53, nov-dez 2015,

SARLET, Ingo Wolfgang. A Eficácia do Direito Fundamental à Segurança Jurídica: dignidade da pessoa humana, direitos fundamentais e proibição de retrocesso social no direito constitucional brasileiro. in: ROCHA, Carmen Lucia Antunes (org). *Constituição e segurança jurídica*: direito adquirido, ato jurídico perfeito e coisa julgada. Estudos em homenagem a José Paulo Sepúlveda Pertence. 2 ed., rev. e ampl. Belo Horizonte: Fórum, 2005.

SILVA, José Afonso da. Constituição e segurança jurídica. in: ROCHA, Carmen Lucia Antunes (org). *Constituição e segurança jurídica*: direito adquirido, ato jurídico perfeito e coisa julgada. Estudos em homenagem a José Paulo Sepúlveda Pertence. 2 ed., rev. e ampl. Belo Horizonte: Fórum, 2005.

―――. O estado democrático de direito. *Revista de Direito Administrativo*, Rio de Janeiro, v. 173, p. 15-24, jul. 1988. ISSN 2238-5177. Disponível em: http://bibliotecadigital.fgv.br/ojs/index.php/rda/article/view/45920, Acesso em: 10 Out. 2019. doi:http://dx.doi.org/10.12660/rda.v173.1988.45920.

# O POPULISMO ANTILIBERAL E O FEDERALISMO NACIONALISTA

MIGUEL ANDRADE FERREIRA[1]

## 1. INTRODUÇÃO

Ao analisarmos alguns dos governos do ocidente, tanto na Europa quanto nas Américas, chama a atenção o crescimento da popularidade de líderes políticos marcados por um populismo antiliberal e, não raro, autoritário. Tal ascensão não demorou a ser classificada como o declínio da democracia liberal, que vigorava de forma inconteste na maior parte do ocidente desde o pós-guerra até o início do século XX. (LEVITSKY e ZIBLATT, 2018)

Dentre os problemas decorrentes do populismo iliberal ressalta-se a construção de uma contraposição entre os "cidadãos legítimos", cuja representação exclusiva é pleiteada pelo governante, e os demais grupos que por este são atacados, como imigrantes, minorias religiosas, integrantes dos partidos e dos movimentos de oposição, membros do *establishment*, grupos identitários, dentre outros[2]. Por consequência, processos políticos construídos em torno dessa retórica de "nós" (o povo legítimo) *versus* "eles" (os responsáveis pelos problemas da nação) carecem do reconhecimento da legitimidade do segundo grupo, posto que esta lhes é negada pelo primeiro, o que prejudica qualquer pretensão de se instituir um diálogo democrático.

Como exemplo de representantes desse movimento populista antiliberal podemos citar, na Europa, os políticos Viktor Orbán, Matteo Salvini, Boris Johnson e Marine Le Pen e, na América do Sul e do Norte, Jair Bolsonaro e Donald Trump, respectivamente. Portanto, apesar de suas diferenças, todos estes líderes políticos têm em comum um discurso de

---

[1] Advogado. Mestrando em Direito e Justiça pela UFMG. Pós-graduado em Direito Público pela PUC Minas.

[2] O grupo contra o qual o governante direciona suas críticas varia conforme cada país. Portanto, enquanto na Europa e Estados Unidos os ataques são direcionados à imigrantes, refugiados e minorias religiosas (em especial a islâmica) no Brasil há uma perseguição de partidos políticos e grupos identitários / culturais.

negação e não reconhecimento daqueles que "não compõem o povo" e, consequentemente, a redução de seus direitos liberais[3].

Em decorrência dessa oposição antidemocrática sustentada pelos chefes do executivo federal supracitados[4], há a polarização do sistema político, bem como uma incapacidade de estabelecer um diálogo marcado por concessões recíprocas, algo precípuo a qualquer sistema democrático liberal.

Diante desse cenário, o presente trabalho se propõe a relatar, com base principalmente na análise de Yascha Mounk e Manuel Castells, a suposta crise da democracia liberal e de suas respectivas instituições, seguida pela ascensão de governantes populistas de vieses antiliberais. Como resposta a esse cenário, sugere-se, como estrutura governamental propícia a restaurar o enfraquecido liame entre democracia e liberalismo, a teoria sustentada pela escola nacional do federalismo, em especial pelas autoras Heather K. Gerken e Cristina M. Rodriguez.

## 2. A RUPTURA NA DEMOCRACIA LIBERAL

Manuel Castells, em seu livro Ruptura, analisa como o sistema democrático liberal, construído ao longo dos dois últimos séculos, tem gradualmente caminhado em direção a sua falência ou, ao menos, a falência de suas instituições tradicionais. O autor relata que vários governos democráticos, a partir da década de 1980, não foram capazes de propiciar uma melhora de fato na vida de parcelas expressivas da sua população, pelo contrário, tais parcelas tiveram um declínio de seus respectivos padrões de vida, ao mesmo tempo em que viram a desigualdade em seus países aumentar.

Nesse sentido, o sistema democrático liberal entra em crise quando, mesmo após sucessivas eleições, uma parte significativa da população não percebe uma melhora em suas vidas, a despeito do político eleito. Em face de tal situação, propagou-se uma descrença no sistema político representativo tradicional que não mais era visto como instrumento de mudança, mas sim de perpetuação do *status quo* de uma oligarquia que compete entre si.

---

**3** No presente artigo a expressão "direitos liberais" é utilizada para descrever uma gama de direitos básicos como liberdade de expressão e direitos individuais. Ademais, também se compreende dentro de liberalismo o comprometimento com a separação dos poderes.

**4** Dos políticos acima citados, somente Marine le Pen e Matteo Salvini não chegaram ao cargo máximo do executivo, sendo que no caso do último foi necessária uma coalizão de partidos italianos a muito tempo rivais para impedir sua eleição.

O autor descreve da seguinte forma a derrocada das instituições representativas e a consequente crise de legitimidade política:

> Não se pode afirmar que ela (a democracia) é representativa, a menos que os cidadãos pensem que estão sendo representados. Porque a força e a estabilidade das instituições dependem da sua vigência na mente das pessoas. Se for rompido o vínculo subjetivo entre o que os cidadãos pensam e querem e as ações daqueles a quem elegemos e pagamos, produz-se o que denominamos crise de legitimidade política. (CASTELLS, 2018, p. 12)

Por sua vez, Yascha Mounk vai além da relação político-eleitor para uma análise que de início argui que a durabilidade da democracia liberal é antes uma suposição do que um fato. Nesse sentido, o autor ressalta que o triunfo desta forma de governo se deu pela ausência de alternativas consistentes e não por suas qualidades intrínsecas, posto que o comunismo, a teocracia islâmica o capitalismo de estado, dentre outros, não se mostravam como opções viáveis aos governos ocidentais.

Ademais, a relação entre democracia e liberalismo não tende a ser tão amalgâmica como podemos ser levados a crer, uma vez que de um lado existe a possibilidade da ditadura da maioria e, de outro, o esvaziamento do processo democrático a despeito da preservação dos direitos.

## 2.1. LIBERALISMO SEM DEMOCRACIA

A ocorrência de eleições regulares e periódicas não tem como contrapartida necessária a tradução das vontades populares no processo político, uma vez que o processo eleitoral tanto pode ter sido corrompido por elites políticas e econômicas, como diversas outras instituições podem ter minado a capacidade dos políticos de, efetivamente, fazer política. Ainda que o aumento da percepção popular de que os cargos eleitorais são cooptados por uma classe política financiada por uma elite econômica resulte na crise de legitimidade, já descrita acima nas palavras de Manuel Castells, o crescente papel do mercado globalizado também retira dos políticos boa parte de sua autonomia, posto que sujeita esses aos seus ditames e, principalmente, a suas crises.

Castells aponta que dentre as consequências da crise da legitimidade representativa, aliadas ao crescimento do papel do mercado, há a tendência da população em se refugiar em identidades particulares que são menos propensas a serem dissolvidas por fluxos de globalização. Portanto, em detrimento de uma identidade política em comum, o foco é transmitido para identidades culturais diversas, dotados de sentidos extrapolíticos, que posteriormente são exploradas pelos líderes populistas quando da instituição do discurso "nós" *versus* "eles" (CASTELLS, 2018).

Por sua vez, Yascha Mounk, em seu livro "O povo contra a democracia", ressalta que uma ideia simples de democracia, sem maior aprofundamento, tende a agradar a todos. Conforme o autor:

> A democracia liberal agrada a gregos e troianos: para as massas, é a promessa de deixar que deem as cartas; para as minorias, de proteger seus direitos contra uma maioria opressiva; e para as elites econômicas, de que poderão conservar sua riqueza. Essa qualidade camaleônica ajudou a dar à democracia liberal uma estabilidade inigualável. (MOUNK, 2019, p.69)

Mas a forma como a democracia é descrita não necessariamente traduz a sua realidade, posto que, na prática, é marcada por conflitos de interesses e disputas de poder. Em especial, ressalta-se novamente que o sentimento das massas de que sua voz é de fato traduzida no fazer político de seu país caiu paulatinamente em descrédito o que levou, por sua vez, a ascensão dos líderes populistas como será demonstrado adiante.

A pesquisa How's life promovida com a OCDE em 2017 chegou à conclusão semelhante ao constatar que somente 38% das pessoas em países membros da OCDE confiam em seu governo, 4 pontos percentuais a menos do que 2005-2007. A pesquisa também relata que a erosão da confiança das pessoas nas instituições públicas é um fenômeno que vem ocorrendo a mais tempo, o que sugere um enfraquecimento do contrato social firmado entre a população e seus governantes (OCDE, 2017).

Se de um lado há o distanciamento dos políticos do povo que os elegeu para representa-los de outro há uma maior filiação daqueles a uma elite econômica. Todavia, é possível atribuir outras causas para o esvaziamento do sentimento democrático observado nos últimos anos, pois também corroborou para tanto o "papel crescente dos tribunais, agências burocráticas, bancos centrais e instituições supranacionais" (MOUNK, 2019).

Por conseguinte, o século XX e, principalmente, o século XXI são marcados por um ativismo judicial exacerbado, que toma forma na maioria das vezes pelo controle de constitucionalidade realizado pelas cortes supremas de cada país. Portanto, ainda que as cortes constitucionais tenham um importante papel contra majoritário e, não raro, realizem importantes atuações em momentos de crise política e institucional, não deixa de ser verdade que o ativismo judicial retira da deliberação política democrática diversos assuntos altamente controversos na sociedade.

Não se pretende adentrar aqui nos benefícios e malefícios dos controles de constitucionalidade realizados na contemporaneidade, todavia, sua importância para o presente artigo diz respeito a como o ativismo judicial enfraquece o processo democrático. Nesse sentido, Tocqueville ressalta que "dificilmente alguma questão política que se levanta nos Estados Unidos, cedo ou tarde, não se transforma em uma questão judicial"[5] (1835, p.280 *apud* HART 1976, p. 124), enquanto Hart sinaliza a carência democrática das decisões judiciais ao comentar a decisão no caso Roe v. Wade:

> Para um inglês a mais chocante decisão moderna é a decisão da Corte (corte suprema americana) de 1973 que de uma só vez sobrepujou uma legislação centenária contra o aborto em vários estados da União num assunto em que muitas das opiniões morais eram contra a reforma. Uma decisão judicial singular foi mais impactante do que os últimos oito grandes debates políticos realizados no parlamento inglês nos últimos 50 anos. [6] (HART, 1976, p.127)

Por outro lado, a deliberação democrática também perdeu espaço em face do aumento da complexidade das relações institucionais na contemporaneidade, que em razão das suas especificidades e tecnicalidades tiveram de ser delegadas de políticos para tecnocratas burocráticos cujo cargo não foi outorgado pelo voto popular. De forma similar, com o fim do Bretton Woods no início da década de 1970, o papel exercido pelos Bancos Centrais cresceu de forma significativa, na medida em que estes passaram a ditar a política monetária do país, sua taxa de juros, câmbio e demais assuntos que antes ficavam a cargos dos políticos eleitos.

Por último, em face da globalização e do aumento das relações entre os países, foi necessário firmar tratados uni ou multilaterais visando uma coordenação de ações, bem como delegar para organizações internacionais a persecução de diversas políticas que visem o bem comum. Assim, por mais que tais medidas sejam necessárias em um mundo altamente integrado, elas retiram do escopo de deliberação dos legisladores nacionais diversos assuntos que antes a estes competiam.

Em maior ou menor grau, a depender do país, o espaço sobre o qual a deliberação democrática poderia influenciar foi significantemente reduzido, a democracia foi "esvaziada". Tal processo, corroborado pela crise de legitimidade política e a desconfiança do povo em seus representantes, constitui, em síntese, os motivos da crise da democracia liberal que afeta diversos países do ocidente.

---

[5] Tradução realizada pelo autor do artigo, no original: "*Scarcely any political question arises in the United States that is not resolved, sooner or later, into a judicial question*".

[6] Tradução realizada pelo autor do artigo, no original: "*To as Englishman the most striking modern instance is the Court's decision in 1973 sweeping away century-old legislation against abortion in many states of the union on an issue where much moral opinion was against reform. It achieved at a single judicial blow more than the last of eight English parliamentary struggles over a period of fifty years*".

Em decorrência desse cenário, há a ascensão dos líderes populistas, que conseguem atrair o sentimento de parcela da população que se sente alijada da vida política, entende que suas opiniões não são consideradas e que o processo decisional está viciado. Ao fazer isso, tais líderes canalizam esse sentimento para sua eleição sob promessas de que os legítimos cidadãos, antes desconsiderados, serão agora representados, mesmo que para tanto alguns direitos liberais, de uma dada parcela da população, tenham que ser colocados de lado.

## 2.2. DEMOCRACIA SEM LIBERALISMO

De início é importante ressaltar que o populismo, mesmo quando de viés antiliberal, possui algo de democrático, que persiste até o momento em que se torna efetivamente uma ditadura da maioria. Por outro lado, também deve-se ter em mente que não raro líderes populistas valem-se justamente desse caráter democrático para outorgarem a si poderes que normalmente chefes do executivo não possuiriam, posto que em sua perspectiva estão cumprindo a vontade popular.

Assim, dentro dessa perspectiva distorcida de representação popular, qualquer partido, instituição, tribunal... que conteste tais governantes estaria se posicionando não só contra ele, mas contra a democracia.

Pois bem, uma vez feita tais ressalvas, cumpre observar a caraterização feita por Yascha Mounk do procedimento adotado pelos governantes populistas antiliberais que têm ganhado popularidade nos últimos anos no ocidente:

> Quando os populistas invocam o povo, estão postulando um grupo interno — unido em torno de etnicidade, religião, classe social ou convicção política compartilhada — contra um grupo externo cujos interesses podem ser justificadamente negligenciados. Em outras palavras, estão demarcando as fronteiras do *demos,* defendendo, de modo implícito, que a consideração política é devida a alguns cidadãos, mas não a outros. (MOUNK, 2019, p. 56)

Infelizmente esse apelo encontra ressonância na parcela da população que, desiludida com a democracia liberal das últimas décadas e guiada pelo sentimento de que os políticos tradicionais não mais são capazes de responder aos seus anseios, acatam discursos políticos mais incisivos, peremptórios e antiliberais. Nesse contexto, partidos ou políticos com posicionamento mais radical, que há poucos anos atrás estavam relegados ao ostracismo ganham visibilidade, compõem bancadas expressivas nos congressos nacionais e, inclusive, elegem chefes do executivo.

Um alerta para esse cenário, até pouco tempo considerado improvável, pode ser encontrado no "Federalist paper N. 10", escrito em 1787 por James Madison, que crítica teóricos que sustentavam que a igualdade de direitos políticos dentro de um processo democrático levaria os cidadãos a uma igualdade de posses, opiniões e paixões (MADISON, 1787). Pelo contrário, a sociedade permanece extremamente plural, com diversidades sociais, econômicas, culturais, dentre outras, que se afloram na carência de uma identidade política em comum e que são convenientemente exploradas pelo populismo.

Tal exploração decorre também da pretensa simplicidade que o discurso populista tenta atribuir aos problemas contra os quais ele se direciona, não raro estabelecendo relações de causa-efeito demasiadamente simplistas, mas ao mesmo tempo de fácil acepção por um eleitorado ansioso por mudanças rápidas e significativas. Portanto, sendo a relação de causa e efeito demasiadamente simples, faz-se necessário buscar um "por quê" da sua não resolução, sendo este o momento que ocorre a atribuição de culpa a determinado grupo (partidos, políticos tradicionais, minorias religiosas, imigrantes etc.), bem como a radicalização do discurso acompanhada de repressão.

Conforme Steven Levitsky e Daniel Ziblatt no livro "Como as democracias morrem", reconhecer o outro como um rival legítimo faz com que as políticas instituídas sejam mais moderadas, enquanto a erosão da tolerância e a classificação da oposição como subversiva, faz com que o partido que se encontre na situação desdobre seus poderes institucionais com intuito de se perpetuar no cargo. Em um processo político marcado pela intolerância e negação da legitimidade dos opositores "perder deixa de ser uma parte rotineira e aceita no processo político, tornando-se, em vez disso, uma catástrofe total" (LEVITSKY e ZIBLATT, 2018).

Portanto, governos de países assim estruturados, que não buscam o consenso por meio do diálogo, tendem a ter vieses autoritários em sua forma de fazer política, não governando mais para toda uma população, mas tão somente para sua parcela de eleitores. Ademais, o lado autocrático desse modelo de governo tende a se exacerbar após a eleição, pois num primeiro momento suas críticas são dirigidas aqueles que não compõe a parte legítima do povo e, quando no poder, seu autoritarismo amplia-se para "todas as instituições, formais ou informais, que ousam contestar sua reivindicação ao monopólio moral da representação" (MOUNK, 2019).

Dado esse cenário, o sistema federativo, somente com base na sua característica clássica de descentralização do poder e maior autonomia regional já seria preferível a um sistema centralizado em um país de governo autocrático. Todavia, conforme será tratado adiante, a visão da escola nacionalista do federalismo vai além e demonstra como essa forma de se estruturar o Estado pode contribuir para restaurar o liame entre democracia e liberalismo e, consequentemente, o diálogo entre os diferentes "povos" constantes em uma nação.

Com base no exposto, ainda que de forma sucinta, observamos que diversos fatores têm contribuído para derrocada da democracia liberal que, apesar de imperfeita, é preferível a um governo de viés populista, autoritário e antiliberal. Por conseguinte, a estrutura de um estado federado, analisado a partir da visão nacionalista de Hather Gerken e Cristina M. Rodriguez, apresenta-se como propícia para restaurar o antigo modelo de democracia liberal que vigorou nas últimas décadas, porém devidamente adaptado as peculiaridades contemporâneas.

## 3. O FEDERALISMO NACIONALISTA

A estrutura federativa não é nenhuma novidade, sendo que suas características clássicas já foram descritas de forma exaustiva ao longo dos anos por inúmeros teóricos. Não obstante, apenas para discernir a visão clássica da nacionalista que será aqui apresentada, insta salientar algumas das características comumente associadas a um Estado federativo, quais sejam: desconcentração do poder federal; maior autonomia dos governos regionais; maior facilidade na participação política; promoção da escolha (dado os vários estados com políticas distintas); fomento a uma competição interestadual, dentre outros.

Apenas essas características já seriam benéficas quando aplicadas ao cenário acima descrito, uma vez que o Estado federado realoca o poder, antes centralizado no governo federal, e o distribui entre governos regionais que, por sua vez, instituem políticas mais condizentes com sua respectiva parcela da população.

Ademais, a concentração de poder no governo central, apesar de defendida por alguns e não raro associada ao nacionalismo, tem contrapartidas negativas, quando o debate é deliberadamente polarizado pelo governante, uma vez que este busca agradar apenas a sua parcela de eleitores enquanto persegue aqueles que julga responsáveis pelas mazelas do país. Conforme afirma Yascha Mounk "diante da pretensão populista de ser a única representante da vontade popular, a política logo se torna uma luta existencial entre o povo real e seus inimigos."

Porém, a estrutura federada possui um valor que não aqueles decorrentes da alocação de poderes e competências entre os diferentes níveis da federação. Em outras palavras, para além das relações institucionais, o federalismo pode ser visto como benéfico para as relações entre os cidadãos que a ele estão submetidos, havendo, portanto, um interesse popular em favor de tal estrutura.

Rodriguez, ao introduzir o artigo "Negotiating Conflict Through Federalism: Institutional and Popular Perspectives", aponta que o valor de um processo decisional descentralizado, típico de um Estado federado, varia conforme o assunto / problema que se apresenta diante dele. No presente caso, o problema consubstancia-se em uma sociedade plural, com inúmeras nuances culturais, econômicas e sociais diversificadas, que são exploradas por políticos cujo intuito é colocar determinada parcela de um povo contra a outra, deslegitimando cidadãos em prol de um pretenso objetivo nacional e, com isso, polarizando as relações sociais.

Nesse contexto, de nada adianta o pluralismo político, identitário e cultural sem que os detentores de visões diversas consigam estabelecer entre si um diálogo, pois uma visão homogênea do "povo legítimo" acaba por colocar uns contra os outros e, por consequência, engessa o sistema político. Assim, a abordagem nacionalista do federalismo se mostra interessante, haja vista que tal estrutura não deixa de possuir as características clássicas acima elencadas, porém, confere ênfase a integração promovida pela forma federada de Estado, na qual o debate não mais é filtrado pelo governo federal.

Inicialmente, a abordagem da escola do federalismo nacionalista é descrita por Heather Gerken, de forma sucinta, como: "uma visão federalista centrada no Estado com objetivo de alcançar uma visão nacionalista das virtudes da desconcentração." [7] (GERKEN, 2014). Assim, ao invés de atribuir somente ao grande Estado-nação o objetivo nacionalista, este passa a ser buscado também pelos demais entes-federados, uma vez que seus objetivos não são apenas regionais/locais, mas também nacionais.

Portanto, o valor do federalismo aqui trabalhado não diz respeito a relação entre os diferentes níveis de governo e suas respectivas autonomias e competências, mas sim como tal estrutura corrobora para a manutenção de uma sociedade plural integrada e dialógica, o que acaba por beneficiar a nação como um todo. Conforme reitera Cristina Rodriguez: "a multiplicidade fomentada pelo federalismo não precisa ser de hostilidade, mas sim produtiva e integrativa, particularmente se assumirmos a existência de um corpo político polarizado"[8] (RODRIGUEZ, 2014, p.37)

Sustenta-se aqui que a integração nacional é um objetivo nacionalista, que pode ser perseguido da melhor forma dentro de uma estrutura federada do que num sistema unitário[9]. Assim, ao contrário do que talvez possa parecer à primeira vista, em um Estado cujo governo seja centralizado e o poder encontre-se demasiadamente concentrado, a busca por integra-

---

**7** Todas as citações relativas ao texto *Federalism as the new nationalism: an overview* foram traduzidas pelo autor deste artigo.

**8** Todas as citações relativas ao texto *Negotiating Conflict Through Federalism: Institutional and Popular Perspectives* foram traduzidas pelo autor deste artigo.

**9** Nesse mesmo sentido Rodriguez aponta que o interesse federal por ser atendido por uma diversidade coordenada, ao invés de um governo uniforme. (RODRIGUEZ, 2014, p.4)

ção ocorre, a depender do caso, mediante a supressão das divergências, enquanto num governo descentralizado a integração ocorre mediante o debate contínuo, não se confundido com uma busca por homogeneidade.

Rodriguez aponta que o panorama que o sistema federativo delineia é o da negociação constante dos desacordos, sejam eles pequenos ou grandes, o que de um lado recupera o sentimento democrático esvaziado nas últimas décadas e, de outro, ensina os cidadãos a conviver com a diversidade, algo essencial para a preservação dos direitos liberais. (RODRIGUEZ, 2014)

Reitera-se que a integração nacional decorrente da estrutura federalista descrita por Rodriguez não se confunde com uma unificação nacional, pois busca preservar o pluralismo, ao mesmo tempo que reduz o atrito entre as visões díspares fomentadas antes pelo governo federal. Gerken, em comentário sobre a obra de Cristina Rodriguez, aponta que:

> A utilidade do federalismo se denota na possibilidade que tal estrutura possibilita de uma fricção sustentável entre ideologias diversas. Dentro dessa visão, a integração decorre de um equilíbrio que, uma vez atingido, possibilita a instauração de um debate contínuo.
> (...) Para Rodriguez, a chave do federalismo não é que uma variedade de políticas acomoda uma variedade de preferências. Ao contrário, um processo político descentralizado molda nossas preferências enquanto nos ensina habilidades necessárias para integração, posto que continuamente revisitamos os problemas nos âmbitos locais e estaduais. (GERKEN, 2014, p.1899)

Ao descentralizar o poder, os debates entre as visões plurais passam a se dar no âmbito local e regional, mais próximos das pessoas, que aprendem as habilidades necessárias para integração, revitalizam a participação democrática e com isso são capazes de levar a discussão ao âmbito nacional. Caso contrário, se o debate se instaura diretamente na esfera federal, no contexto de um governante populista e sem que antes tenha ocorrido a deliberação democrática nas localidades, há a tendência pela polarização das opiniões, posto que fomentada pelo próprio governo federal.

Países marcados por pluralismo político e cujo sistema seja o federativo, como o Brasil e Estados Unidos, por exemplo, deveriam considerar o fortalecimento do poder concedido aos entes federados com o intuito de restaurar a integração nacional, tão corroída nos últimos anos. Todavia, o ente federado não deve ser visto como um governo "soberano", autônomo e independente, mas sim como um instrumento de reconciliação nacional, pois "o pluralismo político melhor se acomoda em meios no quais há uma pluralidade legislativa, sendo o sistema federativo uma ferramenta para o gerenciamento das mudanças culturais." (GERKEN, 2014)

Assim, caso a análise de Castells e Mounk da falência da democracia liberal esteja correta, a estrutura federativa tratada a partir de uma perspectiva nacionalista mostra-se um meio possível para contrabalancear as causas que levaram à "ruptura" dessa relação. Em um contexto de alta polarização, incapacidade de diálogo e de um sistema político ossificado, o sistema federativo têm muito a oferecer para além de suas características clássicas, como independência e autonomia legislativa, pois tal estrutura possui o condão de promover políticas nacionais, em especial a integração, e com isso propiciar uma democracia funcional com respeito aos direitos liberais.

Nas palavras de Heather Gerken:

> A forma como descrevemos as estruturas do país moldam o debate entorno delas, assim, o federalismo tradicional restringe o debate a sua volta a apenas a divisão de poderes e restrições ao governo central. Por sua vez, uma visão nacionalista do federalismo muda o foco da distribuição de poderes dentre de um estado federado para a forma como o federalismo pode fomentar debates nacionais, acomodar a competição política e trabalhar através do conflito normativo. (GERKEN, 2014, p.1894)

### 3.1. *SANCTUARY JURISDICTIONS*

Os imigrantes são provavelmente o grupo mais atacado pelo atual presidente americano, que imputa a estes a responsabilidade por diversos problemas sociais[10] e, além disso, tem implementado políticas que foram consideradas altamente repressivas e violadoras de seus direitos (LEVITSKY e ZIBLATT, 2018). Em face disso, é importante analisar as *sanctuary jurisdictions*, que perfazem um dos melhores exemplos de como a estrutura federativa pode ser utilizada tanto em prol da integração quanto como uma forma de resistência a políticas implementadas por um governo populista antiliberal.

Em tais jurisdições, cidades ou estados criaram regras que dificultam a cooperação com a lei de imigração federal e seus agentes, como, por exemplo, a proibição de que agentes estaduais ou locais questionem o *status* de imigrante dos cidadãos que eventualmente forem detidos ou que as penitenciárias dos condados entreguem imigrantes presos as autoridades federais para que sejam deportados. Todavia, não há uma definição clara das *sanctuary jurisdictions*, sendo que tal denominação decorre de um conjunto de práticas visando o resguardo dos imigrantes em face de uma lei federal considerada demasiadamente repressiva.

---

**10** No caso americano os principais problemas atribuídos aos imigrantes são o aumento da criminalidade e a escassez de empregos para os "estadunidenses legítimos".

Apesar de existirem desde 1970 e de serem proibidas pela lei federal americana, as *sanctuary jurisdictions* mais do que dobraram desde a eleição de Donald Trump, perfazendo o total de 564 cidades ou estados[11], conforme a Federation for American Immigration Reform (FAIR, 2018). Se de um lado o governo federal, dentro da perspectiva "Nós" *versus* "Eles" já descrita, persegue um determinado grupo que julga responsável pelos problemas da nação, prefeitos e governadores buscam preservar seus cidadãos dessa divisão artificialmente sustentada e manter uma certa integração dentro dos seus respectivos governos locais e regionais.

A existência, desde 1970, dessas jurisdições protetivas em contraposição a lei federal é um exemplo prático da busca por integração que o federalismo, descrito por Gerken e Rodriguez, permite, mas que não necessariamente decorre de um governo populista antiliberal. O aumento exponencial dessa forma de oposição desde a eleição de Donald Trump também corrobora com a ideia de que a estrutura federativa é de extrema valia em casos de polarização do discurso e redução dos direitos liberais de uma parcela da população.

Diversos dos opositores das políticas antimigratórias implementadas pelo governo Trump classificam as medidas adotadas como contrárias aos direitos dos imigrantes e apontam que obedecer às diretrizes federais iria arruinar a confiança estabelecida entre o governo local/regional e as comunidades de imigrantes. Por seu turno, apoiadores do presidente sustentam que tal atitude por parte dos demais entes federados diminui a segurança das comunidades e prejudica o estado de direito. (GONZALES, 2017)

Não demorou para que a disputa entre o governo federal americano e as *sanctuary jurisdictions* cumprissem a previsão de Tocqueville, de que questões políticas nos Estados Unidos cedo ou tarde se transformam em questões judiciais, o que resultou em importantes decisões proferidas pela corte de apelação do nono circuito. Dessas merecem atenção especial os julgados N's: 17-17480, 15-10614 e 18-55599.

O primeiro, proposto pelo Condado de São Francisco contra o executivo federal, contestou a constitucionalidade do decreto executivo N° 13.768 de 2017 que permitia que o governo federal retivesse o repasse de fundos para cidades classificadas como santuários para imigrantes. Em janeiro de 2018, o tribunal entendeu que sob o princípio da separação dos poderes, bem como em face da *Spending Clause* (que confere poder exclusivo ao Congresso para impor condições ao repasse de verbas federais), o poder executivo não poderia limitar o repasse de fundos as essas cidades.

---

11 Dentre as medidas adotadas pelo governo federal a separação de crianças imigrantes de suas famílias e sua detenção foi uma das que mais contribuiu para o aumento das cidades e estados santuários.

Por sua vez, no julgado de Nº 15-10614 restou consubstanciado o entendimento de que a Ré, Evelyn Sineneng-Smith, não teria cometido um crime ao incentivar estrangeiros a entrarem e permanecerem no país, mesmo ciente de que tal imigração seria um ato ilegal. Conforme o Tribunal, a despeito das afirmações da ré com o intuito de induzir imigrantes ilegais a permanecerem no país, o direito à liberdade de expressão, resguardado pela primeira emenda, seria preponderante e, portanto, deveria prevalecer.

Tal julgado pode ser citado como exemplo da tentativa do governo federal de mitigar direitos liberais, no caso o direito à liberdade de expressão, quando este vai contra seus interesses.

Por último, no julgado Nº 18-55599 de junho de 2019, entre a cidade de Los Angeles e o executivo federal, o Tribunal considerou constitucional a decisão do Departamento de Justiça americano de dar um tratamento preferencial para subvenções policiais destinadas à cidades que cooperam com as autoridades federais responsáveis pela imigração, pois entendeu que tal escolha encontrava-se dentro de um parâmetro de discricionariedade permitido. Tais subvenções decorrem do programa federal chamado Community Oriented Policing Services (COPS) e, conforme ressaltado pelo voto dissidente da juíza Kim Wardlaw, nada do programa faz referência a imigração, tanto que esta nunca foi uma prioridade nos seus 25 anos de existência, o que levou a juíza a classificar como orwelliana a tentativa de equiparar o policiamento comunitário ao um reforço da política federal antimigratória.

Com base no exposto, percebe-se que visando proteger uma minoria atacada pelo governo federal, em prol da integração local e regional (o que não deixa de ser um objetivo nacionalista), entes federados desafiam a autoridade federal e promovem um ambiente de maior respeito aos direitos de seus cidadãos. Por outro lado, entende-se que o exemplo das *sanctuary jurisdictions* é interessante para o caso brasileiro, dado que seus municípios, nos termos da Constituição de 1988, são entes federados nos quais as eleições do executivo e legislativo são intercaladas com as eleições federais e estaduais.

Dessa forma, um dos mecanismos para se mitigar a crise da democracia liberal pela qual o Brasil atravessa seria focar não só no embate que ocorre no nível federal, mas nas possibilidades que as eleições municipais têm a oferecer sob inspiração da política de dissidência aplicada pelas *sanctuary jurisdictions*. Ademais, o interregno temporal de somente 2 anos permite contrabalancear os estragos até então perpetrados pelo atual governo federal.

## 4. CONCLUSÃO

Em um contexto no qual o tecido social se encontra desgastado, as opiniões polarizadas, e o executivo federal voltado para aqueles que o elegeram, o sistema federativo não deve ser analisado somente com base nas suas características tradicionais, bem como não pode ser visto com um fim em si mesmo, mas sim como um meio, um instrumento para nos aproximar de um ideal de democracia funcional, vibrante e participativa que respeite os direitos de todos.

Portanto, a despeito do argumento aparentemente ir na direção contrária das noções clássicas do federalismo, como autonomia e independência, pensar a descentralização como um instrumento voltado para a integração nacional permite que tal objetivo seja buscado de forma mais consciente pelos cidadãos, sendo a estrutura federativa mais condizente com um mundo marcado por diversidades ideológicas, demográficas e culturais.

Rodriguez levanta uma importante questão que, em face da ascensão de governos populistas antiliberais, deve ser reiterada:

> Em que ponto a diversidade ideológica, ou demais divergências, param de ser um reforço a construção da democracia e se convolam na violação de direitos, polarizam a política de uma forma que mina o projeto integrativo do Estado-nação, ou simplesmente criam um caos político? (RODRIGUEZ, 2014, P.39)

Pelo exposto, a existência de meios institucionais através dos quais o desacordo entre diferentes opiniões consegue ser canalizado é imprescindível para a manutenção de uma democracia liberal. Sendo a pretensão a uma população homogênea algo inatingível (e indesejável), a existência de uma estrutura federada que permita o debate contínuo é algo premente para o desenvolvimento da tolerância e integração.

Por fim, resta salientar um último problema, pois, a despeito das vantagens do sistema federativo aqui retratadas, no qual a descentralização é tida como um meio para a integração nacional, é necessário considerar que a transição de uma democracia polarizada e sem diálogo, centralizada no governo federal, para um federalismo forte nos quais os debates ocorrem nos âmbitos regionais e locais, não ocorrerá de uma forma fácil. Uma vez concentrado o poder no governo federal, em especial no líder populista, este dificilmente verá com bons olhos uma descentralização e fará o possível para que esta não ocorra[12].

---

[12] Como exemplo, cinco dias após tomar posse, Donald Trump assinou um decreto executivo que visava restringir jurisdições que se recusavam a cooperar com a Immigration and Customs Eforcement (ICE), responsável por aplicar as leis federais no controle de fronteiras. Ver mais em: < https://www.whitehouse.gov/presidential-actions/executive-order-enhancing-public-safety-interior-united-states/

Apesar da ressignificação do federalismo e de suas qualidades não serem de muita valia caso não consigam ser aplicadas na prática, entende-se que a estrutura federativa brasileira apresenta uma vantagem, dado sua tripartição, bem como as eleições municipais intercaladas com as dos governos federais e estaduais. Dessa forma, tendo em vista o atual governo populista antiliberal que ocupa o executivo federal brasileiro, eventual projeto que vise a reconciliação e integração pode ser adotado, após dois anos, quando das eleições municipais, com o intuito de reconstruir o diálogo de baixo para cima ao invés de uma disputa de forças somente no âmbito federal.

## REFERÊNCIAS BIBLIOGRÁFICAS

CASTELLS, Manuel. *Ruptura: a crise da democracia liberal*. Zahar, 2018.

CITY AND COUNTY OF SAN FRANCISCO v. DONALD J. TRUMP, president of the United States; JEFFERSON B. SESSIONS III, attorney general, attorney general of the United States; ELAINE C. DUKE; UNITED STATES OF AMERICA, nº. 17-17478, United States Court of Appeals for the Ninth Circuit, 2018.

CITY OF LOS ANGELES v. WILLIAM P. BARR, Attorney General; ALAN R. HANSON, in his official capacity as Acting Assistant Attorney General of the Office of Justice Programs; RUSSELL WASHINGTON, in his official capacity as Acting Director of the Office of Community Oriented Policing Services; UNITED STATES DEPARTMENT OF JUSTICE; nº 18-55599, United States Court of Appeals for the Ninth Circuit, 2019.

FEDERATION FOR AMERICAN IMMIGRATION REFORM (FAIR). *Sanctuary Jurisdictions Nearly Double Since President Trump Promised to Enforce Our Immigration Laws*, 2018.

GERKEN, Heather K. *Federalism as the new nationalism: An overview*. YAlE lJ, v. 123, p. 1889, 2014.

GONZALES, Richard. *Federal Court Says Trump Administration Can't Deny Funds To Sanctuary Cities*, NPR, 2017. Disponível em: <https://www.npr.org/sections/thetwo-way/2017/09/15/551397597/federal-court-says-trump-administration-can-t-deny-funds-to-sanctuary-cities>. Acesso em: 17/10/2019.

HART, Herbert LA. *American jurisprudence through English eyes: The nightmare and the noble dream*. Ga. L. Rev., v. 11, p. 969, 1976.

LEVITSKY, Steven; ZIBLATT, Daniel. Como as democracias morrem. Zahar, 2018

MADISON, James et al. *Federalist Paper# 10*. The Federalist Papers, 1961. p. 81.

MOUNK, Yascha. *O povo contra a democracia: Por que nossa liberdade corre perigo e como salvá-la*. Editora Companhia das Letras, 2019.

ORGANISATION FOR ECONOMIC CO-OPERATION AND DEVELOPMENT (OECD), *How's Life? 2017: Measuring Well-being*, OECD, 2017, Paris.

RODRÍGUEZ, Cristina M. *Negotiating Conflict Through Federalism: Institutional and Popular Perspectives*. YAle lJ, v. 123, 2013. p. 2094.

UNITED STATES OF AMERICA v. EVELYN SINENENG-SMITH; No 15- 10614, United States Court of Appeals for the Ninth Circuit, 2018.

# O IMPÉRIO[1] DA COMPETITIVIDADE COMERCIAL SOBRE OS ESTADOS E O FEDERALISMO: REFLEXÕES SOBRE O SETOR AUTOMOTIVO.

GABRIEL AUGUSTO MENDES BORGES[2]

1. INTRODUÇÃO

Em meio a inúmeras controvérsias e incertezas em relação ao comércio internacional, no qual é possível identificar uma certa descontinuidade quanto ao papel do órgão multilateral temático, a Organização Mundial de Comércio (OMC)[3], deparamo-nos com a percepção de que a internacionalização da economia tem consequências para o Estado-nação em sua dimensão interna. Essas consequências estão evidentes no campo econômico, mas alcançam as áreas culturais e as próprias relações de poder no âmbito do federalismo.

Existem, em verdade, dois fatores a relativizar a formação do Estado Nacional, como concebido pela Teoria Constitucional[4], a saber: 1º) uma maior pressão de forças internacionais, sobretudo de natureza econômica, que tende a reduzir a importância da soberania e do poder oficial na organização da estrutura de poder intra-estatal; 2º) uma maior complexidade das relações entre atores assimétricos, o que torna inviável o controle ou regulação das interações políticas por um poder oficial, seja doméstico ou

---

**1** A palavra império é utilizada aqui no sentido definido pelo dicionário Michaelis (s/d) (figurado): "Influência determinante sobre alguém ou algo; predominância, preminência, primazia: O império da razão configurava, em termos gerais, o Século das Luzes."

**2** Gabriel Borges, atualmente, é Consultor Legislativo do Senado Federal, doutorando em Direito na UFMG. É autor do livro Reforma Política e de vários artigos que discutem Democracia e Representação Política.

**3** Sobre o assunto, ler a pesquisa de Bruno Lima (2019).

**4** Fabriz e Ferreira (2014) apresentam uma versão atualizada do Estado Nacional ao tratar de seus elementos constitutivos: povo, soberania e território (FABRIZ, FERREIRA, 2014, pp. 107-135).

internacional. Importante ressaltar que não se trata de fatores absolutos, mas que estarão tanto mais presentes, quanto mais abertos ao comércio internacional for determinado Estado.

No entendimento de Thorstensen (2015, p. 20), os esforços oficiais, por parte dos estados e dos organismos multilaterais, não têm sido suficientes para atender a uma demanda regulatória diversificada, relacionadas às questões como: "produção, processo produtivo e cadeias de abastecimento em todo o globo, a partir de um conjunto de padrões privados não governamentais". Como resposta a esta dificuldade, os sistemas regulatórios de cada setor acabam criando estruturas independentes, os "padrões privados", definidos por órgãos reconhecidos, como a ISO (THORSTENSEN, 2015, p. 21).

Uma importante contribuição dessa noção de "padrões privados" (THORSTENSEN, 2015) está na identificação da quase absoluta incapacidade da burocracia multilateral em atender às exigências de mercado. Cada setor econômico demanda vários tipos de reposta do comércio internacional, visando ao melhor custo-benefício, à máxima eficiência da circulação das mercadorias e lucratividade. Não há exagero em considerar que o dinamismo das relações comerciais segue em uma velocidade maior do que a de compreensão dos processos e resposta pelos órgãos oficiais.

Nesse sentido, as Cadeias Globais de Valor (CGV), assim como a produção e consumo de novas tecnologias tendem a redimensionar, e até a multidimensionar, a divisão internacional do trabalho e, ao mesmo tempo, a influenciar a interação entre as pessoas, empresas e estados.

Não se trata, como se disse, de um movimento que possa ser inteiramente captado ou conduzido por ferramentas oficiais; todavia, é possível que o ator estatal atue para potencializar os efeitos que mais lhe interessam. Este é o caso da intervenção do Estado chinês na economia[5], visando a estimular sua inserção internacional com viés exportador, ou, para citar um caso menos evidente, da Coreia do Sul[6], ao desenvolver e expandir a indústria automotiva.

Embora o campo social apresente uma miríade de possibilidades, atentamo-nos, neste estudo, somente para a questão da reconfiguração de poder, todavia, sem a identificação de estruturas padronizadas ou intencionalmente constituídas, que pudessem interpretar uma reconfiguração

---

5 Não é objeto deste estudo.

6 Exemplo que será discutido no tópico: COMPETITIVIDADE DA INDÚSTRIA AUTOMOTIVA COMO FATOR DE RELACIONAMENTO LOCAL E INTERNACIONAL. Todavia, o caso de fundo deste estudo é o do setor automotivo brasileiro.

do relacionamento entre estados, entes federados, empresas e pessoas. Em outras palavras, propomos a desconstrução de um modelo de federalismo oficial, estanque, constitucionalmente definido, para demonstrar que a complexidade das relações comerciais causa variações nas relações de poder, contudo não tivemos a pretensão de avançar para um novo modelo que traduza, de maneira completa, este federalismo imperfeito, ou complexo, como se prefira nomeá-lo.

Partimos da reflexão de Michael Burgess, entre outros autores, para fazer esta confecção de uma ideia de federalismo que inclui atores assimétricos e não oficiais, suscetíveis ao invisível, mas impactante, poder do mercado. Para esta desconstrução criativa, usamos a premissa de que os Estados-nação estão no longo prazo, cada vez mais, abertos à interação internacional, como um fenômeno global, embora reconheçamos que o gau de internacionalização das economias[7] possa causar impacto distinto em cada estado, conforme seu padrão de abertura ao exterior.

Além disso, obviamente, nem todos os estados constituem uma federação ou confederação, mas podem ter a forma de estado unitário. Essa variável não foi considerada pelo estudo, sobretudo, pela razão já exposta, de que não temos a pretensão de criar uma nova tipologia para as formas de estado, mas provocar a reflexão sobre as transformações dos entes federados diante de uma realidade em que as corporações passaram a assumir um papel, bastante evidente, de protagonismo no comércio internacional.

Relevante ressaltar que, neste texto, a internacionalização econômica é vista como um misto de duas tendências: uma da desregionalização, que vem da quebra de barreiras ao comércio, tanto tarifárias quanto técnicas; outra, em sentido aparentemente oposto, da regionalização, que consiste na maior aproximação de economias pertencentes a um mesmo bloco econômico. Por meio desses dois movimentos, cada vez mais espontâneos e menos orientados por ferramentas oficiais, por cada setor, as empresas tendem a ser expostas ao mercado internacional, e deparam-se com a necessidade de fortalecer suas bases para assumirem a proatividade da inserção em outros mercados. Dependem, assim, da modernização de seus fatores de competitividade, para afastar o risco de ter seu *market share*[8] encolhido pela atuação de outra empresa do mesmo setor.

---

**7** O *Open Market Index* (2017) ao medir a abertura econômica de 75 países, conforme dados de comércio internacional, investimento externo, entre outros elementos, apurou que as economias mais fechadas, Venezuela e Sudão, teriam um índice de abertura de apenas 2,05, enquanto Cingapura aparece como a economia mais aberta do mundo, com índice de 5,63.

**8** Sobre o assunto, ler Brander e Spencer (1985).

O elemento da competitividade força à atuação internacional como mecanismo de sobrevivência. Dessa forma, surgem novas corporações internacionais, nos mais diversos setores econômicos, que acabam gerando novas relações de poder e de mútua influência sobre os atores da sociedade e sem as mesmas regras estanques de quando os estados conseguiam submeter as empresas a uma predominante vigilância. Em virtude da liberdade de mercado, são cada vez mais ocorrentes movimentos especulativos dos preços, exigindo maior capacitação de quem está à frente dos negócios. No âmbito internacional, as relações entre fornecedor e fabricante têm ganhado importância, uma vez que visam a escapar da deterioração da qualidade do produto e a estabilizar os preços dos insumos.

## 2. GLOBALIZAÇÃO, ESTADOS E ECONOMIA INTERNACIONAL

Michael Burgess (2006) procura definir a relação entre o federalismo e a globalização segundo um novo desafio conceitual, uma vez que se deixa de pensar a relação interna dos Estados para se analisar a relação entre os Estados. Essa dimensão, por ser pouco explorada, se torna nas palavras dele (BURGESS, 2006, p. 251) um empreendimento "assustador" e "especulativo".

A indefinição sobre as relações internacionais, nesse sentido, começa pela incerteza quanto ao termo globalização, sobre o qual não há consenso acadêmico, muito menos se sabe quais seriam suas implicações socioeconômicas. Burgess (2006, p. 251) traça dois caminhos: 1) estabelece uma conexão entre o federalismo e o desenvolvimento da Democracia Liberal Capitalista (*liberal democratic capitalism*) e 2) trabalha o papel do Estado moderno na Era da globalização.

Para explicar a noção de globalização (BURGESS, 2006, p. 252) menciona a Rodada do Milênio (em Seattle) da Organização Mundial de Comércio (OMC). Uma visão geral dos participantes era de que a Rodada havia construído alianças que representavam os interesses e preocupações dos ambientalistas, consumidores, trabalhadores, agricultores, defensores de direitos humanos e países em desenvolvimento. Os manifestantes, por seu turno, não admitiam a construção de um mercado global mediante a consolidação de uma instituição internacional. As manifestações foram descritas como o sintoma de um movimento político anticapitalista internacional, que estava se posicionando contra uma corporação mundial dominante.

Reforçava-se, assim, com todas essas desavenças a percepção de incerteza sobre o fenômeno em curso. Mas o que vem a ser a globalização? Enquanto um grupo entende, como Herbert Schwartz (2000), que a globalização consiste na valorização das pressões por um mercado global na vida cotidiana, com pequenos efeitos sobre a esfera local de poder e autoridade estatal; outro grupo interpreta como um fenômeno intrinsecamente novo, que poderá modificar todas as comunidades levando a uma inevitável uniformização.

Schwartz (2000, p. 317) faz sua definição segundo uma relação dinâmica, em que há a simbiose entre Estados e mercados. A globalização seria, dessa forma, a ligação entre serviços e produtos aos consumidores, associada ao conflito entre os Estados, tentando criar, expandir ou dominar os mercados. A novidade, segundo esta concepção, não seria a insurgência de um inédito mercado global contemporâneo, mas uma nova capacidade, ou incapacidade, dos Estados em regular sua economia e dominar os mercados.

Burgess (2006, p. 254) entende que a globalização causa uma sensação de imediatismo da mudança, em razão de forças e pressões que são, simultaneamente, remotas e próximas. Held (1991) descreve o fenômeno como multidimensional, envolvendo domínios de atividade e interação que incluem questões de economia, política, tecnologia, segurança, Direito, cultura e ambiente.

Em um mundo de conexões globais, Estados, Governos, o sistema político passa a ter a necessidade de conviver com novos atores, que participam de um complexo processo de interação. Nesse sentido, os recursos são oferecidos em troca de acesso ao capital e à tecnologia. Essa é a estrutura da Economia Política Internacional (EPI), de cuja formação participou Susan Strange, para quem (1989) o poder estrutural deu aos Estados a capacidade de escolher e formatar a EPI dentro da qual outros Estados, a organização política e econômica e as instituições seriam determinadas a operar.

O processo de construção do Estado e da integração nacional gerou o que se tem chamado Estado-nação, todavia a construção dos Estados não coincide com a configuração das nações. Os Estados costumam apresentar muitas nações, minorias culturais comunitárias ou identidades distintas. As bases de Westfália, a emergência gradual da democracia liberal foi construída sobre a concepção do Estado-nação.

Todavia, aos poucos, todas as características da Democracia Liberal foram configurando a soberania nacional, produzindo um governo representativo e responsável, baseado, segundo Burgess (2006, p. 257) no consenso popular, no Estado de Direito, na Constituição formal, legitimidade da oposição pacífica, na *accountability* pública, bem como em uma lista de procedimentos e instituições criadas para garantir direitos de cidadania e provimento de uma série de mecanismos de controle e equilíbrio contra a tirania.

Para Held (1991), a grande maioria das teorias da democracia perceberam que a natureza e as possibilidades da política comunitária poderiam ser elaboradas tendo como referência a estrutura nacional, de tal forma que liberdade, igualdade política e solidariedade pudessem ser absorvidos em cada um dos níveis de manifestação do Estado. Muitos dos princípios chave e as práticas da Democracia Liberal são associados quase exclusivamente com os princípios e instituições de soberania do Estado-nação. Dessa forma, Democracia se tornou Democracia Liberal e o Estado se tornou Estado-nação.

A globalização, por sua complexidade e característica multidimensional, com processos heterogêneos, passou a designar, ainda, fenômenos que, aparentemente, seriam contraditórios, como a integração e a fragmentação. Todavia, são movimentos interligados que afetam as pessoas, as comunidades e os Estados de diferentes formas.

Os efeitos econômicos e políticos da globalização são imprevisíveis, no entanto, há elementos suficientes para justificar sua efetiva ocorrência nos mais diversos campos, como financeiro, tecnológico, comercial, ambiental.

Manuel Castells (1989) aponta duas transformações que aconteceram desde 1970: uma relativa à tecnologia das transmissões de informação e outra quanto à organização dos negócios na economia global. Essas duas alterações tiveram reflexos na reconstrução dos espaços, uma vez que a natureza do espaço e as relações de distância puderam ser alteradas. Acredita, portanto, na ocorrência de uma revolução. Castells sugere, ainda, que a reestruturação do modo de produção tem levado à associação dos movimentos antagônicos de integração e fragmentação.

Haveria, assim, a propensão à cooperação e integração regional, bem como a ocorrência interna de desafios para lidar com uma sociedade inconformada com sua situação social, econômica, cultural.

Burgess (2006, p. 258) considera que os membros da União Europeia, por exemplo, perceberam que não são mais capazes de se impor de maneira independente em um mundo crescentemente hostil e competitivo; por conseguinte, ao se integrarem, poderiam vir a recuperar a capacidade estatal perdida ou em declínio.

Não por outro motivo, palavras como "soberania" e "independência" tiveram o sentido abrandado em um mundo no qual a grande maioria dos Estados não pode competir com as multinacionais ou com o capital financeiro. Na melhor das hipóteses, poder-se-ia considerar que os Estados-nação experimentam, na atualidade, uma relativa autonomia. Nesse contexto, a integração europeia pode ser entendida como um mecanismo para a criação das condições econômicas e políticas necessárias para levar vantagem no mercado global, assim como para fornecer as bases de proteção contra seus efeitos negativos.

## 3. COMPETITIVIDADE DA INDÚSTRIA AUTOMOTIVA COMO FATOR DE RELACIONAMENTO LOCAL E INTERNACIONAL

Além dos fatores políticos e culturais, há também, e sobretudo, a racionalidade econômica a subsidiar a aproximação de setores industriais, como se analisa neste tópico, a partir do caso da indústria automotiva, selecionada para o presente texto em razão de seu peso nos acordos internacionais e nos regulamentos de organismos globais, a exemplo da Organização Mundial de Comércio (OMC).

A conexão entre diferentes países estabelecida para, ou em razão, da produção de veículos tem reflexos nas mais diversas áreas do conhecimento, atribuindo elementos para os processos simultâneos de regionalização e globalização. Desse modo, a internacionalização do setor automotivo segue duas tendências, uma da desregionalização, que vem da quebra de barreiras ao comércio, tanto tarifárias quanto técnicas; outra, em sentido aparentemente oposto, da regionalização, que consiste na maior aproximação de países-membros de blocos econômicos.

Por meio desses dois movimentos, as empresas tendem a ser expostas ao mercado internacional e deparam-se com a necessidade de fortalecer suas bases para assumirem a proatividade da inserção em outros mercados. Dependem, assim, da modernização dos fatores de competitividade para afastar o risco de terem o mercado de consumo de seus produtos encolhido pela atuação de outra empresa do mesmo setor.

Na indústria automotiva, a capacidade de inserir-se internacionalmente está umbilicalmente conectada à capacidade de concorrer internamente com bens importados, não somente quanto ao veículo produzido, mas, igualmente, quanto à produção de partes e peças.

Em virtude dos ganhos de escala que gera, dos altos valores agregados e do dinamismo da produção de autoveículos, se o setor é aberto a importações e resiste à concorrência externa, estará apto, ou muito perto de estar, para concorrer no mercado exterior.

Uma vez que o setor se estrutura nas chamadas Cadeias Globais de Valor[9], a geografia (localização, clima, condições naturais de acesso) do mercado de destino dos produtos tem impacto, mas não é determinante para impedir o acesso competitivo. A dificuldade de acesso ao mercado de automóveis acaba sendo definida, normalmente, por decisões de governo ao impor elevados tributos à importação ou qualquer outro tipo de barreira comercial.

Em um mercado fechado ao comércio, todavia, há a tendência ao baixo potencial competitivo. Veja-se o exemplo de um carro popular produzido no Brasil atualmente e há cerca de 30 anos. Nos anos 1990, os requisitos míni-

---

**9** Conforme se depreenderá mais à frente neste tópico.

mos de segurança e de eficiência energética para que um veículo automotivo circulasse nas ruas eram menos complexos do que aqueles em validade três décadas depois[10], quando, por exemplo, passou-se a exigir que os carros sejam equipados com sistemas de freio ABS e *Air Bag* para serem licenciados.

Essas exigências derivam da Resolução CONTRAN[11] nº 311/09, alterada pelas Resoluções CONTRAN nº 597/16 e 367/10, e da Resolução CONTRAN nº 312/09 [12], revogada pela Resolução CONTRAN 380/11. Normas que foram publicadas pelo Conselho Nacional de Trânsito no uso das atribuições conferidas pelo artigos 12[13] e

---

**10** Vide Resolução CONTRAN nº 311, de 2009 e Resolução CONTRAN nº 380, de 2011.

**11** Sigla para Conselho Nacional de Trânsito.

**12** Revogada pela Resolução CONTRAN nº 380, de 2011.

**13** Art. 12. Compete ao CONTRAN:

I - estabelecer as normas regulamentares referidas neste Código e as diretrizes da Política Nacional de Trânsito;

II - coordenar os órgãos do Sistema Nacional de Trânsito, objetivando a integração de suas atividades;

III - (VETADO)

IV - criar Câmaras Temáticas;

V - estabelecer seu regimento interno e as diretrizes para o funcionamento dos CETRAN e CONTRANDIFE;

VI - estabelecer as diretrizes do regimento das JARI;

VII - zelar pela uniformidade e cumprimento das normas contidas neste Código e nas resoluções complementares;

VIII - estabelecer e normatizar os procedimentos para a aplicação das multas por infrações, a arrecadação e o repasse dos valores arrecadados;

IX - responder às consultas que lhe forem formuladas, relativas à aplicação da legislação de trânsito;

X - normatizar os procedimentos sobre a aprendizagem, habilitação, expedição de documentos de condutores, e registro e licenciamento de veículos;

XI - aprovar, complementar ou alterar os dispositivos de sinalização e os dispositivos e equipamentos de trânsito;

XII - apreciar os recursos interpostos contra as decisões das instâncias inferiores, na forma deste Código;

XIII - avocar, para análise e soluções, processos sobre conflitos de competência ou circunscrição, ou, quando necessário, unificar as decisões administrativas; e

XIV - dirimir conflitos sobre circunscrição e competência de trânsito no âmbito da União, dos Estados e do Distrito Federal.

105[14], ambos do Código de Trânsito Brasileiro, Lei nº 9.503, de 23 de setembro de 1997, e conforme o disposto no Decreto da Presidência da República

XV - normatizar o processo de formação do candidato à obtenção da Carteira Nacional de Habilitação, estabelecendo seu conteúdo didático-pedagógico, carga horária, avaliações, exames, execução e fiscalização.

**14** Art. 105. São equipamentos obrigatórios dos veículos, entre outros a serem estabelecidos pelo CONTRAN:

I - cinto de segurança, conforme regulamentação específica do CONTRAN, com exceção dos veículos destinados ao transporte de passageiros em percursos em que seja permitido viajar em pé;

II - para os veículos de transporte e de condução escolar, os de transporte de passageiros com mais de dez lugares e os de carga com peso bruto total superior a quatro mil, quinhentos e trinta e seis quilogramas, equipamento registrador instantâneo inalterável de velocidade e tempo;

III - encosto de cabeça, para todos os tipos de veículos automotores, segundo normas estabelecidas pelo CONTRAN;

IV - (VETADO)

V - dispositivo destinado ao controle de emissão de gases poluentes e de ruído, segundo normas estabelecidas pelo CONTRAN.

VI - para as bicicletas, a campainha, sinalização noturna dianteira, traseira, lateral e nos pedais, e espelho retrovisor do lado esquerdo.

VII - equipamento suplementar de retenção - *air bag* frontal para o condutor e o passageiro do banco dianteiro. (Incluído pela Lei nº 11.910, de 2009)

§ 1º O CONTRAN disciplinará o uso dos equipamentos obrigatórios dos veículos e determinará suas especificações técnicas.

§ 2º Nenhum veículo poderá transitar com equipamento ou acessório proibido, sendo o infrator sujeito às penalidades e medidas administrativas previstas neste Código.

§ 3º Os fabricantes, os importadores, os montadores, os encarroçadores de veículos e os revendedores devem comercializar os seus veículos com os equipamentos obrigatórios definidos neste artigo, e com os demais estabelecidos pelo CONTRAN.

§ 4º O CONTRAN estabelecerá o prazo para o atendimento do disposto neste artigo.

§ 5º A exigência estabelecida no inciso VII do caput deste artigo será progressivamente incorporada aos novos projetos de automóveis e dos veículos deles derivados, fabricados, importados, montados ou encarroçados, a partir do 1o (primeiro) ano após a definição pelo Contran das especificações técnicas pertinentes e do respectivo cronograma de implantação e a partir do 5o (quinto) ano, após esta definição, para os demais automóveis zero quilômetro de modelos ou projetos já existentes e veículos deles derivados. (Incluído pela Lei nº 11.910, de 2009)

§ 6º A exigência estabelecida no inciso VII do caput deste artigo não se aplica aos veículos destinados à exportação. (Incluído pela Lei nº 11.910, de 2009)

nº 4.711[15], de 29 de maio de 2003, que trata da coordenação do Sistema Nacional de Trânsito – SNT; tendo em vista a necessidade de aperfeiçoar e atualizar os requisitos de segurança para os veículos automotores nacionais e importados, determinou-se a instalação do sistema antitravamento das rodas – ABS, cuja implantação visa a melhorar a estabilidade e a dirigibilidade do veículo durante o processo de frenagem, e a instalação de equipamento suplementar de segurança passiva – *Air Bag* – na posição frontal para o condutor e o passageiro do assento dianteiro, para os veículos novos produzidos, saídos de fábrica e os veículos originários de novos projetos, das categorias nacionais e importados especificadas em cada resolução.

Todavia, toda a composição dos veículos produzidos no Brasil – considerando-se os acessórios citados acima – não os coloca em condições, por si só, mais vantajosas de serem comercializados no mercado externo do que estavam há 30 ou 40 anos, porque os veículos fabricados em outros países também passaram por expressivo aperfeiçoamento tecnológico nesse mesmo tempo.

Já no século XIX, Friedrich List (1986) defendia a elevação das tarifas de importação de bens manufaturados, de modo a proteger as indústrias que estavam em desenvolvimento (na Alemanha). Stuart Mill (1996) se fiava em argumentos semelhantes para defender o protecionismo à indústria nascente. Para ele a proteção deveria limitar-se àquelas que não estivessem em condições de competir com produtos importados por falta de experiência e oportunidade. Seria, desse modo, uma fase de proteção temporária para alavancar a produção e projetar ganhos de escala, até que a companhia se viabilizasse à competição internacional.

Hodiernamente, a defesa do protecionismo é recorrente entre os economistas heterodoxos, sobretudo, daqueles que se associam às correntes keynesiana ou institucionalista. Vale ressaltar que um dos mais destacados liberais, Schumpeter (1982), também apresenta argumentos que servem ao modelo desenvolvimentista. Para ele, o fator determinante da evolução capitalista seria a inovação. A economia estaria em constante movimento, desdobrando-se em quatro fases: prosperidade, recessão, depressão e recuperação.

A prosperidade decorreria da inovação, que em seguida se desgastaria, passando por uma recessão, uma depressão e forçando novos investimentos em inovação, para seguir-se à fase de recuperação e, sucessivamente, novos ciclos. No momento de depressão, vale ressaltar, haveria verdadeira ruptura do processo de inovação instalado para aquele ciclo, o que causaria a "destruição criativa", uma vez que seria o momento de iniciarem-se novos processos de inovação.

---

15 Dispõe sobre a coordenação do Sistema Nacional de Trânsito.

Ao se aplicar essas teorias ao setor automobilístico, verifica-se que o potencial competitivo brasileiro poderia ser adequadamente avaliado pela análise dos fatores que condicionam a capacidade das empresas em lidar de modo eficaz com os mecanismos de competição, devendo a indústria ser resguardada da concorrência quando na sua fase nascente. Todavia, a manutenção do protecionismo por longos períodos, além de se tornar uma possível causa de ineficiência da indústria doméstica, pode repercutir em pressão da população para que se promova acesso a bens mais seguros, dinâmicos, econômicos; enfim, mais modernos.

A crítica dos liberalistas ao caso brasileiro, nesse aspecto, consiste em dizer que a indústria nacional, iniciada há cerca de 100 anos (GUIMARÃES, 1980, p. 777), não está mais em sua fase embrionária. Ao contrário, estaria demonstrando obsolescência e necessidade de abertura para alcançar graus mais altos de atualidade e de estímulo à competitividade. O paradoxo está em que, quanto mais aberto ao mercado global, mais suscetível tende a ficar o Estado Nacional aos fatores mencionados na introdução deste capítulo, quais sejam: pressão externa; e elevada complexidade das relações entre os atores assimétricos. Esses fatores, vale repetir, podem transformar a estrutura de poder desenhada pelo federalismo constitucional/ formal.

Ao mesmo tempo, o relacionamento cultural espontâneo parece ampliar a necessidade pela competição. Parte dos consumidores brasileiros conhecem a realidade do mercado automotivo de países europeus ou dos Estados Unidos e reivindicam, internamente, acesso aos mesmos bens e peças para o uso doméstico. Dessa forma, constitui-se um novo paradoxo, que vem da constatação de que mesmo o Estado não sendo, amplamente, aberto ao mercado internacional, mas estando, culturalmente, aberto, poderá ficar em condição vulnerável a pressões para que se torne mais competitivo e passe a se inserir mais no comércio internacional.

E o que vem a ser a competitividade? Pode ser definida como a habilidade de a empresa concorrer com homólogos do mesmo setor, de modo a superar seus concorrentes na conquista por consumidores. No mercado em que as empresas concorram em igualdade de condições, existem dois mecanismos principais para conquistar a preferência do consumidor: preço e diferenciação de seu produto por meio de qualidade, inovação ou propaganda. Além desses mecanismos, podem ser fatores desencadeadores de maior ou menor competitividade qualquer componente econômico da empresa ou componente estrutural – relativo ao ambiente, à forma de organização, à localização etc.

Em definição de Christian Luiz da Silva (2001, pp. 37-38):

A competitividade não pode ser vista como uma característica intrínseca da empresa, pois advém de fatores internos e externos, que podem ser controlados ou não por ela. Por definição, a competitividade é intrínseca à concorrência, pois onde há concorrência há competição e, portanto, competitividade, mas a própria competitividade transcende as características peculiares da firma.

O resultado da concorrência não depende só da firma, mas de vários fatores que a cercam. Cada fator tem a sua importância e peso dentro de um ambiente de competição, e, em alguns mercados, um fator pode ser mais representativo que outro, formando-se no contexto da interação dos fatores sistêmicos, estruturais e internos à firma.

Pode-se conceber a competitividade como um fator determinante para a inovação e a inserção internacional. E o contrário também pode ser considerado verdadeiro: os níveis de inovação e inserção internacional da indústria constituem índices importantes para avaliação da competitividade. Desse modo, quanto mais inovadora for dada empresa e mais inserida no mercado internacional, mais competitiva tenderá a ser. Se, em dimensão mundial, o grau de competitividade do setor automotivo baseia-se, especialmente, em preço e qualidade, o fortalecimento das conexões de comunicação global e da circulação de pessoas tem relevância na avaliação do grau de internacionalização do produto.

Diante do mencionado, a capacidade de inserção internacional é para uma empresa de automóveis um relevante índice de competitividade. Uma fabricante que negocie produtos fora de seu mercado de origem estaria, certamente, em grau de competitividade mais avançado do que a companhia que consegue manter suas vendas unicamente no mercado interno. Esse raciocínio não se aplica somente às vendas, mas também aos fornecedores.

Nesse contexto, em meio à crise monetária do Sudeste asiático de 1997, a qual abalou inclusive a Coreia do Sul, as empresas daquele País ganharam, consistentemente, participação no mercado internacional. Ao contrário do que acontecia em Detroit (que perdia, sistematicamente, mercado), cidade de notória concentração da indústria automobilística norte-americana, a Hyundai e a empresa coligada, Kia, cresciam, suportadas por forte injeção de recursos públicos e por uma estratégia de inovação, que incluía a busca de soluções para o *design* dos carros, que de um arquétipo ultrapassado, passou a contemporâneo e arrojado.

Nos últimos anos, a Hyundai-Kia inseriu novas linhas de produção na China, na Índia, nos Estados Unidos e no Brasil, entre outros países. Ao mesmo tempo em que concorrentes como Toyota, General Motors, Volkswagen e Ford, para citar alguns exemplos, registraram estabilidade ou quedas nas vendas e fizeram movimentos de redução da produção em boa parte dos países em que atuam. Ao mesmo tempo, a Coreia do Sul se modernizou. As cidades cresceram e ganharam projeção mundial.

Desde o início os veículos sul-coreanos eram produzidos em grande quantidade, visando ao mercado externo. No início, os carros dessa origem enfrentavam a desconfiança do consumidor e chegavam a perder mais de 80% do valor de aquisição depois de cinco anos de uso. Característica que, aos poucos, em razão de investimentos em boa parte garantidos pelo governo, passou por mudanças, até se alcançar o atual patamar de relevante competidor internacional.

Na Coreia do Sul, são comuns os *chaebols* – modelos de empresas familiares incentivados pelo governo. Essa estrutura deu início ao conglomerado da Hyundai-Kia. Ainda hoje, não é fácil definir o nível de intervenção[16] do governo sul-coreano no setor automotivo, mediante incentivos financeiros e benefícios tributários vinculados à performance exportadora. Mas é inquestionável que o Estado sul-coreano se tornou um exemplo de ator que foi, profundamente, influenciado pela ideia de participar do mercado internacional e tornar suas empresas mais competitivas.

Para alcançar o atual patamar, a Coreia do Sul abriu mão de arrecadação tributária em benefício de uma atuação global e adotou políticas eficientes de inovação, mediante o fortalecimento de marcas automotivas domésticas. Essa ação resultou em êxito num contexto histórico recente e tendo atravessado crises econômicas que assolaram o país.

A despeito da assimetria geográfica – uma vez que o Brasil tem dimensões territoriais e demográficas que correspondem a várias vezes o tamanho da Coreia do Sul, território cerca de 85 vezes maior, e população cerca de 4 vezes –, o exemplo serve ao Brasil, porque foi um modelo de desenvolvimento voltado para fora, orientado ao ganho de produtividade visando à competitividade internacional. Características que conduziram a ações inovadoras relativamente aos processos de produção, à tecnologia e ao *design* dos produtos.

---

**16** Não se pretende neste estudo abordar a temática das regras da Organização Mundial de Comércio, consubstanciadas em tratados multilaterais, que, entre outras proibições, impedem expressamente o estímulo da economia doméstica pelo artifício da performance exportadora. Regra essa, vale dizer, consistentemente desrespeitada ou driblada por vários países-membros. Mesmo o Brasil, que enfrenta o contencioso contra a União Europeia, desde 2014, no âmbito da OMC (DS 472), no qual foi questionado, entre várias políticas, pelos mecanismos do mencionado programa do INOVAR-AUTO, destinado a incentivar o setor automotivo.

Em fechamento a este tópico de estudo, vale mencionar a crítica à participação do Brasil nas chamadas "Cadeias Globais de Valor[17] (CGV)" realizada pelos pesquisadores Timothy Sturgeon, Gary Gereffi, Andrew Guinn e Ezequiel Zylberberg (2013, p. 33), que consideram que o Brasil tem um significativo mercado interno, que viabilizaria a adoção de políticas industriais inviáveis em países menores (com mecanismos, por exemplo, de conteúdo local e incentivos fiscais), além de que a economia brasileira lidera o Mercosul.

Os autores entendem que as empresas que se ocupam de atividades de comércio exterior tendem a ganhar maiores lucros, gastar mais em Pesquisa e Desenvolvimento (P&D) e pagar salários mais altos do que as empresas que não o fazem. Soma-se a esta questão o acesso aos bens intermediários estrangeiros a preços competitivos como outro ponto relevante para alcançar maior produtividade tanto nos países industrializados quanto nos países de desenvolvimento recente, como a Índia e a China. Ademais, afirmam que (STURGEON, 2013, p. 33):

> [...] para os países em desenvolvimento, o comércio, os investimentos e os fluxos de conhecimento que sustentam as CGVs [Cadeias Globais de Valor] fornecem mecanismos que estimulam o rápido aprendizado, a inovação e o *upgrading* na indústria. As CGVs podem fornecer às empresas locais melhor acesso à informação, abrir novos mercados e criar oportunidades para a rápida aprendizagem tecnológica e a aquisição de conhecimentos. Como as transações e investimentos ligados às CGVs vêm acompanhados normalmente de sistemas de controle de qualidade e de padrões de negócios globais dominantes, que excedem os dos países em desenvolvimento, empresas e indivíduos desses países podem ser "empurrados" para a aquisição de novas competências e habilidades através da participação em CGVs. Nos países em desenvolvimento mais estreitamente ligados às CGVs, estas melhorias de processos de negócios às vezes podem ser sentidas muito além dos setores e empresas exportadoras.

Nesse sentido, é possível considerar que as dimensões do mercado interno brasileiro, o ambiente institucional propício à orientação das políticas industriais e a liderança do bloco econômico do Mercosul são vantagens

---

**17** A expressão "Cadeia Global de Valor (CGV)" tem sido utilizada para descrever o conjunto de atividades de empresas e trabalhadores desde a concepção de um produto até seu consumo. Inclui-se, neste conceito, a caracterização das diversas fases do processo produtivo: obtenção de insumos; pesquisa e desenvolvimento; produção; distribuição; marketing do produto final e serviços de pós-venda. O termo "global" refere-se à crescente fragmentação dessas atividades, além de uma dispersão geográfica. "Cadeia de valor" é a expressão empregada para substituir "cadeia produtiva" e explicita a ideia de valor agregado a cada fase realizada. Deriva-se dos trabalhos de Hopkins e Wallerstein (entre os anos de 1977 e 1986) sobre as "Cadeias Globais de Commodities (CGC)".

competitivas subexploradas quando o objetivo é aumentar a produtividade, promover a inovação e a melhoria do desempenho das cadeias produtivas e, consequentemente, dilatar os ganhos de escala das empresas.

O contrapeso dessas potenciais conquistas seria, do ponto de vista político, e, como exposto ao longo deste texto, a construção de uma nova estrutura de poder informal, na qual atores assimétricos, como corporações associadas a Cadeias Globais de Valor, conglomerados empresariais, muitos deles orientados por interesses de outros Estados, ampliariam seu poder de influência no Brasil e reduziriam a importância do poder oficial.

É possível que estes efeitos sejam inevitáveis, e que o protecionismo comercial, visto pela ótica política, possa apenas retardar o processo de modificação do federalismo.

## 4. CONCLUSÕES

A Economia Política Internacional tem modificado a noção de Estado e suas características. As implicações dessa análise são de que o poder público ainda tem um papel a cumprir na globalização, portanto, não foi, como muitos propagam, superado por novas formas de capital, tecnologia e produção.

É possível, contudo, considerar que, mesmo mantendo um papel na nova ordem mundial, os Estados e Governos tenham perdido influência relativa. Em meio a um novo sistema complexo e multidimensional, com níveis elevados de conexão, reduziu-se o poder estatal para controlar ou definir comportamentos com base no convencimento.

Alternativamente, as multinacionais e empresas locais que conseguem se consolidar em meio à intensa competição internacional parecem exercer forte influência sobre o relacionamento das pessoas entre si, delas com o Estado e, em certa medida, dos Estados ente si, contribuindo para uma reflexão sobre as diretrizes do federalismo no contexto atual.

A pressão das pessoas por qualidade e diversidade de produtos passaram a estabelecer um fator de pressão na esfera nacional e local por maior acesso ao consumo de bens em condições de serem comercializados em qualquer parte do mundo, por suas características de qualidade e baixo preço.

Característica elevada ao grau máximo no setor automotivo, no qual os veículos produzidos no exterior, embarcados de tecnologia de ponta em segurança, consumo e *design*, parecem causar relativa frustação ao consumidor que o compara com o que lhe é disponibilizado no mercado doméstico a preços elevados e sem os mesmos adjetivos. A frustração viria de um choque de interesses, por se verificar que o benefício direto da proteção do mercado automotivo gera ineficiência e protege de forma direta, o industrial, e não o comprador.

Nesse sentido, o termo Governança, trabalhado por Burgess (2006, p. 256), envolve a construção de consenso ou da aquiescência em torno de projetos que agreguem vários interesses conflitantes, em nome de um ganho, mais amplo, de cooperação. Sua aplicação refere-se às questões básicas da política, entre as quais eficiência e legitimidade. Conecta-se, portanto, à ideia de processo político em áreas onde o Estado não exerce ou não pode exercer um papel de liderança, seja em âmbito local ou supranacional. Nos dias atuais, Governança parece ter assumido o significado de relações que envolvem não somente os Estados, mas também atores não-estatais. Essa parece ser uma definição que agrega a participação de grupos diversos e assimétricos, mas necessita de comunicação clara e precisa para que não gere inconformismos, como ocorrido na Rodada do Milênio, no âmbito da OMC.

## REFERÊNCIAS BIBLIOGRÁFICAS

BRANDER, J.A., SPENCER, B.J. *Export Subsidies and International Market Share Rivalry*. Journal of International Economics. fev. 1985, v. 18, p. 83-100.

BURGESS, Michael. *Comparative Federalism: Theory and Practice*. London and New York: Routledge, 2006.

CASTELLS, Manuel. *The Informational City: Information Technology, Economic Restructuring and the Urban–Regional Process*. Oxford: Basil Blackwell, 1989.

FABRIZ, Daury Cesar; FERREIRA, Cláudio Fernandes. teoria geral dos elementos constitutivos do estado. *Revista da Faculdade de Direito da UFMG*, [s.l.], n. 39, p. 107-141, fev. 2014. Disponível em: <https://www.direito.ufmg.br/revista/index.php/revista/article/view/1192>. Acesso em: 22 out 2019.

GUIMARÃES, Eduardo Augusto de A. *A dinâmica de crescimento da indústria de automóveis no Brasil: 1957/78*. Pesquisa e Planejamento Econômico, Rio de Janeiro, v. 10, n. 3, p. 775-812, dez. 1980.

HELD, David. *A democracia, o estado-nação e o sistema global*. *In*: Lua Nova nº. 23 São Paulo Mar. 1991

ICC Open Market Index: commissioned by the ICC world trade agenda. 4. ed. Paris: International Chamber of Commerce (ICC), 2017.

KUPFER, D. *Uma abordagem neo-schumpeteriana da competitividade industrial*. Ensaios FEE, v.17, n. 1, p. 355-372. 1996.

LIMA, Bruno Youssef Yunen Alves de. Tang, Yi Shin (orient). *À margem da OMC: a emergência dos padrões privados no comércio internacional*. Dissertação [Mestrado em relações internacionais]. Programa de Pós-Graduação em Relações Internacionais, Universidade do Estado de São Paulo, 2019. p. 90.

LIST, Georg Friedrich. *Sistema Nacional de Economia Política*. São Paulo: Nova Cultural, 1986.

MICHAELIS. *Moderno Dicionário da Língua Portuguesa*. Disponível em: <http://michaelis.uol.com.br/moderno/portugues/index.php>. Acesso em: 21 out 2019.

MILL, J. Stuart. *Princípios de economia política*. São Paulo: Nova Cultural, 1996.

SCHUMPETER, J. A. *Teoria do desenvolvimento econômico*. São Paulo: Abril Cultural, 1982.

SILVA, Christian Luiz da. *Competitividade e Estratégia Empresarial: um estudo de caso da indústria automobilística brasileira na década de 1990*. p. 37-38. In: Rev. FAE, Curitiba, v. 4, n.1, jan./abr. 2001.

STRANGE, Susan. *States and Markets*. London: Pinter Publishers, 1989.

STRANGE, Susan. *The Retreat of the State: The Diffusion of Power in the World Economy*. Cambridge: Cambridge University Press, 1996.

STURGEON, Timothy; GEREFFI, Gary; GUINN, Andrew; ZYLBERBERG, Ezequiel. *O Brasil nas cadeias globais de valor: implicações para a política industrial e de comércio*. In: RBCE Nº 115, abr. – jun. 2013.

THORSTENSEN, Vera; KOTZIAS, Fernanda; VIEIRA, Andreia. *A ameaça dos padrões privados à OMC*. In: Buscando soluções para o comércio internacional de alimentos, Pontes, v. 11, n. 5, julho de 201

# FEDERALISMO, PODER FINANCEIRO E COERÊNCIA: ENTRE AUTONOMIA E PARTICIPAÇÃO

REINALDO BELLI DE SOUZA ALVES COSTA[1]

## 1. INTRODUÇÃO

Os grandes problemas do Federalismo Financeiro brasileiro podem ser analisados não como o resultado de atos de vontade de governantes ou parlamentares anti-federalistas, mas sim como a consequência de um arranjo institucional incoerente e desequilibrado, que ordinariamente tende à instabilidade do sistema.

Buscando trilhar este caminho, o presente artigo inicia por abordar superficialmente os conceitos de Federalismo, Poder Financeiro e coerência institucional no Federalismo Financeiro, sem pretensão de exauri-los.

Na sequência, analisa-se a incoerência do modelo institucional de Federação adotado no Brasil, tendo em vista seus objetivos constitucionais e o grau de concentração de Poder Financeiro na competência da União. Esta análise parte do pressuposto de que as Leis da Autonomia e da Participação, características, da organização Federativa de Estado, estão em permanente relação de tensão e complementariedade.

Então, é feita verificação específica da desconcentração do Poder Financeiro no território, primeiro em relação aos Municípios brasileiros, considerando o desequilíbrio entre a Autonomia e o direito de Participação que lhe são deferidos pela ordem Constitucional pátria. Já em relação aos Estados membros, delineia-se o Poder Financeiro que lhe fora reservado para exercer autonomamente, e a forma de participação nas deliberações nacionais, notadamente por meio do Senado Federal.

Elege-se a comparação do Senado Federal brasileiro com o Conselho Federal Alemão (*Bundesrat*) para se afirmar a incoerência do método adotado pela Constituição Federal brasileira de 1988 para desconcentrar o Poder Financeiro no território.

---

[1] Bacharel em Direito pela Universidade Federal de Minas Gerais. Atualmente é Mestrando em Direito e Justiça na UFMG.

Por fim, conclui-se pela necessidade de revisão do modelo institucional de Federalismo brasileiro, por meio do fortalecimento do direito de participação dos Entes subnacionais na formação da vontade federal, a fim de tornar o sistema nacional mais coerente com seus propósitos e desafios.

## 2. FEDERALISMO

A forma federativa de Estado constitui conceito jurídico de natureza tipológica[2], e por isso mesmo comporta uma pluralidade de conformações institucionais que o Estado Nação entenda por bem assim insculpir em suas normas constitucionais e legais de organização e distribuição do Poder no território. Dessa forma, é natural que existam vários sistemas federativos que, ainda que possuidores de uma identidade comum – a natureza federal – são bastante diferentes entre si quanto ao desenho de suas instituições.

Integra a ideia de Federalismo a evasão vertical do Poder Político no território, não servindo apenas à descentralização administrativa, mas sim à atribuição de competências para se proporcionar a autonomia, que nas palavras de BERNARDO GONÇALVES constitui a tripla aptidão de auto-organização (ou normatização própria), autoadministração e autogoverno[3], às quais RICARDO LOBO TORRES soma a autonomia financeira[4], sem a qual sequer poderiam existir as demais.

Neste contexto, a produção do Direito na Federação é, como aponta HANS KELSEN, dinâmica[5], eis que coexistem na ordem jurídica nacional várias fontes do Direito, todas submetidas à Constituição.

Apresenta-se como justificativa para a adoção do regime federativo de Estado a aproximação entre os cidadãos e seus governantes, permitindo a potencialização da participação popular nas escolhas públicas, a partir de um modelo representativo, notadamente nos países de grande extensão territorial e elevado número de habitantes[6], como o Brasil.

---

[2] Cf. BALEEIRO, Aliomar. Atualização: DERZI, Misabel Abreu Machado. *Limitações Constitucionais ao Poder de Tributar.* 7ª edição. Atualização: Rio de Janeiro: Forense, 2006. P. 291.

[3] FERNANDES, Bernardo Gonçalves. *Curso de Direito Constitucional.* 9ª edição. Salvador: JVSPodium, 2017. P. 878/884.

[4] Cf. TORRES, Ricardo Lobo. *Curso de Direito Financeiro e Tributário.* 19ª edição. Rio de Janeiro: Renovar, 2013.

[5] Cf. KELSEN, Hans. *Teoria Geral do Direito e do Estado.* Tradução: Luís Carlos Borges. São Paulo: Martins Fontes, 1998. P. 442.

[6] Cf. ANASTASIA, Fátima. *Federação e relações intergovernamentais. In:* AVELAR, Lúcia; CINTRA, Antônio Octávio. Sistema Político Brasileiro: uma introdução. Rio de Janeiro: Konrad Adenauer Stiftung; São Paulo: Editora Unesp, 2015. P. 144.

Em verdade, a subsidiariedade é nota distintiva do Federalismo como limitação do Poder Central à assunção de responsabilidades que podem ser executadas por unidades mais restritas[7], em nome da maior capacidade de participação política do cidadão, o que também é uma vertente do exercício da vida digna, com a capacidade de autodeterminação do indivíduo.

Com a subsidiariedade, o Poder se exerce de modo a privilegiar atos mais sintonizados com as necessidades locais e por isso mesmo mais democraticamente responsabilizáveis[8] ("*accountability*"), permitindo a concretização da "maior participação possível[9]" do cidadão nas deliberações políticas, agregando concretude ao Princípio Democrático[10].

Ao lado da Lei da Autonomia, que opera a subsidiariedade, está a Lei da Participação, pela via da qual se garante a manutenção de uma ordem nacional, mediante a construção conjunta da vontade federal, que se viabiliza por mecanismos institucionais de participação efetiva dos Entes subnacionais nas deliberações Federais.

Nem sempre explícita nos textos constitucionais, a Lei da Participação pode ser concretizada mediante uma série de modelos, dentre os quais se compreende o bicameralismo, garantindo que os Entes subnacionais participem do exercício do Poder Político central por meio de uma Câmara de representação federativa.

---

**7** Cf. BATISTA JÚNIOR, Onofre Alves; OLIVEIRA, Ludmila Mara Monteiro; MAGALHÃES, Tarcísio Diniz. *Que Pacto Federativo? Em busca de uma teoria normativa adequada ao federalismo Fiscal Brasileiro*. In: DERZI, Misabel Abreu Machado; BATISTA JÚNIOR, Onofre Alves; MOREIRA, André Mendes (Coordenadores). Estado Federal e Tributação: das origens à crise atual. Vol.1. Belo Horizonte: Arraes Editores LTDA., 2015. P. 13/14.

**8** Cf. BARKER, William B. *Concorrência Tributária Interestadual como Reflexo da Concorrência Tributária Internacional*. In: DERZI, Misabel Abreu Machado; BATISTA JÚNIOR, Onofre Alves; MOREIRA, André Mendes (Coordenadores). Estado Federal e Guerra Fiscal no Direito Comparado. (Coleção Federalismo e Tributação, Vol.2). Belo Horizonte: Arraes Editores LTDA., 2015. P. 139.

**9** DERZI, Misabel Abreu Machado; BUSTAMANTE, Thomas da Rosa de. *O Princípio Federativo e a Igualdade: uma perspectiva crítica para o sistema brasileiro a partir da análise do Modelo Alemão*. In: DERZI, Misabel Abreu Machado; BATISTA JÚNIOR, Onofre Alves; MOREIRA, André Mendes (Coordenadores). Estado Federal e Guerra Fiscal no Direito Comparado. (Coleção Federalismo e Tributação, Vol.2). Belo Horizonte: Arraes Editores LTDA., 2015. P. 472.

**10** Para análise similar a respeito da subsidiariedade no federalismo fiscal Italiano, vide: MARCO, Santa de. *O Federalismo Municipal na Itália: Críticas e Perspectivas*. In: DERZI, Misabel Abreu Machado; BATISTA JÚNIOR, Onofre Alves; MOREIRA, André Mendes (Coordenadores). Estado Federal e Guerra Fiscal no Direito Comparado. (Coleção Federalismo e Tributação, Vol.2). Belo Horizonte: Arraes Editores LTDA., 2015. P. 226.

Mesmo não existindo um padrão para se concretizar a Lei da Participação e a Lei da Autonomia, é certo que tais características do modelo Federativo de Estado estão em permanente relação de complementariedade e tensão, conforme adiante se demonstrará.

## 3. PODER FINANCEIRO

O Poder Financeiro não é mais que uma das formas de exercício da potestade jurídica estatal, com a especificidade de se voltar à regulação e realização da atividade financeira[11]. Significa a prerrogativa jurídica, da pessoa de direito público constituída pelo Direito brasileiro, de realizar a produção do Direito Financeiro e dar-lhe cumprimento. O Poder Financeiro é esta parcela do Poder Estatal que regula e realiza a atividade financeira, assim entendida como as atividades instrumentais adotadas para a obtenção de receitas e a realização dos gastos para o atendimento das finalidades públicas[12].

### 3.1. FORMAS DE DESCONCENTRAÇÃO DO PODER FINANCEIRO

A literatura jurídica nacional aponta existirem duas formas explícitas de distribuição do Poder Financeiro no Estado brasileiro: horizontal e vertical[13]. O fundamento teleológico da distribuição do Poder Financeiro é o mesmo de qualquer outra forma de distribuição do Poder Político, consistente em se estabelecer um sistema de controle recíproco e inibir a assunção de características autoritárias e de difícil contenção do Poder Público. É, pois, medida de resguardo dos postulados do Princípio Democrático e do Estado de Direito[14].

#### 3.1.1. DESCONCENTRAÇÃO HORIZONTAL DO PODER FINANCEIRO

A *desconcentração horizontal* se refere à Separação dos Três Poderes, Executivo, Legislativo e Judiciário, cada qual em sua função típica realizando a atividade financeira, por meio do exercício do Poder de que são titulares. O Poder Executivo realiza a atividade financeira dando cumprimento à Lei Orçamentária em mais larga escala, responsável que é pela garantia de uma pluralidade de prestações materiais para a garantia de

---

11 Cf. TORRES, Ricardo Lobo. *Curso de Direito Financeiro e Tributário*. 19ª edição. Rio de Janeiro: Renovar, 2013.

12 Cf. TORRES, Ricardo Lobo. *Curso...*, cit.

13 Cf. TORRES, Ricardo Lobo. *Curso...*, cit.

14 Cf. BALEEIRO, Aliomar. Atualização: DERZI, Misabel Abreu Machado. *Limitações Constitucionais ao Poder de Tributar*. 7ª edição. Atualização: Rio de Janeiro: Forense, 2006. P. 291.

direitos, em busca da liberdade igual[15]. Por meio de um ato de Poder, ele concretiza as previsões legislativas em regulamentos e atos administrativos de efeitos concretos, seja para realizar a despesa e a receita, ou contrair a dívida. É também atribuição do Poder Executivo a compilação das propostas de Lei Orçamentária para submeter um único projeto de lei, de sua iniciativa, ao Poder Legislativo (Constituição Federal, artigo 165, *caput* e §5º). A profusão, portanto, com que o Poder Executivo executa a atividade financeira sob o prisma da execução do orçamento singulariza sua função típica.

O Poder Judiciário, por meio da ordem judicial, determina a realização ou a abstenção de despesa ou receita, e pode também interromper processos de endividamento em curso[16]. Da mesma forma, por meio da declaração de inconstitucionalidade de norma *jusfinanceira*, com ou sem modulação de efeitos, realiza o Poder financeiro judicial[17].

É, contudo, sem dúvidas, o Poder Legislativo aquele que possui maior aptidão para criar o Direito Financeiro, modificando por meio do processo legislativo a forma de realização da atividade financeira, sobretudo por meio da aprovação dos orçamentos públicos, da edição das normas tributárias e da conformação das normas gerais em matéria financeira.

Representam limitações ao legislador orçamentário, além do sistema de precatórios[18], o serviço de pagamento da dívida pública financeira[19], e os gastos com pessoal e seus encargos[20], a primeira delas determinada unilateralmente pelo Poder Judiciário, e as duas seguintes enviadas pelo Executivo ao Parlamento sem possibilidade de deliberação parlamentar.

---

**15** Cf. SCAFF, Fernando Facury. *Orçamento Republicano e Liberdade Igual – Ensaio sobre Direito Financeiro, República e Direitos Fundamentais no Brasil*. Belo Horizonte: Fórum, 2018.

**16** Exemplo de ordem judicial que impediu a contratação de empréstimo pelo Poder Público é a concessão de medida liminar pelo Egrégio Tribunal de Justiça do Estado de Minas Gerais nos autos da Ação Popular nº TJMG - Agravo Interno Cv 1.0000.18.064723-2/002, Relator (a): Des.(a) Wilson Benevides, 7ª CÂMARA CÍVEL, julgamento em 27/11/2018, publicação da súmula em 03/12/2018.

**17** A respeito da aptidão do Poder Judiciário para criar Direito, vide: DERZI, Misabel Abreu Machado. *Modificações da Jurisprudência: proteção da confiança, boa-fé objetiva e irretroatividade como limitações constitucionais ao poder judicial de tributar*. São Paulo: Noeses, 2009.

**18** Constituição da República, artigo 100.

**19** Constituição da República, artigo 166, §3º, inciso II, alínea "b", e artigo 9º, §2º, da Lei Complementar nº 101/2.000.

**20** Constituição da República, artigo 166, §3º, inciso II, alínea "a".

Com feliz aptidão didática – sem perder de vista a restrição terminológica que possa ser feita – FERNANDO FACURY SCAFF identifica estes limites explícitos à liberdade do legislador orçamentário pelo conceito de "cláusulas pétreas orçamentárias[21]".

Além destas divisões quanto às funções típicas de cada qual dos Poderes, é certo que o Legislativo e o Judiciário também realizam atipicamente o Poder Financeiro Executivo, ao gerirem de modo autônomo seus próprios orçamentos, embora a grande responsabilidade pela receita pública permaneça a cargo do Poder Executivo.

Veja-se, de todo modo, que há uma distribuição do Poder Financeiro horizontalmente considerado entre os Poderes Constituídos, cada qual com uma parcela típica do Poder estatal de realizar e conformar a atividade financeira, embora a todos seja dado, autonomamente, realizar a atividade financeira concretamente por meio da autonomia orçamentária que lhes foi garantida como medida de assegurar a independência entre os Poderes, como corolário do Princípio insculpido no artigo 2º da Constituição da República brasileira.

### 3.1.2. DESCONCENTRAÇÃO VERTICAL DO PODER FINANCEIRO

Em Estados Nacionais que adotam o modelo Federativo, a distribuição do Poder Financeiro se dá também pela via da evasão vertical, que considera a distribuição do Poder no território, entre os Entes Federativos de maior e menor abrangência territorial.

No caso brasileiro, a Carta de 1988 levou a efeito uma desconcentração do Poder no Federalismo mediante atribuição de autonomia financeira aos Municípios, erigindo-os ao patamar de Entes Federativos, ao lado dos Estados-membros e do Distrito Federal, e indicando a União Federal como o Ente nacional de representação das unidades subnacionais (art. 1º e art. 18, CRFB/88). Assim, a União Federal, pessoa jurídica de direito público interno, é a entidade que aglutina indissoluvelmente os Estados, Distrito Federal e Municípios, viabilizando a existência da República Federativa do Brasil, esta sim pessoa jurídica de direito público externo, o Estado Nacional brasileiro.

A formulação da repartição das competências tributárias desenhou modelo de *subsidiariedade fiscal*, buscando a eficiência na arrecadação tributária, o que se realizou, como exemplifica ANDRÉ MENDES MOREIRA, ao

---

**21** Cf. SCAFF, Fernando Facury. *Orçamento Republicano e Liberdade Igual – Ensaio sobre Direito Financeiro, República e Direitos Fundamentais no Brasil*. Belo Horizonte: Fórum, 2018.

se deixar aos Municípios a tributação dos impostos sobre o patrimônio imobiliário e à União sobre o comércio exterior[22].

Desta maneira, a divisão do Poder Financeiro na Federação opera a desconcentração vertical, mediante a garantia da Lei da Autonomia.

A autonomia financeira pressupõe aptidão para exercício do Poder Financeiro, mediante não apenas a capacidade de elaboração e execução de seus próprios orçamentos, mas sim a condição de *suficiência dos recursos públicos* para o atendimento das políticas públicas a cargo de cada nível da Federação[23].

Logo, a distribuição do Poder Financeiro no território, para ser efetiva, há que proporcionar *"algum tipo de independência juridicamente vinculante[24]"*, ou, em termos mais simples, há que existir a autonomia financeira, que não pode ser considerada uma mera aptidão para elaborar as peças orçamentárias, como se meramente formal. Antes, a autonomia financeira representa a suficiência[25] de recursos para fazer frente às necessidades públicas a cargo do Ente Federativo, portanto representa uma característica material, sem a qual seria inócua a divisão de competências administrativas dos Entes[26].

Para atingir este objetivo, a Constituição de 1988 não apenas repartiu o Poder de Tributar entre as pessoas políticas, oportunizando também a Estados, ao Distrito Federal e aos Municípios, instituir e cobrar tributos, como também criou *(i)* as participações no resultado de receitas originárias decorrentes da exploração de recursos naturais, bem como uma compensação pela sua exploração (art. 20, §1º, CRFB/88); e (ii) a partici-

---

[22] Cf. MOREIRA, André Mendes. *O federalismo brasileiro e a repartição das receitas tributárias*. P.158. In: DERZI, Misabel Abreu Machado; JÚNIOR, Onofre Alves Batista; MOREIRA, André Mendes (Coordenadores). Estado Federal e Tributação: das origens à crise atual. Vol.1. Belo Horizonte: Arraes Editores LTDA., 2015.

[23] Cf. TORRES, *op. Cit.* MOREIRA, *op. Cit.*

[24] BARKER, Willian B. *Concorrência Tributária Interestadual como reflexo da Concorrência Tributária Internacional*. In: DERZI, Misabel Abreu Machado; BATISTA JÚNIOR, Onofre Alves; MOREIRA, André Mendes (Coordenadores). Estado Federal e Guerra Fiscal no Direito Comparado. (Coleção Federalismo e Tributação, Vol.2). Belo Horizonte: Arraes Editores LTDA., 2015. P. 140.

[25] Cf. FIGUEIREDO, Marcelo. *Os desafios do Federalismo Fiscal no Brasil*. In: Direito Constitucional: estudos interdisciplinares sobre federalismo, democracia e Administração Pública. Belo Horizonte: Fórum, 2012. P. 246.

[26] Nesse sentido a parte introdutória do voto do Ministro GILMAR MENDES na Ação Direta de Inconstitucionalidade por Omissão nº 25/DF, Acórdão, fls. 14, item II do voto do Relator.

pação dos Estados, Distrito Federal e Municípios na receita tributária do Ente central, e dos Municípios na receita tributária dos Entes Estaduais (artigos 157 a 162, CRFB/88).

A desconcentração do Poder e o estabelecimento do sistema de controles recíprocos, sob finalidades democráticas e de segurança jurídica, requer em Federações o estabelecimento de mecanismos mais complexos, pois também é particular característica desta forma de organização do Estado a Lei da Participação, que *"prescreve a atuação efetiva dos Estados-membros na formação das decisões federais[27]"*.

A Lei da Participação também viabiliza o controle recíproco do Poder Financeiro no Federalismo, por permitir a participação dos Entes subnacionais na deliberação nacional de modo a sintonizar a vontade da República Federativa à vontade dos Estados, Distrito Federal e Municípios, pois são estes como visto, a composição da União Federal (artigo 1°, CRFB/88). Por assim dizer, a Lei da Participação consiste em *método preventivo de controle recíproco do exercício do Poder Financeiro*, pois diminui a chance de a camada subnacional se insurgir contra o teor da deliberação, quando dela teve a (efetiva) oportunidade de participar, seja no processo legislativo, seja na edição do ato regulamentar. Além disso, o direito de participação inibe a invasão de espaços de normatividade reservados aos campos subnacionais, e por isso é tão relevante em matéria financeira.

## 4. COERÊNCIA

A ideia de coerência se identifica com a adequação dos meios com os fins almejados. Como tal, pressupõe um planejamento equilibrado, em que subjaz uma relação de congruência entre a atribuição de competência em um Estado-Poder e a finalidade do sistema, revelada pela interpretação da Carta Constitucional.

A distribuição do Poder Financeiro entre os Entes Federativos, com vistas à autonomia financeira de cada qual, estabelece um dever de mútua cooperação entre eles, o que os alemães denominam pelo termo *"Bundestreue"*, ou seja, o *dever das Unidades Federativas de manter uma conduta favorável ao regime federal*[28], o que contribui para que possam ser realizados planeja-

---

[27] MOREIRA, André Mendes. *O federalismo brasileiro e a repartição das receitas tributárias*. P.158. In: DERZI, Misabel Abreu Machado; JÚNIOR, Onofre Alves Batista; MOREIRA, André Mendes (Coordenadores). Estado Federal e Tributação: das origens à crise atual. Vol.1. Belo Horizonte: Arraes Editores LTDA., 2015.

[28] Cf. ARAÚJO, Regis Frota. *La solidariedade constitucional en el federalismo alemán*. In: BONAVIDES, Paulo. Revista Latino-americana de estudos constitucionais. N° 2 – jul./dez. Belo Horizonte: Del Rey, 2003. P. 651.

mentos harmônicos das entidades da Administração Pública, fundamentais ao mandamento constitucional de Eficiência Administrativa[29]. Contudo, não basta que tal postulado normativo esteja prescrito, se as instituições não gozam de *coerência federativa*, isto é, a distribuição de competências e a forma de exercício do Poder juridicamente prevista deve ser uma blindagem ao desvio do planejamento de lealdade federativa.

Desta forma, de nada basta falar-se nas ideias centrais de Federalismo ou em desconcentração vertical do Poder Financeiro, baseando-se exclusivamente em uma expectativa de comportamento leal e moralmente compatível com o modelo Federal. Antes, em um esforço de teoria política, as instituições devem ser cunhadas de forma *coerente* com os fins a que se destinam, sob pena de permanente desvirtuamento do sistema e necessidade de medidas repressivas como a judicialização.

São famigerados exemplos fáticos da anomalia do federalismo financeiro brasileiro, que se pode atribuir exatamente à incoerência da modelagem das instituições: (i) a omissão inconstitucional do Congresso Nacional (Poder Legislativo da União Federal) no dever de legislar sobre as compensações aos Estados em razão das perdas advindas da Lei Kandir, reconhecida pelo Supremo Tribunal Federal no julgamento da ADO nº 25[30]; (ii) a necessidade de judicialização da divergência a respeito dos critérios para a fixação dos valores do Fundo de Participação dos Estados, conforme atualmente em tramitação as Ações Civis Originárias nº 3.150 e 3.151 (STF)[31], demonstrando a completa falta de diálogo entre os Entes; (iii) a elogiada[32] ADPF 523, que pretende dar interpretação evolutiva ao instituto da Desvinculação de Receitas da União e submeter-lhe à lógica de partilha aplicável aos impostos residuais da União (art. 154, I, CRFB/88), tendo em vista o desvirtuamento reiterado do instituto das contribuições sociais, provocando um deslocamento da prioridade arrecadatória federal[33] do plano constitucional dos impostos à outra es-

---

**29** Cf. BATISTA JÚNIOR, Onofre Alves. *Princípio Constitucional da Eficiência Administrativa*. 2ª edição. Belo Horizonte: Fórum, 2012. P. 225.

**30** Julgada em 30 de novembro de 2016, Relator o Ministro Gilmar Mendes Ferreira.

**31** Ambas de relatoria do Ministro RICARDO LEWANDOWSKI.

**32** SCAFF, Fernando Facury. *A desconfiança legítima no federalismo fiscal e a ADPF 523*. CONJUR, 10.07.2018. Disponível em: https://www.conjur.com.br/2018-jul-10/contas-vista-desconfianca-legitima-federalismo-fiscal-adpf-523, acesso em 19/10/2019.

**33** Ver, a este respeito, a tabela colacionada pelo Ministro GILMAR MENDES em seu voto no julgamento da Ação Direta de Inconstitucionalidade por Omissão nº 25/DF, Acórdão fl. 17, item II do voto do relator.

pécie de tributo, com nítido objetivo de realização do superávit primário e concentração de receitas; (iv) a incapacidade das Resoluções do Senado Federal na fixação das margens para instituição das alíquotas do ICMS e do próprio CONFAZ para evitar a Guerra Fiscal, que se agrava mais a cada dia; (v) a denominada "cortesia com chapéu alheio", consistente na prática de isenções ou exonerações tributárias pelos Entes mais amplos com direta repercussão nas transferências às Unidades Federativas menores[34]; (vi) o fenômeno denominado *"federal preemption*[35]*"*, entendido como o *"processo de ocupação dos campos reservados à normatividade estadual e municipal*[36]*"* pela União Federal, notadamente quando o legislador nacional, sob o pretexto de editar normas gerais financeiras e tributárias por meio de Leis Complementares, acaba por estabelecer regramentos específicos típicos da legislação ordinária a cargo de cada Ente, violando o arranjo de competências legislativas desenhado pela Constituição[37], também expressão da supressão do Poder Financeiro (Poder de criar normas jurídicas financeiras) dos Entes subnacionais; entre tantos outros exemplos para cuja enumeração faltariam páginas.

O dever de *coerência na desconcentração do Poder Financeiro* em uma Federação não significa que há modelo certo ou errado de um Estado-Nação Federal. Tudo depende dos fins almejados. Pode-se pretender ter uma Federação mais concentrada, em busca da uniformidade, ou como mais autonomia dos Entes Subnacionais, preservando-se a diversidade.

Todavia, é preciso que as instituições sejam cunhadas para tanto, de modo pragmático.

---

**34** Cf. OLIVEIRA, Regis Fernandes de. *Curso de Direito Financeiro*. São Paulo: RT, 2011. P. 48/49.

**35** Cf. SILVA, Ricardo Almeida Ribeiro da. *Federalismo Fiscal, Eficiência e Legitimidade: O Jurídico para além do Formalismo* Constitucional. *In:* DERZI, Misabel Abreu Machado; BATISTA JÚNIOR, Onofre Alves; MOREIRA, André Mendes (Coordenadores). Estado Federal e Tributação: das origens à crise atual. Vol.1. Belo Horizonte: Arraes Editores LTDA., 2015. P. 72.

**36** SILVA, Ricardo Almeida Ribeiro da. *Federalismo Fiscal, Eficiência e Legitimidade: O Jurídico para além do Formalismo* Constitucional. *In:* DERZI, Misabel Abreu Machado; BATISTA JÚNIOR, Onofre Alves; MOREIRA, André Mendes (Coordenadores). Estado Federal e Tributação: das origens à crise atual. Vol.1. Belo Horizonte: Arraes Editores LTDA., 2015. P. 72.

**37** Para uma lição sobre a repartição de competências legislativas em matéria financeira e tributária na Constituição de 1988, vide: BALEEIRO, Aliomar. *Direito Tributário Brasileiro*. Atualização: Mizabel Abreu Machado Derzi. 14ª edição. Rio de Janeiro: Forense, 2018. P. 7/8.

A Alemanha, com sua sofisticada e complexa pretensão de garantir *condições equivalentes de vida* a todos os cidadãos no território, possui uma tendência uniformizadora muito diferente dos Estados Unidos da América, em que há uma explícita valorização da liberdade e da autonomia. Isso não significa que um modelo seja correto e o outro errado, e nem que existam modelos isentos de críticas.

Dentre as consequências do modelo Alemão, segundo sua própria doutrina critica, está a pequena autonomia de uma unidade federativa perante as demais, com a federalização das grandes decisões, em determinados momentos prejudicando a subsidiariedade, embora a capacidade de participação nas deliberações Federais seja muito mais efetiva, como se verá adiante. Por outro lado, nos Estados Unidos da América o maior grau de liberdade outorgado aos Estados permite comportamentos predatórios e concorrenciais, e até mesmo uma desconexão entre a prioridade política do governo Federal e dos Governos estaduais que pode prejudicar a elaboração de planejamentos harmônicos.

Insiste-se: não há certo ou errado. O que existe é a *coerência* ou a *incoerência* entre os fins almejados e o desenho institucional do Poder no território. Tal coerência, entretanto, se concretiza por meio do balanceamento das duas características essenciais do Federalismo: a Lei da Autonomia e a Lei da Participação.

O Poder reservado à autonomia dos Entes subnacionais não pode ser invadido pela Federação, sob pena de violação ao Princípio Federativo, o qual inclusive é cláusula pétrea em nosso sistema. Por outro lado, a matéria que requer o exercício do direito de participação, é aquela deliberada em conjunto pela Federação, e, por isso, centralizada.

Dessa forma, sob o prisma do Poder Financeiro, pode-se dizer que são coerentes arranjos institucionais que (i) optem por um elevado nível de autonomia dos Entes Subnacionais, mas que não tenham mecanismos tão fortes de participação deles na vontade Federal; tanto quanto modelos em que (ii) a autonomia para o exercício do Poder Financeiro é reduzida, mas o método de participação direta nas deliberações nacionais é mais efetiva.

Afinal, não há que se falar em Lei da Participação, se o tema é reservado à competência do próprio Ente regional ou local, pois a Lei da Participação preconiza a capacidade dos Entes subnacionais de participarem na formação da vontade Federal. Se o ato de Poder Financeiro não é centralizado, mas sim local ou regional, o ato é unilateral do próprio Ente da Federação, e não há ferimento à Lei da Participação, que não abriga direito da Federação de influenciar na deliberação local ou regional, mas sim o contrário.

Dessa forma, *quanto mais centralizado o Estado Federal, mais reverência à Lei da Participação deverá prestar*, sob pena de transformar-se em um Estado Unitário. Por outro lado, *quanto mais autonomia se delegar aos governos subnacionais, menor o direito à participação na formação do Direito Federal*, exatamente em razão do esvaziamento do espaço de normatividade de competência do Poder Central.

Esta linha de raciocínio não comporta análises maniqueístas, extremistas, que importem na aniquilação da autonomia para preservação da capacidade de participação, nem tampouco em vulneração da capacidade de participação em nome da máxima autonomia, pois, no primeiro caso, se chegará ao Estado Unitário, e no segundo, se fragmentará o Estado Federal em nações soberanas titulares de independência e soberania, e não mais autonomia.

Por outro lado, é certo que não se pode negativar ambos os vetores – autonomia e participação – pois assim fazendo não restará resquício de Estado Federal, e estar-se-á diante de um Estado Unitário.

O arranjo institucional, portanto, a depender das finalidades constitucionais do Estado Federal, deve ser desenhado sem se olvidar desta relação de tensão e complementariedade entre as Leis da Autonomia e Participação, sob pena de se revelar desequilibrada e incoerente.

## 5. ANÁLISE DA COERÊNCIA DO SISTEMA BRASILEIRO: O (DES) EQUILÍBRIO ENTRE AUTONOMIA E PARTICIPAÇÃO

As Leis da Autonomia e da Participação são protegidas pelo direito constitucional brasileiro, mas o sistema padece de incoerências que merecem revisão, em prol da estabilidade das instituições.

Por outro lado, a autonomia efetivamente garantida aos Entes subnacionais foi gradativamente reduzida de 1988 até os dias atuais, sem, contudo, o reforço da Lei da Participação, gerando um desequilíbrio sistêmico.

Vejam-se alguns temas sobre a relação de tensão e complementariedade entre Autonomia e Participação nos dois níveis subnacionais da Federação brasileira, sempre tendo como foco o Poder Financeiro.

## 5.1. MUNICÍPIOS BRASILEIROS

A subsidiariedade, como planejada, é nota distintiva do Federalismo brasileiro[38], a despeito de não estar expresso no texto constitucional, pois como afirma PAULO CALIENDO[39], a opção do constituinte de 1988 pelo Municipalismo deve ser interpretada como um indicativo da valorização constitucional das soluções locais, mais próximas ao cidadão, e, portanto, a versão brasileira do Princípio da Subsidiariedade[40].

Todavia, a realidade é que os Municípios possuem reduzido Poder Financeiro e em nada participam das deliberações federais ou mesmo estaduais, constituindo, por isso mesmo, um exemplo de negação dupla à autonomia e à participação.

Embora titulares de competência tributária própria, suas leis de instituição dos tributos municipais, com raras exceções, são basicamente cópias daquilo que lhes permitem a Constituição e as Leis Complementares, alteradas pelo Poder Legislativo da União (embora, como se sabe, não tenha este último diploma caráter de Lei Federal, mas sim de Lei Nacional). Este é um exemplo de centralização do Poder Financeiro Legislativo, o que, por si só, não é negativo.

Em um país de mais de cinco mil Municípios, seria realmente inviável um Sistema Tributário em que cada Ente local pudesse criar suas próprias exações, com hipóteses de incidência imaginadas pelo próprio legislador local. À bem da segurança jurídica e da indissolubilidade do pacto federativo, a Constituição estabeleceu a repartição das competências tributárias, prevendo as materialidades tributáveis diretamente na Constituição, ao contrário do que em geral ocorre ao redor do mundo, em que a previsão normativa dos próprios fatos geradores é deixada à matéria infraconstitucional. Como medidas de limitação do Poder de Tributar, estabeleceu-se que compete exclusivamente aos Municípios, por exemplo, a instituição de impostos sobre

---

**38** Em sentido convergente: BATISTA JÚNIOR, Onofre Alves; OLIVEIRA, Ludmila Mara Monteiro; MAGALHÃES, Tarcísio Diniz. *Que Pacto Federativo? Em busca de uma teoria normativa adequada ao federalismo Fiscal Brasileiro*. In: DERZI, Misabel Abreu Machado; JÚNIOR, Onofre Alves Batista; MOREIRA, André Mendes (Coordenadores). Estado Federal e Tributação: das origens à crise atual. Vol.1. Belo Horizonte: Arraes Editores LTDA., 2015. P. 13/14;

**39** Conforme PAULO BONAVIDES, é de alta expressividade a autonomia municipal no texto de 1988 inserindo o Brasil na "vanguarda dos modelos autonomistas". *In:* Curso de Direito Constitucional. São Paulo: Malheiros, 2017. P. 355.

**40** Cf. CALIENDO, Paulo. *O Federalismo Fiscal e o Princípio da Subsidiariedade.* In: DERZI, Misabel Abreu Machado; BATISTA JÚNIOR, Onofre Alves; MOREIRA, André Mendes (Coordenadores). Estado Federal e Tributação: das origens à crise atual. Vol.1. Belo Horizonte: Arraes Editores LTDA., 2015. P. 111.

serviços de qualquer natureza, sobre a propriedade predial e territorial urbana e sobre a transmissão "inter vivos" por ato oneroso de bens imóveis, por natureza ou acessão física, e de direitos reais sobre imóveis.

As Leis Complementares, por força do artigo 146 da Constituição, devem dirimir conflitos de competência tributária, regular as limitações constitucionais ao Poder de Tributar e implementar normas gerais de direito tributário, bem como, com fundamento no artigo 163, normas gerais de direito financeiro. Não há que se formular reprimenda a tal aspecto do planejamento constitucional, pois, como visto, esta uniformidade é condição de existência de um Sistema Tributário Nacional.

Com tal fundamento, a Lei Complementar da Constituição número 116 de 2003 estabeleceu os fatos tributáveis pelo imposto sobre serviços de qualquer natureza, e não é dado aos Municípios superar a lista constante de seu anexo. Sequer lhes é dado optar pela instituição ou não dos tributos, tendo em vista o dever de responsabilidade fiscal prescrito pelo artigo 14 da Lei Complementar número 101, do ano 2.000, de modo que lhes cabe, tão somente, no plano da legalidade, fixar as alíquotas dentro dos parâmetros fixados nos artigos 8º e 8º-A da LC 116/2003.

Há, portando, sob o prisma da arrecadação própria, uma autonomia municipal de caráter residual.

Todavia, tendências uniformizadoras e centralizadoras requerem reforço da garantia da co-determinação, sob pena de minimizarem-se os Municípios em verdadeiras autarquias, desprovidas de efetivo Poder Financeiro e autonomia, como quer SALDANHA[41], o que não é coerente com a proposta Constitucional, tendo em vista a literalidade dos artigos 1º, *caput,* 18, *caput,* e 34, inciso VII, alínea "c".

Considerando o aspecto do gasto público, a subsidiariedade não é implementada, pois como regra o governo eleito diretamente para chefiar o Poder Executivo Municipal apenas consegue arcar com os custos do funcionalismo público, pagamento de precatórios, cumprimento de liminares astronômicas em matéria de saúde e implementação das Leis Federais (principalmente na área da educação e da saúde). Esta é a grande realidade dos Municípios brasileiros de até cinquenta mil habitantes.

Não se está questionando a legitimidade de tais gastos públicos, afinal, são todos importantes para o avanço da sociedade. Entretanto, é necessário reconhecer que eleger o próprio governo e o próprio parlamento, definir nomes de logradouros públicos e as zonas urbanas e rurais do território, pre-

---

[41] SALDANHA, Daniel Cabaleiro. *Organização do Estado Brasileiro: o modelo oligárquico de Federalismo.* Belo Horizonte: Letramento, Casado Direito, 2019.

servar seu patrimônio histórico-cultural, entre outras poucas matérias que os Tribunais pátrios têm aceitado como de interesse local (art. 30, inciso I, CRFB/88), não podem constituir as únicas faculdades do Poder Municipal.

Qualquer atuação fora deste quadrante, com exceção dos grandes Municípios, requer transferências voluntárias, decorrentes de convênios, que sujeitam os gestores municipais a todo tipo de subordinação aos Estados e à União, para obtenção dos recursos. Isto, aliás, influencia diretamente na formulação da política pública, pois o representante do Município apresenta apenas o projeto que determinado Ministério entende adequado aprovar, e não necessariamente o mais adequado à realidade local[42]. É a característica que a OCDE recomenda evitar, em seu relatório de 2014[43], exatamente por criar um liame de subordinação da vontade municipal à vontade federal ou estadual.

A autonomia se faz por meio da aptidão para definir escolhas públicas *jusfinanceiras*. EMERSON CESAR DA SILVA GOMES, delineando o processo de elaboração das políticas públicas, informa que o ponto de partida é a identificação de um problema ou estado de coisas que exija uma intervenção governamental[44], sendo certo ainda que, como complementa DALLARI JÚNIOR, a participação popular toma especial relevância na identificação destas demandas sociais[45]. Neste contexto, as políticas públicas que implicam em gastos, que são institucionalizadas no ordenamento jurídico por meio de normas financeiras, e consequentemente constituem atividade financeira regulada pelo Direito e exercida em decorrência do Poder Financeiro, deveriam ser definidas à luz do Princípio da Subsidiariedade, que é justamente a capacidade de cada unidade para identificar suas prioridades, o que não é dado concretamente à grande maioria dos Municípios, por faltar-lhes verdadeira autonomia financeira.

---

[42] A Proposta de Emenda à Constituição nº 48/2019, atualmente em trâmite na Câmara dos Deputados, Relator o Deputado Federal Aécio Neves, visa resolver parcialmente este problema, garantindo o repasse direto das Emendas Parlamentares aos Estados e Municípios. Disponível em: https://www.camara.leg.br/proposicoes-Web/fichadetramitacao?idProposicao=2197504, acesso em 21/10/2019. Diz-se parcialmente, pois as transferências voluntárias que não forem oriundas de Emendas Parlamentares não estão abarcadas na PEC.

[43] Cf. BLÖCHLIGER, Hansjörg; KIM, Junghun. Fiscal Federalism: Making Decentralisation Work. Paris: OECD Publishing, 2016, p. 35 e seguintes.

[44] GOMES, Emerson Cesar da Silva. *Direito dos Gastos Públicos no Brasil*. São Paulo: Almedina, 2015. P. 91.

[45] DALLARI JÚNIOR, Hélcio de Abreu. *Teoria Geral do Estado Contemporâneo*. 3ª edição. São Paulo: Rideel, 2010. P. 43.

Um mínimo de autonomia financeira apenas é obtido em razão da participação dos Municípios no resultado das receitas dos Entes Estaduais e da União, que se faz por via (i) do Fundo de Participação dos Municípios (transferência da receita da União com o Imposto sobre a renda e proventos de qualquer natureza e com o Imposto sobre Produtos Industrializados – CRFB/88, artigo 159, inciso I, alínea "b"); (ii) de 25% da quota parte estadual do IPI, nos termos do artigo 159, inciso II, §3º, CRFB/88; (iii) de 50% do Imposto sobre a propriedade territorial rural, observada a possibilidade[46] de se responsabilizar pela arrecadação e ficar com a totalidade da receita do imposto, que, na realidade, é pouquíssimo representativo da carga tributária do Brasil, com média de 0,05% entre os anos de 2012 e 2017[47]; (iv) 50% da receita do IPVA (CRFB/88, artigo 158, inciso III); (v) 25% da quota parte estadual da Contribuição de intervenção do domínio econômico relativa às atividade de importação ou comercialização de petróleo e seus derivados, gás natural e seus derivados e álcool combustível – CIDE Combustíveis (CRFB/88, artigo 159, inciso III, §4º, c/c artigo 177, §4º), apenas para financiamento de programas de infraestrutura e transportes, espécie também inexpressiva no cenário global da arrecadação[48]; e (vi) 25% da receita do ICMS (CRFB/88, artigo 158, inciso IV).

Sem dúvidas, as transferências mais relevantes são a primeira e a última mencionadas: o FPM e o ICMS. A dependência é tamanha que as Administrações Públicas Municipais de localidades de até cinquenta mil habitantes, com raras exceções, só conseguem realizar os grandes gastos públicos correntes nos dias de recebimento destas transferências: no caso do FPM, todo dia 10, 20 ou 30 do mês (Lei Complementar número 62 de 1989, artigo 4º, incisos I, II e III); no caso do ICMS, todo segundo dia útil da semana (Lei Complementar número 63 de 1990, artigo 5º). É um dado da realidade, como demonstra MARCELO FIGUEIREDO[49], que apro-

---

**46** Nos termos do artigo 153, §4º, inciso III, da Constituição da República.

**47** Fonte: http://receita.economia.gov.br/dados/receitadata/estudos-e-tributarios-e-aduaneiros/estudos-e-estatisticas/carga-tributaria-no-brasil/carga-tributaria-2017.pdf, acesso em 20/10/2019.

**48** Correspondeu a 0,27% da arrecadação tributária nacional em 2017. Fonte: http://receita.economia.gov.br/dados/receitadata/estudos-e-tributarios-e-aduaneiros/estudos-e-estatisticas/carga-tributaria-no-brasil/carga-tributaria-2017.pdf, acesso em 20/10/2019.

**49** Vide tabelas de fls. 250 e seguintes em: FIGUEIREDO, Marcelo. *Os desafios do Federalismo Fiscal no Brasil. In:* Direito Constitucional: estudos interdisciplinares sobre federalismo, democracia e Administração Pública. Belo Horizonte: Fórum, 2012.

ximadamente 30% das receitas municipais são provenientes de tributos de sua própria competência, sendo certo que dos 70% restantes, a maioria provém da receita dos Estados, a partir da arrecadação do ICMS.

Como se não bastasse, descobriu-se em Minas Gerais, durante os anos de 2017 e 2018, além de janeiro de 2019, que os Municípios podem ficar reféns do Estado-membro também em relação às transferências constitucionais obrigatórias previstas nos incisos III e IV do artigo 158 da Constituição. Naquela oportunidade os Governos Locais quase nada puderam fazer diretamente a não ser provocar o Poder Judiciário, tendo as Administrações locais enfrentado todo tipo de dificuldade até mesmo para obter os cálculos da arrecadação semanal, a despeito do teor explícito do artigo 3º, §5º, e artigo 8º, todos da Lei Complementar número 63 de 1990[50].

Por outro lado, a despeito do centralismo, a Lei da Participação simplesmente não é aplicada em benefício dos Municípios, o que não se pode conceber, tendo em vista o caráter meramente residual de sua autonomia. Não há participação dos Municípios nem nas Assembleias Legislativas, nem tampouco no Congresso Nacional.

Como se vê, o notório desequilíbrio federativo em relação à insuficiência das receitas dos Municípios face às suas despesas não é (ou não deveria ser) surpreendente, pois constitui consequência natural da *flagrante incoerência institucional na desconcentração do Poder Financeiro*, caracterizada pela minorada autonomia e pela negativa de aplicação da Lei da Participação em relação aos Entes locais.

A reversão deste atual estado de coisas não pode depender de mera liberalidade dos Estados e da União em benefício dos Municípios pois, mesmo que ocorra, poderá ser temporário. Antes, é necessário fazer uma opção, sob pena de não se conseguir materialmente identificar os Municípios como Entes Federativos: ou se lhes garante maior grau de autonomia, ou maior capacidade de participação nas deliberações estaduais e nacionais.

Considerando a complexidade do sistema tributário brasileiro, e a necessidade de se uniformizar um ambiente de milhares de municípios, nos parece mais acertado intensificar a Lei da Participação do que a Lei da Autonomia.

Isto, contudo, envolve outro debate político-jurídico, que envolve não apenas a *existência* do canal de representação, mas também e especialmente a *forma* pela qual ela se viabiliza, o que poderá ser melhor trabalhado em relação aos Estados, que já possuem um mecanismo institucionalizado.

---

**50** Dispõe sobre critérios e prazos de crédito das parcelas do produto da arrecadação de impostos de competência dos Estados e de transferências por estes recebidos, pertencentes aos Municípios, e dá outras providências.

## 5.2. ESTADOS-MEMBROS[51]

### 5.2.1. A LEI DA AUTONOMIA

A autonomia dos Estados é comparativamente mais forte do que a dos Municípios, embora permaneça ainda muito inferior à União Federal. O principal imposto brasileiro em termos arrecadatórios[52], o ICMS, representa a grande forma de exercício do Poder Financeiro no que se refere à obtenção da receita, embora 25% pertençam aos Municípios (Constituição da República, artigo 158, inciso IV), como já indicado acima.

Na essência, ao final da equalização vertical determinada pela Constituição da República, os Estados-membros brasileiros são Entes transferidores de recursos, recebendo da União por meio do FPE (Fundo de Participação dos Estados) menos do que entregam aos Municípios de com suas receitas no ICMS e no IPVA[53].

Os orçamentos estaduais abrangem maior complexidade, com autonomia orçamentária constitucionalmente garantida aos três Poderes (diferentemente do âmbito municipal, em que não há Judiciário), ao Ministério Público (artigo 127, §3º) e à Defensoria Pública (artigo 134, §2º), além de carreiras públicas consolidadas, empresas estatais, responsabilidade pela gestão prisional e pela construção e manutenção de equipamentos de infraestrutura rodoviária em grande extensão. Além disso, endividamentos históricos dos Entes estaduais, inclusive e principalmente com a União Federal, consomem grande parte do orçamento fiscal, reduzindo a capacidade dos Governos eleitos de "escolherem" políticas públicas, em razão de despesas simplesmente obrigatórias e inadiáveis.

Todo este contexto, sem deslembrar da Guerra Fiscal[54], evidencia que a autonomia dos Estados-membros, por mais que superior à dos

---

**51** Nesta seção, nas referências "Estados-membros" ou apenas "Estados", entende-se considerado o Distrito Federal.

**52** Segundo o Relatório da Receita Federal do Brasil, nos anos de 2012 a 2017, o ICMS foi a espécie de exação que mais arrecadou no país, apresentando média de pouco mais de 20% de toda a arrecadação tributária do país, seguido do Imposto sobre a Renda e das Contribuição para a Previdência Social. Fonte: http://receita.economia.gov.br/dados/receitadata/estudos-e-tributarios-e-aduaneiros/estudos-e-estatisticas/carga-tributaria-no-brasil/carga-tributaria-2017.pdf, acesso em 20/10/2019.

**53** Cf. FIGUEIREDO, Marcelo. *Os desafios do Federalismo Fiscal no Brasil*. In: Direito Constitucional: estudos interdisciplinares sobre federalismo, democracia e Administração Pública. Belo Horizonte: Fórum, 2012. P. 250 e seguintes.

**54** Sobre a matéria, vide: DERZI, Misabel Abreu Machado; BATISTA JÚNIOR, Onofre Alves; MOREIRA, André Mendes (Coordenadores). Estado Federal e Guerra Fiscal

Municípios, também se encontra vulnerada, e constitui prova disto a total falta de capacidade dos Estados – com raras exceções – de realizarem investimentos ou inovarem em políticas públicas de acordo com o que prevê a subsidiariedade.

Mas a pretensão deste artigo é demonstrar que há uma *incoerência institucional* que pode ter contribuído para este estado de coisas, consistente no prejuízo ao exercício do Direito de participação dos Estados nas deliberações nacionais.

Para introduzir o tema, relembre-se das normas prescritas nos artigos 165, *caput*, e 166, §3º, inciso II da Constituição da República, segundo as quais as Leis Orçamentárias são de iniciativa do Poder Executivo, e eventuais emendas parlamentares que criem ou aumentem despesas devem necessariamente indicar os recursos necessários, provenientes de anulação de despesas (excluídas as que incidam sobre dotações para pessoal e seus encargos, além de serviço da dívida).

A regra de iniciativa privativa e a proibição de emendas que aumentem despesas é uma medida de *coerência* do sistema, *em benefício da estabilidade da desconcentração horizontal do Poder Financeiro*, de modo a atribuir àquele que é responsável pela arrecadação (Poder Executivo) o planejamento dos gastos, com a finalidade de alcançar o tão almejado equilíbrio das contas públicas, previsto na Lei Complementar número 101 do ano 2.000, no artigo 4º, inciso I, alínea "a".

É natural que os representantes da população, diretamente eleitos pelo voto, integrantes do Poder Legislativo, na dinâmica natural daquele Poder, sejam pressionados a exigir do Poder Executivo a prestação de serviços públicos em atendimento aos grupos que os elegeram. MISABEL DERZI leciona, com esforço com LUHMANN, que

> (...)o ato legislativo, como ato político, vincula-se a fins, objetivos e programas condicionais. Por meio de procedimentos específicos, o ato configura a seleção e a escolha entre interesses e dissensos, projetados em normas (ainda não inteiramente prontas), para o interior do sistema[55].

Embora não estivesse a Eminente Professora dissertando sobre Atos Legislativos de Direito Orçamentário, tal trecho se aplica perfeitamente ao raciocínio aqui delineado. O legislador, por sua própria função no sis-

---

no Direito Comparado. (Coleção Federalismo e Tributação, Vol.2). Belo Horizonte: Arraes Editores LTDA., 2015.

[55] DERZI, Misabel Abreu Machado. *Modificações da Jurisprudência: proteção da confiança, boa-fé objetiva e irretroatividade como limitações constitucionais ao poder judicial de tributar.* São Paulo: Noeses, 2009. P. 31.

tema político-jurídico brasileiro, tem por atribuição a representação de interesse dos grupos que o elegeram. Logo, de se esperar que a pressão entre o sistema jurídico e o ambiente do sistema (a sociedade, a política, a economia, etc), seja no sentido de *aumentar a qualidade e quantidade dos serviços públicos, e diminuir a carga tributária*. Esta é uma tendência do legislador, que não tem responsabilidade direta pela arrecadação das receitas públicas, objeto de competência do Poder Executivo, que permanentemente tem a responsabilidade de equalizar a relação entre as despesas a realizar e os tributos a receber.

O equilíbrio financeiro da relação Poder Executivo/Poder Legislativo no âmbito interno estadual é protegida mediante reprodução obrigatória nas Constituições estaduais da regra de coerência positivada nos artigos 165 e 166 da Constituição da República, qual seja: quem arrecada define os gastos.

As repercussões financeiras sobre os Estados da Federação, entretanto, derivam muito mais das deliberações nacionais do que estaduais, tendo em vista a já anunciada reduzida autonomia dos Estados. Em Estados Nacionais com ampla e forte autonomia dos Estados-membros, a proteção da coerência do sistema, mediante identificação daquele que define os gastos com aquele que arrecada, pode ser suficiente apenas no plano regional. Contudo, é certo que quanto mais centralizada a matéria financeira e tributária na competência da Federação, mais forte deve ser o *mecanismo de proteção da coerência do sistema*, mediante a ligação direta entre aquele que define os gastos e com aquele que arrecada as receitas. Esta ligação, entretanto, não é viabilizada mediante uma separação absoluta entre os Poderes Legislativo e Executivo, mas, antes, com um eixo transversal direto entre o Executivo estadual com o Legislativo Federal, como se demonstrará.

### 5.2.2. A LEI DA PARTICIPAÇÃO. O SENADO FEDERAL

Quando se concentra o Poder Financeiro na Federação, reservando-se à sua competência a deliberação legislativa de matérias que afetem diretamente a receita pública dos Estados-membros, ou seus gastos públicos, o risco de incoerência do sistema se agrava, pois a lógica de funcionamento do Poder Legislativo, como visto, não é a mesma do Poder Executivo.

Ao contrário dos Municípios, os Estados-membros e o Distrito Federal possuem um canal de participação direta na formação do Direito Federal, que se faz por meio do Senado Federal.

Neste caso, porém, o Poder Legislativo da União não possui qualquer restrição[56] normativa em aumentar despesas ou diminuir receitas dos Estados, como possui o próprio Poder Legislativo Estadual, quando este aprova a Lei Orçamentária. Além disso, o método de representação não garante qualquer *comprometimento político ou jurídico* entre o Poder efetivamente responsável pelo equilíbrio das contas públicas (Executivo Estadual) e o Poder que determina gastos adicionais ou reduz a base tributária (Legislativo Federal).

Haveria *comprometimento político*, se existisse ligação de confiança ou subordinação entre os Governos estaduais e os representantes do Estado no Parlamento Federal, o que não é atingível pela forma de provimento eleitoral do cargo de Senador no Brasil, que se dá de maneira totalmente independente, podendo ensejar inclusive a eleição simultânea de opositores políticos. O mecanismo *político* de solução da incoerência do sistema poderia se dar também submetendo a eficácia do ato legislativo à posterior ratificação por todos ou por parte dos Estados membros, o que também não é possível com a atual ordem Constitucional brasileira.

Por outro lado, haveria *comprometimento jurídico* se houvesse norma inibitória de decisões heterônomas por parte do Poder Legislativo da Federação com repercussões diretas na atividade financeira dos Estados, mediante o estabelecimento de vedações (como o artigo 166, §3º, inciso II, fez no plano interno de cada Ente Federativo).

Todavia, eventual mecanismo de *comprometimento jurídico para o equilíbrio entre o Poder Executivo estadual e o Poder Legislativo Federal* poderia ensejar um combate repressivo a atos legislativos mediante a judicialização, que não apenas deve ser sempre evitada (artigo 2º, §2º, da Lei Federal 13.105/2015), como também seria de altíssima complexidade, pois nem sempre a matéria em deliberação no Congresso Nacional possui evidente repercussão financeira nos Estados, e pode inclusive necessitar de provas, o que acabaria por conturbar ainda mais o sistema, com demorados e complexos processos judiciais, ao passo que os mecanismos políticos de comprometimento se mostram preventivos, isto é, anteriores à vigência do ato *jusfinanceiro*, e portanto tendem a ser muito mais eficientes.

Por esse motivo, passa-se a dedicar breves notas sobre o tema do controle político do Poder Financeiro, pela via do bicameralismo.

---

**56** Sobre o histórico da concentração do Poder Financeiro na União e a pequena capacidade de influência dos Governos estaduais face ao Senado Federal, vide: BATISTA JÚNIOR, Onfre Alves; MARINHO, Marina Soares. *Do federalismo de cooperação ao federalismo canibal: a Lei Kandir e o desequilíbrio do pacto federativo*. Brasília: Revista do Senado, nº 217, jan./mar. 2018.

#### 5.2.2.1. Representação por conselho e representação senatorial em sistemas federais bicamerais

Em Federações, a conformação de um Poder Legislativo Nacional bicameral, em que uma das Casas se presta à representação dos Entes subnacionais, é comum[57]. A grande diferença entre os sistemas reside na adoção do *princípio de representação senatorial*, por meio do qual se representa a população daquele Estado, ou o *princípio de representação por conselho*, por meio do qual se representa os Governos estaduais[58].

É consabido que o Brasil, por ser uma *democracia do sufrágio*[59], e não da *representação parlamentar*, há uma preferência política pelo voto direto, até porque reconquistado a duras penas após período ditatorial autoritário. Todavia, como constatam HUEGLIN e FENNA, a representação da população do Estado não é equivalente à representação da pessoa jurídica estatal subnacional, com suas obrigações e prerrogativas juridicamente vinculadas. Nesse sentido,

> Câmaras altas de tipo Senatorial falham neste particular [de representação dos interesses dos governos estaduais], na medida em que Senadores eleitos popularmente amplamente servem a interesses partidários ou de suas bases eleitorais locais ou invés dos interesses estaduais. Conselhos, por sua vez, desempenham de maneira mais adequada neste particular, pois seus membros representam os interesses dos governos subnacionais, os quais são democraticamente responsabilizáveis pela integralidade da população do Ente subnacional[60].

O modelo brasileiro de representação Senatorial foi concebido a partir do exemplo estadunidense, em que os Senadores são eleitos diretamente pelo voto popular, de modo totalmente independente da chapa que concorre

---

**57** Cf. HUEGLIN, Thomas. FENNA, Alan. *Comparative Federalism: A systematic Inquiry*. Toronto: University of Toronto Press, 2015. P. 36 e seguintes.

**58** Cf. HUEGLIN, Thomas. FENNA, Alan. *Comparative Federalism: A systematic Inquiry*. Toronto: University of Toronto Press, 2015. P. 36 e seguintes.

**59** GRAU, Eros Roberto. *Breve nota sobre a interpretação da Constituição e a democracia do sufrágio*. In: Revista Latino-Americana de Estudos Constitucionais. Paulo Bonavides (Org.). Belo Horizonte: Del Rey, 2003. Revista número 1.

**60** Tradução livre de: "*Senate-type upper chambers fail in this regard, as popularly elected senators overwhelmingly serve party or local constituency interests rather than regional ones. Councils in turn perform better in this respect because their members represent the interests of subnational governments, which are in turn accountable to subnational populations in their collective entirety*". In: HUEGLIN, Thomas. FENNA, Alan. *Comparative Federalism: A systematic Inquiry*. Toronto: University of Toronto Press, 2015. P. 36

para as eleições dos Governos estaduais. Embora os Senadores se vinculem politicamente a todos os eleitores do Estado, como já demonstrado, as pressões políticas que a população realiza são distintas, e em matéria financeira tendem a ser contrapostas em relação aos interesses dos Governos estaduais, que necessitam sempre aumentar receitas e diminuir gastos. Além disso, diferentemente dos Estados Unidos da América, cuja Constituição Federal, ao artigo 5º, prevê a necessidade de ratificação das Emendas à Constituição pelo Poder Legislativo estadual de três quartos dos Estados[61], a Constituição brasileira outorga o Poder Constituinte Reformador ao Poder Legislativo da União, estabelecendo apenas o limite das cláusulas pétreas, dentre as quais a proibição de tramitação de projetos tendentes a abolir a forma Federativa de Estado (CRFB/88, artigo 60, §4º, inciso I).

Dessa maneira, o modelo Senatorial brasileiro protege menos os interesses dos governos estaduais do que o modelo norte-americano, que lhe serviu de inspiração.

Ainda que assim não fosse, não é aquele o modelo mais adequado para se tomar como parâmetro, exatamente em razão da diferença quanto à desconcentração vertical do Poder Financeiro. Enquanto a nação norte americana delegou relevante parcela do Poder Financeiro Estatal aos Estados-membros, cunhando um modelo de Federalismo concorrencial, em que até mesmo o estabelecimento de tributos sobre as mesmas bases por ambos os níveis da Federação é explicitamente possível (a exemplo do Imposto sobre a Renda), o modelo brasileiro é de alto nível de centralização do Poder Financeiro, com a atribuição de competências ao Poder Legislativo da União para alterar a Constituição e editar Leis Complementares, de caráter Nacional, que vinculam todos os Poderes da República, em todos os níveis da Federação, além de criarem obrigações financeiras de todo tipo aos Governos subnacionais, constituindo a principal fonte do Direito Financeiro e do Direito Tributário no Brasil, e por este motivo com maior aptidão para alterar a relação receita/despesa dos Estados-membros.

---

[61] Conforme sítio oficial do Senado estadunidense, https://www.senate.gov/civics/constitution_item/constitution.htm#a5, acesso em 20/10/2019. In verbis: *"The Congress, whenever two thirds of both Houses shall deem it necessary, shall propose Amendments to this Constitution, or, on the Application of the Legislatures of two thirds of the several States, shall call a Convention for proposing Amendments, which, in either Case, shall be valid to all Intents and Purposes, as Part of this Constitution, when ratified by the Legislatures of three fourths of the several States, or by Conventions in three fourths thereof, as the one or the other Mode of Ratification may be proposed by the Congress; Provided that no Amendment which may be made prior to the Year One thousand eight hundred and eight shall in any Manner affect the first and fourth Clauses in the Ninth Section of the first Article; and that no State, without its Consent, shall be deprived of its equal Suffrage in the Senate".*

Por tal motivo THOMAS BUSTAMENTE e MISABEL DERZI[62] sugerem ser o modelo alemão adequado ao estudo comparado com o Brasil, na medida em que a Lei Fundamental de Bonn de 1949[63] optou por reservar à competência da Federação a maior parte das matérias administrativas, financeiras e tributárias, embora deixe sua execução a cargo dos *Länder* (Estados-membros da federação alemã).

O modelo de representação por conselho, como reconhecem HUEGLIN e FENNA, é criticado por supostamente ser pouco consistente com o Princípio Democrático[64]. Contudo, a doutrina alemã oferta três justificativas para o modelo germânico do *Bundesrat*, câmara do Parlamento Federal composta por delegados enviados pelos Governos dos *Länder*: (i) Legitimação Federativa (*"Föderale Legitimation"*)[65], evidente por proporcionar a participação direta na formação da vontade federal; (ii) Legitimação do Estado de Direito (*"Rechtsstaatliche Legitimation"*), como forma de contenção da arbitrariedade contra os Direitos Fundamentais; e a justamente a (iii) Legitimação Democrática (*"Democratische Legitimation"*), que assim justificam:

> Essa legitimidade federal é complementada pela legitimidade democrática do Bundesrat. Realmente decorre de uma visivelmente mais longa cadeia de legitimação dos membros nomeados do Bundesrat sobre o respectivo governo estadual e o Parlamento do Estado frente ao seu povo, em comparação com os membros do Bundestag eleitos diretamente pelo povo da Federação. Embora constitua uma legitimidade democrática indireta, não há qualquer déficit de legitimidade do Bundesrat em comparação ao Bundestag[66]. Pelo contrário, a Lei Fundamental pressupõe que o princípio da democracia já é

---

**62** DERZI, Misabel Abreu Machado; BUSTAMANTE, Thomas da Rosa de. *O Princípio Federativo e a Igualdade: uma perspectiva crítica para o sistema brasileiro a partir da análise do Modelo Alemão*. In: DERZI, Misabel Abreu Machado; BATISTA JÚNIOR, Onofre Alves; MOREIRA, André Mendes (Coordenadores). Estado Federal e Guerra Fiscal no Direito Comparado. (Coleção Federalismo e Tributação, Vol.2). Belo Horizonte: Arraes Editores LTDA., 2015. P. 467 e seguintes.

**63** É o diploma equivalente à Constituição Federal, na Alemanha.

**64** HUEGLIN, Thomas. FENNA, Alan. *Comparative Federalism: A systematic Inquiry*. Toronto: University of Toronto Press, 2015. P. 208.

**65** SCHMIDT, Thorsten Ingo. *§22 Der Bundesrat. Geschichte, Struktur, Funktion*. In: Ines Härtel (Hrsg.) Handbuch Föderalismus – Föderalismus als demokratische Rechtsordnung und Rechtskultur in Deutschland, Europa und der Welt. Bd. I, Heidelberg und Berlin: Springer-Verlag, 2012. P. 662/663.

**66** Câmara popular do Parlamento Alemão, composto por membros eleitos diretamente pelo voto. Análogo à Câmara dos Deputados do Brasil.

satisfeito pelo fato de a escolha de governadores [autoridade que nomeia os delegados ao *Bundesrat*] se dever a um ato volitivo do povo estatal[67].

Não é automática a participação do *Bundesrat* no processo legislativo Federal para toda e qualquer matéria. Reserva-se sua atuação àquelas que diretamente se relacionem com os interesses regionais, com exceção do processo de Emenda à Constituição (artigo 79, item 2, da Lei Fundamental[68]-[69]), que sempre requererá a aprovação do Conselho Federal.

Como o Poder Financeiro é uma matéria de interesse direto dos Entes subnacionais, ao *Bundesrat* foi assegurada vasta competência em matéria financeira e tributária notadamente veiculada nós artigos (i) 104a, que cuida da repartição de despesas; (ii) 105, que fixa competências para legislar em matéria tributária; (iii) 106, que trata da repartição vertical e horizontal das receitas tributárias, implementando amplo mecanismo de equalização fiscal na Federação; (iv) 106a, que se refere à compensação financeira para o transporte público ferroviário regional de pessoas; (v) 106b, que cuida da cota estadual no imposto de veículos; (vi) 107, que regula a compensação financeira aos Estados; (vii) 108, que normatiza a administração financeira da Federação e dos Estados; e (viii) 109, que veicula normas gerais de direito orçamentário.

Veja-se o teor do artigo 104a, item 4, da Lei Fundamental da Alemanha:

> Leis federais, que resultem em deveres de prestações pecuniárias, de prestações de bens avaliáveis em dinheiro ou prestações comparáveis de serviços a terceiros e sejam executadas pelos Estados como matéria própria ou segundo o §3, segunda frase, por delegação da Federação, requerem a aprovação do Conselho Federal, quando as despesas resultantes devam ser assumidas pelos Estados.

---

67 Tradução livre de *"Zu dieser föderalen Legitimation tritt die demokratische Legitimation des Bundesrates hinzu. Zwar verläuft eine wesentlich längere Legitimationskette von den entsandten Bundesratsmitgliedern über die jeweilige Landesregierung und das Landesparlament zu dem Landesstaatsvolk als von den direkt gewählten Bundestagsabgeordneten zu dem Bundesstaatsvolk. Doch stellt diese nur **mittelbare demokratische Legitimation** kein Legitimationsdefizit des Bundesrates im Vergleich zum Bundestag dar. Das Grundgesetz geht vielmehr davon aus, dass dem Demokratieprinzip bereits dadurch genüge getan wird, dass die Bestellung von Organwaltern überhaupt auf einenWillensakt des Staatsvolkes zurückzuführen ist"*. In: SCHMIDT, Thorsten Ingo. §22 Der Bundesrat. Geschichte, Struktur, Funktion. In: Ines Härtel (Hrsg.) Handbuch Föderalismus – Föderalismus als demokratische Rechtsordnung und Rechtskultur in Deutschland, Europa und der Welt. Bd. I, Heidelberg und Berlin: Springer-Verlag, 2012. P. 663.

68 As citações ao texto da Lei Fundamental da Alemanha são extraídas da tradução oficial disponível no sítio eletrônico do *Bundestag* (acesso em 21/10/2019.): https://www.bundestag.de/resource/blob/638342/a 25ee86d71b2f5b9d9e7f59bcd400dfe/flyer-data.pdf.

69 Art. 79, (2). Uma lei desse teor exige a aprovação de dois terços dos membros do Parlamento Federal e de dois terços dos votos do Conselho Federal.

Como se vê, é explícita a intenção de garantir mecanismo de *controle político* do exercício do Poder Financeiro no território. Tendo em vista a concentração da competência legislativa em matéria tributária na Federação, fica igualmente resguardado o Direito dos *Länder* de participar da aprovação de atos legislativos desta matéria, conforme artigo 105, item 3, da Lei Fundamental:

> Leis federais sobre impostos, cuja receita se destine integral ou parcialmente aos Estados ou municípios (associações de municípios), necessitam de aprovação pelo Conselho Federal.

O cuidado do constituinte alemão revela que, apesar de a autonomia no Federalismo de Política Conjunta não ser a principal marca dos *Länder*, a Lei da Participação permite um exercício equilibrado do Poder Financeiro verticalmente desconcentrado, o que só foi possível pela via da *coerência institucional* proporcionada pela adoção do modelo de Conselho.

O modelo de representação por Conselho garante a participação da pessoa jurídica estatal regional, sem que o laço democrático que a sustenta se perca. Portanto, é mais *coerente* com a finalidade de representação Federativa do que o modelo Senatorial.

O modelo de Conselho na Alemanha não aniquila as influências partidárias contrárias aos interesses dos Estados, como denuncia ARTHUR GUNCLICKS[70]. Aliás, a matéria é atualmente objeto de preocupação científica das Universidades Alemãs, com projetos de pesquisa multidisciplinar como aquele coordenado pelo Prof. Dr. ROLAND STURM[71], na Universidade de Erlangen-Nuremberg Friedrich-Alexander, com o objetivo específico de mapear a influência partidária em um órgão que deveria proteger apenas os interesses regionais. Todavia, é bem certo que constitui mecanismo de *comprometimento político* inibitório da captura da Câmara Federativa pelos interesses (ainda que legítimos) partidários, pois a deliberação contrária pode ensejar a sumária destituição do membro do *Bundesrat*, que atua como verdadeiro *longa manus* do Poder Executivo estadual, por ele designado, *ad nutum*.

Todo este registro comparado com o Direito alemão não constitui estímulo à simples importação daquele modelo, mas, antes, demonstração de uma das estratégias possíveis de se alcançar a multicitada *coerência institucional na desconcentração do Poder Financeiro no território da Federação*.

---

**70** Cf. GUNLICKS, Arthur. *The Länder and the German Federalism*. Manchester and New York: Manchester University Press, 2003.

**71** Título do projeto de pesquisa: "*Parteipolitik im Bundesrat. Analyse anhand der Voten in den Ausschüssen des Bundesrates*". Tradução livre: "*Política partidária no Bundesrat. Análise baseada nas votações das comissões do Bundesrat*". Disponível em: https://www.pol.phil.fau.de/person/roland-sturm/#collapse_4 , acesso em 20/10/2019.

É de se, concluir, entretanto, que o nível de centralização do Poder Financeiro, Legislativo e Executivo, na União Federal brasileira sugere um *distanciamento do modelo estadunidense de Federalismo concorrencial*, em que prepondera o vetor autonomia, e uma *aproximação do modelo germânico de Federalismo cooperativo ou administrativo*, em que há contundente mecanismo de participação.

De qualquer forma, é certo que urge uma reforma do Federalismo Financeiro brasileiro também em relação aos Estados-membros, a fim de tornar mais equilibrada a incidência das Leis da Autonomia e da Participação.

## 6. RECONDUZINDO O BRASIL À COERÊNCIA E AO EQUILÍBRIO NA DESCONCENTRAÇÃO DO PODER FINANCEIRO

A reversão da inconstitucionalidade sistêmica do Federalismo Financeiro brasileiro requer seja intensificada ou a Lei da Autonomia ou o a Lei da Participação, ou ambas. Trata-se, entretanto, de uma opção política a ser feita pela nação, por seus representantes.

Sem pretensão de aprofundar neste tópico, entende-se que é mais coerente priorizar a Lei da Participação, por três características do sistema *jusfinanceiro* brasileiro (i) são muitos os Entes Federativos (mais de cinco mil), o que requer uma tendência uniformizadora para garantir segurança jurídica e dos direitos fundamentais dos contribuintes; (ii) não apenas são muitos os Entes, mas também profundamente desiguais financeiramente, o que exige uma ação coordenada para atingimento da finalidade constitucional de erradicação da pobreza e redução das desigualdades entre regiões (CRFB/88, artigo 3º, inciso III); e (iii) a tendência ao comportamento predatório, que configura a atual Guerra Fiscal, indica a necessidade de ambientes de deliberação conjunta eficazes, para evitar este comportamento.

Todavia, é de se esperar que, com a capacidade de participar diretamente nas deliberações nacionais, os Poderes Executivos Estaduais e Municipais impeçam a sobrecarga de atribuições face às suas receitas, e contribuam para a definição de um sistema de equalização fiscal mais adequado, e, consequentemente, a Lei da Autonomia acabará sendo também prestigiada, como corolário do fortalecimento da Lei da Participação.

Esta priorização pode ser concretizada mediante variadas formas, como a adoção do modelo de representação por Conselho; de ratificação dos atos legislativos federais pelos Executivos Estaduais ou Municipais[72]; de vinculação eleitoral entre os Governos Estaduais e os Senadores; entre

---

72 No caso dos Municípios, seria necessário criar algum mecanismo de representação de todos, pois seria inviável aguardar a manifestação dos milhares de Entes Locais.

tantas outras alternativas que se possa imaginar. Não se pode importar o modelo estrangeiro. Antes, deve-se cunhar o modelo brasileiro.

É assente, contudo, que alguma forma de *transversalidade entre o Poder Legislativo da União e o Poder Executivo dos Estados e dos Municípios* é necessária, para garantir um *controle político da desconcentração do Poder Financeiro*. Sabe-se, porém, que isto demandaria releitura do Princípio da Separação dos Poderes, entendendo-o na verdade como Princípio da Desconcentração do Poder Político, do qual é parte o Poder Financeiro, permitindo arranjos consertados[73] entre os Poderes, o que, entretanto, escapa do objeto de análise deste artigo[74]. Desta forma, os registros introdutórios deste artigo quanto à separação didática entre desconcentração horizontal e vertical do Poder Financeiro passam a se sobrepor, sob um único fundamento: o controle e a evasão do Poder Financeiro no território.

Contudo, repise-se, a coerência na desconcentração do Poder Financeiro enseja um cotejo entre as finalidades constitucionais do sistema e o arranjo institucional de organização do Poder. Cabe ao Poder Constituinte Reformador realizar este juízo político quanto à prioridade entre autonomia ou participação, nos dias atuais, e promover a alteração do texto constitucional de forma coerente. O que não se pode admitir é manter tanto a autonomia quanto a participação relegadas a segundo plano.

## 7. CONCLUSÃO

O mecanismo de desconcentração do Poder Financeiro no território deve observar, em países federalistas, as Leis da Autonomia e da Participação, traçando entre elas relação de complementariedade, em prol da coerência do sistema e da estabilidade das instituições.

No Brasil, os Municípios representam negação dupla do direito à Autonomia e à Participação, e talvez por isso o desequilíbrio entre suas responsabilidades e suas capacidades tenha chegado à circunstância insustentável dos dias atuais. Da mesma forma, os Estados brasileiros, a despeito de serem responsáveis pela gestão de um complexo orçamento anual, não possuem representatividade efetiva nas deliberações nacio-

---

[73] Vide, a este respeito: BRITTO, Carlos Ayres. *Separação dos Poderes na Constituição brasileira*. P. 35/49. *In:* BARROSO, Luís Roberto. CLÈVE, Clèmerson Merlin. Direito Constitucional: organização dos poderes da República. São Paulo: Editora Revista dos Tribunais, 2011.

[74] Cf. MENDES, Gilmar Ferreira. *Curso de Direito Constitucional*. São Paulo: Saraiva, 2007. P. 145/146. *In verbis*: "... *o princípio da separação dos poderes, nos dias atuais, para ser compreendido de modo constitucionalmente adequado, exige temperamentos e ajustes à luz das diferentes realidades constitucionais...*".

nais, tendo em vista a desconexão natural entre as prioridades do Poder Legislativo Federal e dos Poder Executivo Estadual, o que pode ter contribuído diretamente para a diminuição da autonomia financeira dos Estados ao longo das últimas décadas.

A reversão do quadro de desequilíbrio sistêmico do Federalismo Financeiro brasileiro passa pelo fortalecimento da autonomia e/ou do direito de participação.

Embora não exista fórmula correta, parece mais coerente com os objetivos da República brasileira o fortalecimento do direito à participação, mediante ligação transversal entre os Poderes Executivo e Legislativo de diferentes níveis da Federação, o que tende a promover um controle político da desconcentração e do exercício do Poder Financeiro de modo mais efetivo.

**REFERÊNCIAS BIBLIOGRÁFICAS**

ALEMANHA. Lei Fundamental (1949). Disponível em: <https://www.bundestag.de/resource/blob/638342/a25ee86d71b2f5b9d9e7f59bcd400dfe/flyer-data.pdf>. Acesso em 21 out. 2019.

ANASTASIA, Fátima. *Federação e relações intergovernamentais. In:* AVELAR, Lúcia; CINTRA, Antônio Octávio. Sistema Político Brasileiro: uma introdução. Rio de Janeiro: Konrad Adenauer Stiftung; São Paulo: Editora Unesp, 2015.

ARAÚJO, Regis Frota. *La solidariedade constitucional en el federalismo alemán. In:* BONAVIDES, Paulo. Revista Latino-americana de estudos constitucionais. Nº 2 – jul./dez. Belo Horizonte: Del Rey, 2003.

BALEEIRO, Aliomar. Atualização: DERZI, Misabel Abreu Machado. *Limitações Constitucionais ao Poder de Tributar.* 7. ed. Atualização: Rio de Janeiro: Forense, 2006.

BALEEIRO, Aliomar. *Direito Tributário Brasileiro.* Atualização: Misabel Abreu Machado Derzi. 14. ed. Rio de Janeiro: Forense, 2018.

BARKER, William B. *Concorrência Tributária Interestadual como Reflexo da Concorrência Tributária Internacional. In:* DERZI, Misabel Abreu Machado; BATISTA JÚNIOR, Onofre Alves; MOREIRA, André Mendes (Coordenadores). Estado Federal e Guerra Fiscal no Direito Comparado. (Coleção Federalismo e Tributação, Vol.2). Belo Horizonte: Arraes Editores LTDA., 2015.

BATISTA JÚNIOR, Onfre Alves; MARINHO, Marina Soares. *Do federalismo de cooperação ao federalismo canibal: a Lei Kandir e o desequilíbrio do pacto federativo.* Brasília: Revista do Senado, nº 217, jan./mar. 2018

BATISTA JÚNIOR, Onofre Alves. *Princípio Constitucional da Eficiência Administrativa.* 2. ed. Belo Horizonte: Fórum, 2012.

BATISTA JÚNIOR, Onofre Alves; OLIVEIRA, Ludmila Mara Monteiro; MAGALHÃES, Tarcísio Diniz. Que Pacto Federativo? Em busca de uma teoria normativa adequada ao federalismo Fiscal Brasileiro. *In:* DERZI, Misabel Abreu Machado; JÚNIOR, Onofre Alves Batista; MOREIRA, André Mendes (Coordenadores). *Estado Federal e Tributação: das origens à crise atual.* v.1. Belo Horizonte: Arraes Editores LTDA, 2015.

BLÖCHLIGER, Hansjörg; KIM, Junghun. *Fiscal Federalism: Making Decentralisation Work*. Paris: OECD Publishing, 2016.

BONAVIDES, Paulo. *Curso de Direito Constitucional*. São Paulo: Malheiros, 2017.

BRASIL. *Constituição da República (1988)*. Disponível em: <http://www.planalto.gov.br/ccivil_03/constituicao/constituicao.htm>. Acesso em: 21 de outubro de 2019.

BRASIL. *Lei Complementar nº 101/2000, de 04 de maio de 2000*. Disponível em <http://www.planalto.gov.br/ccivil_03/leis/lcp/lcp101.htm>. Acesso em: 21 de outubro de 2019.

BRASIL. Supremo Tribunal Federal. *Ação Cível Originária nº 3.150*. Autor: Estado de Minas Gerais e outros. Réu: União Federal e Frente Nacional de Prefeitos – FNP. Relator: Min. Ricardo Lewandowski. Origem: Distrito Federal – DF. Data de Julgamento: 14/11/2018.

BRASIL. Supremo Tribunal Federal. *Ação Cível Originária nº 3.151*. Autor: Estado de Minas Gerais e outros. Réu: União Federal e Confederação Nacional de Municípios - CNM. Relator: Min. Ricardo Lewandowski. Origem: Distrito Federal – DF. Data do Protocolo: 12/07/2018

BRASIL. Supremo Tribunal Federal. Ação Direta de Inconstitucionalidade por Omissão nº 25. Requerente: Governador do Estado do Pará. Intimado: Congresso Nacional. Amicus curiae: Estado de Minas Gerais e outros. Relator: Min. Gilmar Mendes. Origem: Distrito – DF. Data de Julgamento: 30/11/2016.

BRASIL. Tribunal de Justiça de Minas Gerais. 7ª Câmara Cível. *Agravo Interno Cv 1.0000.18.064723-2/002*. Agravante: Estado de Minas Gerais. Agravado: Gustavo da Cunha Pereira Valadares. Relator: Des. Wilson Benevides. Data de Julgamento: 27/11/2018.

BRITTO, Carlos Ayres. Separação dos Poderes na Constituição brasileira. p. 35/49. *In*: BARROSO, Luís Roberto. CLÈVE, Clèmerson Merlin. *Direito Constitucional: organização dos poderes da República*. São Paulo: Editora Revista dos Tribunais, 2011.

CALIENDO, Paulo. O Federalismo Fiscal e o Princípio da Subsidiariedade. *In*: DERZI, Misabel Abreu Machado; BATISTA JÚNIOR, Onofre Alves; MOREIRA, André Mendes (Coordenadores). *Estado Federal e Tributação: das origens à crise atual*. v.1. Belo Horizonte: Arraes Editores LTDA. 2015.

CÂMARA DOS DEPUTADOS. *Proposta de Emenda à Constituição número 48/2019*. *Disponível em:* <https://www.camara.leg.br/proposicoesWeb/fichadetramitacao?idProposicao=2197504>. Acesso em: 21 out. 2019.

DALLARI JÚNIOR, Hélcio de Abreu. *Teoria Geral do Estado Contemporâneo*. 3. ed. São Paulo: Rideel, 2010.

DERZI, Misabel Abreu Machado. *Modificações da Jurisprudência: proteção da confiança, boa-fé objetiva e irretroatividade como limitações constitucionais ao poder judicial de tributar*. São Paulo: Noeses, 2009.

DERZI, Misabel Abreu Machado; BATISTA JÚNIOR, Onofre Alves; MOREIRA, André Mendes (Coordenadores). *Estado Federal e Guerra Fiscal no Direito Comparado*. (Coleção Federalismo e Tributação, Vol.2). Belo Horizonte: Arraes Editores LTDA., 2015.

DERZI, Misabel Abreu Machado; BUSTAMANTE, Thomas da Rosa de. O Princípio Federativo e a Igualdade: uma perspectiva crítica para o sistema brasileiro a partir da análise do Modelo Alemão. *In:* DERZI, Misabel Abreu Machado; BATISTA JÚNIOR, Onofre Alves; MOREIRA, André Mendes (Coordenadores). *Estado Federal e Guerra Fiscal no Direito Comparado.* (Coleção Federalismo e Tributação, Vol.2). Belo Horizonte: Arraes Editores LTDA., 2015.

ESTADOS UNIDOS DA AMÉRICA. Constituição (1787). Disponível em: <https://www.senate.gov/civics/constitution_item/constitution.htm>. Acesso em: 21 out. 2019.

FERNANDES, Bernardo Gonçalves. *Curso de Direito Constitucional.* 9. ed. Salvador: JUSPODIVM, 2017.

FIGUEIREDO, Marcelo. *Os desafios do Federalismo Fiscal no Brasil. In:* Direito Constitucional: estudos interdisciplinares sobre federalismo, democracia e Administração Pública. Belo Horizonte: Fórum, 2012.

GOMES, Emerson Cesar da Silva. *Direito dos Gastos Públicos no Brasil.* São Paulo: Almedina, 2015.

GRAU, Eros Roberto. *Breve nota sobre a interpretação da Constituição e a democracia do sufrágio.* In: Revista Latino-Americana de Estudos Constitucionais. Paulo Bonavides (Org.). Belo Horizonte: Del Rey. Revista número 1, 2003.

GUNLICKS, Arthur. *The Länder and the German Federalism.* Manchester and New York: Manchester University Press, 2003

HUEGLIN, Thomas. FENNA, Alan. *Comparative Federalism: A systematic Inquiry.* Toronto: University of Toronto Press, 2015.

KELSEN, Hans. *Teoria Geral do Direito e do Estado.* Tradução: Luís Carlos Borges. São Paulo: Martins Fontes, 1998.

MARCO, Santa de. O Federalismo Municipal na Itália: Críticas e Perspectivas. *In:* DERZI, Misabel Abreu Machado; BATISTA JÚNIOR, Onofre Alves; MOREIRA, André Mendes (Coordenadores). *Estado Federal e Guerra Fiscal no Direito Comparado.* (Coleção Federalismo e Tributação, Vol.2). Belo Horizonte: Arraes Editores LTDA., 2015.

MINISTÉRIO DA FAZENDA. *Carga Tributária no Brasil 2017 – Análise por Tributos e Bases de Incidência.* Disponível em: <http://receita.economia.gov.br/dados/receitadata/estudos-e-tributarios-e-aduaneiros/estudos-e-estatisticas/carga-tributaria-no-brasil/carga-tributaria-2017.pdf>. Acesso em: 21 out. 2019.

MENDES, Gilmar Ferreira. *Curso de Direito Constitucional.* São Paulo: Saraiva, 2007.

MOREIRA, André Mendes. O federalismo brasileiro e a repartição das receitas tributárias. *In:* DERZI, Misabel Abreu Machado; JÚNIOR, Onofre Alves Batista; MOREIRA, André Mendes (Coordenadores). *Estado Federal e Tributação: das origens à crise atual.* v.1. Belo Horizonte: Arraes Editores LTDA., 2015.

OLIVEIRA, Regis Fernandes de. *Curso de Direito Financeiro.* São Paulo: RT, 2011.

SALDANHA, Daniel Cabaleiro. *Organização do Estado Brasileiro: o modelo oligárquico de Federalismo.* Belo Horizonte: Letramento, Casa do Direito, 2019.

SCAFF, Fernando Facury. *A desconfiança legítima no federalismo fiscal e a ADPF 523*. CONJUR, 10.07.2018. Disponível em: <https://www.conjur.com.br/2018-jul-10/contas-vista-desconfianca-legitima-federalismo-fiscal-adpf-523>. Acesso em: 19 out. 2019.

SCAFF, Fernando Facury. *Orçamento Republicano e Liberdade Igual – Ensaio sobre Direito Financeiro, República e Direitos Fundamentais no Brasil*. Belo Horizonte: Fórum, 2018.

SCHMIDT, Thorsten Ingo. *§22 Der Bundesrat. Geschichte, Struktur, Funktion. In:* Ines Härtel (Hrsg.) Handbuch Föderalismus – Föderalismus als demokratische Rechtsordnung und Rechtskultur in Deutschland, Europa und der Welt. Bd. I, Heidelberg und Berlin: Springer-Verlag, 2012.

SILVA, Ricardo Almeida Ribeiro da. Federalismo Fiscal, Eficiência e Legitimidade: O Jurídico para além do Formalismo Constitucional. *In:* DERZI, Misabel Abreu Machado; BATISTA JÚNIOR, Onofre Alves; MOREIRA, André Mendes (Coordenadores). *Estado Federal e Tributação: das origens à crise atual*. v.1. Belo Horizonte: Arraes Editores LTDA., 2015.

STURM, Roland. *Parteipolitik im Bundesrat. Analyse anhand der Voten in den Ausschüssen des Bundesrates*. Disponível em <https://www.pol.phil.fau.de/person/roland-sturm/#collapse_4>. Acesso em 21 out. 2019.

TORRES, Ricardo Lobo. *Curso de Direito Financeiro e Tributário*. 19. ed. Rio de Janeiro: Renovar, 2013.

# O PACTO FEDERATIVO E AS CONTRIBUIÇÕES PREVIDENCIÁRIAS

ALICE DE ABREU LIMA JORGE[1]
MARIANNE DOLHER SOUZA BAKER RODRIGUES[2]

## 1. INTRODUÇÃO

A Constituição da República Federativa do Brasil (CRFB/88) distribui de forma exaustiva as competências tributárias entre os agentes políticos.

Os artigos 155[3] e 156[4] do texto constitucional brasileiro elencam taxativamente os tributos de competência dos Estados, Distrito-Federal e Municípios. Os impostos de titularidade da União são discriminados no art. 153[5]. A CRFB/88 atribui, ainda, competência residual à União para

---

[1] Doutoranda em Direito pela Universidade Federal de Minas Gerais (UFMG). Mestre em Direito pela UFMG. Pós-Graduada em Direito de Empresa pela Pontifícia Universidade Católica de Minas Gerais (PUC Minas). Graduada em Direito pela UFMG. Advogada.

[2] Mestranda em Direito pela Universidade Federal de Minas Gerais (UFMG). Graduada em Direito pela UFMG. Advogada.

[3] CRFB/88: Art. 155. Compete aos Estados e ao Distrito Federal instituir impostos sobre: I - transmissão causa mortis e doação, de quaisquer bens ou direitos; II - operações relativas à circulação de mercadorias e sobre prestações de serviços de transporte interestadual e intermunicipal e de comunicação, ainda que as operações e as prestações se iniciem no exterior; III - propriedade de veículos automotores. [...]

[4] CRFB/88: Art. 156. Compete aos Municípios instituir impostos sobre: I - propriedade predial e territorial urbana; II - transmissão "inter vivos", a qualquer título, por ato oneroso, de bens imóveis, por natureza ou acessão física, e de direitos reais sobre imóveis, exceto os de garantia, bem como cessão de direitos a sua aquisição; III - serviços de qualquer natureza, não compreendidos no art. 155, II, definidos em lei complementar. [...]

[5] CRFB/88: Art. 153. Compete à União instituir impostos sobre: I - importação de produtos estrangeiros; II - exportação, para o exterior, de produtos nacionais ou nacionalizados; III - renda e proventos de qualquer natureza; IV - produtos industrializados; V - operações de crédito, câmbio e seguro, ou relativas a títulos ou valores mobiliários; VI - propriedade territorial rural; VII - grandes fortunas, nos termos de lei complementar. [...]

a instituição e cobrança de: (1) impostos não previstos no texto constitucional, desde que o faça por meio de lei complementar, (2) impostos extraordinários, estes apenas em caso de guerra (em curso ou iminente)[6] e (3) empréstimos compulsórios, via lei complementar, estando presente alguma dentre as hipóteses elencadas no art. 148 da CR/88[7].

A competência para a instituição e cobrança de contribuições sociais, de intervenção no domínio econômico e de interesse de categorias profissionais, por sua vez, foi atribuída exclusivamente à União[8], com duas exceções: (1) a competência dos Estados, Distrito Federal e Municípios para a instituição de contribuições previdenciárias de seus próprios servidores no intuito de custear regime próprio de previdência[9] e (2) competência dos Municípios e do Distrito Federal para a instituição e cobrança de contribuição para o custeio de iluminação pública[10].

A competência para a instituição de taxas e contribuições de melhoria não é atribuída de modo exclusivo à União, Estados, Distrito-Federal ou Municípios. Cada ente político é competente para a instituição da taxa ou contribuição de melhoria em relação aos serviços, ao exercício do poder

---

**6** CRFB/88: Art. 154. A União poderá instituir: I - mediante lei complementar, impostos não previstos no artigo anterior, desde que sejam não-cumulativos e não tenham fato gerador ou base de cálculo próprios dos discriminados nesta Constituição; II - na iminência ou no caso de guerra externa, impostos extraordinários, compreendidos ou não em sua competência tributária, os quais serão suprimidos, gradativamente, cessadas as causas de sua criação.

**7** CRFB/88: Art. 148. A União, mediante lei complementar, poderá instituir empréstimos compulsórios: I - para atender a despesas extraordinárias, decorrentes de calamidade pública, de guerra externa ou sua iminência; II - no caso de investimento público de caráter urgente e de relevante interesse nacional, observado o disposto no art. 150, III, "b". Parágrafo único. A aplicação dos recursos provenientes de empréstimo compulsório será vinculada à despesa que fundamentou sua instituição.

**8** CRFB/88: Art. 149. Compete exclusivamente à União instituir contribuições sociais, de intervenção no domínio econômico e de interesse das categorias profissionais ou econômicas, como instrumento de sua atuação nas respectivas áreas, observado o disposto nos arts. 146, III, e 150, I e III, e sem prejuízo do previsto no art. 195, § 6º, relativamente às contribuições a que alude o dispositivo.

**9** CRFB/88: Art. 149 [...] § 1º Os Estados, o Distrito Federal e os Municípios instituirão contribuição, cobrada de seus servidores, para o custeio, em benefício destes, do regime previdenciário de que trata o art. 40, cuja alíquota não será inferior à da contribuição dos servidores titulares de cargos efetivos da União.

**10** CRFB/88: Art. 149-A Os Municípios e o Distrito Federal poderão instituir contribuição, na forma das respectivas leis, para o custeio do serviço de iluminação pública, observado o disposto no art. 150, I e III. [...]

de polícia ou à realização de obra pública (esta última, desde que enseje valorização em propriedade privada) de sua respectiva competência.

Em atenção ao princípio federativo, a CRFB/88 veda a instituição pelos entes políticos de impostos sobre patrimônio, renda ou serviços uns dos outros[11]. Trata-se da imunidade recíproca. A referida imunidade, contudo, é limitada aos impostos, não alcançado taxas, contribuições de melhoria e tampouco as contribuições sociais. No caso destas últimas, a CRFB/88 prevê a imunidade de contribuições para a seguridade social, mas tão somente em favor de entidades beneficentes de assistência social[12]. Não há imunidade recíproca em relação às contribuições sociais, nelas incluídas as contribuições para a seguridade social, de competência exclusiva da União.

A CRFB/88 faculta aos entes federados a instituição de Regime Próprio de Previdência Social (RPPS)[13] em favor de seus servidores titulares de cargos efetivos e, em sendo instituído o regime próprio, os referidos servidores deixam de ser segurados obrigatórios do Regime Geral de Previdência Social (RGPS), o que afasta o dever de recolhimento de contribuições previdenciárias em favor da União tanto pelo servidor quanto

---

**11** CRFB/88: Art. 150. Sem prejuízo de outras garantias asseguradas ao contribuinte, é vedado à União, aos Estados, ao Distrito Federal e aos Municípios: [...] VI - instituir impostos sobre: a) patrimônio, renda ou serviços, uns dos outros; [...]

**12** CRFB/88: Art. 195. [...] § 7º São isentas de contribuição para a seguridade social as entidades beneficente[s de assistência social que atendam às exigências estabelecidas em lei.

**13** CRFB/88: Art. 40. Aos servidores titulares de cargos efetivos da União, dos Estados, do Distrito Federal e dos Municípios, incluídas suas autarquias e fundações, é assegurado regime de previdência de caráter contributivo e solidário, mediante contribuição do respectivo ente público, dos servidores ativos e inativos e dos pensionistas, observados critérios que preservem o equilíbrio financeiro e atuarial e o disposto neste artigo. [...] § 14 - A União, os Estados, o Distrito Federal e os Municípios, desde que instituam regime de previdência complementar para os seus respectivos servidores titulares de cargo efetivo, poderão fixar, para o valor das aposentadorias e pensões a serem concedidas pelo regime de que trata este artigo, o limite máximo estabelecido para os benefícios do regime geral de previdência social de que trata o art. 201. § 15. O regime de previdência complementar de que trata o § 14 será instituído por lei de iniciativa do respectivo Poder Executivo, observado o disposto no art. 202 e seus parágrafos, no que couber, por intermédio de entidades fechadas de previdência complementar, de natureza pública, que oferecerão aos respectivos participantes planos de benefícios somente na modalidade de contribuição definida.

pelo ente político ao qual ele se encontra vinculado[14]. Não obstante, caso o ente político deixe de instituir o RPPS, todos os seus servidores serão segurados obrigatórios do RGPS. A par disso, ainda que se tenha regime próprio de um determinado ente federado, serão segurados obrigatórios do RGPS[15] os seus (1) empregados públicos, (2) servidores ocupantes de cargo em comissão declarado em lei de livre nomeação e exoneração, (3) servidores ocupantes de cargo temporário e (4) servidores que tiverem ingressado no serviço público até a data da publicação do ato de instituição do RPPS e que optem por se manter vinculados ao RGPS.

Nesse contexto, tem-se que mesmo nos casos em que o ente político subnacional se vale da competência constitucional para a instituição de RPPS, ele pode ter parte dos indivíduos que lhe prestam serviços sujeita ao RGPS e, portanto, ser sujeito passivo das contribuições previdenciárias instituídas e cobradas pela União, tanto na condição de responsável pela retenção e recolhimento das contribuições dos segurados que lhe prestam

---

**14** Lei nº 8.212/91: Art. 13. O servidor civil ocupante de cargo efetivo ou o militar da União, dos Estados, do Distrito Federal ou dos Municípios, bem como o das respectivas autarquias e fundações, são excluídos do Regime Geral de Previdência Social consubstanciado nesta Lei, desde que amparados por regime próprio de previdência social. [...]

**15** CRFB/88: Art. 40 [...] § 13 - Ao servidor ocupante, exclusivamente, de cargo em comissão declarado em lei de livre nomeação e exoneração bem como de outro cargo temporário ou de emprego público, aplica-se o regime geral de previdência social. [...] § 16 - Somente mediante sua prévia e expressa opção, o disposto nos §§ 14 e 15 poderá ser aplicado ao servidor que tiver ingressado no serviço público até a data da publicação do ato de instituição do correspondente regime de previdência complementar.

os serviços quanto em relação às suas contribuições próprias[16], devidas na condição de entidade equiparada a empresa[17].

A abrangência limitada da imunidade tributária recíproca (restrita aos impostos) e a consequente sujeição dos entes subnacionais a tributo instituído e administrado pelo ente central pode ter efeitos que fragilizam o pacto federativo e a autonomia dos entes federados, considerando-se, por exemplo, que:

I. Os entes subnacionais (Estados, Distrito Federal e Municípios) submetem-se a uma exigência de natureza tributária regulada e imposta pelo ente central (União), o que lhes coloca em uma situação de sujeição à potestade estatal exercida por outra unidade da federação, que pode lhes impor inclusive obrigações de cunho instrumental e exercer em face deles poder de polícia fiscal.

II. As dívidas previdenciárias contribuem para o endividamento dos entes subnacionais para com a União, contribuindo para o estabelecimento de uma relação de dependência, mais apta à ingerência do ente central nas demais unidades federadas.

---

**16** Lei nº 8.212/91: Art. 22. A contribuição a cargo da empresa, destinada à Seguridade Social, além do disposto no art. 23, é de: I - vinte por cento sobre o total das remunerações pagas, devidas ou creditadas a qualquer título, durante o mês, aos segurados empregados e trabalhadores avulsos que lhe prestem serviços, destinadas a retribuir o trabalho, qualquer que seja a sua forma, inclusive as gorjetas, os ganhos habituais sob a forma de utilidades e os adiantamentos decorrentes de reajuste salarial, quer pelos serviços efetivamente prestados, quer pelo tempo à disposição do empregador ou tomador de serviços, nos termos da lei ou do contrato ou, ainda, de convenção ou acordo coletivo de trabalho ou sentença normativa. II - para o financiamento do benefício previsto nos arts. 57 e 58 da Lei nº 8.213, de 24 de julho de 1991, e daqueles concedidos em razão do grau de incidência de incapacidade laborativa decorrente dos riscos ambientais do trabalho, sobre o total das remunerações pagas ou creditadas, no decorrer do mês, aos segurados empregados e trabalhadores avulsos: a) 1% (um por cento) para as empresas em cuja atividade preponderante o risco de acidentes do trabalho seja considerado leve; b) 2% (dois por cento) para as empresas em cuja atividade preponderante esse risco seja considerado médio; c) 3% (três por cento) para as empresas em cuja atividade preponderante esse risco seja considerado grave. III - vinte por cento sobre o total das remunerações pagas ou creditadas a qualquer título, no decorrer do mês, aos segurados contribuintes individuais que lhe prestem serviços; [...]

**17** Lei nº 8.212/91: Art. 15. Considera-se: I - empresa - a firma individual ou sociedade que assume o risco de atividade econômica urbana ou rural, com fins lucrativos ou não, bem como os órgãos e entidades da administração pública direta, indireta e fundacional; [...]

III. Em caso de divergências entre os entes subnacionais e a União, as autoridades fiscais da União podem efetuar o lançamento do tributo contra o ente federativo com todas as prerrogativas de que goza o crédito tributário, inclusive a presunção de legitimidade[18]. O ato da autoridade administrativa federal goza de maior presunção de legitimidade do que o das autoridades estaduais ou municipais que fizeram as respectivas declarações e apresentaram eventuais esclarecimentos?

IV. A União e em especial os órgãos do Poder Executivo federal exigem as contribuições previdenciárias sobre base controversa, muitas vezes inflada, que vem a ser objeto de controvérsias perante o Poder Judiciário. Considerando-se a submissão dos entes subnacionais ao referido tributo, tem-se um contencioso mais intenso entre os referidos entes.

## 2. A BASE DE CÁLCULO DAS CONTRIBUIÇÕES PREVIDENCIÁRIAS: HISTÓRICO JURISPRUDENCIAL DA CONTROVÉRSIA

O fundamento constitucional para a instituição das contribuições previdenciárias reside no art. 195 da CRFB/88.

Em sua redação original, o referido dispositivo (em leitura conjunta com o art. 149, *caput* da CRFB/88[19]) outorgava à União a competência para a instituição de contribuição a cargo *"dos empregadores, incidente sobre a folha de salários, o faturamento e o lucro*[20]*"*.

Durante a vigência da redação acima citada, houve intensa controvérsia judicial acerca do conceito de folha de salários, tendo a União pretendido atribuir à referida expressão conotação mais ampla, ao passo que os contribuintes sustentaram perante o Poder Judiciário acepção mais restrita, tendo prevalecido na jurisprudência o entendimento pela impossibilida-

---

**18** Lei nº 6.830/80: Art. 3º - A Dívida Ativa regularmente inscrita goza da presunção de certeza e liquidez.

Parágrafo Único - A presunção a que se refere este artigo é relativa e pode ser ilidida por prova inequívoca, a cargo do executado ou de terceiro, a quem aproveite.

**19** CRFB/88: Art. 149. Compete exclusivamente à União instituir contribuições sociais, de intervenção no domínio econômico e de interesse das categorias profissionais ou econômicas, como instrumento de sua atuação nas respectivas áreas, observado o disposto nos arts. 146, III, e 150, I e III, e sem prejuízo do previsto no art. 195, § 6º, relativamente às contribuições a que alude o dispositivo.

**20** CRFB/88: Art. 195. A seguridade social será financiada por toda a sociedade, de forma direta e indireta, nos termos da lei, mediante recursos provenientes dos orçamentos da União, dos Estados, do Distrito Federal e dos Municípios, e das seguintes contribuições sociais: I - dos empregadores, incidente sobre a folha de salários, o faturamento e o lucro; [...]

de de se incluir na base das contribuições previdenciárias então devidas valores que não se adequassem ao conceito técnico de salário.

Confira-se o entendimento firmado pelo Supremo Tribunal Federal (STF) a respeito do tema:

> E M E N T A: CONTRIBUIÇÃO SOCIAL - LEI N. 7.787/89 (ART. 3., I) - INCOMPATIBILIDADE COM O ART. 195, I, DA CF - FOLHA DE SALARIOS - SENTIDO CONCEITUAL - EXCLUSAO DAS REMUNERAÇÕES PAGAS A PROFISSIONAIS NÃO-EMPREGADOS (AUTONOMOS, AVULSOS E ADMINISTRADORES) - A QUESTÃO DA LEI COMPLEMENTAR (CF, ART. 195, PAR. 4., IN FINE) - RE CONHECIDO E PROVIDO. - A norma inscrita no art. 195, I, da Carta Politica, por referir-se a contribuição social incidente sobre a folha de salarios - expressão esta que apenas alcança a remuneração paga pela empresa em virtude da execução de trabalho subordinado, com vinculo empregaticio - não abrange os valores pagos aos autonomos, aos avulsos e aos administradores, que constituem categorias de profissionais não-empregados. Precedentes. - A União Federal, para instituir validamente nova contribuição social, tendo presente a situação dos profissionais autonomos, avulsos e administradores, deveria valer-se, não de simples lei ordinaria, mas, necessariamente, de espécie normativa juridicamente mais qualificada: a lei complementar (CF, art. 195, par. 4., in fine). (RE 186062, Relator(a): Min. CELSO DE MELLO, Primeira Turma, julgado em 15/12/1994, DJ 25-08-1995 PP-26110 EMENT VOL-01797-24 PP-04866)

O supracitado inciso I do art. 195 da CRFB/88 foi alterado pela Emenda Constitucional (EC) nº 20/98, tendo a União passado desde então a ser autorizada a instituir contribuições previdenciária a cargo *"do empregador, da empresa e da entidade a ela equiparada na forma da lei, incidentes sobre a folha de salários e demais rendimentos do trabalho pagos ou creditados, a qualquer título, à pessoa física que lhe preste serviço, mesmo sem vínculo empregatício [...]"*[21]. A partir da vigência da EC nº 20/98, a controvérsia entre a União e os contribuintes passou a ser centrada no conceito de verba remuneratória, e não mais no conceito de salário.

As contribuições sociais previstas no supracitado art. 195, inciso I, alínea 'a' da CRFB/88 foram instituídas e são reguladas pela Lei nº 8.212/91, por meio da qual a União exerce a competência tributária que lhe foi outorgada pela Constituição.

---

21 CRFB/88: Art. 195. A seguridade social será financiada por toda a sociedade, de forma direta e indireta, nos termos da lei, mediante recursos provenientes dos orçamentos da União, dos Estados, do Distrito Federal e dos Municípios, e das seguintes contribuições sociais: I - do empregador, da empresa e da entidade a ela equiparada na forma da lei, incidentes sobre: a) a folha de salários e demais rendimentos do trabalho pagos ou creditados, a qualquer título, à pessoa física que lhe preste serviço, mesmo sem vínculo empregatício; b) a receita ou o faturamento; c) o lucro; [...]

As referidas contribuições são elencadas no art. 22, *caput* e seus incisos, da referida Lei n° 8.212/91, e a sua base de cálculo – o "salário-de-contribuição" – é conceituada pelo art. 28 da supracitada lei, que estipula a incidência das contribuições previdenciárias sobre a *"totalidade dos rendimentos pagos, devidos ou creditados a qualquer título, durante o mês, destinados a retribuir o trabalho, qualquer que seja a sua forma, inclusive as gorjetas, os ganhos habituais sob a forma de utilidades e os adiantamentos decorrentes de reajuste salarial, quer pelos serviços efetivamente prestados, quer pelo tempo à disposição do empregador ou tomador de serviços nos termos da lei ou do contrato ou, ainda, de convenção ou acordo coletivo de trabalho ou sentença normativa"*.

Nesse contexto, tem-se como requisito tanto constitucional quanto legal para a incidência da contribuição previdenciária instituída com fundamento no aludido 195, I, "a" da CRFB/88 que a parcela sobre a qual se terá a incidência fiscal tenha natureza remuneratória, sendo uma contraprestação pelos serviços prestados por pessoa física ao seu empregador ou à empresa ou entidade a ela equiparada (inclusive os entes subnacionais, equiparados a empresa) que lhe contratou para a prestação de serviços.

A Lei n° 8.212/91 elenca em seu art. 28, §9° um rol de verbas que devem ser excluídas da base de incidência das contribuições previdenciárias e instaurou-se no cenário jurídico interno uma intensa discussão acerca da natureza taxativa (ou não) do referido rol, bem como acerca da abrangência e contornos do conceito de remuneração e dos requisitos para que se tenha a incidência legítima de contribuição previdenciária sobre determinada parcela.

Os contribuintes ajuizaram uma miríade de ações para questionar a incidência de contribuições previdenciárias sobre verbas como o aviso prévio indenizado, as férias e o terço constitucional de férias, os primeiros 15 dias de afastamento de empregado doente ou acidentado, os adicionais noturno, de periculosidade e de insalubridade, o adicional de hora extra ou horário extraordinário e o salário-maternidade, dentre outras.

Ao apreciar o Recurso Extraordinário (RE) n° 565.160/SC, o STF decidiu em sua composição plena e em sede de Repercussão Geral que *"a contribuição social a cargo do empregador incide sobre ganhos habituais do empregado, a qualquer título"*. Nesta oportunidade, o Plenário do STF entendeu que o critério para a determinação de quais verbas devem ser consideradas como integrantes da remuneração é a habitualidade de seu pagamento. Caracterizada a natureza remuneratória da verba (por ser um pagamento que tem por finalidade a retribuição da atividade laboral) e havendo habitualidade de seu pagamento, consequentemente, deve haver incidência das contribuições previdenciárias. Confira-se a ementa do julgado:

CONTRIBUIÇÃO – SEGURIDADE SOCIAL – EMPREGADOR. A contribuição social a cargo do empregador incide sobre ganhos habituais do empregado, a qualquer título, quer anteriores, quer posteriores à Emenda Constitucional nº 20/1998 – inteligência dos artigos 195, inciso I, e 201, § 11, da Constituição Federal. (RE 565160, Relator(a): Min. MARCO AURÉLIO, Tribunal Pleno, julgado em 29/03/2017, ACÓRDÃO ELETRÔNICO REPERCUSSÃO GERAL - MÉRITO DJe-186 DIVULG 22-08-2017 PUBLIC 23-08-2017)

Refletindo o modelo de seguridade social adotado pela CRFB/88, o STF decidiu, ainda, que a base legal de incidência das contribuições previdenciárias patronais deve ser restringida às parcelas remuneratórias que repercutirão no cálculo do futuro "salário-de-benefício" a ser recebido pelos segurados empregados. Não é admitida, portanto, a incidência sobre verbas indenizatórias, que têm a simples finalidade de recomposição do patrimônio dos trabalhadores e que não configuram retribuição pela atividade laboral e, por consequência, não repercutirão nos proventos de aposentadoria. Tampouco se pode admitir a incidência das contribuições previdenciárias sobre parcelas que por quaisquer outras razões não tenham repercussão em eventuais benefícios previdenciários.

O Superior Tribunal de Justiça, por sua vez, apreciou sob o rito dos Recursos Repetitivos a legalidade (ou não) de se exigir contribuições previdenciárias sobre diversas verbas cuja natureza remuneratória foi impugnada em juízo pelos contribuintes, tendo decidido pela legitimidade da exigência fiscal sobre (1) adicionais noturno, de periculosidade e horas extras[22], (2) salário-maternidade e salário-paternidade[23], (3) gratificação natalina (13º salário)[24] e pela ilegitimidade da incidência em relação a (1) adicional constitucional de férias (terço de férias)[25]; (2) aviso prévio indenizado[26], (3) importância paga nos quinze dias que antecedem o auxílio-doença[27].

---

22 REsp 1358281/SP, Rel. Ministro HERMAN BENJAMIN, PRIMEIRA SEÇÃO, julgado em 23/04/2014, DJe 05/12/2014

23 REsp 1230957/RS, Rel. Ministro MAURO CAMPBELL MARQUES, PRIMEIRA SEÇÃO, julgado em 26/02/2014, DJe 18/03/2014

24 REsp 1066682/SP, Rel. Ministro LUIZ FUX, PRIMEIRA SEÇÃO, julgado em 09/12/2009, DJe 01/02/2010

25 REsp 1230957/RS, Rel. Ministro MAURO CAMPBELL MARQUES, PRIMEIRA SEÇÃO, julgado em 26/02/2014, DJe 18/03/2014

26 REsp 1230957/RS, Rel. Ministro MAURO CAMPBELL MARQUES, PRIMEIRA SEÇÃO, julgado em 26/02/2014, DJe 18/03/2014

27 REsp 1230957/RS, Rel. Ministro MAURO CAMPBELL MARQUES, PRIMEIRA SEÇÃO, julgado em 26/02/2014, DJe 18/03/2014

No julgamento do RE 565.160/SC, o STF firmou o seu entendimento de que a natureza remuneratória ou indenizatória de cada tipo de verba paga pelas empresas por meio da Folha de Pagamentos não é matéria afeta à Constituição, mas deve ser analisada à luz da legislação infraconstitucional. Não obstante, o STF já reconheceu repercussão geral para a análise da legitimidade (ou não) da incidência de contribuições previdenciárias sobre os valores pagos a título de terço constitucional de férias[28] e salário-maternidade[29], o que sinaliza a perspectiva de que a Suprema Corte irá analisar a natureza das referidas verbas.

Apesar das divergências ainda não pacificadas no que se refere à amplitude da base de cálculo das contribuições previdenciárias, da análise do histórico jurisprudencial acerca do tema pode-se ver que há matérias já definidas pelo Poder Judiciário em favor dos contribuintes (dentre os quais se incluem os entes federados subnacionais), sendo possível constatar-se a existência de exigências e recolhimentos indevidos já realizados pelos entes federados subnacionais e demais contribuintes, que vinham sendo impelidos a recolher as contribuições previdenciárias sobre base superior àquela que tem sido declarada como efetivamente devida após a controvérsia em torno da amplitude do conceito de remuneração ser levada a julgamento no Poder Judiciário.

## 3. A CONCENTRAÇÃO DE PODER DA UNIÃO E O CENÁRIO DE ENDIVIDAMENTO DOS ESTADOS E MUNICÍPIOS

O modelo federativo tem como uma de suas premissas basilares a autonomia de seus entes federados[30], que se manifesta por meio de diversas facetas. Dentre elas, a autonomia financeira é certamente uma das mais relevantes.

MOREIRA (2015, p. 157) ressalta a independência, a suficiência e a eficiência na obtenção de recursos como as três características essenciais da autonomia financeira. A suficiência, especificamente, *"é fundamental para que os entes possam atender às necessidades públicas que estejam sob sua responsabilidade."* [31].

---

**28** RE nº 1.072.485

**29** RE nº 576967/PR

**30** CRFB/88: Art. 18. A organização político-administrativa da República Federativa do Brasil compreende a União, os Estados, o Distrito Federal e os Municípios, todos autônomos, nos termos desta Constituição.

**31** MOREIRA, André Mendes. O Federalismo Brasileiro e a Repartição de Receitas Tributárias. In: DERZI, Misabel Abreu Machado, BASTISTA JÚNIOR, Onofre Alves, MOREIRA, André Mendes (orgs.). Estado federal e tributação: das origens à crise atual. Belo Horizonte: Arraes Editores, 2015. (Coleção Federalismo e Tributação, v.1). p. 157.

Por essa razão, foram distribuídas aos entes federados as fontes de arrecadação tributária e de repasses intergovernamentais a fim de garantir os recursos necessários à consecução das responsabilidades executivas de cada um.

A respeito do tema, assim lecionam BATISTA JÚNIOR e MARINHO (2018, p. 4), explicitando o equilíbrio federativo idealizado pela CRFB/88:

> No que diz respeito à "autonomia financeira", a cada ente federado é assegurada a competência tributária, desde logo atribuída pela CRFB, nos artigos 153 (União), 155 (Estados e Distrito Federal) e 156 (Municípios e Distrito Federal). Da mesma forma, nos artigos 157 a 159, além dos tributos da competência tributária de cada um dos entes, a CRFB firmou transferências que deveriam complementar os recursos necessários e com os quais cada uma das pessoas políticas poderia contar para cumprir seu papel constitucionalmente determinado. Em outras palavras, o texto constitucional firmou, exaustivamente, as competências de cada um dos entes, bem como as fontes de receitas necessárias (tributos e transferências). Assim, firmado o pacto federativo, buscou-se garantir o equilíbrio federativo e, sobretudo, a autonomia financeira dos entes federados. Dessa forma, a CRFB buscou estabelecer um verdadeiro "federalismo cooperativo", no qual as várias esferas de governo pudessem atuar conjuntamente e em que as unidades subnacionais pudessem contar com significativa autonomia decisória e capacidade de autofinanciamento. Uma vez expresso o princípio na CRFB, está firmada a vinculação tendencial posta pela norma e, do mesmo modo, pode-se considerar antijurídica toda ofensa à sua ideia nuclear.[32]

Apesar de o modelo constitucional de repartição de competências tributárias ter sido idealizado prezando pela descentralização e pela autonomia dos entes federados, o que se verifica, na atual realidade federal brasileira, é um movimento centralizador em torno da União.

A União recebeu ampla competência tributária, inclusive com a possibilidade de criação de impostos residuais e com a prerrogativa (quase exclusiva) para a instituição de contribuições sociais, sem a obrigatoriedade de compartilhamento com os demais entes federados. Em relação às contribuições, especialmente, BATISTA JÚNIOR e MARINHO (2018, p. 32) ressaltam o recorrente aumento de alíquotas e de bases de cálculo, visando a expansão da arrecadação federal exclusiva, com claro intuito de violação ao pacto federativo[33].

---

**32** BATISTA JÚNIOR, Onofre Alves; MARINHO, Marina Soares. Do federalismo de cooperação ao federalismo canibal: a Lei Kandir e o desequilíbrio do pacto federativo. Revista de informação legislativa: RIL, v. 55, n. 217, p. 157-180, jan./mar. 2018. Disponível em: <https://www12.senado.leg.br/ril/edicoes/55/217/ril_v55_n217_p157>. p. 4.

**33** BATISTA JÚNIOR, Onofre Alves; MARINHO, Marina Soares. A DRU e a deformação do sistema tributário nacional nestes 30 anos de Constituição. Revista de Informação Legislativa: RIL, v. 55, n. 219, p. 32, jul./set. 2018. Disponível em: <http://www12.senado.leg.br/ril/edicoes/55/219/ril_v55_n219_p27>. p. 32.

Em uma análise dos modelos federais latino-americanos, DÍAS-CAYEROS (2010, p. 210 – 231) afirma enfaticamente que os Estados brasileiros mantiveram sua autonomia em face da União, e que há uma rejeição à centralização no federalismo brasileiro, o que se revela uma leitura distante da atual realidade de profunda concentração tributária em competência da União[34].

DORNELLES (2008, p. 110 – 146) também ressalta a reação da União ao modelo de descentralização inaugurado pela Constituição de 1988:

> Como reação à descentralização da reforma de 1988, a União passou a cobrar cada vez mais contribuições – e mesmo taxas –, e, em consequência, reduziu a importância relativa dos impostos, cuja receita era compartilhada com estados e municípios. Foi no bojo dessas mudanças que foram criadas a COFINS, a CSLL, a CPMF e as CIDEs. Além de afetar o equilíbrio federativo, a justiça social e a eficiência econômica também foram prejudicadas, porque muitas dessas contribuições têm natureza regressiva e cumulativa. São cobradas de forma invisível, embutidas nos preços dos bens e serviços, e, hoje, já propiciam uma arrecadação maior que aquela derivada dos impostos clássicos.[35]

Os gráficos abaixo, extraídos do Portal da Transparência da Controladoria-Geral da União[36], demonstram como, em um curto período, a arrecadação da União com receitas não compartilháveis (especialmente contribuições) tem sido expressivamente maior em relação às receitas compartilháveis (especialmente impostos).

---

**34** DÍAZ-CAYEROS, Alberto. Brazil: The Retention of Fiscal Authority. In: Federalism, Fiscal Authority and Centralization in Latin America. Cambridge: Cambridge University Press, 2006. p. 210 – 231.

**35** DORNELLES, Francisco Oswaldo Neves. O sistema tributário da Constituição de 1988. In: CONSTITUIÇÃO de 1988: o Brasil 20 anos depois. Brasília: Senado Federal, 2008. v. 4, p. 110-146.

**36** CONTROLADORIA-GERAL DA UNIÃO. Portal da Transparência: Receitas Públicas. Disponível em: < http://www.portaltransparencia.gov.br/receitas >. Acesso em: 05/07/2019.

2013

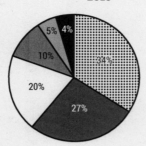

- 12 - Contribuições
- 11 - Impostos, Taxas e Contribuiçoes de Melhoria
- 13 - Receita Patrimonial
- 21 - Operações de Crédito
- 25 - Outras Receitas de Capital
- Outros

2014

- 21 - Operações de Crédito
- 11 - Impostos, Taxas e Contribuiçoes de Melhoria
- 13 - Receita Patrimonial
- 12 - Contribuições
- 25 - Outras Receitas de Capital
- Outros

2015

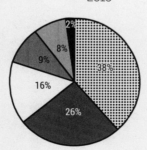

- 21 - Operações de Crédito
- 11 - Impostos, Taxas e Contribuiçoes de Melhoria
- 13 - Receita Patrimonial
- 12 - Contribuições
- 25 - Outras Receitas de Capital
- Outros

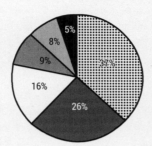

- ⊕ 21 - Operações de Crédito
- ○ 11 - Impostos, Taxas e Contribuições de Melhoria
- ● 23 - Amortizações de Empréstimos
- ● 12 - Contribuições
- ● 29 - Outras Receitas de Capital
- ● Outros

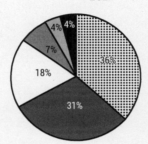

- ⊕ 21 - Operações de Crédito
- ○ 11 - Impostos, Taxas e Contribuições de Melhoria
- ● 13 - Receita Patrimonial
- ● 12 - Contribuições
- ● 29 - Outras Receitas de Capital
- ● Outros

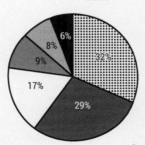

- ⊕ 21 - Operações de Crédito
- ○ 11 - Impostos, Taxas e Contribuições de Melhoria
- ● 23 - Amortizações de Empréstimos
- ● 12 - Contribuições
- ● 29 - Outras Receitas de Capital
- ● Outros

Os Estados e Municípios, por outro lado, receberam competências tributárias menos expressivas, limitadas a espécies de tributos previamente definidos pela Constituição Federal. A suficiência de suas receitas – para custear as amplas competências executivas que lhes foram outorgadas – foi idealizada considerando a contabilização das (incertas) transferências intergovernamentais e por meio das transferências dos Fundos de Participação dos Estados e Municípios.

A essas circunstâncias, somem-se (i) os altos juros da dívida histórica dos Estados perante a União; (ii) o fato de que a União nunca realizou os repasses relativos à compensação das perdas de arrecadação dos Estados em função da desoneração das exportações pela Lei Kandir; (iii) a dificuldade de arrecadação e fiscalização por parte de muitos dos Municípios em relação à enxuta base de tributação que lhes foi outorgada; e (iv) a obrigação de que os Estados e Municípios paguem contribuições à União, nos casos dos que não contam com regimes próprios de Previdência Social.

O resultado é a supressão da idealizada autonomia dos Estados e Municípios, que, em um cenário de absoluto desequilíbrio federativo, passaram a depender da disponibilização de recursos por parte da União.

A realidade aqui retratada demonstra que, atualmente, os Estados não têm mantido sua autonomia da forma como mencionada por DÍAS-CAYEROS (2006). Tendo em vista o enfraquecimento dos repasses intergovernamentais, bem como o aumento do poder tributário por parte da União e os impactos do ambiente de guerra fiscal, o federalismo brasileiro tem experimentado profunda concentração federal, com prejuízos à autonomia dos Estados e Municípios.

Em uma descrição mais adequada do atual cenário do pacto federativo brasileiro e em análise do ideal de cooperação do qual a federação foi imbuída, BATISTA JÚNIOR e MARINHO (2018, p. 19) concluem:

> Na verdade, embora a CRFB consagre o ideal democrático descentralizador e afirme o princípio federativo, a União atuou no sentido de concentrar poderes e retirar autonomia dos entes subnacionais em flagrante ofensa aos mandamentos constitucionais.[37]

Nesse contexto de grave endividamento dos Estados e Municípios, foi aprovada a Lei nº 13.485/2017, em conversão da Medida Provisória nº 778/2017, que dispõe sobre o parcelamento de débitos com a Fazenda Nacional relativos às contribuições previdenciárias de responsabilidade dos Estados, do Distrito Federal e dos Municípios, e sobre a revisão da dívida previdenciária dos Municípios pelo Poder Executivo federal.

---

[37] BATISTA JÚNIOR, Onofre Alves; MARINHO, Marina Soares. Do federalismo de cooperação ao federalismo canibal: a Lei Kandir e o desequilíbrio do pacto federativo. Revista de informação legislativa: RIL, v. 55, n. 217, p. 157-180, jan./mar. 2018. Disponível em: <https://www12.senado.leg.br/ril/edicoes/55/217/ril_v55_n217_p157>. p. 19.

A lei possibilita o parcelamento, em até 200 meses, dos débitos com a Secretaria da Receita Federal do Brasil e a Procuradoria-Geral da Fazenda Nacional de responsabilidade dos Estados, do Distrito Federal e dos Municípios, e de suas autarquias e fundações públicas, relativos às contribuições previdenciárias. É admitido, inclusive, o parcelamento dos débitos decorrentes do descumprimento das obrigações acessórias[38].

Os débitos a serem parcelados devem ser vencidos até 30 de abril de 2017, e podem ter sido constituídos ou não, inscritos ou não em dívida ativa da União, ainda que em fase de execução fiscal já ajuizada, e podem também ter sido objeto de parcelamento anterior não integralmente quitado.

Para aderir ao parcelamento, os entes federados deveriam pagar uma entrada correspondente a 2,4% do total da dívida, em até seis parcelas. O valor remanescente, deveria ser quitado em até 194 parcelas, com desconto de 40% de multas, de 25% de honorários advocatícios e de 80% dos juros[39].

Como forma de viabilização e de garantia do pagamento das parcelas, a lei prevê que os valores a serem quitados mensalmente devem ser retidos no Fundo de Participação dos Estados e do Distrito Federal (FPE) ou no Fundo de Participação dos Municípios (FPM) e repassados à União[40].

---

**38** Lei nº 13.485/2017: Art. 1º Os débitos com a Secretaria da Receita Federal do Brasil e a Procuradoria-Geral da Fazenda Nacional de responsabilidade dos Estados, do Distrito Federal e dos Municípios, e de suas autarquias e fundações públicas, relativos às contribuições sociais de que tratam as alíneas a e c do parágrafo único do art. 11 da Lei nº 8.212, de 24 de julho de 1991, inclusive os decorrentes do descumprimento de obrigações acessórias, vencidos até 30 de abril de 2017, e os de contribuições incidentes sobre o décimo terceiro salário, constituídos ou não, inscritos ou não em dívida ativa da União, ainda que em fase de execução fiscal já ajuizada, ou que tenham sido objeto de parcelamento anterior não integralmente quitado, poderão ser pagos em até duzentas parcelas, conforme o disposto nesta Lei.

**39** Lei nº 13.485/2017: Art. 2º Os débitos a que se refere o art. 1º desta Lei poderão ser quitados, no âmbito de cada órgão, mediante:

I - o pagamento à vista e em espécie de 2,4% (dois inteiros e quatro décimos por cento) do valor total da dívida consolidada, sem reduções, em até seis parcelas iguais e sucessivas, vencíveis entre julho e dezembro de 2017; e

II - o pagamento do restante da dívida consolidada em até cento e noventa e quatro parcelas, vencíveis a partir de janeiro de 2018, com reduções de:

a) 40% (quarenta por cento) das multas de mora, de ofício e isoladas e dos encargos legais e de 25% (vinte e cinco por cento) dos honorários advocatícios; e

b) 80% (oitenta por cento) dos juros de mora. (...)

**40** Art. 2º Os débitos a que se refere o art. 1º desta Lei poderão ser quitados, no âmbito de cada órgão, mediante: (...) § 1º As parcelas a que se refere o inciso II do caput deste artigo serão: I - equivalentes ao saldo da dívida fracionado em até cento e

É notório que a realização das despesas básicas de grande parte dos Estados e Municípios depende dos repasses dos Fundos de Participação. Essa realidade verifica-se especialmente nos casos dos entes que não arrecadam, por sua competência tributária, a quantidade necessária de recursos para fazer frente às suas competências executivas.

Por essa razão, o bloqueio de repasses do FPE e FPM representa medida de extrema gravidade, que expõe os entes federados mais frágeis à situação de penúria. Em alguns casos, a quitação da dívida com a União por estes meios pode impor aos governos estaduais a inviabilização da prestação dos serviços públicos mais básicos, submetendo-lhes à condição de dependentes de outros favores por parte da União que lhes garanta a sobrevivência.

Verifica-se, na realidade, que esse mecanismo de quitação e garantia da dívida representa regime mais gravoso do que aquele ao qual estão submetidos os contribuintes não federados, cuja penhora sobre faturamento somente é admitida em situações excepcionais.

A par disso, a Lei nº 13.485/2017 determinou, em seu art. 11, o encontro de contas entre débitos e créditos previdenciários dos Municípios e do Regime Geral de Previdência Social[41]. A disposição normativa nesse

---

noventa e quatro parcelas ou a 1% (um por cento) da média mensal da receita corrente líquida do Estado, do Distrito Federal ou do Município, o que resultar na menor prestação; e II - retidas no Fundo de Participação dos Estados e do Distrito Federal (FPE) ou no Fundo de Participação dos Municípios (FPM) e repassadas à União. (...)

Art. 3º A adesão aos parcelamentos de que trata o art. 1º desta Lei implica a autorização, pelo Estado, pelo Distrito Federal ou pelo Município, para a retenção, no FPE ou no FPM, e o repasse à União do valor correspondente às obrigações tributárias correntes dos meses anteriores ao do recebimento do respectivo Fundo de Participação, no caso de não pagamento no vencimento.

**41** Art. 11. O Poder Executivo federal fará a revisão da dívida previdenciária dos Municípios, com a implementação do efetivo encontro de contas entre débitos e créditos previdenciários dos Municípios e do Regime Geral de Previdência Social decorrentes, entre outros, de: (Promulgação) (Regulamento)

I - valores referentes à compensação financeira entre regimes de previdência de que trata a Lei nº 9.796, de 5 de maio de 1999 ;II - valores pagos indevidamente a título de contribuição previdenciária dos agentes eletivos federais, estaduais ou municipais prevista na alínea h do inciso I do art. 12 da Lei nº 8.212, de 24 de julho de 1991 , declarada inconstitucional pelo Supremo Tribunal Federal;

III - valores prescritos, assim considerados em razão da Súmula Vinculante nº 8 do Supremo Tribunal Federal, que declara inconstitucionais os arts. 45 e 46 da Lei nº 8.212, de 24 de julho de 1991 ;

IV - valores referentes às verbas de natureza indenizatória, indevidamente incluídas na base de cálculo para incidência das contribuições previdenciárias, tais como:

sentido coaduna com uma das características básicas do federalismo, o dever de harmonia entre os entes federados.

## 4. CONCLUSÕES

Em atenção ao princípio federativo, a CRFB/88 veda a instituição pelos entes políticos de impostos sobre patrimônio, renda ou serviços uns dos outros (imunidade recíproca), mas a referida vedação não se estende às taxas, contribuições de melhoria e tampouco às contribuições sociais. No caso destas últimas, a CRFB/88 prevê a imunidade de contribuições para a seguridade social, mas tão somente em favor de entidades beneficentes de assistência social.

Apesar de a CRFB/88 facultar aos entes subnacionais a instituição de RPPS para seus servidores efetivos, mesmo nos casos em que o ente político subnacional se vale da referida competência ele pode ter parte dos indivíduos que lhe prestam serviços sujeita ao RGPS e, portanto, ser sujeito passivo das contribuições previdenciárias instituídas e cobradas pela União, tanto na condição de responsável pela retenção e recolhimento das contribuições dos segurados que lhe prestam os serviços quanto em relação às suas contribuições próprias, devidas na condição de entidade equiparada a empresa.

A abrangência limitada da imunidade tributária recíproca (restrita aos impostos) e a consequente sujeição dos entes subnacionais a tributo instituído e administrado pelo ente central pode ter efeitos que fragilizam o pacto federativo e a autonomia dos entes federados, por submeter os entes subnacionais (Estados, Distrito Federal e Municípios) a uma situação de sujeição à potestade estatal exercida por outra unidade da federação, que pode lhes impor inclusive obrigações de cunho instrumental e exercer em face deles poder de polícia fiscal. Os entes subnacionais (Estados, Distrito Federal e Municípios) submetem-se a uma exigência de natureza tributária regulada e imposta pelo ente central (União), o que lhes coloca em uma situação de sujeição à potestade estatal exercida por outra unidade da federação.

Ademais, em caso de divergências entre os entes subnacionais e a União, as autoridades fiscais da União podem efetuar o lançamento do tributo contra o ente federativo com todas as prerrogativas de que goza o crédito tributário, inclusive a presunção de legitimidade, hipótese na qual se atribui a um ato da autoridade administrativa federal maior presunção

---

a) terço constitucional de férias;

b) horário extraordinário;

c) horário extraordinário incorporado;

d) primeiros quinze dias do auxílio-doença;

e) auxílio-acidente e aviso prévio indenizado;

de legitimidade do que aquela reconhecida no caso ao ato das autoridades estaduais ou municipais que fizeram as respectivas declarações e apresentaram eventuais esclarecimentos.

A referida situação contribui, ainda, para o endividamento dos referidos entes, o que prejudica a sua efetiva autonomia e o cumprimento de seus deveres e competências constitucionais. O endividamento dos Estados e municípios para com o ente central é fator que pode ensejar o estabelecimento de uma relação de dependência, mais apta à ingerência do ente central nas demais unidades federadas.

A par do acima exposto, a União exige as contribuições previdenciárias sobre bases já declaradas indevidas pelas Cortes Superiores brasileiras. Apesar das divergências ainda não pacificadas no que se refere à amplitude da base de cálculo das contribuições previdenciárias, da análise do histórico jurisprudencial acerca do tema pode-se ver que há matérias já definidas pelo Poder Judiciário em favor dos contribuintes (dentre os quais se incluem os entes federados subnacionais), sendo possível constatar-se a existência de exigências e recolhimentos indevidos já realizados pelos entes federados subnacionais e demais contribuintes. Esta circunstância estimula maior litigiosidade entre os entes da federação, em prejuízo da construção de um federalismo efetivamente cooperativo.

Apesar de o modelo constitucional de repartição de competências tributárias ter sido idealizado prezando pela descentralização e pela autonomia dos entes federados, o que se verifica, na atual realidade federal brasileira, é um movimento centralizador em torno da União e um cenário de absoluto desequilíbrio federativo, em que os entes subnacionais passaram a depender da disponibilização de recursos por parte da União.

Nesse contexto de grave endividamento dos Estados e Municípios, foi aprovada a Lei nº 13.485/2017, em conversão da Medida Provisória nº 778/2017, que dispõe sobre o parcelamento de débitos com a Fazenda Nacional que sejam relativos às contribuições previdenciárias de responsabilidade dos Estados, do Distrito Federal e dos Municípios, e sobre a revisão da dívida previdenciária dos Municípios pelo Poder Executivo federal.

A referida Lei nº 13.485/2017 determinou, ainda, a revisão de ofício pela RFB da base sobre a qual incidiram as contribuições previdenciárias declaradas como devidas pelos entes subnacionais e o encontro de contas entre débitos e créditos previdenciários dos Municípios e do RGPS.

No ponto em que determina a revisão de ofício da base de incidência das contribuições previdenciárias e autoriza o parcelamento dos débitos dos entes subnacionais, a referida medida reduz a carga tributária à qual estão submetidos os Estados e Municípios e contribui para a resolução pacífica das dívidas municipais perante a União, por expressa previsão legal, sem a necessidade de que se recorra ao amparo do Judiciário para tanto, o que contribui para um maior fortalecimento (ou redução do enfraquecimento) do federalismo brasileiro.

Por outro lado, a previsão de procedimento executivo em face dos entes federados mais gravoso do que aquele previsto para os demais contribuintes, que inclui o bloqueio de repasses do FPE e FPM, contraria o princípio federativo.

O bloqueio de repasses do FPE e FPM representa medida de extrema gravidade, que expõe os entes federados mais frágeis à situação de penúria. Em alguns casos, a quitação da dívida com a União por estes meios pode impor aos governos estaduais a inviabilização da prestação dos serviços públicos mais básicos, submetendo-lhes à condição de dependentes de outros favores por parte da União que lhes garanta a sobrevivência. Verifica-se, na realidade, que esse mecanismo de quitação e garantia da dívida representa regime mais gravoso do que aquele ao qual estão submetidos os contribuintes não federados, cuja penhora sobre faturamento somente é admitida em situações excepcionais.

A par disso, mesmo em seus aspectos benéficos ao federalismo, a supracitada Lei nº 13.485/2017 trata-se de iniciativa legislativa claramente insuficiente para resolver os problemas que afligem o nosso federalismo ou mesmo para mitigar na medida necessária os impactos negativos que decorrem da sujeição dos entes subnacionais a tributo instituído e exigido pela União.

**REFERÊNCIAS BIBLIOGRÁFICAS**

BATISTA JÚNIOR, Onofre Alves; MARINHO, Marina Soares. A DRU e a deformação do sistema tributário nacional nestes 30 anos de Constituição. Revista de Informação Legislativa: RIL, v. 55, n. 219, p. 32, jul./set. 2018. Disponível em: <http://www12.senado.leg.br/ril/edicoes/55/219/ril_v55_n219_p27 >.

BATISTA JÚNIOR, Onofre Alves; MARINHO, Marina Soares. Do federalismo de cooperação ao federalismo canibal: a Lei Kandir e o desequilíbrio do pacto federativo. *Revista de informação legislativa*: RIL, v. 55, n. 217, p. 157-180, jan./mar. 2018. Disponível em: <https://www12.senado.leg.br/ril/edicoes/55/217/ril_v55_n217_p157>.

CONTROLADORIA-GERAL DA UNIÃO. Portal da Transparência: Receitas Públicas. Disponível em: <http://www.portaltransparencia.gov.br/receitas>. Acesso em: 05 jul 2019.

DÍAZ-CAYEROS, Alberto. Brazil: The Retention of Fiscal Authority. In: *Federalism, Fiscal Authority and Centralization in Latin America*. Cambridge: Cambridge University Press, 2006. p. 210 – 231.

DORNELLES, Francisco Oswaldo Neves. O sistema tributário da Constituição de 1988. *In: CONSTITUIÇÃO de 1988: o Brasil 20 anos depois*. Brasília: Senado Federal, 2008. v. 4, p. 110-146.

HUEGLIN, Thomas. FENNA, Alan. *Comparative Federalism: A Systematic Inquiry*. Toronto: University of Toronto Press, 2015.

MOREIRA, André Mendes. O Federalismo Brasileiro e a Repartição de Receitas Tribuárias. *In*: DERZI, Misabel Abreu Machado, BASTISTA JÚNIOR, Onofre Alves, MOREIRA, André Mendes (orgs.). *Estado federal e tributação: das origens à crise atual*. Belo Horizonte: Arraes Editores, 2015. (Coleção Federalismo e Tributação, v.1). p. 151-170.

XAVIER, Alberto. *Tipicidade da Tributação, Simulação e Norma Antielisiva*. Rio de Janeiro: Dialética, 2001.

YOO, John. *"Judicial Review and Federalism"*. Harvard Journal of Law & Public Policy 22, 1998, p. 197–203.

YOO, John. *"The Judicial Safeguards of Federalism"*. South California Law Review 70, 1997, p. 1.311-1.405.

# O DIREITO À SAÚDE SOB À ÓTICA DO ACESSO AOS MEDICAMENTOS: UMA ANÁLISE À LUZ DO FEDERALISMO BRASILEIRO

MARJORIE COSTA DE AVELAR[1]

## 1. INTRODUÇÃO

O Constituinte pátrio consagrou o direito à saúde como um dos direitos sociais, disciplinado no art. 6º da Constituição da República Federativa do Brasil, promulgada em 1988. Além disso, criou um importante sistema para a promoção deste direito (o Sistema Único de Saúde) e mecanismos de repasses de receitas entre os entes federados, visando, assim, ao custeio necessário para a implantação e efetivação do direito à saúde. Ademais, o constituinte pátrio indicou a via eleita originária para pleitear a efetivação do direito à saúde, que é, conforme art. 196 (CRFB/88), mediante políticas públicas. Entretanto, possibilitou, também, a busca por este direito pela via jurisdicional, fenômeno intitulado Judicialização da Saúde, que necessita de grande atenção dos magistrados, bem como esforços da sociedade civil.

## 2. O DIREITO À SAÚDE E SUA CONCEPÇÃO SOB A ÓTICA DO FEDERALISMO

O direito à saúde foi disciplinado no art. 6º da Constituição da República Federativa do Brasil, promulgada em 1988. Enquanto um direito de cunho social, demanda a prestação de atividades por parte do Estado, para efetivá-lo. O Constituinte, então, primou pela realização de políticas públicas, como mecanismo primário de garantia do direito à saúde, conforme observa-se da leitura do art. 196 da CRFB/88. Adiante, no art. 198 destaca-se importante conceitos como "regionalização" e "hierarquia" da rede de ações e serviços públicos de saúde, bem como encontramos as diretrizes do sistema único de saúde, quais sejam:

---

[1] Graduanda em Direito pela UFMG. Monitora da disciplina Teoria do Estado II. E-mail: marjoriecostaavelar@gmail.com

I - descentralização, com direção única em cada esfera de governo;
II - atendimento integral, com prioridade para as atividades preventivas, sem prejuízo dos serviços assistenciais;
III - participação da comunidade.

Visando à consolidação de tais objetivos e diretrizes, foi criado o Sistema Único de Saúde, Lei nº 8080/90. Necessário destacarmos importante ponto trazido nos §§1º e 2º do art. 2º da mencionada legislação

> § 1º O dever do Estado de garantir a saúde consiste na formulação e execução de políticas econômicas e sociais que visem à redução de riscos de doenças e de outros agravos e no estabelecimento de condições que assegurem acesso universal e igualitário às ações e aos serviços para a sua promoção, proteção e recuperação.
> § 2º O dever do Estado não exclui o das pessoas, da família, das empresas e da sociedade.

Além disso, no art. 7º são reforçadas as diretrizes já disciplinadas no art. 198 da CRFB/88 e acrescenta outros importantes princípios

> Art. 7º As ações e serviços públicos de saúde e os serviços privados contratados ou conveniados que integram o Sistema Único de Saúde (SUS), são desenvolvidos de acordo com as diretrizes previstas no art. 198 da Constituição Federal, obedecendo ainda aos seguintes princípios:
> I - universalidade de acesso aos serviços de saúde em todos os níveis de assistência;
> II - integralidade de assistência, entendida como conjunto articulado e contínuo das ações e serviços preventivos e curativos, individuais e coletivos, exigidos para cada caso em todos os níveis de complexidade do sistema;
> III - preservação da autonomia das pessoas na defesa de sua integridade física e moral;
> IV - igualdade da assistência à saúde, sem preconceitos ou privilégios de qualquer espécie;
> V - direito à informação, às pessoas assistidas, sobre sua saúde;
> VI - divulgação de informações quanto ao potencial dos serviços de saúde e a sua utilização pelo usuário;
> VII - utilização da epidemiologia para o estabelecimento de prioridades, a alocação de recursos e a orientação programática;
> VIII - participação da comunidade;
> IX - descentralização político-administrativa, com direção única em cada esfera de governo:
> a) ênfase na descentralização dos serviços para os municípios;
> b) regionalização e hierarquização da rede de serviços de saúde;
> X - integração em nível executivo das ações de saúde, meio ambiente e saneamento básico;
> XI - conjugação dos recursos financeiros, tecnológicos, materiais e humanos da União, dos Estados, do Distrito Federal e dos Municípios na prestação de serviços de assistência à saúde da população;

XII - capacidade de resolução dos serviços em todos os níveis de assistência; e
XIII - organização dos serviços públicos de modo a evitar duplicidade de meios para fins idênticos.
XIV – organização de atendimento público específico e especializado para mulheres e vítimas de violência doméstica em geral, que garanta, entre outros, atendimento, acompanhamento psicológico e cirurgias plásticas reparadoras, em conformidade com a Lei nº 12.845, de 1º de agosto de 2013. (Redação dada pela Lei nº 13.427, de 2017)

Já nos artigos 16 a 18 da Lei 8080/90 foram definidas as competências de cada ente federado na prestação dos serviços de saúde. Entretanto, fato curioso é o exorbitante rol de competências atribuídas aos municípios descritas no at. 18, que, conforme observa-se a seguir, ficará a cargo da execução direta de serviços de saúde no âmbito mais próximo ao cidadão

Art. 18. À direção municipal do Sistema de Saúde (SUS) compete:
I - planejar, organizar, controlar e avaliar as ações e os serviços de saúde e gerir e executar os serviços públicos de saúde;
II - participar do planejamento, programação e organização da rede regionalizada e hierarquizada do Sistema Único de Saúde (SUS), em articulação com sua direção estadual;
III - participar da execução, controle e avaliação das ações referentes às condições e aos ambientes de trabalho;
IV - executar serviços:
a) de vigilância epidemiológica;
b) vigilância sanitária;
c) de alimentação e nutrição;
d) de saneamento básico; e
e) de saúde do trabalhador;
V - dar execução, no âmbito municipal, à política de insumos e equipamentos para a saúde;
VI - colaborar na fiscalização das agressões ao meio ambiente que tenham repercussão sobre a saúde humana e atuar, junto aos órgãos municipais, estaduais e federais competentes, para controlá-las;
VII - formar consórcios administrativos intermunicipais;
VIII - gerir laboratórios públicos de saúde e hemocentros;
IX - colaborar com a União e os Estados na execução da vigilância sanitária de portos, aeroportos e fronteiras;
X - observado o disposto no art. 26 desta Lei, celebrar contratos e convênios com entidades prestadoras de serviços privados de saúde, bem como controlar e avaliar sua execução;
XI - controlar e fiscalizar os procedimentos dos serviços privados de saúde;
XII - normatizar complementarmente as ações e serviços públicos de saúde no seu âmbito de atuação.

Ao se debruçar sobre a temática, Renato Dresch traz importantes ensinamentos

> O Município, que é a parte mais vulnerável na estrutura federativa brasileira, é o principal interessado na organização, estruturação e implantação do sistema de saúde com a divisão de atribuições e a repartição da competência para que se efetive a cooperação técnica e financeira (CF, art. 30, VII, e art. 198, § 1º). Estabelecidas regras de competência o ente municipal terá mecanismos para ressarcir-se na eventual imposição judicial de prestações que sejam da competência de outra esfera de governo, como previsto no art. 35, VII, da Lei nº 8.080/90. (DRESCH, 2014, p. 8)

Em sentido diverso, João Felipe da Silva Neto afirma que

> Dessa forma, na lógica federativa do Sistema Único de Saúde, não há se falar em competência comum entre os entes federados, posto que cada qual possui atribuição muito bem delimitada pela lei de regência, somente surgindo responsabilidade para um determinado ente, no que tange à competência de outrem, em caso de flagrante omissão, o que caracteriza, conforme outrora consignado, suas responsabilidades subsidiárias. (2019, p. 06)

Não apenas isso, mas para arcar com os altos valores que devem ser investidos para garantir este direito tão básico, o Constituinte ainda disciplinou a repartição de receitas entre os entes federados.

Isso porque não basta a mera positivação do direito à saúde, deve-se, portanto, desenvolver uma série de ações coordenadas pelo Estado e sociedade com o intuito de proteger e preservar este direito. Conforme bem dispõe o Relatório do INSPER intitulado "Judicialização da Saúde no Brasil: perfil das demandas, causas e propostas de solução"

> Sendo assim, a partir do reconhecimento formal de um direito humano, este deve ser protegido por meio da criação de garantias jurídicas, tais como a vinculação orçamentária, o reconhecimento de direito público subjetivo, a possibilidade de participação na formulação e execução das políticas públicas, o controle social sobre o Estado no que se refere à prestação dos serviços públicos associados ao direito protegido, dentre outras. (2019, p. 152)

E prossegue, reforçando a importância do desenvolvimento de políticas organizadas federativamente

> A efetivação do direito à saúde passa, portanto, pela formulação e execução de políticas sociais e econômicas capazes de assegurar de forma universal o acesso às ações e serviços públicos de promoção, prevenção e recuperação da saúde, conforme expressamente previsto pelo Art. 196 da CF. Políticas públicas bem planejadas e executadas, no âmbito de um Sistema Único de Saúde coordenado e articulado federativamente, são garantias essenciais para a proteção do direito à saúde. Em realidade, são essas políticas que definem o conteúdo jurídico concreto do direito à saúde, ao definirem

quais os serviços e produtos que estarão disponíveis para o cidadão promover, proteger e recuperar a sua saúde. (2019, p. 153)

Noutro ponto, há ainda outra possibilidade de busca pela garantia do direito à saúde constitucionalmente disciplinado, que é através do ajuizamento de ação perante o Poder Judiciário, que será abordado a seguir.

## 3. A BUSCA PELA EFETIVAÇÃO DESTE DIREITO ATRAVÉS DA PRESTAÇÃO JURISDICIONAL

Não obstante a via eleita originária para a efetivação deste direito, qual seja, o direito à saúde, ocorra mediante a realização de políticas públicas, conforme expressamente assevera o art. 196 da CRFB/1988, tem-se observado o crescente aumento de demandas judiciais versando sobre tal objeto, movimento intitulado *Judicialização da Saúde*.

Sob esse ponto, Renato Dresch[2] ao explicar o fenômeno da Judicialização da Saúde afirma que existem dois tipos de judicialização

> A boa judicialização seria aquela que cobre os vácuos da prestação do serviço de saúde, e permite à pessoa atingida nos seus direitos buscar resgatá-los por meio da Justiça. A má judicialização seria aquela por meio da qual a pessoa busca privilégios, como furar filas ou obter medicamentos que não possuem evidência científica de eficácia terapêutica, e que oneram o serviço de saúde em prejuízo das políticas públicas universalizadas. (2016)

No mesmo sentido, Cynthia Pereira de Araújo[3] alerta que há um mito que persiste quando se trata de Judicialização da Saúde, que é a falsa crença de que as ações que chegam ao Judiciário resultam da ineficiência de políticas públicas ou da insuficiência de investimentos. Assim, a mencionada autora revela a tendência por parte dos julgadores de pressupor a existência de falha do Estado, o que, em seu entendimento, ocasiona uma visão distorcida ao avaliar o objeto da lide. (201X, p. 1).

No mesmo sentido, Pilar Bacellar Palhano Neves e Marcos Antônio Barbosa Pacheco apontam que "(…) o Judiciário tem "uma cultura" de priorizar o processamento de ações individuais, ou seja, a estrutura do Judiciário estaria voltada para resolver demandas do indivíduo que ajuizou a ação e não as da coletividade." (2017, p. 762).

---

**2** Disponível em: http://www.tjmg.jus.br/portal-tjmg/noticias/tjmg-firma-cooperacao-tecnica-com-secretaria-de-estado-de-saude.htm#.XZOpxkZKiM8 . Acesso em: 01 out. 2019.

**3** Disponível em: http://www.tjmt.jus.br/INTRANET.ARQ/CMS/GrupoPaginas/126/1127/Artigo-livro-Rodrigo-vers%C3%A3o-final.pdf . Acesso em: 10 out. 2019.

Sobre o mesmo ponto, Clara Machado e Sandra Regina Martini afirmam que

> Quanto ao grande número de ações individuais cumpre tecer algumas considerações. De fato, é necessário compreender que na conjuntura do constitucionalismo contemporâneo, aqui identificado como constitucionalismo fraterno (BRITTO, 2007), deve-se relativizar a compreensão individualista dos direitos fundamentais sociais, relacionada à justiça comutativa, para incutir a dimensão da fraternidade, de caráter distributivo. (2018, p.785)

Entretanto, não podem os magistrados se olvidarem de que uma decisão judicial, sobretudo em tema tão complexo, demandam de uma análise que contenha elementos mais objetivos. Isso porque, em se tratando de demandas que pleiteiam medicamentos de alto custo, a análise deve ser tomada com extrema cautela. Nesse sentido, Pilar Bacellar Palhano Neves e Marcos Antônio Barbosa Pacheco afirmam que

> A maioria dos magistrados (6/10) destacou preocupação com os limites orçamentários do Poder Público, afirmando que deve haver cautela. Veja-se um exemplo: "Nós, do Judiciário, não temos que pensar individualmente nessa questão da saúde, mas temos que pensar, como fazemos parte do Estado, pois o Judiciário é parte do Estado, é pensar coletivamente" (2017, p. 759)

Nesse sentido, Carla Machado e Sandra Regina Martini afirmam, ao analisar voto do Ministro Barroso que

> Outro ponto que deve ser destacado no voto do ministro é a necessidade de realização de diálogo entre o Poder Judiciário e entes ou pessoas com expertise técnica na área de saúde, como as câmaras e núcleos de apoio técnico, profissionais do SUS e Conitec. Tal diálogo demonstra a preocupação do Supremo Tribunal federal com a interferência desarrazoada do Judiciário nas políticas públicas de saúde.
> Decerto, deve-se ter em mente que o papel do Judiciário não é substituir o Legislativo ou o Executivo na elaboração e execução de políticas públicas, mas cooperar com esses poderes a fim de alcançar e materializar o princípio jurídico da cooperação e da fraternidade. (2018, p. 789)

Assim, considerando o arranjo constitucional vigente, bem como nosso modelo federalista, forçoso reconhecer que não há, no processamento dessas ações que pleiteiam medicamentos de alto custo, por exemplo, maior interação entre os entes federados e a sociedade, a fim de minimizar/reduzir esse fenômeno intitulado *Judicialização da Saúde*.

## 4. O PAPEL DAS NOTAS TÉCNICAS E PARECERES DO NATS E DOS ENUNCIADOS DO CNJ NA ANÁLISE DO PEDIDO

Transformado em litígio a garantia do direito à saúde (acesso aos medicamentos), o magistrado encontra-se sobre um conflito aparente e que parece inconciliável: o direito à vida X a reserva do possível. As ações apresentam e reforçam a urgência da concessão da tutela, afinal, a demora na apreciação do pedido gera o risco de morte. Entretanto, no lado oposto na demanda, os entes federados (Estados, Municípios e a União) sinalizam que a concessão de uma tutela pode gerar o comprometimento das finanças destes, agravando o cenário pelo qual diversos estados e municípios enfrentam, estando sob decretos de calamidade financeira. O magistrado então, por não deter os conhecimentos médicos necessários para avaliar a eficácia e a (im)prescindibilidade do medicamento prescrito, deve recorrer-se à critérios objetivos para embasar a análise do pedido autoral. Assim, os enunciados do Conselho Nacional de Justiça (CNJ) e a notas técnicas e pareceres do NATs (Núcleos de Apoio Técnico) podem exercem importante papel: trazer diretrizes que, embora não vinculantes, possibilitam que o magistrado decida de forma mais consciente.

Recentemente, mediante o Provimento nº 84, de 14 de agosto de 2019, do CNJ, foi criado o sistema e-NATJUS[4], possibilitando maior aporte aos magistrados. Além disso, conforme disposição do § 2º do art. 1º do mencionado provimento, ficam os tribunais obrigados a alimentar o sistema, conferindo, assim, maior transparência e publicidade às decisões judiciais proferidas.

Outro apoio aos magistrados é o CONITEC (Comissão Nacional de Incorporação de Tecnologias ao SUS) e seus protocolos, responsáveis por indicar ao Ministério da Saúde quais tecnologias e práticas devem ser incorporadas ao SUS. Clenio Jair Schulze, afirma

> Assim, a autoridade judiciária responsável por processo em que se postula a concessão de medicamento, tratamento ou tecnologia deve observar as decisões proferidas pela Conitec, eis que baseadas em critérios técnicos.
> Se a decisão da Conitec foi favorável à incorporação da tecnologia no SUS, parece evidente que o magistrado não pode contrariá-la, salvo comprovação científica distinta, contemporânea ou superveniente. De outro lado, se a posição da aludida entidade é para não autorizar a incorporação da tecnologia no âmbito do SUS, o juiz somente poderá deferir o pedido veiculado na via judicial se houver prova técnica – e apenas técnica – refutando a conclusão da Conitec. (2015, p. 4)

---

[4] Disponível em: https://www.conjur.com.br/dl/provimento-842019-cnj-nat-jus.pdf

Entretanto, conforme estudo desenvolvido pelo Insper, menções a esse órgão aparecem em menos de 0,51% das decisões. Já seus protocolos são citados em 5,83% dos casos. Desses dados, extrai-se que boa parte dos magistrados ainda decidem as questões de saúde sem fazer uso desses subsídios objetivos, contrariando a instrução de buscar esses elementos para embasar a decisão judicial. Sendo assim, constatada essa ausência de elementos para amparar a fundamentação, órgãos como o CNJ devem reforçar a divulgação destes mecanismos perante os magistrados, bem como cabem aos demais operadores do Direito pressionar o Poder Judiciário, por meio dos instrumentos constitucionais adequados, para que atue em conformidade com a diretriz estabelecida pela CRFB/88, que é a necessidade de fundamentação das decisões judiciais. Assim, o mencionado dever faz-se necessário, sobretudo, envolvendo ações cujo objeto versam sobre direito fundamental à saúde e cuja decisão, inegavelmente, podem onerar de sobremaneira os Estados, Municípios e União.

## 5. A CONSOLIDAÇÃO DA RESPONSABILIDADE SOLIDÁRIA ENTRE OS ENTES FEDERADOS E O CUMPRIMENTO DA LIMINAR

O Supremo Tribunal Federal manteve seu entendimento acerca da responsabilidade solidária de entes federados na assistência à saúde. Assim, sob o TEMA 793, o STF redigiu a seguinte tese

> "Os entes da federação, em decorrência da competência comum, são solidariamente responsáveis nas demandas prestacionais na área da saúde e, diante dos critérios constitucionais de descentralização e hierarquização, compete à autoridade judicial direcionar o cumprimento conforme as regras de repartição de competências e determinar o ressarcimento a quem suportou o ônus financeiro". (TEMA 793- STF)

Ressalta-se, porém, que embora a redação do Tema seja recente, o entendimento segundo o qual reconhece a responsabilidade solidária dos entes federados já era paulatinamente aplicada nos tribunais brasileiros.

Assim, proferida a decisão que conceda a liminar pleiteada, o juiz intima os réus para depositarem o valor do medicamento em até 48h, sob pena de penhora *online*, via Bacenjud. Entretanto, ressalta-se que a decisão deixa lacunas quanto aos repasses entre os entes. Isso porque, embora o Recurso Extraordinário nº 855178 analisado pelo Supremo Tribunal Federal tenha consolidado sob o Tema 793 a responsabilidade solidária entre os entes federados nas demandas que versem sobre direito à saúde, não enfrentou de forma específica o ressarcimento do ônus financeiro entre os entes, delegando à autoridade judicial o dever de observar as regras de competência e determinar a ressarcimento a quem suportou o ônus financeiro.

Além disso, importante pensarmos que a judicialização da saúde, além de onerar os entes federados, onera, também, o próprio Ministério da Saúde. Conforme afirmam Pilar Bacellar Palhano Neves e Marcos Antônio Barbosa Pacheco

> Despesas do Ministério da Saúde com processos judiciais que obrigam o Sistema Único de Saúde (SUS) ao fornecimento de medicamentos cresceram exponencialmente nos últimos anos. Segundo dados da pesquisa realizada pelo Instituto de Estudos Socioeconômicos (INESC), observou-se crescimento real de 1006% das demandas judiciais atendidas por compra direta e depósito, partindo de R$ 103,8 milhões em 2008 para R$ 1,1 bilhão em 2015. (2017, p. 750)

Fato curioso é apontado por Clara Machado e Sandra Regina Martini, no que diz respeito aos medicamentos sem registro na ANVISA

> No âmbito do Supremo Tribunal Federal permanecem os debates sobre a obrigatoriedade do custeio, pelo Poder Público, dos medicamentos de alto custo e complexidade e dos que não têm registro da ANVISA. Nesse ponto, convém registrar os recursos extraordinários 566471 e 657718, de relatoria do Ministro Marco Aurélio (BRASIL, 2016). O RE 566.471/RN trata da dispensação de medicamentos de alto custo não incorporados pelo SUS e o RE 657.715/MG discute os casos de medicamentos sem registro da Anvisa (BRASIL, 2016). Já foi reconhecida a Repercussão Geral da matéria, mas o julgamento ainda não foi encerrado. (2018, p. 788)

Sendo a judicialização da saúde um movimento atual e crescente, cujo objeto versa sobre questões tão complexas, sua análise demanda, então, novas releituras no arranjo institucional.

## 6. EFEITOS DA JUDICIALIZAÇÃO DA SAÚDE SOBRE OS TRIBUNAIS: A CRIAÇÃO DE NÚCLEOS ESPECIALIZADOS

O tema da judicialização da saúde segue demandando novos enfrentamentos tanto por parte do próprio Judiciário, quanto da sociedade. Exemplo disso, tem-se a inauguração em 25 de setembro de 2019, no Tribunal de Justiça de Goiás, de um Centro Judiciário de Solução de Conflitos e Cidadania da Saúde (CEJUSC) exclusivo para as demandas de saúde.[5]

No âmbito da Justiça Estadual, o Tribunal de Justiça de Minas Gerais assinou em 2016 um termo de cooperação técnica com a Secretaria de Estado de Saúde[6]. Outro ponto interessante em relação ao TJMG é a

---

[5] Disponível em: https://www.cnj.jus.br/tribunal-inaugura-cejusc-exclusivo-para-demandas-de-saude/ . Acesso em: 01 out. 2019.

[6] Disponível em: http://www.tjmg.jus.br/portal-tjmg/noticias/tjmg-firma-cooperacao-tecnica-com-secretaria-de-estado-de-saude.htm#.XZOpxkZKiM8 . Acesso em: 01 out. 2019.

Recomendação da Corregedoria Geral de Justiça n° 12[7], de 13 de novembro de 2018, tornada sem efeito pela Recomendação da Corregedoria Geral de Justiça n° 16 de 2018. Nela havia a recomendação expressa que visava uma maior cooperação entre os entes federados nestas demandas, inclusive, garantindo a prestação de informações pelos gestores antes da apreciação de medidas urgentes. Sobre essa medida tornada sem efeito, destaca-se o seguinte excerto

> RECOMENDA aos juízes de direito responsáveis pela instrução e pelo julgamento das demandas judiciais envolvendo assistência à saúde no Estado de Minas Gerais que, na medida do possível, adotem as seguintes providências:
> I - envidem esforços para celebrar termo de cooperação entre o Tribunal de Justiça do Estado de Minas Gerais - TJMG e o Município, a fim de instalar Câmara de Apoio Técnico em Saúde, visando institucionalizar a criação de uma interlocução para obtenção de informações úteis acerca da gestão de saúde, tanto para subsidiar as decisões liminares, como para acompanhar o cumprimento das decisões judicias proferidas, sem prejuízo da criação de "e-mail" institucional ou outra modalidade de comunicação eletrônica para requisitar informações a serem prestadas em curto espaço de tempo;
> II - ouçam, sempre que possível, preferencialmente por meio eletrônico, os gestores antes da apreciação de medidas urgentes e, em se tratando de demanda de interesse do Estado de Minas Gerais, solicitem informações pelo e-mail institucional já criado (atendimentojudiciario@saude.mg.gov.br), para obtenção de informações técnicas prévias acerca dos medicamentos e procedimentos disponibilizados; (Recomendação da Corregedoria Geral de Justiça n° 12, de 13 de novembro de 2018)

Entretanto, pouco tem sido discutido sobre os efeitos dessa medida, sobretudo, no caminho da desjudicialização das demandas. Isso porque, conforme dados divulgados pelo próprio TJMG, bem como o recente estudo divulgado pelo INPER em parceria com o Conselho Nacional de Justiça, demonstram o crescimento do ajuizamento de demandas que versam sobre esse objeto, além do baixo percentual de juízes que fundamentam sua decisão valendo-se de critérios objetivos, como as notas técnicas do NATs, por exemplo.

Já no Tribunal Regional Federal da 1ª Região, Seção Judiciária de Minas Gerais, o alto número de ações envolvendo o direito à saúde, sobretudo a requisição de medicamentos de alto custo, impulsiona (e reforça) discursos em prol da criação de varas especializadas nas demandas de saúde.

---

[7] Disponível em: http://www8.tjmg.jus.br/institucional/at/pdf/crm00122018.pdf . Acesso em: 10 out. 2019.

Além disso, em estudo desenvolvido por Pilar Bacellar Palhano Neves e Marcos Antônio Barbosa Pacheco, apontam importantes sugestões dos próprios magistrados

> (...) o Estado (Administração Pública) deve conferir efetividade aos entendimentos judiciais reiterados sobre o direito à saúde e que resolva administrativamente as demandas. Também sugere que essa matéria seja sumulada no Supremo Tribunal Federal (STF), isto é, que a Suprema Corte condense e exponha a todos, em poucas palavras, seus entendimentos jurisprudenciais reiterados sobre casos dessa natureza. (2017, p. 763)

Assim, considera-se que no atual movimento de judicialização da saúde, a criação de órgãos especializados será de extrema importância para uniformizar as decisões judiciais, conferindo a objetividade necessária à decisão que será proferida.

## 7. ALGUMAS PONDERAÇÕES NECESSÁRIAS: O PAPEL DA SOCIEDADE E DOS MOVIMENTOS SOCIAIS

O constituinte previu que direito à saúde é dever do Estado e sociedade. Sendo assim, abriu margem para que a sociedade civil, bem como por intermédio dos movimentos sociais, participasse da construção e da fiscalização de políticas públicas de saúde.

Neste sentido, Roberto Mangabeira Unger afirma que

> "As iniciativas judiciais ajudam a ampliar o espaço no qual os movimentos sociais podem operar; realocações de direitos podem mudar os ventos em conflitos locais e na política nacional. De modo contrário, os movimentos sociais podem ajudar a inspirar e nortear tais iniciativas judiciais, assim coma aumentar a pressão sobre os órgãos políticos do Estado que são mais resistentes." (UNGER, Roberto Mangabeira. O Direito e o Futuro da Democracia. 2004, p. 120)

Assim, o aludido autor reconhece que os movimentos sociais são grandes atores que podem atuar colaborativamente com o Poder Judiciário. O terceiro setor, assim entendido como a organização de membros do corpo social formando um movimento social, pode desempenhar importante papel na elaboração, execução e fiscalização das políticas públicas sobre acesso à saúde. Tal atuação pode e deve dar-se, inclusive, nas demandas que pleiteiam medicamentos de alto custo.

No mesmo caminho, Carolina Montolli e Carla Cruz asseveram sobre a necessidade de participação interligada entre Estado e Sociedade Civil, de modo que esta atuação se dá a partir da criação de mecanismos que permitam o exercício democrático, como a criação de instâncias políticas de participação e controle social nas três esferas de governo. (2015, p. 39)

Prosseguem, afirmando que o efeito dessa inclusão da sociedade civil nessas questões que envolvem o direito à saúde é a frequente reivindicação de mais espaços públicos de participação no processo de decisão e controle sobre as políticas de saúde, o que estimulará a propositura de rearranjos institucionais para a análise das demandas por saúde, tais como colegiado de gestão, fóruns e ouvidorias públicas. (2015, p. 39)

Marta Alves Santos esclarece que

> A questão saúde e democracia ganha visibilidade e a relação entre ambas passa a ser apresentada constantemente nas pautas dos movimentos sociais e em suas manifestações. A luta pela saúde ampliou-se e favoreceu a articulação com outras entidades e movimentos populares. Destacavam-se, nesse período, como reivindicações das diversas manifestações: a luta pelo saneamento, água, luz e postos de saúde; a luta pelo fortalecimento do setor público e promoção da saúde e a luta pelas questões concretas da vida, impulsionada pelas Comunidades Eclesiais de Bases. (2013, p. 236)

No mesmo sentido, Clara Machado e Sandra Regina Martini

> Inelutavelmente, para que haja efetividade do direito à saúde, de caráter transindividual, é mister a cooperação entre os poderes e a participação da sociedade. Ou seja, os conteúdos da integralidade e da assistência do sistema devem ser definido entre sociedade e Estado, numa contínua cooperação por meio de diálogos interinstitucionais. O princípio da cooperação define, dentre outros aspectos, o modo como os poderes públicos e as partes envolvidas devem atuar no Estado Democrático. (2018, p. 787)

Além disso, exemplo claro da importância de tais iniciativas verificam-se em estudo de Pilar Bacellar Palhano Neves e Marcos Antônio Barbosa Pacheco que, em entrevista a magistrados do Maranhão, estes apontaram a necessidade de uma aproximação entre o Poder Judiciário e o Poder Executivo para a solução das demandas. Bem como, foi levantada como sugestão, a realização de Audiências Públicas com o envolvimento da Sociedade na discussão de soluções mais amplas. Além disso, surgiram propostas voltadas à reunião entre os dois Poderes para discussão de soluções e para a criação de uma comissão de médicos à disposição do juiz para auxiliar nas decisões, em casos de dúvidas técnicas. (2017, p. 763)

Sendo assim, a criação de canais de participação entre Estado e sociedade na elaboração, execução e fiscalização de políticas públicas de saúde, está em conformidade com os anseios trazidos pelo constituinte pátrio, que primou pelo dever cooperativo entre estes na garantia do direito à saúde.

## 8. CONCLUSÃO

O Direito à saúde, enquanto direito basilar fundamental para o pleno gozo da vida civil, reclama uma atuação conjunta entre Estado e sociedade. Assim, importante defender a criação e manutenção de ambientes que permitam o diálogo e a construção da tomada de decisão nas políticas de saúde. Desse modo, valer-se das Audiências Públicas, podem ser, neste momento, um mecanismo inicial para atingir tal propósito, sendo, conjuntamente, desenvolvidos novos canais de participação para a defesa deste direito constitucionalmente garantido. No que tange ao Poder Judiciário, mostra-se necessária a maior divulgação e fortalecimento das iniciativas do CNJ que prestam auxílio aos magistrados na análise do caso concreto. Isso porque, tais mecanismos quando empregados pelo magistrado, conferem maior objetividade e razoabilidade nas decisões, promovendo, por conseguinte, a superação do falso conflito entre direito à saúde e reserva do possível.

## REFERÊNCIAS BIBLIOGRÁFICAS

ANFIP – Associação Nacional dos Auditores-Fiscais da Receita Federal do Brasil e FENAFISCO – Federação Nacional do Fisco Estadual e Distrital. *A Reforma Tributária Necessária: diagnóstico e premissas.* Eduardo Fagnani (organizador). Brasília: ANFIP: FENAFISCO: São Paulo: Plataforma Política Social, 2018. p. 804.

ARAÚJO, Cynthia Pereira de. *A judicialização da saúde e a necessidade de assessoramento técnico do Juiz para decidir.* Disponível em: http://www.tjmt.jus.br/INTRANET.ARQ/CMS/GrupoPaginas/126/1127/Artigo-livro-Rodrigo-vers%C3%A3o-final.pdf . Acesso em: 24 set. 2019.

BRASIL. *Constituição da República Federativa do Brasil.* 5 de outubro de 1988. Disponível em: http://www.planalto.gov.br/ccivil_03/Constituicao/Constituicao.htm . Acesso em: 10 de out. 2019.

———. *Lei nº 8.080, 19 de setembro de 1990.* Disponível em: http://www.planalto.gov.br/ccivil_03/leis/l8080.htm. Acesso em: 10 out. 2019.

DRESCH, Renato Luis. *A Garantia de Acesso à Saúde e as Regras de Repartição da competência entre os gestores.* Disponível em: https://revistas.face.ufmg.br/index.php/rahis/article/view/2801 . Acesso em: 24 set. 2019.

———. Federalismo Solidário: A Responsabilidade Dos Entes Federativos Na Área Da Saúde. *In:* SANTOS, Lenir; TERRAZ, Fernanda (Org.). *Judicialização da Saúde no Brasil.* Campinas: Saberes, 2014. p. 25-57. Disponível em: http://www.tjmt.jus.br/INTRANET.ARQ/CMS/GrupoPaginas/126/1127/FEDERALISMO-SOLIDARIO-A-RESPONSABILIDADE-DOS-ENTES-FEDERATIVOS-NA-%C3%81REA-DA-SA%C3%9ADE.pdf . Acesso em: 24 set. 2019.

Instituto De Ensino E Pesquisa - Insper. *Judicialização Da Saúde No Brasil: Perfil Das Demandas, Causas E Propostas De Solução.* Disponível em: https://www.cnj.jus.br/wp-content/uploads/2019/03/66361404dd5ceaf8c5f7049223bdc709.pdf. Acesso em: 10 out. 2019.

————. *Judicialização da saúde dispara e já custa R$ 1,3 bi à União*. Disponível em: https://www.insper.edu.br/conhecimento/direito/judicializacao-da-saude-dispara-e-ja-custa-r-13-bi-a-uniao/ . Acesso em: 10 out. 2019.

MACHADO, Clara; MARTINI, Sandra Regina. *Desjudicialização da Saúde , Diálogos Interinstitucionais e Participação Social: Em busca de alternativas para o sistema*. Revista Estudos Institucionais, v. 4, n. 2, p. 774-796, 2018. Disponível em: https://estudosinstitucionais.com/REI/article/view/190/281. Acesso em: 10 out. 2019.

MACHADO, J. Federalismo e políticas sociais: conexões a partir da Teoria da Agência. *Revista do Serviço Público*, v. 69, n. 1, p. 57-84, 29 mar. 2018.

MONTOLLI, Carolina; CRUZ, Carla. *SAÚDE E DEMOCRACIA: uma análise dos limites da banalidade do mal em Hannah Arendt e Agamben na releitura do conceito de direitos humanos e políticas públicas – Interface entre Biopoder e Biopolítica*. Disponível em: http://www.age.mg.gov.br/images/stories/downloads/revistajuridica/revistajuridica2008/revista-age-2015a.pdf . Acesso em: 05 ago. 2019.

NEVES, Pilar Bacellar Palhano; PACHECO, Marcos Antônio Barbosa. *Saúde pública e Poder Judiciário: percepções de magistrados no estado do Maranhão*. REVISTA DIREITO GV. SÃO PAULO. V. 13 N. 3. p. 749-768, 2017. Disponível em: http://www.scielo.br/pdf/rdgv/v13n3/1808-2432-rdgv-13-03-0749.pdf . Acesso em: 13 out. 2019.

NETO, João Felipe da Silva. *O Direito Fundamental à Saúde e o Federalismo do SUS*. Revista Caderno Virtual. v. 2, n. 43, 2019. Disponível em: https://www.portaldeperiodicos.idp.edu.br/cadernovirtual/article/view/3442/1627 . Acesso em: 13 out. 2019.

POGGE, Thomas. *Medicamentos para o mundo: Incentivando A Inovação sem obstruir o acesso livre*. Revista Internacional de Direitos Humanos. Ano 5, Número 8, São Paulo. Jun. 2008. p. 122-149. Disponível em: http://www.scielo.br/pdf/sur/v5n8/v5n8a07.pdf. Acesso em: 30 ago. 2019.

RAMOS, Edith Maria Barbosa; MIRANDA NETO, Edson Barbosa de. *O Federalismo e o Direito à Saúde na Constituição Federal De 1988: limites e possibilidades ao estabelecimento de um autêntico Federalismo Sanitário Cooperativo no Brasil*. Disponível em; http://revista.unicuritiba.edu.br/index.php/RevJur/article/view/3316/371371808. Acesso em: 10 out. 2019.

RIBEIRO, Robson. *Adequação do Instituto Nacional de Saúde e Excelência Clínica do Reino Unido (NICE) ao Sistema Único de Saúde (SUS): resposta à judicialização das políticas públicas de medicamentos de alto custo*. Disponível em: http://www.fumec.br/revistas/pdmd/article/view/5524/2812 . Acesso em: 05 ago. 2019.

SANTOS, Marta Alves. *Lutas sociais pela saúde pública no Brasil frente aos desafios contemporâneos*. R. Katál., Florianópolis, v. 16, n. 2, p. 233-240, jul./dez. 2013. Disponível em: http://www.scielo.br/pdf/rk/v16n2/09.pdf . Acesso em: 11 out. 2019.

SCHULZE, Clenio Jair. *Judicialização Da Saúde: Importância Do Conjunto Probatório e da Oitiva Do Gestor*. *In:* Direito à Saúde. CONASS, 2015. Disponível em: https://www.conass.org.br/biblioteca/pdf/colecao2015/CONASS-DIREITO_A_SAUDE-ART_12B.pdf . Acesso em: 10 out. 2015.

# FEDERALISMO FISCAL E O SUPREMO TRIBUNAL FEDERAL ENTRE A EQUIDADE VERTICAL FEDERATIVA E A DESINTEGRAÇÃO ANTIFEDERATIVA: AINDA HÁ JUÍZES NO BRASIL?

PEDRO HENRIQUE ESTEVES FONSECA[1]
THOMAS DA ROSA DE BUSTAMANTE[2]

## 1. INTRODUÇÃO

Em seu famoso poema "*Le meunier de Sans-Souci*" (O moleiro de Sans-Souci), o dramaturgo François Andrieux narra o seguinte: Frederico II, Rei da Prússia, decidiu construir um novo palácio para sua corte na região de *Sans Souci*. Ocorre que, nesta mesma região, havia um moinho que atrapalhava a vista do monarca e impedia também a nova empreitada. Após muita negociação para tentar demolir a estrutura, Frederico II teria chamado o moleiro em sua presença e dito que, se não houvesse outro modo, iria lhe tomar o moinho sem dar nada em troca. Poeticamente, o moleiro lhe devolveu: "Vossa Majestade? Me tomar o moinho? Ainda há juízes em Berlim!".

No desenho constitucional brasileiro, exige-se fiel cumprimento e respeito ao Pacto Federativo, e não é sem razão que os Estados busquem também o Judiciário para seu socorro. Muitas vezes, frente ao apetite fiscal da União se preocupam: ainda há juízes no Brasil?

O artigo 102 da Constituição da República Federativa do Brasil estabelece, em seu inciso I, f, a competência originária do Supremo Tribunal Federal para julgar, originariamente, as "causas e conflitos entre a União e os Estados, a União e o Distrito Federal, ou entre uns e outros, inclu-

---

[1] Bacharelando em Direito pela Universidade Federal de Minas Gerais. Pesquisador-Bolsista de Iniciação Científica da FAPEMIG em temas de Federalismo Fiscal. Monitor de Direito Constitucional do Departamento de Direito Público da Universidade Federal de Minas Gerais.

[2] Professor Associado da Universidade Federal de Minas Gerais. Coordenador do Programa de Pós-Graduação Stricto Sensu em Direito da UFMG.

sive as respectivas entidades da administração indireta". Esse dispositivo constitucional corresponde ao idealizado no nascedouro da Constituição dos Estados Unidos da América, consubstanciado na Seção II de seu terceiro artigo e defendido sob a ótica dos Federalistas desse modo:

> Para avaliar com precisão a devida extensão do judiciário federal, será necessário considerar, primeiramente, quais são os seus objetos apropriados. Parece admitir pouca controvérsia que a autoridade do poder judiciário da União deve se estender a diversas descrições de casos. 1º) Para todos aqueles que se apartarem das leis dos Estados Unidos, aprovadas de acordo com os seus poderes justos e constitucionais de legislar; *2º) Para todos os que dizem respeito à execução de disposições epxessamente contidas nos artigos da União; 3º) Para todos em que os Estados Unidos sejam parte; 4º) Para todos que envolvam a paz da confederação, quer eles se relacionem a disputas entre a União os Estados e nações estrangeiras, ou entre os próprios estados.* 5º) Para todos que tenham origem em alto mar, e constituem jurisdição marítima, e finalmente, para todos em que os tribunais estaduais não possam ser tidos como imparciais e livres de vieses. (HAMILTON, Alexander. MADISON James. JAY, John. 2008. p. 388.)

Em nosso sistema constitucional, a exemplo do norte-americano, incumbe ao Supremo Tribunal Federal a missão de promover o deslinde dos conflitos federativos. Há aqui um contorno particular da federalização centrífuga do Brasil: o contexto de "garantia da paz da federação" é bem menos literal aqui do que nos Estados Unidos, tendo em vista o histórico de secessão daquele país. A nossa guerra federativa, sobretudo nas últimas décadas, diz respeito à autonomia financeira, é dizer, à capacidade dos Estados de arcarem com os custos de suas máquinas públicas.

Na ausência de efetividade da representação constitucional por excelência dos Estados, a qual competiria ao Senado Federal, que hoje está transfigurado em casa dos partidos, ao invés dos Estados (ARRETCHE. 2012), esses entes subnacionais buscam acatamento ao pacto federativo pela via do Supremo Tribunal Federal. É o caso, por exemplo, da Ação Direta de Inconstitucionalidade por Omissão n.º 25 (ADO 25) que indica que o modelo federativo ideal que o constituinte originário de 1988 buscava com a descentralização democrática, ao menos no que se refere à questão fiscal, faliu pela omissão. O mote da ADO 25 é de *"federalism all the way down"*, (GERKEN, 2009) ainda que à força.

O "socorro" (ainda pendente de eficácia) que o Supremo Tribunal Federal prestou aos Estados em sede da ADO 025, reconhecendo a omissão legislativa e ordenando o saneamento do prejuízo federativo não é, infelizmente, exemplo de uma tendência à "integridade pró-federativa" naquela Corte.

O que o esforço analítico que seguirá tenta demonstrar, através de casos concretos selecionados, é justamente o óbice centralizador que o órgão de guarda máxima do projeto constitucional-cidadão por vezes impõe ao fiel cumprimento dos mandamentos federalistas.

## 2. EQUIDADE VERTICAL NO FEDERALISMO E JUSTIÇA EM JOHN RAWLS

### 2.1. EQUIDADE VERTICAL

Para o Prof. Ricardo Lobo Torres (2018), os princípios de Direito Financeiro que guardam relação com a equidade são: a equidade financeira, a equidade entre gerações, a equidade entre regiões e a equidade vertical no federalismo.

Estas duas últimas vertentes da equidade no Direito Financeiro importam especialmente ao propósito deste trabalho: a equidade entre as regiões, na medida em que se estabelece sob a égide do mandamento constitucional de redução das desigualdades regionais encartado no artigo 3º da CRFB/88; e a equidade vertical no federalismo, na medida em que se conforma como elemento fundante da atividade financeira do Estado, modelando-lhe o seu Poder Financeiro e descentralizando-o verticalmente - com destino aos entes subnacionais, também dotados, no nosso engendramento constitucional-financeiro, de essencial autonomia).

A noção de federalismo cooperativo insculpida no seio do nosso sistema constitucional e na própria noção de República Federativa, elevada pelo quarto parágrafo do artigo 60 da CRFB/88 ao patamar de cláusula pétrea, pressupõe, para além da autonomia formal, a autonomia financeira que repousa sobre o princípio da equidade vertical; aos entes subnacionais, nesse sentido, é resguardado o direito de receita que atenda com suficiência a realização de gastos materializadores das suas competências constitucionais.

No âmbito da administração pública, competência significa, quase sempre, implementação de gastos, e estancia aí parte dos gargalos do nosso esgarçado federalismo fiscal. Para além dos reconhecidos problemas no âmbito da gestão da *res publica*, os Estados e Municípios têm sua autonomia financeira consideravelmente dependente dos repasses constitucionais de receitas dos entes maiores; isso porque o produto de sua competência para tributar não lhes provê receita tributária em suficiência para o dispêndio em suas atividades básicas. No caso dos municípios, por exemplo, a situação é de mais dependência: "Cerca de 70% dos municípios brasileiros dependem hoje em mais de 80% de verbas que vêm de fontes externas à sua arrecadação." (FOLHA, 2019, s.p.).

Para além do embaraço de competências relegadas a cada ente:

De lado dos gastos públicos o problema é basicamente orçamentário, pois inexiste uma clara e minuciosa discriminação das despesas públicas. A CF declara da competência comum da União, Estados, Distrito Federal e Municípios a execução de inúmeros serviços, desde a saúde pública até a proteção do meio ambiente (art. 23). À discriminação constitucional de rendas não corresponde a discriminação de despesas que se possa levar à justa partilha de responsabilidade administrativa, a permitir o equilíbrio fiscal e financeiro. (TORRES, 2019, p.101)

O problema não é nem novo nem exclusivamente brasileiro; o professor José Alfredo Baracho, em sua Teoria Geral do Federalismo, ainda sob a vigência da Carta Militar de 67, anotava:

> O sistema federal no Brasil, como em outros Estados, tem provocado diversas indagações em torno das relações governamentais e administrativas entre a União, os Estados e os municípios, tendo em vista que a distribuição de competência é complexa. (...)
> E de modo geral, manifesta-se nela a tendência centrípeta, reformando-se o poder central em detrimento dos poderes regionais, ainda que sem mudança na letra dos textos constitucionais. Por outro lado, tendência inversa nos Estados unitários os leva à descentralização, de modo que o Estado Federal e o Estado Unitário descentralizado, hoje mais do que nunca, são tipos bem próximos.
> O Estado federal brasileiro não foge à regra. De 1889 aos dias que correm, pelos textos e fora dos textos, regride ele, diminuindo a autonomia estadual. O enfraquecimento dos estados-membros é progressivo e seguido, não sendo meramente acadêmico indagar se ainda o Brasil é verdadeiramente um Estado Federal. (BARACHO, 1986, p. 187)

Contemple-se que a indagação do professor Baracho, feita sob a trincheira de um sistema autoritário-militar, no que cuida do federalismo brasileiro e da centralização na União, máxime na inequidade vertical financeira, subsiste sob o baluarte de uma Constituição democrático-descentralizadora.

Para entender por que os entes subnacionais não se assenhoraram da autonomia financeira implementada em um modelo equitativo, convém contornar teoricamente o que significa equidade do ponto de vista teórico e moral.

## 2.2. JUSTIÇA EM JOHN RAWLS

A noção de equidade formulada pela Teoria da Justiça (RAWLS, 2008), tangenciando *Justice as Fairness* (RAWLS, 2001), serve (sobretudo na formatação de uma justiça distributiva de bens públicos) também à análise da crise do federalismo de cooperação ou de equilíbrio.

John Rawls, em sua sistemática de justiça procedimental, entende que a justiça é a primeira virtude das instituições sociais, como a verdade o é dos sistemas de pensamento (RAWLS, 1981, pág. 27). E o que pretende a equidade no Federalismo se não germinar justiça? É certo que Rawls formula sua teoria a partir da relação entre cidadãos em sociedade, mas não é disparatado transferir a lógica de suas abstrações para as relações federativas, isso porque, em última análise, o equilíbrio federativo é instrumento para garantir aos concidadãos de todas as regiões do Brasil, prestação equânime de serviços que competem aos entes federados. Ademais, os conflitos federativos são também conflitos sobre distribuição de recursos (seja entre as instituições que compõem o aparato dos Estados Membros ou entre os indivíduos que indiretamente se beneficiam ou são prejudicados por essa distribuição) e sua resolução também se opera em um nível institucional.

Para Rawls, os princípios de justiça devem determinados em relação à ideia regulativa da posição original, sob o véu da ignorância:

> Na Justiça como Equidade a posição original de igualdade corresponde ao estado de natureza na teoria tradicional do contrato social. Essa posição original não é, obviamente, pensada em termos de um verdadeiro estado de coisas histórico.
> Ela é compreendida como uma situação puramente hipotética caracterizada de modo a conduzir a uma concepção de justiça. Dentre as características essenciais dessa situação está o fato de que ninguém sabe o seu lugar na sociedade, sua classe, posição ou status social, nem qual será sua fortuna na distribuição natural de recursos e capacidades, sua inteligência, sua força, e análogos. Eu irei presumir inclusive que as partes não sabem suas concepções de bem ou suas propensões psicológicas especiais. Os princípios de justiça são escolhidos sob o véu da ignorância. Isso garante que ninguém está em vantagem ou desvantagem na escolha dos princípios em virtude da sorte natural ou de circunstâncias sociais contingentes. Já que todos estão de igual modo situados e ninguém é capaz de desenhar princípios para favorecer à sua condição particular, os princípios de justiça são o resultado de um acordo ou negociação justo. Pois dadas as circunstâncias da posição original, a simetria das relações de todos com os demais, essa situação é equânime entre indivíduos como pessoas morais, ou seja, como seres racionais com seus próprios fins e capazes, assumirei, de um senso de justiça; A posição original é, pode-se dizer, o status quo inicial apropriado, e portanto os acordos fundamentais alcançados nela são justos. Isso explica a adequação do nome "justiça como equidade": ele capa a ideia de que os princípios de justiça são objeto de um acordo em uma situação inicial que é justa. O nome não significa que os conceitos de justiça e equidade são os mesmos, assim como a frase "poesia como metáfora" não significa que os conceitos de poesia e metáfora são o mesmo.
> (RAWLS, 2000, p.11)

A ideia de Rawls aposta que, se os atores/definidores do que se entenderia como justo em uma sociedade estivessem apartados de sua posição atual, ninguém moldaria as normas jurídicas de modo a beneficiar sua grei, o que garantia uma produção normativa justa. Para o autor, a sociedade seria justa na medida em que seus membros estabelecessem cooperação solidária para promover o bem comum.

Para Rawls, da experiência do véu da ignorância, resultariam os seguintes princípios:

> Primeiro: cada pessoa deve ter um igual direito ao esquema mais extensivo de liberdades básicas iguais compatíveis como um esquema similar para as liberdades dos demais.
> Segundo: desigualdades econômicas e sociais devem ser estruturadas de modo que elas sejam (a) razoavelmente esperadas a reverter-se em vantagem para todos; e (b) relacionadas a posições e funções públicas abertas a todos. (RAWLS, 2000, p.53)

A segunda parte, que materializa no aprofundamento da teoria rawlsiana como princípio da diferença, nos interessa a uma porque estabelece que as desigualdades só podem ser aceitas se integrarem situação em que quem está em pior situação, está na melhor situação possível (maximin), e a duas porque torna mandamental uma equidade de oportunidades entre os atores.

Ora, e não é essa a lógica do nosso federalismo, ancorado na cooperação e solidariedade - em sentido jurídico? O nosso modelo de equidade vertical federativa, tratando cada ente na medida de seu carecer, eliminando as desigualdades regionais, e conferindo autonomia financeira para a boa execução orçamentária das competências constitucionais reservadas à cada pessoa estatal federativa, coincide, portanto, como a equidade delineada como justiça em Rawls.

Em última instância, o que guia a autonomia financeira que deve ser resguardada de igual modo (se necessário, através de transferências) para os estados do Sul e para os estados do Nordeste; o que torna imperativo ressarcir os estados por perda de receita ocasionada pela União e o que orienta a regularidade de políticas fiscais favorecidas na SUFRAMA, por exemplo, é uma noção de justiça como equidade – como valor de equalizar interesses diversos, mas de garantir justa e igual consideração e oportunidades e tolerar desigualdades apenas se em contexto que beneficie aqueles que se encontram em pior situação.

## 3. DESINTEGRIDADE ANTIFEDERALISTA: UM VETOR INTERPRETATIVO

Como vetor interpretativo para analisar a legitimidades da jurisprudência brasileira sobre conflitos federativos, propõe-se a teoria do "direito como integridade", desenvolvida por Ronald Dworkin em "O Império do Direito". Para o autor, o princípio da integridade pode ser entendido em dois sentidos:

> Temos dois princípios de integridade política: um princípio legislativo, que pede aos legisladores que tentem tornar o conjunto de leis moralmente coerente, e um princípio jurisdicional, que a demanda que o direito, tanto quanto possível, seja vista como coerente nesse sentido. (DWOKIN, 2014, p. 213)

Ainda sobre a temática da integridade:

> O valor político da integridade tem para Dworkin uma tarefa central não apenas para estabelecer uma teoria geral da decisão no âmbito da aplicação do direito (adjudication) ou no âmbito da legislação, mas também uma tarefa fundamental de estabelecer as bases de legitimidade do poder político estatal. O objetivo principal do direito, para Dworkin, é justificar a coerção estatal, e ele acredita que essa tarefa só é possível em uma comunidade que reconheça obrigações recíprocas de cunho associativo entre os seus membros, que possuem igual status e são merecedores de igual respeito e consideração pela comunidade política personificada e por cada cidadão que integre essa comunidade. E é desse conjunto de obrigações associativas que Dworkin pretende derivar o valor político da integridade. (BUSTAMANTE, 2018, p.115)

Este trabalho se propõe a analisar, à luz do conceito de integridade em Dworkin, tanto atuações legislativas quanto aplicações decisórias do direito em se choca o sistema que se pretende íntegro com atuações moralmente incoerentes. Para tanto, se adotará o conceito de integridade inicialmente traçado em O Império do Direito, segundo o qual:

> A integridade exige que as normas públicas da comunidade sejam criadas e vistas, na medida do possível, de modo a expressar um sistema único e coerente de justiça e equidade na correta proporção. Uma instituição que aceite esse ideal às vezes irá, por esta razão, em busca de fidelidade aos princípios concebidos como mais fundamentais a esse sistema como um todo. (DWORKIN, 2014, p. 264)

Ainda sobre a temática:

> A indagação sobre a integridade, por conseguinte, não é só uma questão de saber se uma determinada proposição jurídica se adequa (fit) à prática jurídica, mas também, na mesma medida, se essa proposição encontra razões para se justificar e se as sanções que ela estabelece para os cidadãos dissidentes podem ser legitimamente empregadas. (BUSTAMANTE, 2018, p.122)

Registrada a devida evolução do conceito de integridade na posterior literatura dworkiniana, mormente sobre a questão da independência entre justiça e equidade (BUSTAMANTE, 2018); verifica-se que a integridade delineada por Dworkin em O Império do Direito oferece conveniente vetor interpretativo da crise federativa brasileira.

Tanto no que diz respeito à integridade em plano legislativo quanto à integridade no plano jurisdicional, o Brasil tem um conjunto de normativo e, sobretudo, de decisões judiciais que, por vezes, não se fundamentam (ou se integram) como sistema moralmente coerente e pautado na justiça e equidade (*in casu*, federativa).

Esse fenômeno de incoerência sistemática que impacta no federalismo brasileiro, tratar-se-á por desintegridade antifederalista: se demonstra, através de casos concretos e representativos, como os legisladores e julgadores (o Supremo Tribunal Federal) desconsideram, para os fins de equidade e justiça, os critérios de "integridade federativa". O respeito a um sistema que trate os entes federados e, em última análise os cidadãos, como merecedores de igual respeito e consideração; e que submeta tanto a produção normativa quanto a aplicação do direito pelos tribunais ao mandamento federalista de autonomia.

## 4. RENÚNCIA FISCAL E "CORTESIA COM CHAPÉU ALHEIO"

Com intento de amenizar os efeitos da crise econômica global de 2008, o governo federal fez irromper política de incentivos fiscais (mormente renunciando a determinadas receitas de IPI) como expediente para estimular o consumo das famílias e instigar o mercado.

Em razão do manejo dessa estratégia, cumulado com as dificuldades econômicas (que acabaram surgindo), editou-se a Medida Provisória nº 462/2009, como forma de também compensar os municípios, afetados pela redução da transferência de receita do IPI que lhes cabia a título de repasse constitucional ao Fundo de Participação dos Municípios (FPM), munindo-lhes de socorro financeiro no exercício fiscal daquele ano. Por ora, retenha-se essa contextualização prática.

Um ano antes, em 2008, o Supremo Tribunal Federal, sob relatoria do eminente Ministro Ricardo Lewandowski julgou o Recurso Extraordinário 572762 – em que se compunha como matéria isenção fiscal de ICMS praticada por Estado, com impacto no repasse constitucionalmente previsto para os municípios -, em que se assentaram as seguintes proposições:

> I - A parcela do imposto estadual sobre operações relativas à circulação de mercadorias e sobre prestações de serviços de transporte interestadual e intermunicipal e de comunicação, a que se refere o art. 158, IV, da Carta Magna pertence de pleno direito aos Municípios.
>
> II - O repasse da quota constitucionalmente devida aos Municípios não pode sujeitar-se à condição prevista em programa de benefício fiscal de âmbito estadual. [3]

---

**3** STF, RE 572762, Relator(a): Min. Ricardo Lewandowski, Tribunal Pleno, julgado em 18/06/2008, Repercussão Geral – Mérito. DJe-167, 05-09-2008.

Do julgado paradigma, fixou-se a Repercussão Geral:

> Tema 42 - Retenção de parcela do produto da arrecadação do ICMS, pertencente aos Municípios, em razão da concessão de incentivos fiscais pelo Estado-membro.

No voto do Ministro-Relator, esteve presente o acertado raciocínio:

> É o caso da parcela do ICMS mencionada no artigo 158, IV, da Carta Magna, que, embora arrecadada pelo Estado, integra *de jure* o patrimônio do Município, não podendo o ente maior dela dispor a seu talante, sob pena de grave ofensa ao princípio federativo, de resto, sanável, mediante o emprego da última *ratio* do sistema, qual seja, o instituto da intervenção federal, prevista, para tais hipóteses, no artigo 33, V, b da Carta Magna

Em apertada síntese, a *ratio decidendi* que se infere do *decisum* é a de que a Constituição Federal, em seu artigo 158, caput, ao dispor que: "pertencem aos municípios"; determina que a parcela devida do tributo sob comento não integra o patrimônio do ente que o arrecada, mas do ente "menor".

Até este julgado paradigma, tem-se o Supremo Tribunal Federal cumprindo o papel de guarda da Constituição e do compromisso federalista que na Carta repousa. E há nesse contexto um fato curioso, que melhor se explica citando:

> O ministro Ricardo Lewandowski entendeu que tal medida configura verdadeiramente um caso em que "o estado está fazendo cortesia com o chapéu alheio". Foi elaborada proposta de Súmula Vinculante, que recebeu o número 30, com a seguinte redação: "É inconstitucional lei estadual que, a título de incentivo fiscal, retém parcela do ICMS pertencente aos municípios". Controvérsias em relação à redação do texto e alcance do enunciado, que permitiria concluir serem os recursos repassados de titularidade dos entes federados beneficiários, como bem observado por Celso Correia, levaram à suspensão da publicação da referida súmula. Assim, não obstante já terem sido publicadas as súmulas que se seguiram, essa súmula continua "pendente de publicação" até hoje, tendo se transformado em uma verdadeira "súmula vinculante fantasma". (CONTI, 2016, s.p.)

Como se observa, o entendimento do STF sobre o fato era tão consolidado que se aprovou Súmula Vinculante para fixá-lo e, em que pese a ausência publicação ainda persistir, indicia que o raciocínio evidenciado deveria se integrar de algum modo à prática do tribunal.

Em 2016, surge uma nova vertente, quando se modificam os atores da relação de renúncia fiscal. No julgamento do Recurso Extraordinário 705.423, desta vez sob relatoria do douto Ministro Edson Fachin, um município sergipano – a posteriori ladeado de vários outros - questionou, com base na mesma assimilação do acórdão já elucidado, o aminguamento no montante de repasses ao Fundo de Participação dos Munícipios, em sede de renúncia fiscal patrocinada, dessa vez, pela União.

Aqui irrompe o melhor exemplo do que anotamos como "desintegridade antifederalista". Colaciona-se a ementa do julgado:

> RECURSO EXTRAORDINÁRIO. REPERCUSSÃO GERAL. CONSTITUCIONAL, TRIBUTÁRIO E FINANCEIRO. FEDERALISMO FISCAL. FUNDO DE PARTICIPAÇÃO DOS MUNICÍPIOS – FPM. TRANSFERÊNCIAS INTERGOVERNAMENTAIS. REPARTIÇÃO DE RECEITAS TRIBUTÁRIAS. COMPETÊNCIA PELA FONTE OU PRODUTO. COMPETÊNCIA TRIBUTÁRIA. AUTONOMIA FINANCEIRA. PRODUTO DA ARRECADAÇÃO. CÁLCULO. DEDUÇÃO OU EXCLUSÃO DAS RENÚNCIAS, INCENTIVOS E ISENÇÕES FISCAIS. IMPOSTO DE RENDA - IR. IMPOSTO SOBRE PRODUTOS INDUSTRIALIZADOS – IPI. ART. 150, I, DA CONSTITUIÇÃO DA REPÚBLICA. 1. Não se haure da autonomia financeira dos Municípios direito subjetivo de índole constitucional com aptidão para infirmar o livre exercício da competência tributária da União, inclusive em relação aos incentivos e renúncias fiscais, desde que observados os parâmetros de controle constitucionais, legislativos e jurisprudenciais atinentes à desoneração. 2. A expressão "produto da arrecadação" prevista no art. 158, I, da Constituição da República, não permite interpretação constitucional de modo a incluir na base de cálculo do FPM os benefícios e incentivos fiscais devidamente realizados pela União em relação a tributos federais, à luz do conceito técnico de arrecadação e dos estágios da receita pública. 3. A demanda distingue-se do Tema 42 da sistemática da repercussão geral, cujo recurso-paradigma é RE-RG 572.762, de relatoria do Ministro Ricardo Lewandowski, Tribunal Pleno, julgado em 18.06.2008, DJe 05.09.2008. Isto porque no julgamento pretérito centrou-se na natureza compulsória ou voluntária das transferências intergovernamentais, ao passo que o cerne do debate neste Tema reside na diferenciação entre participação direta e indireta na arrecadação tributária do Estado Fiscal por parte de ente federativo. Precedentes. Doutrina. 4. Fixação de tese jurídica ao Tema 653 da sistemática da repercussão geral: "É constitucional a concessão regular de incentivos, benefícios e isenções fiscais relativos ao Imposto de Renda e Imposto sobre Produtos Industrializados por parte da União em relação ao Fundo de Participação de Municípios e respectivas quotas devidas às Municipalidades." 5. Recurso extraordinário a que se nega provimento.[4]

Também desse julgado, se modulou repercussão geral:

> Tema 653 – Valor devido pela União ao Fundo de Participação dos Municípios, relativamente aos impostos sobre a renda e proventos de qualquer natureza e sobre produtos industrializados, em face de benefícios e incentivos fiscais concedidos em relação a esses mesmos impostos.

---

[4] RE 705423, Relator(a): Min. Edson Fachin, Tribunal Pleno, julgado em 23/11/2016, Repercussão Geral – Mérito, DJe-020, 05-02-2018

Apesar do o eminente Ministro-Relator enfrentar a questão da incompatibilidade de seu voto-guia do acórdão com o julgado anterior de que tratamos, é de saltar aos olhos que a mudança de entendimento acompanha a mudança no "polo renunciador". Em sede deste Recurso Extraordinário, se permite à União o que não se permitiu ao Estados: "fazer cortesia com o chapéu alheio".

Não se enfrentará aqui propriamente de analisar o mérito de cada decisão, mas apenas de demonstrar a incongruência na aplicação das normas com vistas ao equilíbrio federativo. Veja-se:

> Para o Min. Relator, as especificidades do precedente formado no RE-RG 572.762 não permitem sua aplicação para casos gerais de concessão de benefícios e isenções fiscais, com o que concordamos integralmente.
> Data vênia do entendimento final da Colenda Corte Máxima, parece-nos que o assunto de fundo é o mesmo: pode um ente federativo, detentor de competência para instituir e cobrar determinado(s) tributos(s), devendo, por imposição constitucional, repassar parte do produto da arrecadação a outro(s) entes(s) da federação, praticar desonerações, que provocam, em última análise, diminuição do valor desses repasses aos destinatários? (HORVATH, 2019, p.588)

Frise-se, portanto, que até os comentadores que defendem a relatoria e a decisão plenária última do deslinde, reconhecem que elas contraditam com o precedente anterior firmado na Corte. É aí que a carência de integridade federativa reside: a expectativa de igual tratamento e consideração dos entes federados defronte à Corte Suprema não está atendida. Afinal, para a renúncia fiscal de ICMS dos Estados vale o entendimento firmado em 2008 e para a renúncia fiscal do ente central vale a inovação propalada pelo eminente Ministro Fachin?

Para concluir, importa-se novamente, e com os devidos créditos a conclusão encartada pelo Professor Estevão Horvath, partidário da decisão do Ministro Fachin, mas que assinala:

> Isso não significa, contudo, que os Municípios (Estados e Distrito Federal também) se vejam simplesmente privados das receitas a que teriam direito caso as mencionadas desonerações concedidas pela União não tivessem acontecido. Quer-se com isso dizer que, a nosso ver, têm as pessoas políticas que recebem as transferências (constitucionalmente) obrigatórias direito a algum tipo de compensação pela perda desses recursos, tão necessários na federação brasileira. (HORVATH, 2019, p.593)

## 5. LEI KANDIR, ADO 025 E SUPREMO TRIBUNAL FEDERAL

Por outro lado, nem sempre a carência de integridade provém do Poder Judiciário. Um caso que o Supremo Tribunal Federal busca retomar a integridade federativa porque inobservada pelos legisladores é o da Lei Complementar 87 de 1996, promulgada em um contexto de recentes reajustes econômicos promovidos pelo Plano Real e com vistas a incentivar a exportação (mormente de commodities), a qual desonerou o ICMS incidente sobre produtos primários e semielaborados destinados às operações de exportação.

Mais tarde, a EC 42/2003, a alçou o benefício ao status constitucional de imunidade, ao mesmo tempo em que estabeleceu um mandamento constitucional para que o legislador integrasse Lei Complementar ao ordenamento que, nos termos do artigo 91 do ADCT, resultasse em compensação pelas perdas que os estados exportadores perceberam em suas receitas com a desoneração enquanto política econômica da União.

Observam Onofre Batista Júnior e Marina Soares Marinho (2018, p. 158) que:

> Entretanto, a União jamais compensou devidamente os Estados e Municípios, e as perdas experimentadas pelos entes subnacionais foram-se acumulando ao longo de décadas. Assim, o pacto federativo, sob a óptica da autonomia financeira, foi-se tornando gravemente desequilibrado. Sem êxito, sucessivas alterações legais sobreviveram na tentativa de eventualmente serem compensados os entes sacrificados. Só agora, com o julgamento da Ação Direta de Inconstitucionalidade por Omissão no 25 (ADO 25) pelo Supremo Tribunal Federal (STF), abre-se a possibilidade de serem compensadas as perdas sofridas e, sobretudo, surge a oportunidade de se rediscutir a federação brasileira e o necessário equilíbrio federativo.

Uma década depois e ante a omissão do Congresso em legislar a matéria da compensação e seus critérios, o Estado do Pará ajuizou a ADO 025 - grande marco da jurisprudência em sede de controle de (in) constitucionalidade por omissão, que restou ementada, no que nos interessa:

> Ação Direta de Inconstitucionalidade por Omissão. 2. Federalismo fiscal e partilha de recursos. 3. Desoneração das exportações e a Emenda Constitucional 42/2003. Medidas compensatórias. 4. Omissão inconstitucional. Violação do art. 91 do Ato das Disposições Constitucionais Transitórias (ADCT). Edição de lei complementar. 5.Ação julgada procedente para declarar a mora do Congresso Nacional quanto à edição da Lei Complementar prevista no art. 91 do ADCT, fixando o prazo de 12 meses para que seja sanada a omissão. Após esse prazo, caberá ao Tribunal de Contas da União, enquanto não for editada a lei complementar: a) fixar o valor do montante total a ser transferido anualmente aos Estados-membros e ao Distrito Federal, considerando os critérios dispostos no art. 91 do ADCT; b) calcular o valor das quotas a que cada um deles fará jus, considerando os entendi-

mentos entre os Estados-membros e o Distrito Federal realizados no âmbito do Conselho Nacional de Política Fazendária – CONFAZ.

Passado o prazo fixado para o saneamento da omissão legislativa e ante a ordem emanada do Supremo Tribunal Federal para que, sendo o caso (e o foi) o TCU fixasse o montante das transferências devidas aos entes federados afetados pela Lei Kandir, este órgão chegou até mesmo a se pronunciar no sentido de que não haveria (mais) necessidade de reparação. Não sem os protestos dos Profs. Onofre Alves Batista Júnior e Marina Marinho:

> Nos últimos dias, ganhou a imprensa a notícia de que o Tribunal de Contas da União (TCU) entendeu não haver direito dos Estados e DF (bem como dos Municípios) às compensações relativas à desoneração do ICMS nas exportações de produtos primários e semielaborados pela Lei Kandir. A justificativa seria o atingimento do termo final determinado pelo art. 91 do ADCT da Constituição (CRFB/88) que, em seu §2o, determina que a entrega de recursos deve perdurar, "conforme definido em lei complementar", até que o imposto a que se refere o art. 155, II (ICMS) tenha o produto de sua arrecadação destinado predominantemente, em proporção não inferior a 80%, ao Estado onde ocorrer o consumo das mercadorias, bens ou serviços. Como se pode verificar, o teratológico argumento de que os repasses não seriam mais devidos porque o ICMS já possui mais de 80% arrecadado no Estado de destino beira a desarrazoabilidade! Quem recebe o ICMS é, ainda, substancialmente, o Estado produtor e não o Estado consumidor (apesar das críticas da mais balizada doutrina tributarista). O ICMS brasileiro é, evidentemente, cobrado em essência na origem e não no destino! Isso é evidente!
> [...]
> Atualmente, a Receita Federal (RFB) busca influenciar o TCU e tenta fazer prevalecer uma interpretação absolutamente distorcida do §2o do art. 91 do ADCT no intuito de minimizar os repasses devidos aos Estados e que foram expressamente assegurados pela decisão do STF. Na realidade, a tecnoburocracia financeira, fora dos autos da ADO 25, pretende criar um espaço para questionar o direito à compensação, cuja obrigatoriedade nem mais pode ser discutida, em razão do trânsito em julgado da decisão. É muito evidente que, mais uma vez, os técnicos da RFB e do Tesouro Nacional estão colocando entraves para resolver a omissão, mesmo após o Governo Federal ter se comprometido, em diversas ocasiões, a promover a descentralização de poder no Brasil. (BATISTA JÚNIOR; MARINHO, 2019, p. 405-406)

Reconhecida a teratologia, o próprio TCU deu sinais de que seu entendimento não era final e, em um interstício de alguns dias, o Ministro Gilmar Mendes, do STF, concedeu à União um prazo de mais 12 meses para negociação e acerto da compensação, a contar de fevereiro de 2019. O prazo caminha para o termo final e, apesar de já se ter realizado audiência pública para tratar do temário, a prática indica que a compensação dificilmente virá; colocando o STF em mais uma complexa situação.

O fato é que a estabilidade fiscal dos entes subnacionais tem sido tratada pelos governos centrais de mais variadas matizes mesmo como matéria de governo (e não de Estado). Não é por outra razão que aqueles que o professor Onofre Batista chama em seus escritos e exposições de "tecnoburocracia financeira da União" deixam os Estados e Municípios à penúria financeira.

Em Minas Gerais, por exemplo, a União intenciona o impor ao governo estadual um plano de recuperação financeira pautado na austeridade privatista neoliberal - mas é mister que não se esqueça o contorno político e fático:

> De fato, a União sistematicamente impôs e continua a impor perdas arrecadatórias aos governos estaduais, inviabilizando a quitação da dívida. Um exemplo impressionante compreende os prejuízos da LC 87/96 (apelidada Lei Kandir), que a União insiste em não rever. Para se ter uma ideia, Minas Gerais teve uma perda líquida não compensada correspondente a cerca de R$ 62 bi. Isso é quase o valor total da dívida, que soma mais ou menos R$ 79 bi. (BATISTA JÚNIOR; MAGALHÃES, 2019, p.41)

Ora, como se pode falar em autonomia financeira dos entes menores se a União, em inobservância patente dos mandamentos constitucionais que ensejam a compensação pela desoneração, concorre para o desastre fiscal dos Estados da Federação? E, pior, condiciona o seu "socorro financeiro", como se caridade fosse, à política fiscalista de austeridade e privatizações? Que autonomia podem ter, de fato, os governadores eleitos pelo povo?

A situação é, em apertada síntese, de omissão e negligência da União para com os Estados: retirou-se a receita daqueles que oferecem a avassaladora maioria dos serviços públicos aos cidadãos com vistas à beneficiar a exportação e, mesmo ante a ulterior previsão constitucional introduzida nos ADCT, o Congresso se mostrou silente e incompetente em promover as compensações cabidas. Não por outra razão o STF reconheceu o estado inconstitucional que tangenciava a matéria. Mas, ante a nova omissão, cedeu novo prazo à União.

O que se verifica em tela é o STF operando em sede de controle constitucionalidade e o Congresso (e o Executivo central) tratando aquela corte quase que como órgão consultivo. O Congresso e a União se omitem à omissão declarada pelo STF e, frequentemente cometendo também outros absurdos, como os sequestros de bens que ensejaram audiência pública sobre a qual escreveu o Prof. Onofre Alves Batista Júnior recentemente, contornando novamente o caos federativo:

O governo federal, enclausurado em Brasília, optou por se manter inerte diante da guerra fiscal travada pelos estados, que já deteriorou mais da metade de sua base tributária, mesmo tendo o dever constitucional de evitar conflitos de competência em matéria tributária, como determina o artigo 146, I, da CF/88. A União, assim, criou relações de dependência e subordinação, garantindo sua posição de supremacia. É que a centralização das receitas traduz centralização de poder.

Os desequilíbrios federativos provocados diretamente pela União são frequentes. Basta verificar alguns cases julgados recentemente pelo STF, como a tentativa da União de se apropriar dos recursos da multa de regularização da lei de repatriação; os índices exorbitantes de correção da dívida dos estados com a União (Selic capitalizada); diversas renúncias a tributos cuja arrecadação deveria ser compartilhada com os estados e municípios (exonerações do IPI e deduções no IR) ou mesmo a inconstitucional mora na compensação dos estados pelo deficit gerado pelas exonerações concedidas ao ICMS no que tange à exportação de produtos semielaborados (defasagens da Lei Kandir).

[...]

A guerra federativa não para. As ACOs 3.150 e 3.151 foram propostas pelos estados para impor à União maior transparência com relação à apuração dos montantes transferidos em razão do Fundo de Participação dos Estados (FPE). Na ACO 3.150, requereram os estados o acesso aos sistemas informatizados que tratassem do controle do FPE, bem como solicitaram a reclassificação das receitas decorrentes de parcelamentos especiais, para em seguida haver a sua transferência. A União não só atrasava a efetivação dos repasses como negava acesso aos estados no que diz respeito aos dados informatizados que permitam aos entes federados conferir o montante que lhes cabe. Foi por isso que, na ACO 3.151, houve pedido para que a União prestasse contas dos valores repassados aos estados autores de todas as receitas provenientes de IR e IPI que foram arrecadadas em todos os parcelamentos. (BATISTA, 2019, s.p)

A carência de integridade imposta ao sistema de financiamento das máquinas públicas estaduais pela omissão do legislador federal, *in casu*, exige que o Supremo Tribunal Federal, na condição de intérprete e aplicador do Direito, interprete o sistema tanto à luz das normas postas quando das espécies normativas que Dworkin entendia como princípios.

A omissão (in) constitucional é de fácil exame e diagnóstico, mas a solução ao caso concreto pode-se entender como um caso difícil. De que modo o STF, ante o iminente descumprimento de ordem exarada pelo relator Ministro Gilmar Mendes poderá fazê-la cumprida? Não se cuidará, pelo objeto deste trabalho, de responder esta celeuma, mas o caso nos serve para assentar a hipótese de "desintegridade antifederalista" – sob comento propalada pela omissão legislativa e na empreitada de saneamento pelo juiz-aplicador do Direito

## 6. DESVINCULAÇÃO DAS RECEITAS DA UNIÃO, CONTRIBUIÇÕES SOCIAIS E IMPROVISO FISCAL

Veja-se outra questão importante que será enfrentada pelo Supremo Tribunal Federal e que também é exemplo da desintegridade antifederalista vulgarizada pela União em afronte à equidade vertical no federalismo; de que se tratará por último em soma aos primeiro casos, como espécie de "metonímia" da situação de ampla insegurança e desequilíbrio no federalismo fiscal.

O pleito medular da Arguição de Descumprimento de Preceito Fundamental nº 523, sob a relatoria da Ministra Rosa Weber, é o efeito fiscal/arrecadatório e de partilha instruído pela Desvinculação de Receitas da União (DRU), sobre a qual se colaciona evolução histórica das alterações constitucionais:

> A ECR no 1/1994 estabeleceu que o FSE duraria apenas entre 1994 e 1995. Porém, sobreveio a EC no 10/1996 (BRASIL, 1996), que prorrogou o FSE até 1997 e alterou sua denominação para Fundo de Estabilização Fiscal (FEF). Ato contínuo, a EC no 17/1997 (BRASIL, 1997) prorrogou o FEF até 31/12/1999.9 Finalmente, a EC no 27/2000 (BRASIL, 2000) criou a DRU, que foi prorrogada sucessivamente pelas ECs nos 42/2003, 56/2007, 68/2011 e 93/2016 (BRASIL, 2003, 2007b, 2011b, 2016b). Esta última emenda prorrogou a DRU até 31/12/2023 (versão legislativa atualmente vigente). (BATISTA JÚNIOR; MARINHO, 2018,p.34)

Na petição inicial da ADPF, distribuída pelo Governador de Minas Gerais através do Colégio Nacional de Procuradores Gerais dos Estados e do Distrito Federal (CONPEG), se aduz, com lastro em dados da Receita Federal do Brasil, que em 2016, apenas a arrecadação com as contribuições PIS e COFINS representou a monta de cerca de 4% do PIB brasileiro; e as contribuições para a Seguridade Social, como um todo, representaram aproximados 11% (onze por cento) do PIB, superando as fontes de financiamento do orçamento fiscal da União Federal (em torno de 8%).

O que se verifica, sob a ótica dos Estados, é que a União, através da sucessiva e permanente desvinculação das receitas das contribuições sociais (ora no permissivo de 30%) procedeu à burla do ordenamento, lançando mão do expediente tributário das contribuições para gerar receita que não enseja partilha com os Estados e Municípios. Afirmam que o preceito fundamental violado é o próprio princípio federativos, estampado como cláusula pétrea no texto constitucional.

O argumento dos entes menores pode ser assim sintetizado: a inteligência da sistemática constitucional que facultou à União instituir contribuições sociais assim o fez porque observou e estatuiu o seu caráter vinculativo; o desígnio constitucional das contribuições sociais é, nesse compasso, o financiamento da seguridade social. E é mesmo (e só por isso) que o intrincado sistema tributário nacional, de competências e transferências de receitas tributárias, não reservou aos Estados e Municípios parcela da arrecadação com os contributos sociais.

O ente maior e central, no entanto, promoveu "fraude à Constituição" (BATISTA JÚNIOR; MARINHO, 2018) ao abusar do seu direito de instituir contribuições sociais, em um cenário de desvinculação de receitas que aquiesce o escoamento de seu produto para o orçamento fiscal comum (sem qualquer finalidade vinculada); a União lançou mão das contribuições sociais como se impostos fossem.

Criou-se, em verdade, espécie de sistema de arrecadação paralelo (BATISTA JÚNIOR; MARINHO, 2018) pela União. Como substrato em que se assenta o pedido da ADPF 523, entende-se que a parcela desvinculada das receitas da União com as contribuições sociais, para preservar o sistema tributário e financeiro encartado na CRFB/88 deve ser encarado como se tributo fosse (se o que diferencia as contribuições dos tributos é sua vinculação, a parte desvinculada que escoa ao bel prazer para os cofres do ente central deve ser tributo).

O efeito prático pretendido é que seja transferido aos entes menores o percentual de 20% dos ativos desvinculados, em intepretação cotejada pelos artigos 157, inciso II e 154, inciso I da CRFB/88:

> A DRU sempre foi alvo de polêmicas porque altera uma premissa básica da instituição de contribuições: a vinculação do produto de sua arrecadação. Se a princípio se acreditava que a "desvinculação de receitas" seria temporária, hoje, após 14 anos de vigência, não restam dúvidas quanto ao seu caráter permanente. Na medida que elide a repartição de receitas e ofende de forma oblíqua o princípio federativo, a desvinculação das contribuições sociais – que nasceu para ser transitória – frauda a Constituição.
> Desse modo, para que não seja elidido o art. 157, II, da CRFB, em respeito ao princípio federativo e ao STN, ao menos 20% da parcela desvinculada da arrecadação das contribuições sociais devem ser partilhados com os Estados e com o Distrito Federal. Apenas assim se pode afastar a fraude à Constituição. Entendimento diverso significa pactuar com um arranjo ofensivo ao princípio federativo, que tem contribuído para o desequilíbrio da Federação. (BATISTA JÚNIOR; MARINHO, 2018, p. 47)

## 7. CONCLUSÃO

Estamos longe do modelo de política conjunta do federalismo alemão, brilhantemente traduzido pelos Profs. Misabel Abreu e Thomas Bustamante:

> Esse federalismo busca se justificar do ponto de vista político e moral por levar a sério a responsabilidade política dos estados para a formulação da política nacional, na medida em que se ampliam as oportunidades de participação e influência dos governos locais. Ao invés de uma mera delimitação formal de competências, amplia-se o peso político de cada Estado na decisão nacional, com a busca da formação de uma política conjunta.

> Esse é o primeiro pilar do federalismo de política conjunta alemão: a igualdade entre os Estados-membros e a União, na formação de um condomínio cooperativo. Veremos, a seguir, a forma como esse modelo garante aos Estados as condições materiais para essa participação política em igualdade de condições. (DERZI; BUSTAMANTE, 2016, p.478)

Os governos pós-democratização, em sua maioria, apostaram na centralização para resolver os permanentes problemas da União e relegaram os demais entes políticos subnacionais a segundo ou terceiro plano: esqueceram-se, em suma, do povo e do financiamento dos serviços que devem atendê-los.

Enquanto nos EUA, federalistas de grande porte como a Professora Heather Gerken, entabulam o aprofundamento do federalismo *"all the way down"*, para além dos Estados e Municípios:

> *Orienting federalism around the institutional arrangements where sovereignty is not to be had would give us something new to say about the sites of decentralization. Federalism scholars have typically confined themselves to states, the only subnational institutions that possess sovereignty. But the moment one imagines federalism without sovereignty, local institutions immediately spring to mind. Indeed, the Supreme Court itself has often (if unreflectively) treated local institutions as undifferentiated stand-ins for the state. And a literature that looks a great deal like federalism — one preoccupied with interactions between the center and its variegated periphery — has developed around cities. Unsurprisingly, those critical of federalists' penchant fo sovereignty have already linked these two fields, arguing that those interested in federalism should move beyond states.* (GERKEN, 2009, p.21)

No Brasil, os Estados têm que se debruçar sobre a questão da sobrevivência de suas máquinas públicas. Ainda se conta com o STF para constranger a União a cumprir o pacto federativo constitucional, mas já se notou que há insegurança e desintegridade na atuação da corte em matérias de federalismo fiscal.

Em recente artigo de opinião publicado no Correio Brasiliense, intitulado "Ainda há juízes no Brasil!", e cuja primeira frase (em referência à professora Gerken) é *"Federalism all the way down!"*, a professora Misabel Derzi, em sempre brilhante comentário à liminar concedida pela Ministra Rosa Weber em benefício do Estado de Minas Gerais e contra sequestro de recursos patrocinado pela União, se atenta para o papel dos Estados em garantir uma democracia em âmbito nacional através da autonomia de fato. E não deixa de ser pouco (ainda que louvável) comemorar que o Judiciário impeça a União de deixar sem serviços literalmente vitais a população que depende dos serviços prestados pelo Estado de Minas Gerais.

O federalismo brasileiro, que tem a autonomia financeira como um de seus pontos brasileiros, caminha trôpego. O autoritarismo dos governos centrais das últimas décadas, em ensejo centralizador de recursos (e poder) é incompatível com o projeto de democracia descentralizada que o constituinte originário pensou para o Brasil.

Do ponto de vista da equidade que deve guiar as relações de Direito Financeiro, estão os Estados, de fato, reféns do arbítrio da União, por vezes com a chancela (ou sem oposição de embargos) do Supremo Tribunal Federal.

Do ponto de vista da integridade (no âmbito legislativo e judiciário) que deveria brotar do princípio federativo como orientador moral de equidade e justiça no sistema, ainda há muito a prosperar no ordenamento brasileiro. É imperativo que tanto o legislador esteja atento ao impacto de sua ação (como no caso da DRU) ou omissão (como no caso das compensações da Lei Kandir), quanto o Supremo Tribunal Federal busque a integridade federalista: ao conduzir sua atividade judicante observando tanto os precedentes firmados, quanto os mandamentos de equidade (solenemente ignorados no caso das isenções fiscais de tributos com receita obrigatoriamente compartilhada).

## REFERÊNCIAS BIBLIOGRÁFICAS

ARRETCHE, Marta. *Democracia, federalismo e descentralização no Brasil*. 1. ed. Rio de Janeiro: Fiocruz, 2012.

BARACHO, José Alfredo de Oliveira. *Teoria Geral do Federalismo*. 1. ed. Rio de Janeiro: Forense, 1986

BATISTA JÚNIOR, Onofre Alves. MAGALHÃES, Tarcísio Diniz. Abusos do governo federal agravaram deterioração financeira estadual. *In*: CRUZ, Sávio Souza. BATISTA JÚNIOR, Onofre Alves. Desonerações de ICMS, Lei Kandir e o Pacto Federativo. 1. ed. Belo Horizonte: ALMG, 2019. p. 405-409.

BATISTA JÚNIOR, Onofre Alves. MARINHO, Marina Soares. A Decisão do TCU e as novas controvérsias sobre a Lei Kandir. *In*: CRUZ, Sávio Souza. BATISTA JÚNIOR, Onofre Alves. DESONERAÇÕES DE ICMS, LEI KANDIR E O PACTO FEDERATIVO. 1. ed. Belo Horizonte: ALMG, 2019. p. 405-409.

———. Do federalismo de cooperação ao federalismo canibal: a Lei Kandir e o desequilíbrio do pacto federativo. Revista de Informação Legislativa: RIL, v. 55, n. 217, p. 157-180, jan./mar. 2018, <http://www12.senado.leg.br/ril/edicoes/55/217/ril_v55_n217_p157>. Acesso em: 3 jun. 2019.

———. A DRU e a deformação do sistema tributário nacional nestes 30 anos de Constituição. Revista de Informação Legislativa: RIL, v. 55, n. 219, p. 27-52, jul./set. 2018. Disponível em: <http://www12.senado.leg.br/ril/edicoes/55/219/ril_v55_n219_p27>.

BATISTA JÚNIOR, Onofre Alves. *A importância da audiência pública no Supremo sobre conflitos federativos*. Disponível em <https://www.conjur.com.br/2019-jun-16/onofre-batista-audiencia-publica-stf-discutira-conflitos-federativos> Acesso em: 03 jul.2019

BRASIL. *Constituição da República Federativa do Brasil*, de 05 de outubro de 1988. Brasília, 1988. Disponível em: <http://www.planalto.gov.br/ccivil_03/constituicao/constituicaocompilado.htm>. Acesso em: 03 jul. 2019.

―――. Lei Complementar nº 87, de 13 de setembro de 1996. Dispõe sobre o imposto dos Estados e do Distrito Federal sobre operações relativas à circulação de mercadorias e sobre prestações de serviços de transporte interestadual e intermunicipal e de comunicação, e dá outras providências (Lei Kandir). Brasília, 1996. Disponível em: <http://www.planalto.gov.br/ccivil_03/leis/LCP/Lcp87.htm>. Acesso em: 03 jul. 2019.

―――. Emenda constitucional nº 42, de 19 de dezembro de 2003. Altera o Sistema Tributário Nacional e dá outras providências. *Diário Oficial da União*, 31 dez. 2003.

―――. Supremo Tribunal Federal. Ação Direta de Inconstitucionalidade por Omissão nº 25. Decisão. Julgado em 23 nov. 2016. Disponível em: <http://www.stf.jus.br/portal/processo/verProcessoTexto.asp?id=4205178&tipoAp p=RTF>

―――. Supremo Tribunal Federal. Arguição de Descumprimento de Preceito Fundamental nº 523. Ação. Disponível em: http://portal.stf.jus.br/processos/detalhe.asp?incidente=5485462

―――. Supremo Tribunal Federal. Recurso Extraordinário 705 423. Decisão. Julgado em 23 nov. 2016. Disponível em: http://portal.stf.jus.br/processos/detalhe.asp?incidente=4284492

―――. Supremo Tribunal Federal. Recurso Extraordinário 572 762. Decisão. Julgado em 18 jun. 2008. Disponível em: http://portal.stf.jus.br/processos/detalhe.asp?incidente=4284492

BUSTAMANTE, Thomas. A integridade e os fundamentos da comunidade política: uma análise do capítulo 6 de Law's Empire. In. COELHO, André; MATOS, Saulo De; BUSTAMANTE, Thomas. INTERPRETANDO O IMPÉRIO DO DIREITO: Ensaios Críticos e Analíticos, 2018.

CONTI, José Maurício. Benefícios fiscais, partilha de receitas e a "súmula-fantasma" do STF. Disponível em: https://www.conjur.com.br/2016-dez-13/beneficios-fiscais-partilha-receitas-sumula-fantasma-stf. Acesso em: 29 set. 2019.

DERZI, Misabel. BUSTAMANTE, Thomas. O princípio federativo e a igualdade: uma perspectiva crítica para o sistema jurídico brasileiro a partir da análise do modelo alemão. *In*: DERZI, Misabel. BATISTA JÚNIOR, Onofre Alves. MOREIRA, André (orgs.) *Estado Federal e Guerra Fiscal no Direito Comparado* (Coleção Federalismo e Democracia). v. 2., 2015. p. 467-495.

DWORKIN, Ronald. *Levando os direitos a sério*. Tradução e notas Nelson Boeira. São Paulo: Martins Fontes, 2002.

DWORKIN, Ronald. *O Império do direito*. Tradução de Jefferson Luiz Camargo. São Paulo: Martins Fontes, 2014.

*FOLHA DE SÃO PAULO*. 70% dos municípios dependem em mais de 80% de verbas externas. Disponível em: http://temas.folha.uol.com.br/remf/ranking-de-eficiencia-dos-municipios-folha/70-dos-municipios-dependem-em-mais-de-80-de-verbas-externas.shtml. Acesso em: 30 set. 2019.

GERKEN, Heather. *"The Supreme Court 2009 Term Foreword: Federalism All The Way Down."* Harv. L. Rev 51, no. i (2009): p. 4–74.

HAMILTON, Alexander. MADISON James. JAY, John. *The Federalist Papers.* Oxford: Oxford University Press, 2008.

HORVATH, Estevão. A questão do "incentivo com o chapéu alheio" entre união e estados – RE 705.423/SE, TEMA 653/RG-STF. *In*: SCAFF, Fernando Facury; TORRES, Heleno Taveira; DERZI, Misabel Abreu Machado.; BATISTA JÚNIOR, Onofre Alves. *Federalismo S(em) Juízo.* 1. ed. São Paulo: Noeses, 2019.

SCAFF, Fernando Facury; TORRES, Heleno Taveira; DERZI, Misabel Abreu Machado; BATISTA JÚNIOR, Onofre Alves. *Federalismo S(em) Juízo.* São Paulo: Noeses, 2019.

RAWLS, John. *Uma teoria da justiça.* São Paulo: Martins Fonte, 2008.

———. *Uma Teoria da Justiça.* Brasília: Universidade de Brasília, 1981.

———. *Justice as fairness: a restatement.* Cambridge, Mass: Harvard University Press, 2001.

———. *O Liberalismo Político*, 2. ed. São Paulo: Editora Ática, 2000.

———. *A Theory of Justice.* Cambridge: Harvard University Press, 2000 (Revised Edition).

TORRES, Ricardo Lobo. *Curso de direito financeiro e tributário.* 20. ed. Rio de Janeiro: Processo, 2018.

# PACTO FEDERATIVO E FISCALIZAÇÃO DO RECURSO MINERÁRIO À LUZ DO PRINCÍPIO DA COOPERAÇÃO

FLÁVIA GOMES SANTOLIN PERIM[1]
JÚLIA CARDOSO BERNARDES PIRES[2]

## 1. INTRODUÇÃO

A maior tragédia ambiental da história do país ocorreu em 5 de novembro de 2015, o tocante rompimento da barragem de Fundão.

> O lamentável episódio ocasionou uma avalanche inicial de 35 milhões de metros cúbicos de rejeito de minério de ferro (óxido de ferro e sílica) e o vazamento subsequente de outros 12 milhões de metros cúbicos que, após soterrar o subdistrito de Bento Rodrigues, matar 19 pessoas e deixar 1.265 desabrigados, percorreu 663 quilômetros de cursos d'água ao longo do Rio Guaraluxo do Norte, do Rio do Carmo e, sobretudo, do Rio Doce até sua foz no Oceano Atlântico, no Município de Linhares (ES), onde também causou impactos a uma significativa área da região costeira. [3]

Em menos de três anos após a esse maior desastre ambiental na área de mineração do mundo,[4] outra barragem rompeu em Minas Gerais, liberando

---

[1] Graduanda em Direito pela Universidade Federal de Minas Gerais (UFMG). Bolsista pelo Projeto de Iniciação Científica da Fundação de Amparo à Pesquisa do Estado de Minas Gerais – FAPEMIG.

[2] Graduanda em Direito pela Universidade Federal de Minas Gerais (UFMG). Bolsista pelo Projeto de Iniciação Científica da Fundação de Amparo à Pesquisa do Estado de Minas Gerais – FAPEMIG.

[3] BATISTA JÚNIOR, Onofre Alves; ADAMS, Luis Inácio Lucena; VIEIRA, Renato Rodrigues; PAVAN, Luiz Henrique Miguel. *Saindo da lama - A atuação interfederativa concertada como melhor alternativa para solução dos problemas decorrentes do desastre de Mariana*. 1. ed. Belo Horizonte: Fórum, 2019. p. 25.

[4] Rompimento da Barragem da Samarco, no distrito de Bento Rodrigues, Município de Mariana, Minas Gerais, em 05 de novembro de 2015. O distrito foi dizimado, deixando 19 mortos, a bacia hidrográfica do Rio Doce devastada, além dos demais socioambientais causados. Cf. CÂMPERA, Francisco. Vale, exemplo mundial de incompetência e descaso. *El País*, 28 jan. 2019, Opinião.

aproximadamente 12 milhões de metros cúbicos de rejeitos[5] e provocando a morte de 249 pessoas,[6] além da contaminação do Rio Paraopeba e diversos outros danos socioambientais. Imediatamente, acendeu-se o inconformismo da população e o questionamento quanto à responsabilização das empresas envolvidas, à atuação preventiva e sancionadora do Estado, à efetividade dos mecanismos jurídicos de proteção ao meio ambiente, às competências da União, Estados e Municípios de fiscalizar e regular a utilização dos recursos minerais, entre tantas outras efusivas indagações.

Nesse contexto, destaca-se o relevante recrudescimento acerca do debate sobre fiscalização das barragens, envolto em notícias de fraudes, corrupção, conflitos de interesse e nepotismo.[7] Diante disso, o presente estudo objetiva analisar juridicamente a competência dos entes federados e os mecanismos de que dispõem para garantir a segurança das barragens, tendo em vista os princípios da cooperação, do desenvolvimento sustentável, da precaução e prevenção que, mormente, norteiam o direito ambiental brasileiro.

Desse modo, almeja-se contribuir para a melhor compreensão do poder de polícia ambiental distribuído amplamente entre os entes federados, com alicerce no Pacto Federativo insculpido na Constituição da República (CRFB/88),[8] e, pois, afastar informações dissonantes e incoerentes que têm facilmente permeado a sociedade, com inspiração nas palavras do professor Stephen Hawking: "o maior inimigo do conhecimento não é a ignorância, mas a ilusão do conhecimento".

---

**5** RONAN, Gabriel; VALE, João Henrique do. Profundidade de rejeitos em Brumadinho pode chegar a até 15 metros. *Jornal Estado de Minas*, 27 jan. 2019.

**6** Brumadinho: Sobe para 249 o número de mortos no rompimento de barragem. *G1 Minas Gerais*, Belo Horizonte, 31 ago. 2019.

**7** PASSARINHO, Natália. Fiscalização de barragens: órgão federal de controle é o 2º mais exposto a fraudes e corrupção, diz TCU. *BBC News*, 13 fev. 2019, BBC News Brasil em Londres.

**8** A Constituição da República de 1988 (CRFB/88) estabelece, em seu art. 1º, a Federação como a forma de Estado e institui a indissolubilidade e o caráter perpétuo do pacto federativo brasileiro, por meio do art. 60, § 4º, I, como cláusula pétrea. *In verbis*:

"Art. 1º A República **Federativa** do Brasil, formada pela **união indissolúvel dos Estados e Municípios e do Distrito Federal**, constitui-se em Estado Democrático de Direito e tem como fundamentos:[...].

Art. 60. A Constituição poderá ser emendada mediante proposta:[...]§ 4º Não será objeto de deliberação a proposta de emenda tendente a abolir: [...] I - **a forma federativa de Estado**;" (g.n.)

## 2. O PACTO FEDERATIVO NA CONSTITUIÇÃO DA REPÚBLICA DE 1988 E O PRINCÍPIO DA COOPERAÇÃO

O constitucionalismo brasileiro é fortemente influenciado por seu assentamento histórico e disputas político-econômicas ao longo de sua edificação. Todavia, nota-se veementemente que a construção do texto normativo leva à análise apenas abstrata e racionalizada da Constituição, olvidando-se seu intérprete do aspecto material essencial para o conteúdo da norma, a história.

A partir da análise da Constituição da República Federativa do Brasil de 1988 contraposta às realidades do contexto no qual se deu seu advento, nota-se que o sistema do federalismo foi adotado como forma de permitir o exercício do poder político pelos entes dentro do mesmo território. Ainda sobre isso, o pacto federativo brasileiro nasce como modo de descentralizar o poder central, sofrendo, em sequência, com períodos de maior ou menor centralização política.

Com substancial influência do movimento de redemocratização, o federalismo burocrático e individualista abriu espaço ao cooperativo, em sistema orgânico, como bem dito por Paulo Bonavides, de que transpomos da federação de caráter dualista, onde as esferas de governo comportam-se como "mônada isolada e fechadas em si mesmo",[9] detendo os Estados-membros uma ampla autonomia política, para outra de caráter cooperativo, sem que o método de distribuição de competências fosse radicalmente modificado.[10]

A Carta Magna instituiu em seu art. 23 o rol de competências comuns entre União, Estados, Distrito Federal e Municípios. O federalismo pátrio, como fundamento próprio, dispõe sobre a autonomia dos entes federativos e a não hierarquia entre eles. Por Luís Roberto Barroso,[11] entende-se:

> a caracterização do Estado Federal envolve a presença de três elementos: a) a **repartição de competências**, por via da qual cada entidade integrante da Federação receba competências políticas exercitáveis por direito pró-

---

**9** BONAVIDES, Paulo. O Planejamento e os Organismos Regionais como preparação a um federalismo das regiões. *In*: Reflexões: *Direito e Política*. Rio de Janeiro: Forense, 1978.

**10** SANTOS, Ronaldo Alencar dos; ANDRADE, Priscilla Lopes. A evolução histórica do federalismo brasileiro: Uma análise histórico-sociológica a partir das Constituições Federais. *Publica Direito*, Rio Grande do Norte, p. 16.

**11** BARROSO, Luís Roberto. *Curso de Direito Constitucional Contemporâneo: os conceitos fundamentais e a construção do novo modelo*. 6. ed. São Paulo: Saraiva, 2017. p. 209.

prio, frequentemente classificadas em político-administrativas, legislativas e tributárias; b) a **autonomia de cada ente**, descrita classicamente como o poder de autodeterminação exercido dentro de um círculo pré-traçado pela Constituição, que assegura a cada ente estatal poder de auto-organização, autogoverno e autoadministração; e c) a **participação na formação da vontade do ente global**, do poder nacional, o que tradicionalmente se dá pela composição paritária do Senado Federal, onde todos os Estados têm igual representação. (g.n.)

O federalismo cooperativo se identifica, ademais, pelo desenvolvimento de atividades nacionais, onde os entes federados se ajudam reciprocamente e planejam resoluções às problemáticas econômico-sociais. Mesmo com o nome de "cooperativo", por Carlos Velloso[12] se verifica que há um aumento gradual dos poderes da União frente aos Estados.

Sob essa lógica, o princípio da cooperação, insculpido no art. 225 da CRFB/88, é essencial para a compreensão da ótica do federalismo cooperativo no viés ambiental. Indo ao encontro da definição de cooperação, o princípio da participação consiste no direito-dever de todos na manutenção do meio ambiente para que o preserve ecologicamente equilibrado. No texto de Napolitano, Hoanat e Emin,[13] "a participação dos cidadãos na administração da cidade é de fundamental importância. O exercício da cogestão com a comunidade pressupõe direitos a serem exigidos, mas também responsabilidades a serem assumidas."

Nesse sentido, entendem-se a participação e a cooperação como faces da mesma moeda, em que o primeiro se fundamenta pelo apoio entre cidadãos e o segundo entre entes nacionais ou Estados.

Seguiremos aqui a concepção do caráter *erga omnes* do princípio da participação, pois, no *caput* do art. 225, ao explicitar "todos têm direito ao meio ambiente ecologicamente equilibrado, bem de uso comum do povo e essencial à sadia qualidade de vida, impondo-se ao poder público e à **coletividade** o dever de defendê-lo e preservá-lo para as presentes e futuras gerações", quando foi estipulada "coletividade", a CRFB/88 não limitou a grupos sociais isolados, mas seu significado holístico literal.

---

**12** VELLOSO, Carlos Mário da Silva. *Temas de direito público*. Belo Horizonte: Del Rey, 1994. p. 361-362.

**13** NAPOLITANO, Ângela Aparecida; HOANAT, Ângela Issa; EMIN, Raquel Milene Balog. A cidade como um bem ambiental e o desenvolvimento sustentável. *Revista de Direitos Difusos*, São Paulo, v. 6, fas. 29, p. 133-151, jan./fev. 2005, p. 142.

Tal princípio, embora não de modo expresso, encontra-se presente na Declaração do Rio sobre Meio Ambiente e Desenvolvimento, de 1992:[14]

> Princípio 10
> A melhor maneira de tratar as questões ambientais é assegurar a participação, no nível apropriado, de todos os cidadãos interessados. No nível nacional, cada indivíduo terá acesso adequado às informações relativas ao meio ambiente de que disponham as autoridades públicas, inclusive informações acerca de materiais e atividades perigosas em suas comunidades, bem como a oportunidade de participar dos processos decisórios. Os Estados irão facilitar e estimular a conscientização e a participação popular, colocando as informações à disposição de todos. Será proporcionado o acesso efetivo a mecanismos judiciais e administrativos, inclusive no que se refere à compensação e reparação de danos.

Em âmbito internacional, o ideal de cooperação em matéria ambiental tem como pressupostos indispensáveis à sua efetivação:

a. o dever de informação de um Estado aos outros Estados, nas situações críticas capazes de causar prejuízos transfronteiriços;
b. o dever de informação e consultas prévias dos Estados a respeito de projetos que possam trazer efeitos prejudiciais aos países vizinhos;
c. o dever de assistência e auxílio entre os países nas hipóteses de degradações ambientais importantes e catástrofes ecológicas;
d. o dever de impedir a transferência para outros Estados de atividade ou substâncias que causem degradação ambiental grave ou que sejam prejudiciais à saúde humana - é o problema da "exportação de poluição".

Esse princípio, portanto, insere-se como parte da estrutura do Estado Democrático de Direito para a orientação do desenvolvimento político, com o objetivo de compor forças sociais em prol do bem ambiental.[15] É, pois, dever da coletividade a atuação ecologicamente favorável ao desenvolvimento sustentável, e não mera faculdade de grupos sociais isolados.

Também em consonância à matéria ambiental internacional, as consequências transfronteiriças dos impactos ambientais propiciaram o advento doutrinário do princípio da globalidade, segundo o qual chefes de Estado e de governo sujeitam-se ao fomento de políticas ecológicas conexas ou comuns, tendentes à efetiva tutela dos componentes naturais em escala internacional. Nesse contexto, países desenvolvidos, orientados pela perspectiva solidária, devem cooperar e auxiliar as nações de inferior

---

[14] ORGANIZAÇÃO DAS NAÇÕES UNIDAS. Declaração do Rio sobre Meio Ambiente e Desenvolvimento (Rio 92). Rio de Janeiro, 3 a 14 jun. 1992.

[15] Conforme verifica-se em: MIRRA, Álvaro Luiz Valery. Princípios Fundamentais do Direito Ambiental. *Revista de Direito Ambiental*, nº 02, abr./jun. 1996. p. 50.

condição econômica, no que tange à transferência de tecnologias que propiciem o desenvolvimento sustentável e a proteção do meio ambiente nas suas variadas facetas.[16]

## 3. O PODER DE POLÍCIA AMBIENTAL

A garantia do direito fundamental ao meio ambiente equilibrado e ao princípio do desenvolvimento sustentável, conforme interpretação conjunta dos arts. 23, VI, VII e XI, e 225, caput, da CRFB/88,[17] fundamenta a necessidade de uma atuação fiscalizatória e regulatória governamental. Essa atuação consubstancia-se no Poder de Polícia Ambiental do Estado.

O Poder de Polícia, positivado no art. 78 do CTN,[18] consiste na faculdade de se limitar a propriedade ou a liberdade em prol do bem comum, apresentando diversas faces decorrentes da perene dinamicidade da sociedade e do direito. Desse modo, compreende-se como sendo:

> O poder de estabelecer e executar normas jurídicas restritivas da propriedade ou da liberdade individual, em prol da coletividade, permitindo satisfazer as exigências da vida moderna, abrangendo, cada vez mais, novos campos de atuação, atingindo até a proteção dos interesses econômicos da sociedade.[19]

---

**16** OLIVEIRA, André Pinto de Souza. Direito Ambiental Constitucional - uma análise principiológica da consolidação do estado protetor do ambiente nas constituições brasileira e portuguesa *Revista da Faculdade de Direito da UFMG*. Belo Horizonte, nº 51, p. 46-68, jul. – dez., 2007. p. 65.

**17** "Art. 23. É competência comum da União, dos Estados, do Distrito Federal e dos Municípios: [...] VI - proteger o meio ambiente e combater a poluição em qualquer de suas formas; VII - preservar as florestas, a fauna e a flora; [...] XI - registrar, acompanhar e fiscalizar as concessões de direitos de pesquisa e exploração de recursos hídricos e minerais em seus territórios; [...]

Art. 225. Todos têm direito ao meio ambiente ecologicamente equilibrado, bem de uso comum do povo e essencial à sadia qualidade de vida, **impondo-se ao poder público e à coletividade o dever de defendê-lo e preservá-lo para as presentes e futuras gerações. [...]**" (g.n.)

**18** "Art. 78. Considera-se poder de polícia atividade da administração pública que, limitando ou disciplinando direito, interêsse ou liberdade, regula a prática de ato ou abstenção de fato, em razão de interesse público concernente à segurança, à higiene, à ordem, aos costumes, à disciplina da produção e do mercado, ao exercício de atividades econômicas dependentes de concessão ou autorização do Poder Público, à tranqüilidade pública ou ao respeito à propriedade e aos direitos individuais ou coletivos." [sic]

**19** BATISTA JÚNIOR, Onofre Alves. *O poder de polícia fiscal*. Belo Horizonte: Mandamentos, 2011. p. 77.

Nesse sentido, o conceito atual muito se extrapola do sentido epistemológico que o vocábulo "polícia" apresentava em sua origem grega, relacionada à palavra *politeia*, e a romana, atrelada ao termo *politia*, haja vista que a primeira era usada para designar as atividades da pólis, voltadas às necessidades da coletividade, vista como um todo único, enquanto a denominação romana representava a guardiã do equilíbrio entre a relação indivíduo e bem público.[20] Tal expansão do Poder de Polícia encontra escopo na própria configuração hodierna de Estado: o Estado Democrático de Direito,[21] que se estrutura a partir da equiprimordialidade entre as autonomias pública e privada, e se compromete com a participação decisória dos cidadãos e com controles mais eficientes de racionalidade, devendo assegurar a liberdade, a igualdade material, a fraternidade, o meio ambiente saudável, entre outros direitos fundamentais, atuando sempre sob o véu da legalidade e com vistas a garantir o bem comum.

Diante disso, é possível vislumbrar duas concepções do Poder de Polícia, consoante Onofre Alves Batista Júnior.[22] Primeiramente, o Poder de Polícia em sentido amplo, abarcando tanto os atos do Legislativo, como os do Executivo, tratando-se da atividade estatal de ajustar a propriedade e a liberdade ao bem comum. Por outro lado, em sentido mais restrito, abrangendo somente as intervenções gerais ou abstratas (como regulamentos) e concretas ou específicas (dentre as quais as autorizações e licenças) do Executivo, visando a obstar ou prevenir o desenvolvimento de atividade particular contrastante com o bem comum. Esta concepção compreende, portanto, os atos da Administração Pública e desenvolve a noção de Polícia Administrativa.

Em consonância com a concepção de Poder de Polícia em sentido restrito, conjectura-se a forte atuação da Administração Pública, imprescindível para se atender a um direito pós-moderno, intergeracional, complexo e difuso, como o direito ambiental. Assim, delineia-se o Poder de Polícia Ambiental enquanto:

> [...] atividade da administração pública que limita ou disciplina direito, interesse ou liberdade, regula a prática de ato ou a abstenção de fato em razão de interesse público concernente à saúde da população, à conservação dos ecossistemas, à disciplina da produção e do mercado, ao exercício das atividades econômicas ou de outras atividades dependentes de conces-

---

**20** BATISTA JÚNIOR, Onofre Alves.*O poder de polícia fiscal.* Belo Horizonte: Mandamentos, 2011. p. 27-28.

**21** FERNANDES, Bernardo Gonçalves. *Curso de Direito Constitucional.* 11. ed. rev., atual. e ampl. Salvador: JusPodivm, 2019. p. 70-72.

**22** BATISTA JÚNIOR, Onofre Alves. *O poder de...*, cit. p. 80.

são, autorização/permissão ou licença do Poder Público de cujas atividades possam decorrer poluição ou agressão à natureza.[23]

Percebe-se, assim, que o Poder de Polícia Ambiental transcende a manutenção da ordem pública para servir de instrumentalização à proteção dos direitos fundamentais e inclui a imposição de deveres de abstenção e de ação. Nesse contexto, demanda-se do cidadão - identificado não mais como simples administrado - maior responsabilidade pelo seu próprio destino e, pois, participação na definição da forma e conteúdo das decisões administrativas, em reverência à democracia participativa.[24]

Nesse compasso, a atuação da Administração Pública realiza-se não somente pelas medidas repressivas e de "comando-e-controle", as quais objetivam impedir e punir infrações à legislação, mas também por formas consensuais de desempenho das funções públicas,[25] tanto para definir previamente a atuação administrativa, bem como para resolver conflitos extrajudicialmente ou em juízo.[26]

---

**23** MACHADO, Paulo Affonso Leme. *Direito Ambiental brasileiro*. 25. ed. São Paulo: Malheiros, 2017. p. 393.

**24** FREITAS, Juarez. *Direito Fundamental à Boa Administração Pública*. 3. ed. São Paulo: Malheiros, 2014. p. 35.

**25** Nesse sentido, Juarez Freitas expõe que "tende o relativamente jovem Direito Administrativo a transitar da preponderância monológica rumo a padrões dialógicos, abertos e voltados à afirmação da dignidade includente da pessoa humana e do valor intrínseco da natureza", de modo a "praticar modelos decisórios menos unilaterais, consideradas simplistas as soluções voltadas a doses enormes e, não raro, infrutíferas de repressão" (FREITAS, Juarez. *O Controle dos Atos Administrativos e os Princípios Fundamentais*. 5. ed. São Paulo: Malheiros, 2013. p. 28-29).

**26** Quanto às conciliações realizadas pelo poder público em juízo, faz-se oportuno mencionar o art. 10, parágrafo único da Lei nº 10.259/01, que autoriza os representantes judiciais da União, autarquias, fundações e empresas públicas federais a conciliar, transigir ou desistir, nos processos da competência dos Juizados Especiais Federais. No entanto, na prática os entes públicos federais em geral têm firmado acordos judiciais em diversas questões, principalmente em matéria previdenciária, execuções fiscais e responsabilidade civil. Recentemente, o Decreto nº 9.760/2019 alterou o Decreto nº 6.514/2008, incrementando dispositivos que preveem o Núcleo de Conciliação Ambiental e estimulam a conciliação no processo administrativo federal para apuração de infrações administrativas ao meio ambiente. Esse recente regulamento viabilizou a aplicação da Lei nº 13.140/2015, que previu a possibilidade de autocomposição dos conflitos em que for parte pessoa jurídica de direito público, através da criação de "câmaras de prevenção e resolução administrativa de conflitos", mediação e "transação por adesão" em controvérsias judicializadas.

Observa-se, ainda, que o Poder de Polícia Ambiental apresenta uma face repressiva e uma preventiva, devendo esta ganhar relevo mediante a compreensão dos princípios da prevenção e da precaução como norteadores do direito ambiental.[27] A atuação desse poder se concretiza através de diversos mecanismos elencados como instrumentos da Política Nacional do Meio Ambiente (PNMA), pelo art. 9º da Lei nº 6.936/81,[28] entre os quais o estabelecimento de padrões, limitações, vedações e sanções para o caso de descumprimento, normatização, medidas de incentivo e persuasão, e métodos consensuais. Possuem local de relevo entre os atos de poder de polícia as ações fiscalizatórias, o zoneamento, a criação de espaços territoriais especialmente protegidos, os estudos ambientais e o licenciamento.

Em suma, o Poder de Polícia Ambiental constitui a atividade do Estado em limitar o exercício dos direitos individuais em benefício do interesse público pelo meio ambiente ecologicamente equilibrado, dispondo de mecanismos em estrita observância da legislação pertinente distribuídos entre os entes federados.

---

**27** Em síntese, o princípio da prevenção visa evitar a ocorrência de um dano certo, controlando os riscos comprovados, enquanto a precaução destina-se a limitar riscos ainda hipotéticos ou potenciais, objetivando evitar o *laissez faire* em situações de incerteza legítima e produzir o conhecimento sobre o risco em questão. Cf. ARAGÃO, Alexandra. Princípio da precaução: manual de instruções. *RevCEDOUA - Revista do Centro de Estudos de Direito do Ordenamento, do Urbanismo e do Ambiente*. Faculdade de Direito de Coimbra, 1 jun. 2015, v. 2, 2008. p. 9-57.

**28** "Art. 9º - São instrumentos da Política Nacional do Meio Ambiente: I - o estabelecimento de padrões de qualidade ambiental; II - o zoneamento ambiental; III - a avaliação de impactos ambientais; IV - o licenciamento e a revisão de atividades efetiva ou potencialmente poluidoras; V - os incentivos à produção e instalação de equipamentos e a criação ou absorção de tecnologia, voltados para a melhoria da qualidade ambiental; VI - a criação de espaços territoriais especialmente protegidos pelo Poder Público federal, estadual e municipal, tais como áreas de proteção ambiental, de relevante interesse ecológico e reservas extrativistas; VII - o sistema nacional de informações sobre o meio ambiente; VIII - o Cadastro Técnico Federal de Atividades e Instrumentos de Defesa Ambiental; IX - as penalidades disciplinares ou compensatórias ao não cumprimento das medidas necessárias à preservação ou correção da degradação ambiental. X - a instituição do Relatório de Qualidade do Meio Ambiente, a ser divulgado anualmente pelo Instituto Brasileiro do Meio Ambiente e Recursos Naturais Renováveis - IBAMA; XI - a garantia da prestação de informações relativas ao Meio Ambiente, obrigando-se o Poder Público a produzí-las, quando inexistentes; XII - o Cadastro Técnico Federal de atividades potencialmente poluidoras e/ou utilizadoras dos recursos ambientais. XIII - instrumentos econômicos, como concessão florestal, servidão ambiental, seguro ambiental e outros."

## 4. A REPARTIÇÃO DA COMPETÊNCIA DE POLÍCIA DOS RECURSOS MINERÁRIOS ENTRE OS ENTES FEDERADOS

A Constituição da República de 1988 (CRFB/88) adota um sistema complexo de repartição de competências que opera a repartição horizontal - de competências enumeradas e remanescentes - atrelada à repartição vertical - de competências concorrentes e comuns -, tendo o propósito de desenvolver um federalismo de equilíbrio e cooperativo.[29] A complexidade desse sistema intensifica-se quando se discute a competência no âmbito do direito ambiental, haja vista que esse direito pós-moderno coaduna diversos princípios - alguns ainda sob divergência quanto ao conteúdo normativo -, não sendo aplicável apenas o princípio da predominância dos interesses.[30]

Sob a perspectiva do Poder de Polícia em sentido amplo, a CRFB/88 estrutura-o entre os Entes a partir de um sistema de competência legislativa concorrente - art. 24, VI a VIII - e de um sistema de competência administrativa comum - art. 23, III, IV, VI, VII e X. Este último ainda é regulamentado pela Lei Complementar nº 140/2011, que trouxe inegáveis avanços em termos de cooperação entre os Entes. Todo esse sistema constitucional traz vantagens e desvantagens, como bem resumido por Consuelo Yatsuda Moromizato Yoshida:[31]

> Tais sistemas têm a vantagem de propiciar uma tutela ambiental compartilhada, mais abrangente, vantagem que mais se revela em caso de omissão ou atuação deficiente ou insuficiente por um dos Poderes, órgãos ou esferas, quando então os demais podem atuar subsidiária ou concorrentemente, assegurando assim maior efetividade à proteção ambiental.
> Em contrapartida, ambos os sistemas de competência são fonte de conflitos normativos, dão ensejo a políticas, planos, programas e projetos descoordenados e a atos de polícia superpostos, em prejuízo da eficiência, economicidade e agilidade da tutela ambiental, notadamente por pressuporem a atuação coordenada e integrada dos Poderes, órgãos e esferas federativas, de difícil implementação na prática, morimente na realidade brasileira.

---

**29** FERNANDES, Bernardo Gonçalves. *Curso de Direito Constitucional*. 11. ed. rev., atual. e ampl. Salvador: Ed. JusPodivm, 2019. p. 1055.

**30** A aplicação isolada do princípio da predominância dos interesses remete que a União tem sempre interesse geral; os Estados-membros, interesse regional e os Municípios, interesse local, enquanto o Distrito Federal terá interesse tanto local como regional. Cf. FERNANDES, Bernardo Gonçalves. *Curso de ...*, cit. p. 1055.

**31** YOSHIDA, Consuelo Yatsuda Moromizato. Jurisdição e competência em matéria ambiental. *In:* Marques, José Roberto (Org.). *Leituras complementares de direito ambiental*. Salvador: Jus Podivm, 2008. Cap. II, p. 29-56.

Essa complexidade faz jus a uma abordagem mais detida quanto às competências legislativa e administrativa dos entes, especificamente sobre os recursos minerários, sob a égide do princípio ambiental da cooperação.

## 4.1. COMPETÊNCIA LEGISLATIVA AMBIENTAL

A competência legislativa é tratada pelos arts. 22 e 24 da CRFB/88. O primeiro dispositivo estabelece como competência privativa da União legislar sobre recursos minerais e outros, *in verbis:*

> Art. 22. Compete privativamente à União legislar sobre:
> [...] IV – águas, energia, informática, telecomunicações e radiodifusão;
> XII – jazidas, minas, outros recursos minerais e metalurgia;
> XXVI – atividades nucleares de qualquer natureza;

Acrescenta-se à essa competência privativa da União a competência de produzir normas gerais relativas à competência concorrente com os estados e Distrito Federal, expressa no art. 24 da CRFB/88, restando pouca matéria a ser legislada pelos demais entes federados,[32] haja vista que estes poderão estabelecer apenas normas suplementares sobre assunto de interesse regional - estados e Distrito Federal - ou local - municípios e Distrito Federal -, sem contrariar ou contrapor a norma geral, como visto a seguir:

> Art. 24. Compete à União, aos Estados e ao Distrito Federal legislar concorrentemente sobre: [...] VI – florestas, caça, pesca, fauna, conservação da natureza, defesa do solo e dos recursos naturais, proteção do meio ambiente e controle da poluição; VII – proteção ao patrimônio histórico, cultural, artístico, turístico e paisagístico; VIII – responsabilidade por dano ao meio ambiente, ao consumidor, a bens e direitos de valor artístico, estético, histórico, turístico e paisagístico;
> [...] § 1º No âmbito da legislação concorrente, a competência da União limitar-se-á a estabelecer normas gerais.
> § 2º A competência da União para legislar sobre normas gerais não exclui a competência suplementar dos Estados.
> § 3º Inexistindo lei federal sobre normas gerais, os Estados exercerão a competência legislativa plena, para atender a suas peculiaridades.
> § 4º A superveniência de lei federal sobre normas gerais suspende a eficácia da lei estadual, no que lhe for contrário.

A falta de competência municipal expressa suscitou interpretações precipitadas no sentido de que os municípios não teriam competência legislativa em matéria. No entanto, a doutrina majoritária e a jurisprudência têm reconhecido a competência legislativa dos municípios, conforme se apreende dos seguintes excertos de doutrina e de julgado:

---

[32] ANTUNES, Paulo de Bessa. *Direito ambiental.* 11. ed. Rio de Janeiro: Lumen Juris, 2008. p. 80.

O artigo 30 da CF atribui aos **Municípios competência para legislar** sobre: assuntos de interesse local; suplementar à legislação federal e estadual no que couber; promover, no que couber, adequado ordenamento territorial, mediante planejamento e controle do uso, do parcelamento e da ocupação do solo urbano; promover a proteção do patrimônio histórico-cultural local, observadas a legislação e a ação fiscalizadora federal e estadual. Está claro, na minha análise, que o meio ambiente está incluído no conjunto de atribuições legislativas e administrativas municipais e, em realidade, os Municípios formam um elo fundamental na complexa cadeia de proteção ambiental.[33] (g.n.)

Tenho por inquestionável, por isso mesmo, que assiste ao **Município competência constitucional para formular regras e legislar** sobre proteção e defesa do meio ambiente, que representa encargo irrenunciável que incide sobre todos e cada um dos entes que integram o Estado Federal brasileiro. Todos sabemos que os preceitos inscritos no art. 225 da Carta Política traduzem, na concreção de seu alcance, a consagração constitucional, em nosso sistema de direito positivo, de uma das mais expressivas prerrogativas asseguradas às formações sociais contemporâneas.[34] (g.n.)

Ademais, o STF vem decidindo que as normas estaduais e municipais podem ser mais restritivas, prevalecendo sobre a norma federal.[35] Reconheceu, ainda, o Ministro Sepúlveda Pertence que "(o Estado), dentro de sua competência supletiva, pudesse criar formas mais rígidas de controle. Não formas mais flexíveis ou permissivas."[36] Portanto, consoante Marcel Brugnera Mesquita conclui:[37]

> Se, por um lado, a norma geral não pode vedar o exercício da competência estadual de suplementar as matérias arroladas no art. 24, por outro, não se pode admitir que a legislação estadual confira um regramento que jamais foi almejado pela legislação federal, desvirtuando a ideia de uniformidade a ser estabelecida pela União.

---

33 ANTUNES, Paulo de Bessa. *Direito...*, cit. p. 87.

34 Fragmentos da decisão do Min. Celso de Mello no RE nº 673.681/SP.

35 A título de exemplo, tem-se: BRASIL. Supremo Tribunal Federal. *Ação Direta de Inconstitucionalidade nº 384/PR*. Relator: Min. Moreira Alves, 20 nov. 1997. Brasília: STF, 1997; BRASIL. Supremo Tribunal Federal. 2ª Turma. Recurso extraordinário nº 286.789/RS. Relatora: Min. Ellen Grace, 08 mar. 2005. *Diário da Justiça,* 08 abr. 2005. p. 38.

36 BRASIL. Supremo Tribunal Federal. *Ação Direta de Inconstitucionalidade nº 1.086/SC*. Relator: Min. Ilmar Galvão, 10 ago 2001. Brasília: STF, 2001.
No mesmo sentido se decide em: BRASIL. Supremo Tribunal Federal. *Recurso Extraordinário nº 194.704/MG*. Relator: Min. Carlos Velloso. Redator: Min. Edson Fachin, 29 jul. 2017. Brasília: STF, 2017.

37 MESQUITA, Marcel Brugnera. O federalismo brasileiro e a repartição de competências em matéria ambiental. *In: Boletim Científico - Escola Superior do Ministério Público da União.* Ano 9, nº 32/33, jan./dez. 2010, Brasília-DF. p. 177-197.

Esses questionamentos recaem também sobre a faculdade de regular o licenciamento ambiental, compreendido como processo decisório estatal, decorrente do poder de polícia, exclusivo do Executivo, no qual se permite que uma atividade ou empreendimento seja realizado. Em resumo, os principais conflitos legislativos relacionados ao licenciamento ambiental são relativos ao suposto cânone hermenêutico da aplicação ou prevalência da norma ambiental mais protetiva - como exposto acima na discussão da competência municipal - e à possibilidade de se estabelecer ritos diferentes para controle ambiental, especialmente na imposição de procedimentos e estudos ambientais.

Certo é que, partindo do pressuposto de federalismo cooperativo, no qual se evita a sobreposição inútil e dispendiosa da atuação dos entes estatais, os estados, municípios e DF não podem impor ritos ambientais ao ente federal, mas também a União não pode ditar questões do processo administrativo conduzido por entes locais, exceto se o fizer mediante lei nacional.[38]

Voltando a presente análise para a competência legislativa sobre a matéria de direito minerário, novamente encontram-se questionamentos e controvérsias quanto à competência de cada Ente. Notadamente, chegam aos Tribunais discussões envolvendo a competência dos municípios para legislarem acerca de questões atinentes à CFEM e a imposições de sanções aos mineradores. Tais assuntos extrapolam a seara ambiental, pois perpassam também a esfera do direito empresarial, administrativo, tributário e econômico, enfim, o multifacetado direito minerário.[39]

Indubitavelmente, os recursos minerais são considerados pelo texto constitucional como bens da União, tendo em vista os arts. 20, IX, e 176 da CRFB/88.[40] Por conseguinte, a propriedade do recurso minerário é do povo brasileiro, representado politicamente pela União. Entretanto, aos demais entes federados é assegurada a participação nos resultados da la-

---

**38** BIM, Eduardo Fortunato. Conflitos administrativos e legislativos no licenciamento ambiental. *In: Licenciamento Ambiental*. 4. ed. Belo Horizonte: Fórum, 2018. cap. 2.

**39** Cf. PIRES, Rodrigo Henrique. Sanções municipais na mineração e o art. 23, XI, da Constituição da República. *In:* AZEVEDO, Marcelo; CASTRO JÚNIOR, Paulo Honório de; MATTOS, Tiago de; FREIRE, William [Coords.]. *Direito da mineração: questões minerárias, ambientais e tributárias*. Belo Horizonte: D'Plácido, 2017. p. 839-861.

**40** "Art. 20. São bens da União: [...] IX - os recursos minerais, inclusive os do subsolo; Art. 176. As jazidas, em lavra ou não, e demais recursos minerais e os potenciais de energia hidráulica constituem propriedade distinta da do solo, para efeito de exploração ou aproveitamento, e pertencem à União, garantida ao concessionário a propriedade do produto da lavra."

vra, pelo § 1º do art. 20 da CRFB/88, isto é, a Compensação Financeira pela Exploração dos Recursos Minerais - CFEM, definida pelo STF como receita patrimonial/originária.[41]

Diante disso, surgem os questionamentos supracitados quanto à competência dos Entes em legislar sobre o direito minerário. É incontestável, porém, a competência privativa da União em legislar sobre recursos minerais, prevista expressamente no art. 22, XII da CRFB/88. Assim, corrobora-se com o entendimento de Rodrigo Henrique Pires:[42]

> A interpretação sistemática da Constituição da República conduz à conclusão de que a competência comum dos entes federativos se limita ao registro, acompanhamento e fiscalização das atividades, e não na instituição de leis e aplicação das respectivas sanções.

Da mesma forma entende-se quanto aos municípios, ou seja, eles também não dispõem da faculdade de legislar sobre os recursos de jazidas e minas.[43]

Por fim, empregando sua competência legislativa, a União instituiu a Política Nacional de Resíduos Sólidos, por meio da Lei nº 12.305/10, e a Política Nacional de Segurança de Barragens, com a Lei nº 12.334/10, entre outras legislações pertinentes. Por sua vez, o Estado de Minas Gerais exerceu sua competência criando o Plano Estadual de Segurança de Barragens de Minas Gerais, a partir da Lei Estadual nº 23.291, incluindo quase todo o conteúdo da PL conhecida como "Mar de Lama Nunca Mais" de iniciativa popular. Esta lei traz aprimoramentos para a disposição de rejeitos minerários, como a proibição de barragens de rejeitos a montante, modelo empregado nas barragens rompidas em Minas, e a previsão de auditorias.

### 4.1.1. A TFRM MINEIRA E A ADI Nº 4.785/MG

A Ação Direta de Inconstitucionalidade nº 4.785 impugna toda a Lei Estadual nº 19.976/11, que institui a Taxa de Fiscalização de Recursos Minerais - TFRM atinente ao controle, monitoramento e fiscalização das atividades de pesquisa, lavra, exploração e aproveitamento de recursos minerários em Minas Gerais. A ADI encontra-se em debate no STF tal como as ADIs nº 4.786 e 4.787, que discutem as taxas do Pará e Amapá, respectivamente.

---

41 Cf. PIRES, Rodrigo Henrique. Sanções municipais..., *cit*. p. 840-841.

42 PIRES, Rodrigo Henrique. Sanções municipais..., *cit*. p. 846.

43 A propósito, há juristas que entendem que municípios não dispõem de poder de polícia sobre recursos minerários, justamente por não terem competência para legislar sobre tal matéria. Cf. PIRES, Rodrigo Henrique. Sanções municipais..., *cit*.

A alegada inconstitucionalidade formal deve-se à matéria da Lei nº 19.976/11, cuja competência legislativa pertence à União, conforme exposto anteriormente, e materialmente inconstitucional por instituir taxa fundada em poder de polícia que possui base de cálculo própria de imposto. Ademais, o seu art. 7º, I, concede tratamento tributário distinto em razão do destino da produção.

Observa-se que:

> A hipótese de incidência de taxa é uma ação estatal referida diretamente ao contribuinte. Mesmo no caso de exercício de poder de polícia, a cobrança de taxa pressupõe o desempenho de uma atividade estatal efetiva e específica dirigida ao contribuinte. [...] Note-se que a lei estadual dispõe que o fato gerador da TFRM é o exercício de poder de polícia, mas considera o mesmo ocorrido no momento da saída ou transferência do minério. A contradição comprova a natureza de imposto daquele tributo estadual. Sua cobrança é ilegal e inconstitucional.[44]

Insta pontuar que, após o ajuizamento da ação, o Estado de Minas Gerais introduziu modificações pela Lei nº 20.414/2012 na Lei sob juízo. Entretanto, como bem exposto por Bernardo Motta Moreira e Guilherme Andrade Carvalho, a ADI não perdeu seu objeto, haja vista que não se exauriram a inconstitucionalidades formal - quanto à incompetência do estado - e material - a inexistência de atividades do Estado que constituam regular exercício do poder de polícia e a desproporção entre o custo das atividades estatais e a base de cálculo do tributo, levando alguns a compreendê-lo como imposto instituído na forma de taxa.[45]

## 4.2. COMPETÊNCIA ADMINISTRATIVA AMBIENTAL

Válido ressaltar, mormente, o cabimento do Poder Executivo a essa competência administrativa ambiental, também se verificando quanto à faculdade para atuar com base no poder de polícia. A competência administrativa em matéria ambiental é composta pela atividade autorizativa e pela atividade de fiscalização, sendo assim, age como o ponto mais profícuo[46] dos conflitos que envolvem a juridicidade do meio ambiente.

---

[44] PINTO JÚNIOR, Moacyr. Taxa estadual de mineração é inconstitucional. *Consultor Jurídico (Conjur)*, Natureza de imposto, 13 nov. 2012.

[45] MOREIRA, Bernardo Motta; CARVALHO, Guilherme Andrade. TFRM: A ADI nº 7.785/MG perdeu o objeto?. *In:* AZEVEDO, Marcelo; CASTRO JÚNIOR, Paulo Honório de; MATTOS, Tiago de; FREIRE, William [Coords.]. *Direito da mineração: questões minerárias, ambientais e tributárias*. Belo Horizonte: D'Plácido, 2017. p. 863-885.

[46] BIM, Eduardo Fortunato; FARIAS, Talden. *RIL* Brasília a. 52, nº 208, out./dez. 2015, p. 203-245. p. 212.

Constitucionalmente, é disciplinada pelo art. 23 da CRFB/88, em seu parágrafo único,[47] que cabe às leis complementares a fixação de normas para cooperação entre os entes federados tendo-se em vista, fita-se, o desenvolvimento e o bem-estar nacional. Sob a objetividade do artigo supracitado, ainda pode-se incluir das lições de Direito ao Meio Ambiente de Luís Ortega Álvares,[48] quanto ao valor do princípio norteador dessa disposição constitucional.

> la importancia de este principio es que pretende modular e integrar dos valores necesarios para la humanidad: el crecimiento económico del que se derive una mejor calidad de vida material y la protección del médio ambiente.

Contudo, sua regulamentação demorou cerca de 2 décadas para se concretizar, afinal, havia somente critérios normativos de resolução de conflitos, como a Lei nº 6.938/81 e a Resolução nº 237/97 do CONAMA. Nesse ínterim, foram consideradas que medidas práticas e efetivas para o resguardo da natureza eram uma quimera brasileira e, assim, assemelhavam-se à antiga frase "feitas para inglês ver". Sendo assim, somente em 2011 foi editada a sonhada Lei Complementar nº 140, que agiu na regulação dos incisos III, VI e VII:

> Art. 23. É competência comum da União, dos Estados, do Distrito Federal e dos Municípios:
> (...)
> III - proteger os documentos, as obras e outros bens de valor histórico, artístico e cultural, os monumentos, as paisagens naturais notáveis e os sítios arqueológicos;
> VI - proteger o meio ambiente e combater a poluição em qualquer de suas formas;
> VII - preservar as florestas, a fauna e a flora.

Ainda em posição de adversidade, verificou-se um desrespeito à ideia do federalismo cooperativo já delineado neste artigo, quando, no art. 7º da LC nº 140/11 ficou disciplinado que são ações administrativas da União a promoção do licenciamento ambiental de empreendimentos e atividades "que atendam tipologia estabelecida por ato do Poder Executivo, a partir de proposição da Comissão Tripartite Nacional, assegurada a participação de um membro do CONAMA, e considerados os critérios de porte, potencial poluidor e natureza da atividade ou empreen-

---

[47] "Art. 23. Parágrafo único. Leis complementares fixarão normas para a cooperação entre a União e os Estados, o Distrito Federal e os Municípios, tendo em vista o equilíbrio do desenvolvimento e do bem-estar em âmbito nacional."

[48] ÁLVAREZ, Luis Ortega. *Lecciones de Derecho del Medio Ambiente*. 2. ed. Valladolid: Editorial Lex Nova, 2000. p. 50.

dimento",⁴⁹ na medida em que permite a possibilidade de avocação de competências licenciatórias por parte da União em prejuízo dos estados e dos municípios.⁵⁰ Isso posto, identifica-se que há uma afronta à autonomia administrativa dos entes federados, com exceção da União, pois é estabelecido uma hierarquia entre eles.

Quanto às competências fiscalizatória, licenciatória e sancionatória, Talden Farias exemplifica bem ao escrever:

> A LC 140/2011 **estabeleceu a tríplice divisão da competência administrativa em matéria ambiental**, visto que a responsabilidade para fiscalizar, para sancionar e para licenciar passaram a seguir regimes jurídicos distintos. À primeira vista o que parece ter ocorrido é uma vinculação da fiscalização ao licenciamento ambiental, o que por certo incluiria também a imposição de sanções (embora isso não tenha ficado expresso), haja visto o que determinam o inciso XIII do artigo 7º, o inciso XIII do artigo 8º e o inciso XIII do artigo 9º da citada lei.
>
> Isso significa que em tese os entes federativos só poderiam fiscalizar e aplicar sanções nas atividades de sua competência licenciatória, nos moldes do que determinam o inciso XIV do artigo 7º, o inciso XIV do artigo 8º, o inciso XIV do artigo 9º e o *caput* do artigo 17. Entretanto, a própria lei complementar no parágrafo 3º do artigo 17 aponta um caminho diferente ao determinar que **todos podem fiscalizar e impor sanções administrativas**, embora a sanção administrativa ou o entendimento do ente licenciador é que deva prevalecer. Com isso, a **competência fiscalizatória é comum e irrestrita**, **a sancionatória é comum** mas sujeita à definição do ente responsável pelo licenciamento ao passo que a **competência licenciatória é privativa**. (g.n.)

De fato, a LC nº 140/2011 trouxe inegáveis avanços relacionados à cooperação entre União, estados, DF e municípios, sobretudo ao enfatizar a atribuição comum de fiscalização dos entes federativos nos §§2º e 3º de seu art. 17.⁵¹ Assim, afirmamos que houve incorporação do princípio da

---

49 "Art. 7º. Parágrafo único. O licenciamento dos empreendimentos cuja localização compreenda concomitantemente áreas das faixas terrestre e marítima da zona costeira será de atribuição da União exclusivamente nos casos previstos em tipologia estabelecida por ato do Poder Executivo, a partir de proposição da Comissão Tripartite Nacional, assegurada a participação de um membro do Conselho Nacional do Meio Ambiente (Conama) e considerados os critérios de porte, potencial poluidor e natureza da atividade ou empreendimento."

50 FARIAS, Talden. Breve análise da nova lei de competência administrativa ambiental. *Revista Consultor Jurídico (Conjur)*, 06 ago. 2016.

51 "§ 2o Nos casos de iminência ou ocorrência de degradação da qualidade ambiental, o ente federativo que tiver conhecimento do fato deverá determinar medidas para evitá-la, fazer cessá-la ou mitigá-la, comunicando imediatamente ao órgão competente para as providências cabíveis. § 3o O disposto no **caput** deste artigo não

cooperação no ordenamento jurídico brasileiro. Exemplificando, o diploma legal definiu de modo taxativo as competências administrativas de cada ente federativo na seara ambiental como consórcios públicos; convênios, acordos de cooperação técnica e outros instrumentos similares com órgãos e entidades do Poder Público; as Comissões Tripartites Nacional e Estaduais e a Comissão Bipartite do Distrito Federal; fundos públicos e privados e outros instrumentos econômicos; a possibilidade de delegação de atribuições de um ente federativo a outro; dentre outros.

A atividade de fiscalização da competência administrativa, suprimida aqui somente a de barragens, foi instituída pela Lei nº 12.334/2010, responsável pela Política Nacional de Segurança de Barragens, em que é colocada nas mãos do Departamento Nacional de Produção Mineral (DNPM), parte do Ministério de Minas e Energia. Nessa lei, divide-se a responsabilidade em 4 grandes grupos: (i) barragens para geração de energia, fiscalizadas pela Aneel, (ii) para contenção de rejeitos minerais, fiscalizados pelo DNPM, (iii) barragens para contenção de rejeitos industriais, sob responsabilidade do Instituto Brasileiro do Meio Ambiente e dos Recursos Naturais Renováveis (Ibama) e órgãos ambientais estaduais, e (iv) as de usos múltiplos, sob fiscalização da Agência Nacional das Águas ou de órgãos gestores estaduais de recursos hídricos.

O Sistema Nacional de Informações sobre Segurança de Barragens (SNISB) também foi instituído pela Lei nº 12.334/2010, a fim de se garantir a observância de padrões de segurança adequados às barragens e, atentando-se ao princípio da prevenção foi consoante ao disposto por Paulo Affonso Leme Machado[52] que, no livro Estudos de Direito Ambiental, enumera 5 itens para aplicação efetiva desse importante princípio:

> 1º) identificação e inventário das espécies animais e vegetais de um território, quanto à conservação da natureza e identificação das fontes contaminantes das águas do mar, quanto ao controle da poluição; 2º) identificação e inventário dos ecossistemas, com a elaboração de um mapa ecológico; 3º) planejamentos ambiental e econômico integrados; 4º) ordenamento territorial ambiental para a valorização das áreas de acordo com a sua aptidão; e 5º) Estudo de Impacto Ambiental.

---

impede o exercício pelos entes federativos da atribuição comum de fiscalização da conformidade de empreendimentos e atividades efetiva ou potencialmente poluidores ou utilizadores de recursos naturais com a legislação ambiental em vigor, prevalecendo o auto de infração ambiental lavrado por órgão que detenha a atribuição de licenciamento ou autorização a que se refere o **caput**."

52 MACHADO, Paulo Affonso Leme. *Estudos de Direito Ambiental*. São Paulo: Malheiros Editores, 1994. p. 36.

## 5. CONCLUSÃO

Como se pôde demonstrar pelo breve estudo realizado, o federalismo cooperativo é primordial para o desenvolvimento adequado da repartição de competências, que tem a função de fomentar a participação de União, Estados, DF e municípios no processo político ativo. Sob essa lógica, constatou-se que o federalismo de cooperação necessita de uma distribuição ampla e apropriada do Poder de Polícia Ambiental do Estado, incluindo aqui ambas as competências administrativa e legislativa, a fim de garantir inteiramente o previsto no art. 225 da CRFB/88. Denota-se, ainda, a essencialidade de mecanismos da Política Nacional do Meio Ambiente, tendo em vista, sempre, o meio ambiente ecologicamente equilibrado.

Por isso, é preciso atentar-se à veemente manutenção do modelo federalista. A operacionalização da estrutura constitucional deve-se apoiar no pacto federativo e, mais além, incentivar a ajuda recíproca entre os entes federados, através da cooperatividade. Somente assim o pacto manterá o que foi disposto originalmente no rol do art. 23 da CRFB/88 e, indo de encontro à ideia de Carlos Velloso, não se verificará o aumento gradual dos poderes da União frente aos Estados.

Observou-se que cabe restritivamente à União legislar sobre a utilização dos recursos minerários, com fundamento no art. 22, XII da CRFB/88. No entanto, não se exime de discussões jurídicas sobre, como visto na ADI nº 4.785/MG acerca da TFRM mineira. Por sua vez, a competência administrativa dos recursos minerários incide sobre os aspectos autorizativos, como o licenciamento e mesmo as autorizações ambientais, e as atividades fiscalizatórias, sendo estas últimas de competência comum entre os Entes.

Diante disso, destaca-se a importância de os brasileiros refletirem e analisarem a atuação dos entes federativos por meio do Poder de Polícia Ambiental, haja vista que o Estado Democrático de Direito demanda uma atuação participativa e deliberativa dos cidadãos como sujeitos ativos na definição da forma e conteúdo das decisões administrativas. Desse modo, acredita-se evitar que desastres tão gigantescos como os rompimentos das barragens mineiras aconteçam e, pois, assegurar o direito ao meio ambiente ecologicamente equilibrado consagrado por nossa Constituição da República.

# REFERÊNCIAS BIBLIOGRÁFICAS

ÁLVAREZ, Luis Ortega. *Lecciones de Derecho del Medio Ambiente*. 2. ed. Valladolid: Editorial Lex Nova, 2000.

ANTUNES, Paulo de Bessa. *Direito ambiental*. 11. ed. Rio de Janeiro: Lumen Juris, 2008.

ARAGÃO, Alexandra. Princípio da precaução: manual de instruções. *RevCEDOUA - Revista do Centro de Estudos de Direito do Ordenamento, do Urbanismo e do Ambiente*. Faculdade de Direito de Coimbra, 1 jun. 2015, v. 2, 2008. p. 9-57.

BARROSO, Luís Roberto. *Curso de Direito Constitucional Contemporâneo: os conceitos fundamentais e a construção do novo modelo*. 6. ed. São Paulo: Saraiva, 2017.

BATISTA JÚNIOR, Onofre Alves; ADAMS, Luis Inácio Lucena; VIEIRA, Renato Rodrigues; PAVAN, Luiz Henrique Miguel. *Saindo da lama - A atuação interfederativa concertada como melhor alternativa para solução dos problemas decorrentes do desastre de Mariana*. 1. ed. Belo Horizonte: Fórum, 2019

BATISTA JÚNIOR, Onofre Alves. *Federalismo na visão dos estados*. Belo Horizonte: Letramento, 2018.

BATISTA JÚNIOR, Onofre Alves. *O Poder de Polícia Fiscal*. Belo Horizonte: Mandamentos, 2001.

BIM, Eduardo Fortunato. Conflitos administrativos e legislativos no licenciamento ambiental. *In: Licenciamento Ambiental*. 4. ed. Belo Horizonte: Fórum, 2018.

BIM, Eduardo Fortunato; FARIAS, Talden. *RIL* Brasília a. 52, nº 208, out./dez. 2015. p. 203-245.

BONAVIDES, Paulo. O Planejamento e os Organismos Regionais como preparação a um federalismo das regiões. In: Reflexões: *Direito e Política*. Rio de Janeiro: Forense, 1978.

BRASIL. Constituição da República Federativa do Brasil de 1988. Nós, representantes do povo brasileiro, reunidos em Assembleia Nacional Constituinte para instituir um Estado Democrático, destinado a assegurar o exercício dos direitos sociais [...]. *Diário Oficial da União*, nº 191-A, ano 126, seção 1, p. 1, Brasília – DF, 5 out. 1988.

BRASIL. Ministério do Meio Ambiente. Conselho Nacional do Meio Ambiente. Resolução do CONAMA nº 237, de 19 de dezembro de 1997. Dispõe sobre o Conselho Nacional de Meio Ambiente. *Diário Oficial da União*, nº 247, seção 1, p. 30.841, Brasília - DF, 22 dez. 1997. Disponível em: <http://www.mma.gov.br/port/conama/res/res97/res23797.html>. Acesso em: 03 dez. 2019.

BRASIL. Lei Complementar nº 140, de 08 de dezembro de 2011. Fixa normas, nos termos dos incisos III, VI e VII do *caput* e do parágrafo único do art. 23 da Constituição Federal, (...); e altera a Lei no 6.938, de 31 de agosto de 1981. *Diário Oficial da União*, Brasília, DF, 09 dez. 2011.

BRASIL. Lei nº 5.172, de 25 de outubro de 1966. Dispõe sobre o Sistema Tributário Nacional e institui normas gerais de direito tributário aplicáveis à União, Estados e Municípios. *Diário Oficial da União*, nº 244, seção 1, p. 12.451, Brasília – DF, 27 ago. 1966.

BRASIL. Lei nº 6.936, de 18 de julho de 1981. Dispõe sobre a averbação na esfera federal, de tempo de serviço público estadual ou municipal. *Diário Oficial da União*, Brasília - DF, 19 jul. 1981.

BRASIL. Lei nº 6.938, de 31 de agosto de 1981. Dispõe sobre a Política Nacional do Meio Ambiente, seus fins e mecanismos de formulação e aplicação, e dá outras providências. *Diário Oficial da União*, Brasília - DF, 02 set. 1981.

BRASIL. Lei nº 12.305, de 02 de agosto de 2010. Institui a Política Nacional de Resíduos Sólidos; altera a Lei no 9.605, de 12 de fevereiro de 1998; e dá outras providências. *Diário Oficial da União*, Brasília - DF, 03 ago. 2010.

BRASIL. Lei nº 12.334, de 20 de setembro de 2010. Estabelece a Política Nacional de Segurança de Barragens destinadas à acumulação de água para quaisquer usos, à disposição final ou temporária de rejeitos e à acumulação de resíduos industriais, cria o Sistema Nacional de Informações sobre Segurança de Barragens e altera a redação do art. 35 da Lei no 9.433, de 8 de janeiro de 1997, e do art. 4o da Lei no 9.984, de 17 de julho de 2000. *Diário Oficial da União,* Brasília - DF, 21 set. 2010.

BRASIL. Lei nº 20.414, de 31 de outubro de 2010. Altera a Lei nº 19.976, de 27 de dezembro de 2011, que institui a Taxa de Controle, Monitoramento e Fiscalização das Atividades de Pesquisa, Lavra, Exploração e Aproveitamento de Recursos Minerários - TFRM - e o Cadastro Estadual de Controle, Monitoramento e Fiscalização das Atividades de Pesquisa, Lavra, Exploração e Aproveitamento de Recursos Minerários - Cerm -, e dá outras providências. *Diário do Executivo*, Minas Gerais - MG, 01 nov. 2010.

BRASIL. Supremo Tribunal Federal. *Ação Direta de Inconstitucionalidade nº 384/PR.* Relator: Min. Moreira Alves, 20 nov. 1997. Brasília: STF, 1997;

BRASIL. Supremo Tribunal Federal. *Ação Direta de Inconstitucionalidade nº 1.086/SC.* Relator: Min. Ilmar Galvão, 10 ago 2001. Brasília: STF, 2001.

BRASIL. Supremo Tribunal Federal. *Ação Direta de Inconstitucionalidade nº 4785/MG.* Relator: Min. Edson Fachin, 06 mai. 2019. Brasília: STF, 2019.

BRASIL. Supremo Tribunal Federal. *Ação Direta de Inconstitucionalidade nº 4786/PA.* Relator: Min. Celso de Mello. Brasília: STF, 2012.

BRASIL. Supremo Tribunal Federal. *Ação Direta de Inconstitucionalidade nº 4787/AP.* Relator: Min. Luiz Fux. Brasília: STF, 2012.

BRASIL. Supremo Tribunal Federal. *Recurso Extraordinário nº 194.704/MG.* Relator: Min. Carlos Velloso. Redator: Min. Edson Fachin, 29 jul. 2017. Brasília: STF, 2017.

BRASIL. Supremo Tribunal Federal. *Recurso Extraordinário nº 673.681/SP.* Min. Celso de Mello, 05 dez. 2014. Brasília: STF, 2014.

BRASIL. Supremo Tribunal Federal. 2ª Turma. Recurso Extraordinário nº 286.789/RS. Relatora: Min. Ellen Grace, 08 mar. 2005. *Diário da Justiça,* 08 abr. 2005.

Brumadinho: Sobe para 249 o número de mortos no rompimento de barragem. *G1 Minas,* Belo Horizonte, 31 ago. 2019. Disponível em: https://g1.globo.com/mg/minas-gerais/noticia/2019/08/31/brumadinho-sobe-para-249-o-numvoero-de-mortos-no-rompimento-de-barragem.ghtml. Acesso em: 04 dez. 2019.

CÂMPERA, Francisco. Vale, exemplo mundial de incompetência e descaso. *El País*, 28 jan. 2019, Opinião. Disponível em: https://brasil.elpais.com/brasil/2019/01/27/opinion/1548547908_087976.html. Acesso em: 04 dez. 2019.

FARIAS, Talden. Breve análise da nova lei de competência administrativa ambiental. *Revista Consultor Jurídico (Conjur)*, 06 ago. 2016. Disponível em: https://www.conjur.com.br/2016-ago-06/breve-analise-lei-competencia-administrativa-ambiental. Acesso em: 02 dez. 2019.

FERNANDES, Bernardo Gonçalves. *Curso de Direito Constitucional*. 11. ed. rev., atual. e ampl. Salvador: Ed. JusPodivm, 2019.

FREITAS, Juarez. *Direito Fundamental à Boa Administração Pública*. 3. ed. São Paulo: Malheiros, 2014.

FREITAS, Juarez. *O Controle dos Atos Administrativos e os Princípios Fundamentais*. 5. ed. São Paulo: Malheiros, 2013.

MACHADO, Paulo Affonso Leme. *Estudos de Direito Ambiental*. São Paulo: Malheiros Editores, 1994.

MESQUITA, Marcel Brugnera. O federalismo brasileiro e a repartição de competências em matéria ambiental. In: *Boletim Científico - Escola Superior do Ministério Público da União*. Ano 9, nº 32/33, jan./dez. 2010, Brasília - DF. p. 177-197.

MIRRA, Álvaro Luiz Valery. Princípios Fundamentais do Direito Ambiental. *Revista de Direito Ambiental*, nº 02, abr./jun. 1996. p. 50. Disponível em: http://www.direitoambiental.adv.br/ambiental.nsf/Ref/PAIA-6SRNQ8. Acesso em: 01 dez. 2019.

MOREIRA, Bernardo Motta; CARVALHO, Guilherme Andrade. TFRM: A ADI nº 7.785/MG perdeu o objeto?. *In*: AZEVEDO, Marcelo; CASTRO JÚNIOR, Paulo Honório de; MATTOS, Tiago de; FREIRE, William [Coords.]. *Direito da mineração: questões minerárias, ambientais e tributárias*. Belo Horizonte: D'Plácido, 2017. p. 863-885.

NAPOLITANO, Ângela Aparecida; HOANAT, Ângela Issa; EMIN, Raquel Milene Balog. A cidade como um bem ambiental e o desenvolvimento sustentável. *Revista de Direitos Difusos*, São Paulo, v. 6, fas. 29, p. 133-151, jan./fev. 2005.

OLIVEIRA, André Pinto de Souza. Direito Ambiental Constitucional - uma análise principiológica da consolidação do estado protetor do ambiente nas constituições brasileira e portuguesa. *Revista da Faculdade de Direito da UFMG*. Belo Horizonte, nº 51, jul. – dez., 2007. p. 46-68.

ORGANIZAÇÃO DAS NAÇÕES UNIDAS. Declaração do Rio sobre Meio Ambiente e Desenvolvimento (Rio 92). Rio de Janeiro, 3 a 14 jun. 1992. Disponível em: <http://www.meioambiente.pr.gov.br/arquivos/File/agenda21/Declaracao_Rio_Meio_Ambiente_Desenvolvimento.pdf>. Acesso em: 01 dez. 2019.

PASSARINHO, Natália. Fiscalização de barragens: órgão federal de controle é o 2º mais exposto a fraudes e corrupção, diz TCU. *In: BBC News*, 13 fev. 2019, BBC News Brasil em Londres. Disponível em: https://www.bbc.com/portuguese/brasil-47211131. Acesso em: 04 dez. 2019.

PINTO JÚNIOR, Moacyr. Taxa estadual de mineração é inconstitucional. *Consultor Jurídico (Conjur)*, Natureza de imposto, 13 nov. 2012. Disponível em: <https://www.conjur.com.br/2012-nov-13/moacyr-pinto-jr-taxa-estadual-mineracao-inconstitucional2>. Acesso em: 05 dez. 2019.

PIRES, Rodrigo Henrique. Sanções municipais na mineração e o art. 23, XI, da Constituição da República. *In:* AZEVEDO, Marcelo; CASTRO JÚNIOR, Paulo Honório de; MATTOS, Tiago de; FREIRE, William [Coords.]. *Direito da mineração: questões minerárias, ambientais e tributárias*. Belo Horizonte: D'Plácido, 2017.

REZENDE, Pedro Antonio Dourado. *Ciberterrorismo e Guerra Cognitiva*. Palestra de Abertura do III Congresso Internacional de Direito e Tecnologias da Informação. IBDI, Salvador, BA, 26 de Agosto de 2004. Disponível em: https://cic.unb.br/~rezende/trabs/cibercon04.html. Acesso em: 06 dez. 2019.

RONAN, Gabriel; VALE, João Henrique do. Profundidade de rejeitos em Brumadinho pode chegar a até 15 metros. *Jornal Estado de Minas*, 27 jan. 2019. Disponível em: https://www.em.com.br/app/noticia/gerais/2019/01/27/interna_gerais,1025145/profundidade-de-rejeitos-em-brumadinho-pode-chegar-a-ate-15-metros.shtml. Acesso em: 04 dez. 2019.

SANTOS, Ronaldo Alencar dos; ANDRADE, Priscilla Lopes. A evolução histórica do federalismo brasileiro: Uma análise histórico-sociológica a partir das Constituições Federais. *Publica Direito*, Rio Grande do Norte, p. 16. Disponível em: http://www.publicadireito.com.br/artigos/?cod=a424ed4bd3a7d6ae. Acesso em: 01 dez. 2019.

SCAFF, Fernando Facury; TORRES, Heleno Taveira; DERZI, Misabel de Abreu Machado; BATISTA JÚNIOR, Onofre Batista. *Federalismo sem juízo*. Belo Horizonte: Noeses, 2019.

VELLOSO, Carlos Mário da Silva. *Temas de direito público*. Belo Horizonte: Del Rey, 1994.

WEDY, Gabriel. Poder de polícia é essencial para prevenção de danos ambientais. *Consultor Jurídico (Conjur)*, Ambiente Jurídico, 4 ago. 2018. Disponível: <https://www.conjur.com.br/2018-ago-04/ambiente-juridico-poder-policia-essencial-prevencao-danos-ambientais#_ftn11>. Acesso em: 06 dez. 2019.

YOSHIDA, Consuelo Yatsuda Moromizato. Jurisdição e competência em matéria ambiental. *In:* Marques, José Roberto (Org.). *Leituras complementares de direito ambiental*. Salvador: Jus Podivm, 2008. Cap. II.

# FEDERALISMO E DIREITOS FUNDAMENTAIS: UMA ANÁLISE COMPARATIVA ENTRE O DIREITO BRASILEIRO E O COMUNITARISMO EUROPEU

ANDRÉ ALMEIDA GONÇALVES[1]
JOÃO HENRIQUE ROCHA BONILLO[2]

## 1. INTRODUÇÃO

Em 1º de novembro de 1993, o Tratado de Maastricht entrou em vigor, fundando a União Europeia (UE), uma estrutura que atualmente (2019) é composta por 28 Estados-Membros que pertencem à União. Trata-se de uma estrutura única em que todos os estados são soberanos e independentes, que congregam parte de sua soberania em temas possíveis de se atuar em conjunto. Assim, "os Estados-Membros delegam alguns dos seus poderes de decisão nas instituições comuns que criaram, de modo a assegurar que as decisões sobre assuntos do interesse comum possam ser tomadas democraticamente a nível europeu"[3].

Logo, não estamos aqui a falar de uma federação da maneira como é se tradicionalmente concebido, mas sim, de uma estrutura quasi-federal, na qual os entes da União se mobilizam em prol de objetivos comuns e na busca por diminuir barreiras e desigualdades. No entanto, tendem a se deparar com imbróglios relacionados a soberania dos Estados-membros em se autodeterminar por meio de sua legislação, incluindo nessa esfera os direitos fundamentais e a atuação das estruturas jurisdicionais nos Estados, que são contrapostas com os tratados estabelecidos no âmbito da União e decisões como as do Tribunal de Justiça da UE.

---

[1] Graduando em Direito pela Universidade Federal de Minas Gerais. Monitor bolsista da disciplina "Teoria do Estado II".

[2] Bacharel em Direito e Mestrando em Teoria Constitucional, Direitos Humanos e Instituições Democráticas pela Universidade Federal de Minas Gerais.

[3] A União Europeia: O que é e o que faz. **Serviço das Publicações da UE.** Luxemburgo: 2018. Disponível em: <http://publications.europa.eu/webpub/com/eu-what-it-is/pt/>. Acesso em: 01 jul. 2019.

Ao se discutir o federalismo, há de sempre observar a tentativa de harmonizar os múltiplos interesses dos entes federados e a efetivação de suas obrigações estabelecidas na Carta Magna do Estado federal. Vale pontuar que, ainda que o federalismo seja um conceito em constante transformação histórica, ao se estabelecer um Estado federal, ao mesmo tempo, se decide pela liberdade e pela igualdade, tendo em vista que só se concretiza o desenho federal respeitando-se as diferenças e peculiaridades locais e regionais (DERZI, 2018, p. 118-157). Assim, uma análise dos direitos fundamentais no Estado federal perpassa, imprescindivelmente, pela estrutura do desenho federativo.

Nesse giro, no intuito de se garantir a harmonia no Estado Federal, tem-se a Constituição do Estado que atua como força conformativa e se sobrepõe aos entes federados, assim, cumpre tarefas essenciais, como: possibilitar a criação do Estado, limitar o exercício do poder pelas autoridades estatais, e estabelecer os fundamentos da ordem jurídica a vigorar. E é ao limitar o exercício do poder pelo Estado, que se materializa estruturas essenciais para o federalismo, tais como: a separação dos poderes estatais, balanceada pelo sistema de pesos e contrapesos; proteção e garantia dos direitos fundamentais dos cidadãos; e a busca do bem comum, considerando o interesse coletivo para se fazer cumprir as garantias constitucionais sociais, definidas como objetivos e fins do Estado (SILVA e TRAMONTINA, 2013, p. 56-86).

Sendo assim, e admitindo que a estrutura quasi-federal da União Europeia pode ser inserida dentro de uma perspectiva "neo-federalista", aplicar-se-á o método comparativo para que se obtenha um diagnóstico acerca da proteção aos direitos fundamentais dentro do contexto brasileiro.

Resumidamente, o método comparativo de pesquisa se divide em cinco diferentes etapas (HUSA, 2008, p. 8-9): 1) Coloca-se uma questão para ser estudada; 2) Apresentação dos sistemas a serem comparados a as suas respectivas formas de lidar com a questão estudada; 3) Listagem das semelhanças e diferenças nas formas de se lidar com a questão; 4) Adoção de um ponto de vista que busque explicar as semelhanças e diferenças; 5) Avaliação crítica das descobertas.

Como salienta Fabbrini (2010, p. 24), o método comparativo no direito "é o instrumento cognitivo mais efetivo para se entender, destacando-se as semelhanças e as diferenças entre os casos, as estruturas e funcionalidades dos sistemas jurídicos. Por outro lado, é um método extremamente poderoso para explicar as dinâmicas e procedimentos que caracterizam um sistema em específico". O autor completa a sua defesa da utilização da concepção neo-federalista da União Europeia com fins de comparação com outras federações (ou formas de federalismo) destacando o caráter primordialmente descritivo deste método.

Seguindo este viés comparativo, o presente trabalho se dividirá em três principais partes, descrevendo as formas de proteção aos direitos fundamentais e seus potenciais obstáculos dentro do federalismo brasileiro e, depois, dentro do modelo neo-federalista europeu. Por fim, será feito um paralelo entre os dois modelos estudados para saber se a comparação é possível e também se pode ser aprendido algo oriundo da experiência europeia. Todavia, tal comparação não deverá entrar no campo eminentemente prescritivo para não perder a objetividade do estudo, como bem informa o retromencionado professor (FABBRINI, 2010, p. 57):

> Em outras palavras, quando juristas entram no campo prescritivo da política por meio do direito comparado eles perdem a objetividade. Este é o motivo pelo qual qualquer tentativa de se utilizar da comparação para se promover reformas legais deveria se manter claramente separada da função primária do método comparativo, o qual aspira a ser uma ferramenta neutra de se produzir conhecimento científico. De fato, embora acadêmicos, políticos e profissionais podem ter diferentes ideias acerca do prognóstico de um sistema legal, eles ainda podem concordar quanto ao diagnóstico. O método comparativo, na verdade, pode ser uma ferramenta objetiva para se entender os aspectos críticos de um ordenamento jurídico e ainda ser uma fonte contestável de possíveis curas. Enquanto a primeira (afirmação) não sugere a segunda, a segunda também não nega a primeira[4].

## 2. FEDERALISMO E DIREITOS FUNDAMENTAIS NO CONTEXTO EUROPEU

Antes de se adentrar na visão neo-federalista da União Europeia deve ser feita uma conceituação prévia do que o conceito de "federalismo" significa, bem como de suas vantagens práticas. Sendo assim, definindo-se primeiramente a ideia do que seria uma federação, José Marcos Domingues afirma que (DOMINGUES, 2006, p. 223):

---

[4] No original: *"In other words, when lawyers enter the prescriptive field of policy through comparative law they lose objectivity. This is why any attempt to use comparison to advance legal reforms should be kept clearly separate from the primary function of the comparative method, which aspires to be a neutral tool to foster scientific (i.e. falsifiable) knowledge. Indeed, although academics, politicians and practitioners may have different ideas about the prognosis of a legal system, they can still agree on the diagnosis. The comparative method, in fact, can be an objective tool to understand the critical aspects of a legal system and still be a controversial source of proposals for possible cures. While the former does not imply the latter, the latter does not deny the former".*

A Federação surge, em países de dimensões territoriais avantajadas, não só historicamente para garantir a unidade de ação em face de interesses comuns a Estados-Membros (fator determinante para a fundação das federações norte-americana e alemã), mas, também, para garantir à população diversas instâncias públicas de acesso ao poder e o exercício da liberdade.

Esta é uma visão tradicional do que seria o federalismo e que, apesar de salientar a interação entre os membros da federação, ao atribuir o conceito apenas a países, ou seja, Estados dotados de soberania, limita-se à ideia de uma relação imprescindível entre a soberania e o federalismo. Caso tal visão seja adotada, a caracterização da União Europeia como uma federação não será possível.

Contrariamente a esse posicionamento, também há a concepção do federalismo como algo bem mais amplo do que apenas a forma de organização do Estado, mas sim como um modelo dinâmico de divisão de poderes entre uma autoridade central e autoridades periféricas que resulta em um processo de federalização de uma comunidade política (VILAÇA e SILVEIRA, 2017, p. 131).

Nesse sentido, o autor Carl Friedrich afirma que, com o passar do tempo, os juristas foram reduzindo o conceito de federalismo como se este fosse eminentemente dependente da soberania de um Estado Federal (VILAÇA e SILVEIRA, 2017, p. 131):

> Carl Friedrich culpou os juristas por terem estreitado o foco do federalismo: eles reduziram-no ao Estado Federal e desperdiçaram um período preciso no Século XIX com disputas teóricas no que diz respeito à dicotomia da "Confederação de Estados versus o Estado Federal", sempre se baseando no conceito bodiniano de soberania. Juristas, portanto, direcionaram todos os seus esforços teóricos em uma oposição infrutífera, na qual o Estado Federal é um autêntico Estado soberano cujos entes federados são simplesmente autônomos, enquanto a confederação corresponde a uma organização de Estados, os quais mantêm suas soberanias. O erro dos juristas foi considerar o conceito de "Estado soberano" como sendo o núcleo da noção de federalismo. Desta feita, em última análise, eles concebiam o federalismo como um status, e não como um processo, focando suas atenções somente na estrutura[5].

---

[5] No original: *"Carl Friedrich blamed lawyers for having narrowed the focus of federalism: they reduced it to the federal state and squandered a precious period in the nineteenth century with theoretical disputes concerning the 'Confederation of States versus the Federal State dichotomy', always based on the Bodinian concept of sovereignty. Lawyers have thus directed all of their theoretical efforts into a fruitless opposition, according to which the federal state is an authentic sovereign state whose federated entities are simply autonomous, while the confederation corresponds to an organisation of states, which retain their sovereignty. The mistake lawyers are liable for is to consider the concept of the sovereign state as being at the core of the whole issue of federalism. Accordingly, they ultimately perceive federalism as a status (and not as a process), focusing their attention solely on structure".*

Ainda nessa perspectiva, o autor Tim Koopmans afirma que, mesmo na experiência norte-americana, o federalismo é um "mecanismo institucional que rejeita uma disposição constitucional hierárquica e monista, distribuindo a soberania de maneira competitiva entre níveis de autoridades e suas instituições" (KOOPMANS, 1992, p. 1050).

O federalismo, como um processo contínuo, decorre de um acordo de compartilhamento de poderes e recursos, baseado na percepção das vantagens dessa partilha. Por isso o federalismo deve ser considerado como uma processo de contínua negociação e reconhecimento e aprendizado mútuos (VILAÇA e SILVEIRA, 2017, p. 132).

Distanciando-se a ideia central do conceito de "federalismo" da necessidade de ser apenas uma forma de Estado adotada por um Estado soberano e, ao mesmo tempo, buscando aproximá-lo de um processo contínuo de interação entre entes que acordam entre si sobre compartilhar poderes e recursos, o âmbito do conceito é devidamente alargado. Sendo assim, por essa perspectiva apresentada alhures, não há de se negar à estrutura da União Europeia a influência dos principais preceitos e objetos almejados pelo federalismo.

Adotando-se tal ponto de vista, uma adoção do federalismo pode proporcionar maior participação democrática ao diminuir a distância entre a população e o governo, assim como também diminuir a concentração de poder nos níveis mais altos. Sobre as vantagens do modelo federal, Fabbrini (2010, p. 40) leciona:

> Por um lado, o federalismo é funcional para os valores do auto-governo, aumenta os obstáculos para a concentração e o abuso de poderes, fomenta a educação cível e a participação, tornando mais responsável o governo. Além disso, também favorece soluções locais para problemas locais (...) e cria as condições para um referendo contínuo dos princípios fundamentais. Por outro lado, o federalismo também é essencial para superar tiranias e injustiças locais, para garantir justiça igualitária dentro do Direito e construir um sentimento de nacionalidade e identidade[6]

Não sendo um Estado soberano, mas sim uma união entre vários Estados dotados de soberania, também não há de se falar de uma constituição sen-

---

**6** No original: *"One the one hand, federalismo is functional to the values of self-government, increases the restraints on the concentration and abuse of powers, fosters civic education and participation, making government more accountable. In addition, it favours local solutions to local problems (...) and creates the conditions for a continuous referendum on fundamental principles. On the other hand, federalism is also essential to overcome local tyrannies and injustices, to guarantee equal justice under the law and to build a sense of nationhood and identity".*

tido clássico do termo. Adotando-se a definição de "federalismo" como um processo contínuo, de constante evolução, não é possível atrelá-la unicamente a ideia de uma constituição formal propriamente dita autorizando a criação da federação, mas sim (VILAÇA e SILVEIRA, 2017, p. 129):

> em um lento avanço na direção de unidade legal e política do sistema europeu por meio da subordinação de cada ordenamento jurídico componente (União e Estados-Membros) em relação ao supra-sistema constitucional, o qual é resultado dos tratados fundacionais[7].

Destaca-se que o que é considerado pela doutrina como sendo a constituição da UE é o Tratado de Maastricht (TUE), assinado em 7 de fevereiro de 1992, que logo em seu artigo 1º estabelece:

> Pelo presente Tratado, as ALTAS PARTES CONTRATANTES instituem entre si uma UNIÃO EUROPEIA, adiante designada por "União", à qual os Estados-Membros atribuem competências para atingirem os seus objetivos comuns.
> O presente Tratado assinala uma nova etapa no processo de criação de uma união cada vez mais estreita entre os povos da Europa, em que as decisões serão tomadas de uma forma tão aberta quanto possível e ao nível mais próximo possível dos cidadãos. (...)

Nesse sentido, entende-se os princípios fundadores da UE como espécies de princípios constitucionais (VON BOGDANDY, 2010, p. 49) que se baseiam em uma cooperação entre os Estados-Membros da união, que se posicionam motivados a cumprir objetivos comuns e se aproximar até mesmo no processo decisório. Entretanto, a Constituição da UE não diz respeito à formação de um ente soberano, nos moldes da formulação clássico do conceito de "federalismo", mas sim ressalta o acordo entre os Estado-Membros, por meio de atribuições de competência e maior proximidade com os cidadãos, para o alcance de objetivos comuns entre estes. Nesse sentido, Vilaça e Silveira novamente reforçam a ideia do federalismo como um processo contínuo, posto que se for esperar pelo que os autores chamam de "big bang federal", ou seja, uma disposição formal dentro do que se entende como constituição europeia declarando a instituição do federalismo, nunca haverá um federalismo em âmbito europeu (VILAÇA e SILVEIRA, 2017).

Também é necessário avultar que, a UE se organiza numa estrutura dual de legitimação democrática (KLEINLEIN, 2018), que compreende a totalidade dos cidadãos da União, por um lado, e os povos organizados pelas constituições dos Estados-Membros, por outro, vide art. 10.2 do TUE:

---

**7** No original: *"Rather, it is advancing slowly in the direction of legal and political unity of the European system, through the subordination of each component legal order (Union and Member States) to the constitutional supra-system, which results from the founding Treaties".*

Os cidadãos estão diretamente representados a nível da União no Parlamento Europeu. Os Estados-Membros estão representados no Conselho Europeu pelos seus Chefes de Estado ou de Governo e no Conselho pelos respectivos governos, democraticamente responsáveis perante os seus parlamentos nacionais ou os seus cidadãos.

Sendo assim, a garantia aos direitos fundamentais atribuídos aos indivíduos por conta dessa cidadania europeia pode ser considerada um dos objetivos comuns a serem buscados pelos países-membros. Considerando o federalismo como um processo contínuo de interação entre os membros da federação em busca de objetivos comuns (VILAÇA e SILVEIRA, 2017), pode-se entender que os direitos fundamentais estão no cerne da noção de federalismo da União Europeia.

A UE se constitui como uma comunidade internacional dotada de uma estrutura normativa fundada em princípios de liberdade, democracia, respeito pelos direitos humanos e liberdades fundamentais, e o Estado de Direito e, portanto, no programa central do constitucionalismo liberal-democrático. Assim, constitui-se nos moldes de Estado de Direito, capaz de garantir direitos individuais e coletivos aos cidadãos e limitar o poder da própria União e de seus países-membros. Os países-membros não se propuseram a demarcar o valor criando definições que possam ser aplicadas de uma maneira formalista, mas antes ligaram o valor do Estado de Direito a princípios bem estabelecidos (VON BOGDANDY et al, 2018). Sobre isso, basta analisar o Preâmbulo da Carta dos Direitos Fundamentais da EU, que fundamenta as bases da UE:

> Os povos da Europa, estabelecendo entre si uma união cada vez mais estreita, decidiram partilhar um futuro de paz, assente em valores comuns. Consciente do seu património espiritual e moral, a União baseia-se nos valores indivisíveis e universais da dignidade do ser humano, da liberdade, da igualdade e da solidariedade; assenta nos princípios da democracia e do Estado de direito. Ao instituir a cidadania da União e ao criar um espaço de liberdade, de segurança e de justiça, coloca o ser humano no cerne da sua acção.
> A União contribui para a preservação e o desenvolvimento destes valores comuns, no respeito pela diversidade das culturas e das tradições dos povos da Europa, bem como da identidade nacional dos Estados-Membros e da organização dos seus poderes pœblicos aos níveis nacional, regional e local; procura promover um desenvolvimento equilibrado e duradouro e assegura a livre circulação das pessoas, dos bens, dos serviços e dos capitais, bem como a liberdade de estabelecimento.
> Para o efeito, é necessário, conferindo-lhes maior visibilidade por meio de uma Carta, reforçar a protecção dos direitos fundamentais, à luz da evolução da sociedade, do progresso social e da evolução científica e tecnológica(...).

Para harmonizar os diferentes interesses envolvidos na UE, lança-se mão de estruturas democráticas que visam a participação dos membros da comunidade nos processos decisórios. Nesse sentido, a democracia precisa de representação, mas vai além disso. Essa percepção está refletida no Artigo 11 do TUE. De particular importância são também a transparência, a participação dos afetados, a deliberação e a flexibilidade. A participação e a deliberação podem informar a elaboração de decisões de várias maneiras, sendo essencial a transparência da ação pública, que é a sua compreensibilidade e a possibilidade de atribuir responsabilidade (VON BOGDANDY e NETTESHEIM, 1996).

Sendo assim, o direito constitucional europeu está na vanguarda do desenvolvimento constitucional quando exige que as decisões sejam tomadas da forma mais aberta possível, ou seja, de forma transparente. O significado especificamente democrático da transparência no direito europeu é confirmado pelos artigos 11.1, e 11.2, do TUE.

Os princípios do artigo 11 do TUE são gerais e, por conseguinte, aplicáveis, como os dos artigos 9º e 10º do TUE, a todas as instituições supranacionais, incluindo o sistema judiciário europeu. Nesse sentido, a eleição de juízes, o procedimento e o raciocínio devem ser interpretados e desenvolvidos à luz deles. A transparência, a participação e a deliberação, elementos centrais do artigo 11 do TUE, revestem-se de uma importância crucial para os tribunais internacionais, uma vez que indicam estratégias através das quais podem criar legitimidade democrática adequada.

Antes da Carta dos Direitos Fundamentais da UE entrar em vigor, a Corte Europeia de Justiça entendia os direitos humanos como sendo "princípios gerais não-escritos" (THYM, 2013, p. 392).Todavia, o escopo da atuação do Tribunal e de seus órgãos subsidiários, tal como a CEDH, ainda não está plenamente pacificado, principalmente no tocante à proteção de direitos humanos.

O Artigo 51.1 da Carta dos Direitos Fundamentais da UE tem a intenção de definir o alcance do Direito Europeu, *in verbis:*

> As disposições da presente Carta têm por destinatários as instituições, órgãos e organismos da União, na observância do princípio da subsidiariedade, bem como os Estados-Membros, apenas quando apliquem o direito da União. Assim sendo, devem respeitar os direitos, observar os princípios e promover a sua aplicação, de acordo com as respectivas competências e observando os limites das competências conferidas à União pelos Tratados.

Apesar de haver dispositivo legal que alinha o escopo de aplicação do Direito da UE, a sua interpretação não chega a ser pacífica. Enquanto o Tribunal entende que seu âmbito de aplicação possui grande amplitude,

Cortes Constitucionais de Estados-Membros podem entender de maneira diferente, de modo a buscar uma limitação do alcance da atuação da Tribunal de Justiça da UE.

Nessa linha, de acordo com o entendimento do Tribunal de Justiça da UE, os direitos fundamentais na esfera da UE são aplicáveis no âmbito de um país somente quando ele estiver dentro do escopo do Direito Europeu (KLEINLEIN, 2018, p. 1167):

> De acordo com a jurisprudência da CJUE, os direitos fundamentais da União Europeia são aplicáveis aos Estados-Membros somente quando estes atuam dentro do escopo do Direito Europeu. Basicamente, isto compreende duas situações. A primeira delas consiste nas autoridades do Estado-Membro executando obrigações oriundas do Direito Europeu. Isto é largamente endossado na literatura porque, nesta situação, as autoridades nacionais estão agindo como agentes da União Europeia. Todavia, a a CJUE entende tal situação como sendo bem mais abrangente. De acordo com a Corte, os direitos fundamentais tão são aplicados à medidas do Estado-Membro que implementam o Direito Europeu, incluindo diretivas que dizem respeito a somente uma harmonização mínima ou que garantem margem de apreciação (...) Já a segunda situação na qual os Estados-Membros agem dentro do escopo do Direito Europeu é definido pela doutrina ERT: limitações nacionais de um direito garantido pelo Direito Europeu ativam a aplicação dos direitos fundamentais da União Europeia[8].

O Tribunal de Justiça da União Europeia está construindo entendimento abrangente no que tange a sua atuação e o escopo do Direito Europeu. A regra padrão para se resolver o problema de competência relativo à coexistência de diferentes legislações entre níveis distintos a serem aplicados em um mesmo território para situações similares é a de qualquer interação de um regramento nacional com o Direito Europeu promove a incidência deste. Desta feita, a jurisprudência do TJEU está moldando as competências da União, sempre levando em consideração

---

[8] No original: *"According to the CJEU's case law, EU fundamental rights apply to the Member States only when they act within the scope of EU law. This basically comprises two constellations. The first consists of Member State authorities executing outright obligations stemming from Union law. This is endorsed widely in the literature because in this situation national authorities are acting as agents of the Union. However, the CJEU understood the "agency situation" to be much broader. According to the Court, EU fundamental rights also apply to Member State measures that implement Union law, including directives that only lay down minimum harmonization or grant a margin of discretion(...)The second constellation in which Member States act within the scope of EU law is defined by the ERT doctrine: National limitations of a right granted by EU law, in practice mostly the market freedoms, trigger the application of EU fundamental rights"..*

os objetivos comuns e os requisitos funcionais de integração (VILAÇA e SILVEIRA, 2017).

Para os autores José Luiz da Cruz Vilaça e Alessandra Silveira, este entendimento do Tribunal coaduna a abordagem federalista da estrutura da União Europeia (VILAÇA e SILVEIRA, 2017, p. 144):

> Tal entendimento é o único que respeita a divisão de competências entre o TJUE e as cortes nacionais, o qual, como disposto no Artigo 267 do Tratado Fundador, é baseado em um diálogo de "corte-com-corte" e com efeito erga omnes, e não em um rateamento federal[9] e hierárquico dos poderes judiciais. Além disso, ele dá efeitos completos ao princípio da lealdade (ou cooperação sincera) disposta no Artigo 4(3), no qual estão as fundações constitucionais de qualquer sistema federativo[10].

Sobre tal assunto, deve-se destacar que, contrariamente a este entendimento, a Corte Constitucional Alemã, com temor de ser "marginalizada" perante a Tribunal de Justiça da UE, propôs a chamada "Tese da Separação". Em suma, a Corte Alemã dividiria os atos em duas diferentes espécies: os que seriam determinados pelo Direito Europeu e os que não seriam, nascendo aí a referida "separação". Este segundo entendimento teve origem nos casos "Solange" (KLEINLEIN, 2018, p. 1168) e diz respeito a uma estrita separação do Direito Europeu e do nacional, posto que uma determinada matéria estaria ou no escopo de atuação da UE, ou de um de seus Estados-Membros. Porém, nesse sentido vale ressaltar que na decisão do primeiro caso Solange (Solange I), a Corte Alemã decidiu de modo a dizer que "a Constituição Alemã prevaleceria enquanto a integração europeia ainda não tivesse trazido um catálogo de direitos fundamentais que fosse dotado de obrigatoriedade, posto que a decisão em tela foi proferida décadas antes da Carta de Direitos Fundamentais da UE (THYM, 2013, p. 399).

Esta proteção aos direitos fundamentais em vários níveis vai de encontro à noção da tradicional relação entre federalismo e soberania, posto que, para a visão clássica a respeito do tema, "direitos individuais seriam criados e assegurados por causa da existência de um Estado como um

---

**9** Os autores citados se referiram, neste caso, somente como "federal" a concepção federal tradicional, por eles criticada. Caso a crítica feita se referisse a toda e qualquer concepção de federalismo, o próprio trecho citado entraria em contradição.

**10** No original: *"Such an understanding is the only that respects the division of competences between the ECJ and the national courts, which, as stated in Article 267 TFEU, is based on a 'court-to-court' dialogue with effect erga omnes, and not on a federal and hierarchical apportionment of judicial powers. Moreover, it gives full effect to the principle of loyalty (or sincere cooperation), set out in Article 4(3) TEU, which lies at the very foundations of the constitutional construction of any federative system".*

soberano personificado e, portanto, sua proteção somente faria sentido dentro de uma demarcação fechada e independente da autoridade legal do Estado"[11] (FABBRINI, 2010, p. 18).

Como bem salienta Walker (2002) em um paradigma de um constitucionalismo plural, dentro do qual se compreende o constitucionalismo europeu atualmente, os direitos fundamentais são concebidos de uma "pluralidade de fontes legais em uma multiplicidade de estruturas legais que se entrelaçam e sobrepõem-se. Ou seja, a concepção clássica da disposição dos direitos fundamentais serem resultantes de um Estado soberano não se sustenta dentro do contexto europeu estudado.

Tendo em vista o abarcamento da União Europeia dentro do conceito de um federalismo que vai além da tradicional visão de ser apenas uma forma de Estado, mas um processo contínuo no qual os países-membros acordaram mutuamente em assim se organizarem tendo em vista objetivos comuns de integração e proteção aos direitos fundamentais, questiona-se se a experiência europeia seria ou não uma experiência sui-generis dentro do próprio federalismo.

Devido às peculiaridades desse sistema, autores como William Smith Kaku (2003) defendem o adjetivo "sui-generis" quando for estudada a experiência federalista da União Europeia. Todavia, outros acadêmicos como Fabbrini (2010) e Robert Schütze (2009) refutam essa classificação. Para este último, seriam dois os problemas de tal abordagem: faltar a ela valor explicativo e somente definir o sistema europeu de maneira negativa, de modo a ser incapaz de considerar as transformações dentro da arquitetura de direitos do sistema europeu.

Uma abordagem com o viés do federalismo é a que melhor considera a dinâmica estrutura de proteção aos direitos fundamentais dentro da União Europeia. Reconsiderando o federalismo como um processo contínuo de cooperação entre os membros com o intento de se atingir objetivos comum, tem-se que a garantia dos direitos fundamentais dentro do âmbito territorial da União Europeia é um dos principais propósitos deste processo. Sendo assim, pode se entender que a proteção aos direitos fundamentais está no cerne do federalismo europeu.

---

**11** No original: *"in this 'sovereigntist' view, individual rights were regarded as created and secured because of the existence of the state as the personified sovereign and therefore their protection could make sense only within the close and self-contained framework of the state's legal authority".*

## 3. FEDERALISMO E DIREITOS FUNDAMENTAIS NO CONTEXTO BRASILEIRO

Desde o estabelecimento da República em 1889, com seus primeiros passos registrados na Constituição da República dos Estados Unidos do Brasil (1891), o Brasil constitui-se como uma república federativa, formada pela união indissolúvel dos estados e municípios e do Distrito Federal. Segundo Otávio Dulci, seu objetivo sempre foi o de "construir a unidade na diversidade" (DULCI, 2002, p. 95), buscando a articulação do território em um conjunto coeso, considerando as características geográficas, históricas, culturais e políticas de cada região do país.

Já a Constituição Cidadã (1988), para Carlos Jamil Cury, desenvolve a federação no sentido de se disponibilizar mecanismos de participação com um modelo institucional cooperativo e recíproco que amplia o número de sujeitos capazes de tomar decisões (CURY, 2006, p. 121-122). Nesse sentido, constituir um federalismo brasileiro de cooperação, exige o entendimento entre os entes federados e a abertura de espaços públicos para a decisão.

Além disso, é mister ressaltar que o texto constitucional de 1988 destaca que a forma federativa do Estado brasileiro "não será objeto de deliberação a proposta de emenda tendente a aboli-la" (art. 60 da CR/88). Paralelamente, a Carta Magna também registra que a divisão dos poderes governamentais, baseada no modelo tripartite (Executivo, Legislativo, Judiciário), é cláusula pétrea.

Nessa mesma linha, Onofre Batista e Marina Marinho apontam duas exigências da ideia de federação, o "(sub)princípio da subsidiariedade" e ao "(sub)princípio da maior participação possível":

> O "princípio da subsidiariedade", forjado sobretudo pelo catolicismo, pressupõe uma atuação apenas subsidiária do ente maior (quando necessário) e, da mesma forma, prescreve que uma entidade de ordem superior não pode intervir em assuntos de uma esfera inferior; ao contrário, deve apoiá-la na persecução do bem comum (DERZI; BUSTAMANTE, 2015, p. 472). O "princípio da maior participação possível" está relacionado com a promoção da democracia e a aproximação dos cidadãos de seus governantes. Desse modo, como princípio de organização política, o princípio federativo (em sua forma juridicizada) mantém vínculos insuperáveis com a ideia de descentralização, e a autonomia dos governos menores é condição para a aproximação pretendida entre governantes e governados, bem como característica fundamental da subsidiariedade. (BATISTA JÚNIOR e MARINHO, 2018, p. 159)

Nesse sentido, pode-se listar outros dois princípios essenciais para o federalismo brasileiro: a lei da participação e a lei da autonomia. Sobre o primeiro, deve-se entender que os entes federados são parte do processo de elaboração da vontade política válida para toda a organização federal.

Já no caso do segundo, deve-se garantir aos entes que possam se manifestar livremente exercendo suas competências (legislativas e administrativas), observando os limites constitucionais.

Para entendermos melhor a estrutura federal de cooperação constitucionalmente adotada, cabe uma análise atenta do art. 23 da CR/88[12]. Nesse sentido, o diploma legal discorre sobre as competências comuns dos entes federados, evidenciando o papel comum de zelar pela garantia de direitos fundamentais na República.

Porém, conforme Bercovici, o que vem se observando é que:

> após a Constituição de 1988, de modo lento, inconstante e descoordenado, os Estados e municípios vêm substituindo a União em várias áreas de atuação (especialmente nas áreas da saúde, educação, habitação e saneamento), ao mesmo tempo em que outras esferas estão sem qualquer atuação governamental graças ao abandono promovido pelo Governo Federal. (BERCOVICI, 2002, p. 20-21)

Diante desse contexto, ainda segundo Bercovici (2002) o que se nota é que as políticas sociais não sofreram mudanças qualitativas ou se deterioraram pela sua concentração na esfera federal, mas pela falta de planejamento, coordenação e cooperação no processo de descentralização. Não bastasse isso, quando o Governo Federal reconhece o aumento das despesas estaduais e municipais com políticas sociais, trata-o como má gestão e déficit nas contas públicas. O resultado dessas concepções é a tentativa de

---

12 Art. 23 da CRFB/88: É competência comum da União, dos Estados, do Distrito Federal e dos Municípios: I - zelar pela guarda da Constituição, das leis e das instituições democráticas e conservar o patrimônio público; II - cuidar da saúde e assistência pública, da proteção e garantia das pessoas portadoras de deficiência; III - proteger os documentos, as obras e outros bens de valor histórico, artístico e cultural, os monumentos, as paisagens naturais notáveis e os sítios arqueológicos; IV - impedir a evasão, a destruição e a descaracterização de obras de arte e de outros bens de valor histórico, artístico ou cultural; V - proporcionar os meios de acesso à cultura, à educação e à ciência; V - proporcionar os meios de acesso à cultura, à educação, à ciência, à tecnologia, à pesquisa e à inovação; VI - proteger o meio ambiente e combater a poluição em qualquer de suas formas; VII - preservar as florestas, a fauna e a flora; VIII - fomentar a produção agropecuária e organizar o abastecimento alimentar; IX - promover programas de construção de moradias e a melhoria das condições habitacionais e de saneamento básico; X - combater as causas da pobreza e os fatores de marginalização, promovendo a integração social dos setores desfavorecidos; XI - registrar, acompanhar e fiscalizar as concessões de direitos de pesquisa e exploração de recursos hídricos e minerais em seus territórios; XII - estabelecer e implantar política de educação para a segurança do trânsito. Parágrafo único. Leis complementares fixarão normas para a cooperação entre a União e os Estados, o Distrito Federal e os Municípios, tendo em vista o equilíbrio do desenvolvimento e do bem-estar em âmbito nacional.

tutela política e financeira por parte da União de certas políticas sociais, o desmonte de programas sociais e seus mecanismos de atuação.

Conforme leciona Ulisses Schwarz Viana, tem-se o problema federativo brasileiro, com a ampliação descontrolada da 'zona de influência' da União, com consequências para o desenvolvimento nacional e o aumento das dificuldades financeiras e políticas dos Estados, com as crises financeiras, problemas na segurança pública, dificuldades nas áreas de educação e da saúde, por falta de uma ação cooperativa e articulada *horizontalizada* entre os entes federados (VIANA, 2018).

Tal situação caracteriza o federalismo brasileiro como uma espécie de "federalismo canibal", como chamado por Onofre Batista e Marina Marinho (2018), passando a não se importar com a garantia dos direitos fundamentais do cidadão, mas sim, com quem deterá maior poder sobre a República.

## 4. A RELAÇÃO ENTRE FEDERALISMO E DIREITOS FUNDAMENTAIS: POSSIBILIDADES E EMPECILHOS DE UMA PERSPECTIVA COMPARATIVA ENTRE O DIREITO BRASILEIRO E O EUROPEU

Primeiramente, deve aqui ser novamente ressaltado que o propósito de se fazer tal comparação é apenas de caráter diagnóstico, visto que os dois sistemas possuem características estruturais muito distintas a ponto de se poder retirar soluções legislativas de um contexto e transpor para outro.

O Brasil é um Estado Federal conforme definido por sua Constituição, enquanto no contexto da União Europeia não há uma instituição formal do federalismo por meio de um documento legal.

Outra diferença fundamental entre o federalismo brasileiro e europeu é o fato dos entes federados brasileiros não possuem soberania, ao contrário dos membros da União Europeia, que são dotados de tal atributo. Nesse sentido, evocando-se uma concepção tradicional de federalismo, no qual este decorria impreterivelmente da soberania estatal, apenas o Brasil poderia ser, de fato, uma federação. A União Europeia, em contrapartida, não poderia ser considerada como uma federação sob esta visão, posto que os seus países-membros continuam soberanos.

Todavia, não há apenas diferenças entre os dois sistemas. Apesar das peculiaridades locais, ambos os sistemas possuem uma proteção multinível para os direitos fundamentais. No âmbito da União Europeia, há uma tríade protetiva dos níveis nacional, supranacional e internacional. O nível nacional corresponde à proteção feita pelas próprias constituições dos países-membros. Já o nível supranacional corresponde à proteção por meio do direito da União Europeia. Por fim, o nível protetivo internacional seria aquele protegido pelo Sistema Europeu de Direitos Humanos.

Também há uma proteção multinível no contexto do direito brasileiro. Por óbvio, há a proteção aos direitos fundamentais proporcionada pelo próprio ordenamento constitucional. Também é clara o nível protetivo internacional, conforme pode ser notado pela atuação do Sistema Interamericano de Direitos Humanos e o Pacto de San José. Não obstante essa proteção multinível existente nos sistemas europeu e brasileiro, existe certa controvérsia quanto a convergência do terceiro nível, o de proteção supranacional. Autores como Fabbrini (2010) entendem que há uma proteção supranacional decorrente do *case law* da Corte Interamericana de Direitos Humanos. Contrariamente, há também o entendimento doutrinário de que a proteção supranacional se resumiria em uma interação de ordens jurídicas. Nesse sentido (URUEÑA, 2014, p. 23):

> Neste contexto, não está predeterminado que o âmbito de proteção supranacional dos direitos humanos que ocorra na América Latina — e não há nada inerente lamentável neste fato. Assim, é provável que o que está definido neste manual como "proteção multinível dos direitos humanos" corresponda, na nossa região, a nada mais (e nada menos) que as ferramentas, possibilidades e riscos oferecidos pela interação entre os sistemas jurídicos nacionais e o Sistema Interamericano de Direitos Humanos.

Outro fato relevante a esta matéria é o fato de que, como já dito, os países-membros da UE, sendo as unidades que compõem a federação, podem consagrar direitos fundamentais em suas cartas constitucionais. Os entes federados que formam a federação brasileira são os estados e o Distrito Federal que, apesar de não serem dotados de soberania, podem consagrar em suas constituições estaduais garantias fundamentais que estejam de acordo com a Constituição Brasileira. A exemplo disso, temos o Título II da Constituição Mineira e o Título I da Constituição Baiana, a despeito das demais constituições estaduais.

No que tange a essa proteção multinível aos direitos fundamentais, Federico Fabbrini defende que esse pode ser um mote comparativo. Crítico da abordagem sui-generis do federalismo europeu, o autor defende que há semelhanças suficientes entre a arquitetura multinível de proteção aos direitos fundamentais da União Europeia e a proteção aos direitos fundamentais por parte de outras federações.

Não se pode olvidar o trabalho empreendido no texto constitucional brasileiro para a previsão de direitos fundamentais que devem ser implementados por meio da estrutura federalista brasileira. É evidente que a Constituição de 1988 é extremamente garantista e conta com um rol extenso de direitos fundamentais, porém, há um grande vazio entre a previsão formal dos direitos e a efetivação material deles.

Nesse sentido, tem-se notado que nos anos 90, houve um intenso movimento do governo federal para a centralização da autonomia financeira nas mãos da União, de forma a enfraquecer a atuação dos demais entes federados, diz BATISTA JÚNIOR e MARINHO (2018, p. 164):

> Para Arretche (2012, p. 34), a maior parte dos analistas do federalismo concorda que houve recentralização nos anos 1990, em razão da aprovação de normas que alteraram ou regulamentaram a CRFB. Essas normas reduziram a autonomia financeira dos Estados e Municípios e prejudicaram-nos na condução de programas sociais, bem como aumentaram o poderio fiscal da União.

Dessa forma, o que se observou foi um alargamento nas responsabilidades dos Estados e Municípios para com a efetivação de direitos fundamentais (especialmente os mais demandados pela população, como educação, saúde e segurança) (BERCOVICI, 2002, p. 20-21) e de outro lado, uma União cada vez mais detentora do bolo tributário e monopolizadora do processo legislativo, configurando clara inversão da lógica cooperativa federalista.

Tal situação enseja manifestações da mais alta doutrina, aduzindo que somente a implementação efetiva do federalismo cooperativo no Brasil, respeitando as garantias constitucionais possa propiciar que os direitos fundamentais do cidadão brasileiro sejam efetivados, afirma Misabel Derzi:

> Um Federalismo para a liberdade. É isso que a Constituição determina, para afastar os riscos do retorno de uma ditadura. Para isso é necessário que o Federalismo brasileiro caminhe para um Federalismo de política conjunta, harmonioso, amistoso e leal, em que um Senado atento e participativo proteja os interesses estaduais, não tolerando a imposição de política federal, unilateral e contrária aos interesses dos Estados e Municípios. Ao mesmo tempo, um Federalismo mais igualitário é imposto pela Constituição em seus objetivos e metas. Nenhum cidadão poderá ser privado de seus direitos fundamentais à vida, à segurança pública, à saúde e à educação por meio dos bloqueios dos recursos estaduais pela União. O Federalismo tem como meta garantir exatamente a efetividade desses direitos fundamentais. (DERZI, 2018, p. 154)

A proteção aos direitos fundamentais também enfrenta problemas dentro do contexto europeu, mais precisamente no que diz respeito ao risco de inefetividade e inconstância, muito devidos à possibilidade de tensão entre as diversas ordens jurídicas que se encontram dentro do âmbito da União Europeia. Todavia, Fabbrini (2010, p. 54-55) salienta que estão ocorrendo mudanças formais, por meio de entendimentos doutrinários e mudanças constitucionais em nível nacional, e substantivas, dentro da atuação das Cortes Europeias. Tais mudanças teriam o condão de mitigar esses riscos:

Uma substantiva transformação também está ocorrendo em andamento com o Direito, como um resultado de atividades constantes das instituições judiciais em todas as camadas da arquitetura europeia. Como a professora Marta Cartabria vem continuamente afirmando, as cortes nacionais, a o TJEU e a Corte Europeia de Direitos Humanos estão em um diálogo constante com os outros e seu relacionamento dinâmico e comprometimento mútuo estão favorecendo a criação de um direito comum europeu de direitos fundamentais[13].

Sendo assim, no tocante a intrínseca relação entre federalismo e direitos fundamentais, verifica-se que o teor das perspectivas dos contextos brasileiro e europeu em muito diferem. Enquanto no federalismo brasileiro há uma União cujo *modus operandi* é sempre atuar de modo a ampliar sua "zona de influência", afetando negativamente a proteção aos direitos fundamentais em níveis mais locais, na Europa, apesar dos já salientados riscos de ineficiência e inconsistência, o panorama é positivo, tendo em vista as mudanças formais e substanciais que estão ocorrendo dentro do Direito Europeu.

## 5. CONCLUSÃO

O presente trabalho buscou analisar por meio de uma perspectiva comparativa a relação entre federalismo e proteção aos direitos fundamentais nos sistemas europeu e brasileiro.

A comparação, no presente caso, foi de caráter eminentemente diagnóstico, posta a dificuldade existente entre se comparar duas ordens jurídicas de caráter consideravelmente distinto. Não somente nesse plano, mas a própria formação da federação é recheada de peculiaridades e contextualidades, sendo o federalismo brasileiro instituído por meio de sua Constituição.

No que tange a estrutura europeia, o federalismo a ela concernente se dá obrigatoriamente por meio da ideia de um federalismo como um processo contínuo de interação que visa atingir objetivos comuns, sendo um desses objetivos a garantia e proteção aos direitos fundamentais do cidadão europeu. Contudo, até mesmo esse aspecto da comparação proposta pode ser controvertido para autores que ainda atrelam à noção de federalismo à soberania, sendo esta o pressuposto para a criação da federação.

---

**13** No original: *"A substantive transformation is also currently underway in the law in action, as a result of the constant activities of judicial institutions at all layers of the European architecture. As professor Marta Cartabia has extensively argued, national courts, the ECJ and the ECtHR are in constant dialogue with each other and their dynamic relationship and mutual engagement is favouring the creation of a European common law of fundamental rights".*

Também pode ser notado que ambos os sistemas apresentam problemas quanto à proteção aos direitos fundamentais. No Brasil o maior problema da relação federalismo/direitos fundamentais reside na atuação concentradora da União que age de maneira prejudicial à proteção dos direitos fundamentais no âmbito estadual. Na União Europeia, os principais problemas são o risco de inefetividade e inconsistência, possivelmente motivados pela tensão entre ordens jurídicas. Entretanto, a diferença entre os problemas descritos é que o sistema europeu está passando por mudanças formais e substantivas, como bem destacado pelo jurista Federico Fabbrini, que podem mitigar os riscos alhures mencionados. Esse prognóstico positivo em âmbito europeu não é compartilhado quando se analisa o problema brasileiro, posto o crescente aumento da "zona de influência" da União em detrimento dos seus entes federados.

Novamente se avulta o caráter eminentemente descritivo dessa análise comparada. Conclui-se que, apesar da existência de alguns fatores convergentes entre o federalismo brasileiro e a estrutura da União Europeia, são maiores as diferenças entre esses dois sistemas. Além disso, apesar da conjectura do contexto europeu ser mais favorável do que a do quadro brasileiro, devido a essa enorme gama de diferenças, torna-se imprudente importar de lá soluções jurídicas para os problemas daqui, tendo em vista as peculiaridades existentes em cada contexto.

## REFERÊNCIAS BIBLIOGRÁFICAS

A União Europeia: O que é e o que faz. *Serviço das Publicações da União Europeia*. Luxemburgo, 2018. Disponível em: <http://publications.europa.eu/webpub/com/eu-what-it-is/pt/>. Acesso em: 01 jul. 2019.

BATISTA JÚNIOR, Onofre Alves; MARINHO, Marina Soares. *Do federalismo de cooperação ao federalismo canibal*. RIL Brasília, a. 55, n. 217, 2018. p. 157-180.

BERCOVICI, Gilberto. A descentralização de políticas sociais e o federalismo cooperativo brasileiro. *Revista de Direito Sanitário*, v. 3, n. 1, 2002. p. 13-28.

CAPORASO, James A. The European Union and Forms of Estates: Westphalian, Regulatory or Post-Modern?. *Journal of Common Market Studies*. Vol. 34, n. 1, p. 29-52, 1996. Disponível em: <https://onlinelibrary.wiley.com/doi/abs/10.1111/j.1468-5965.1996.tb00559.x>. Acesso em: 01 jul. 2019.

CURY, Carlos Roberto Jamil. Federalismo político e educacional. In: Ferreira, Naura Syria Carapeto (Org.). *Políticas públicas e gestão da educação*. Brasília: Líber Livro, 2006

DERZI, Misabel Abreu Machado. Federalismo, Liberdade e Direitos Fundamentais. *Revista Estudos Institucionais*. Vol. 4, n. 1, p. 118-157, 2018. Disponível em: <https://estudosinstitucionais.com/REI/article/view/266>. Acesso em: 06 out. 2019.

DOMINGUES, José Marcos. Direitos fundamentais, federalismo fiscal e emendas constitucionais tributárias. *Revista Direito, Estado e Sociedade*. Vol. 9, n. 29, 2006. p. 222-232.

DULCI, Otávio Soares. Guerra fiscal, desenvolvimento desigual e relações federativas no Brasil. *Revista de Sociologia e Política*, n. 18, 2002.

FABBRINI, Federico. The European Multilevel System for the Protection of Fundamental Rights: A 'Neo-Federalist' Perspective. *Jean Monnet Working Paper*. n. 15, 2010. Disponível em: <https://jeanmonnetprogram.org/paper/the-european-multilevel-system-for-the-protection-of-fundamental-rights-a-neo-federalist-perspective/>. Acesso em: 06 out. 2019.

FRIEDRICH, Carl., Federal Constitutional Theory and Emergent Proposal. MACMAHON, Arthur W. (Org). *Federalism: Mature and Emergent*. Russel & Russel, Nova York, 1962. p. 510-533.

HUSA, Jaakko. About the Methodology of Comparative Law - Some Comments Concerning the Wonderland. *Maastricht Faculty of Law Working Paper*. n. 5, 2008. Disponível em: <https://papers.ssrn.com/sol3/papers.cfm?abstract_id=1085970>. Acesso em: 03 out. 2019.

KAKU, William Smith. *O Atual Confronto Político-Institucional da União Européia: A Organização Internacional e o Federalismo em Questão*. Ed. Unijuí: Ijuí, 2003

KOOPMANS, Tim. Federalism: The Wrong Debate. *Common Market Law Review*. n. 29. Kuwler Academics Publisher: Dordrecht, p. 1047-1052, 1992. Disponível em: <https://www.kluwerlawonline.com/abstract.php?area=Journals&id=COLA1992061>. Acesso em: 06 out. 2019.

KLEINLEIN, Thomas. Federalisms, Rights, and Autonomies: The United States, Germany, and the EU. *International Journal of Constitutional Law*. Vol. 15, n. 4, p. 1157–73, 2018. Disponível em: <https://academic.oup.com/icon/article-abstract/15/4/1157/4872578?redirectedFrom=fulltext>. Acesso em: 01 jul. 2019.

SCHÜTZE, Robert. *From Dual to Cooperative Federalism: The Changing Structure of European Law*. Oxford University Press: Oxford, 2009.

SILVA, Rogério Luiz Nery da; TRAMONTINA, Robison. Federalismo, direitos fundamentais sociais e políticas públicas sociais. In: Terezinha de Oliveira Domingos, Lídia Maria Ribas, Helena Elias Pinto. *Direitos sociais e políticas públicas I [Recurso eletrônico on-line]* organização CONPEDI/UNINOVE. 1. ed. .Florianópolis: FUNJAB, Vol. 1, p. 56-86, 2013. Disponível em <http://www.publicadireito.com.br/artigos/?cod=d42e579306a48695>. Acesso em: 01 jul. 2019.

THYM, Daniel. Separation versus Fusion – or: How to Accommodate National Autonomy and the Charter? Diverging Visions of the German Constitutional Court and the European Court of Justice. *European Constitutional Law Review*. Vol. 9, n. 3, p. 391-419, 2013. Disponível em: <https://www.cambridge.org/core/journals/european-constitutional-law-review/article/separation-versus-fusion-or-how-to-accommodate-national-autonomy-and-the-charter-diverging-visions-of-the-german-constitutional-court-and-the-european-court-of-justice/9A33CDB7698CA267DC6FFA2E89AA80BD>. Acesso em: 01 jul. 2019.

UNIÃO EUROPEIA, *Carta dos Direitos Fundamentais*. Título VII - Disposições gerais. Art. 51. Disponível em: <https://fra.europa.eu/pt/charterpedia/title/vii-general-provisions>. Acesso em: 27 jun. 2019.

URUEÑA, René. Proteção multinível de direitos humanos na América Latina?: Oportunidades, desafios e riscos. GALINDO, George Rodrigo Bandeira; URUEÑA, René; PÉREZ, Aida Torres (Org.). *Proteção Multinível dos Direitos Humanos.* Red Derechos Humanos y Educación Superior, p. 15-48, 2014.

VIANA, Ulisses Schwarz. Um Colégio de Governadores no Brasil e o modelo do Bundesrat na República Federal alemã. In: BATISTA JÚNIOR, Onofre Alves (Org.). *O Federalismo na visão dos Estados: uma homenagem do Colégio Nacional de Procuradores-Gerais dos Estados e do Distrito Federal – Conpeg – aos 30 anos da Constituição.* Belo Horizonte: Letramento, 2018.

VILAÇA, José Luis da Cruz; SILVEIRA, Alessandra. The European Federalisation Process and The Dynamics of Fundamental Rights. KOCHENOV, Dimitry (Org). *EU Citizenship and Federalism: The Role of Rights.* Cambridge University Press: Cambridge,p. 125-146, 2017. Disponível em: < https://www.cambridge.org/core/books/eu-citizenship-and-federalism/european-federalisation-process-and-the-dynamics-of-fundamental-rights/01924C08E3B820CA524A-1D28A0BDEFBF>. Acesso em: 06 out. 2019.

VON BOGDANDY, Armin. Founding Principles of EU Law: A Theoretical and Doctrinal Sketch. *European Law Journal.* Vol. 16, n. 2, 2010. p. 95-111. Disponível em: <https://papers.ssrn.com/sol3/papers.cfm?abstract_id=2427443>. Acesso em: 01 jul. 2019.

VON BOGDANDY, Armin; BOGDANOWICZ, Piotr; CANOR, Iris; SCHMDIT, Mattias; TABOROWSKI, Maciej. A Constitutional Moment for the European Rule of Law – Upcoming Landmark Decisions Concerning the Polish Judiciary. *MPIL Research Paper Series.* n. 10, 2018. Disponível em: <https://papers.ssrn.com/sol3/papers.cfm?abstract_id=3199809>. Acesso em 01 jul. 2019.

VON BOGDANDY, Armin; NETTESHEIM, Martin. Ex Pluribus Unum: Fusion of the European Communities into the European Union. *European Law Journal.* Vol. 2, n. 3, p. 267-289, 1996. Disponível em <https://onlinelibrary.wiley.com/doi/abs/10.1111/j.1468-0386.1996.tb00029.x>. Acesso em: 01 jul. 2019.

WALKER, Neil. The Idea of Constitucional Pluralism. *Modern Law Review.* Vol. 65, n. 3. London School of Economics and Political Science: Londres, p. 317-359, 2002. Disponível em <https://onlinelibrary.wiley.com/doi/pdf/10.1111/1468-2230.00383>. Acesso em: 06 out. 2019.

- editoraletramento
- editoraletramento
- grupoletramento
- editoraletramento.com.br
- company/grupoeditorialletramento
- contato@editoraletramento.com.br

- casadodireito.com
- casadodireitoed
- casadodireito